Auxiliando a humanidade a encontrar a Verdade

Série
Memórias do Espiritismo
Volume 4

Fotos e ilustrações da página anterior (de cima para baixo, a partir da esquerda):
Gabriel Delanne, Bezerra de Menezes, Allan Kardec, Leon Denis;
William Crookes, Alfred Russel Wallace, Alexander Aksakof, Oliver Lodge;
Yvonne do Amaral Pereira, Alfred Binet, Ernesto Bozzano, Arthur Conan Doyle;
Hercílio Maes, Caibar Schutel, Gustavo Geley, Eurípedes Barsanulfo;
Victor Hugo, Charles Robert Richet, Cesare Lombroso, Pierre Gaetan Leymarie;
Andrew Jackson Davies, Camille Flammarion, Francisco Cândido Xavier, Emanuel Swedenborg.

Reconhecemos a ausência de inúmeros expoentes do espiritismo nesta galeria de imagens. Em razão do limitado espaço, escolhemos apenas algumas personalidades ilustres para representar todos aqueles que gostaríamos de homenagear.

O Espiritismo
Perante a Ciência

© 2009 – Conhecimento Editorial Ltda.

O Espiritismo Perante a Ciência
Le Spiritisme Devant la Science
(Conforme 2ª edição original de 1923)
Gabriel Delanne

Todos os direitos desta edição reservados à
CONHECIMENTO EDITORIAL LTDA
www.edconhecimento.com.br
conhecimento@edconhecimento.com.br
Caixa Postal 404 – CEP 13480-970
Limeira – SP – Fone: 19 3451-0143

Nos termos da lei que resguarda os direitos autorais, é proibida a reprodução total ou parcial, de qualquer forma ou por qualquer meio — eletrônico ou mecânico, inclusive por processos xerográficos, de fotocópia e de gravação — sem permissão por escrito do editor.

Tradução: Julieta Leite
Revisão: Mariléa de Castro
Projeto Gráfico: Sérgio Carvalho

ISBN 978-85-7618-159-0
1ª Edição – 2009

• Impresso no Brasil • Presita en Brazilo

Dados Internacionais de Catalogação na Publicação (CIP)
(Câmara Brasileira do Livro, SP, Brasil)

Delanne, Gabriel, 1857-1926
  O Espiritismo Perante a Ciência / Gabriel Delanne; [tradução Julieta Leite]. — 1ª ed. — Limeira, SP : Editora do Conhecimento, 2009.

  Título original: *Le Spiritisme Devante la Science*
  "Conforme a segunda edição original de 1923".
  ISBN 978-85-7618-159-0

  1. Ciência e espiritismo 2. Hipnose 3. Ocultismo e ciência 4. Sonambulismo I. Título

09-02992   CDD – 133.901

Índices para catálogo sistemático:
1. Espiritismo e ciência : 133.901

Gabriel Delanne

O Espiritismo Perante a Ciência
(Conforme a segunda edição original de 1923.)

Tradução: Julieta Leite

1ª edição
2009

EDITORA DO
CONHECIMENTO

Dedico este livro aos meus pais, cujo carinho e solicitude tornaram tão amenos os primeiros anos da minha vida.

Sumário

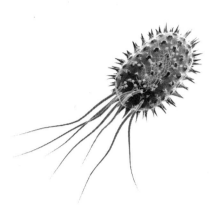

Primeira parte
Capítulo I – Temos uma alma? 15
   Breve olhar sobre a história da filosofia
   As teorias materialistas
   A idéia diretriz
   A força é independente da matéria
   Outras objeções
   Conclusão
Capítulo II – O materialismo positivista 41
   O cérebro e suas funções
   Mecanismo da sensação
   Deduções das teorias precedentes
   Sobre a sensibilidade dos elementos nervosos
   Automatismo
   Conclusão

Segunda parte
Capítulo I – O magnetismo, sua história 75
   Histórico
Capítulo II – O sonombulismo natural 81
Capítulo III – O sonambulismo magnético 94

Capítulo IV – O hipnotismo 111
Capítulo V – Ensaio de teoria geral 125

Terceira parte
Capítulo I – Provas da imortalidade da alma pela
        experiência 133
    Histórico
Capítulo II – As teorias dos incrédulos e o testemunho
        dos fatos 150
    1º Movimento de corpos pesados com contato, mas sem esforço mecânico
    2º Fenômeno de percussão e outros sons da mesma natureza
    Carta do sr. Alfred Wallace ao editor do *Times*
Capítulo III – As objeções 171

Quarta parte
Capítulo I – Que é o espiritismo 195
Capítulo II – Provas da existência do perispírito, sua
        utilidade, seu papel 203
Capítulo III – O perispírito durante a desencarnação,
        sua composição 226
    Tentativa de teoria
    A vida do espírito
Capítulo IV – Hipótese 269

Quinta parte
Capítulo I – Algumas observações preliminares 283
Capítulo II – Os médiuns escreventes 293
    Mediunidade mecânica
    Mediunidade intuitiva
    Médiuns desenhistas
Capítulo III – Mediunidades sensoriais, médiuns videntes
        e médiuns auditivos 317
    A propósito das alucinações
    Visão mediúnica pelos olhos
    Fotografia espírita
    Recomendações de Allan Kardec

Mediunidade auditiva
Mediunidade tiptológica
Relatório da Sociedade Dialética
Os transportes

Apêndice 360

Primeira parte

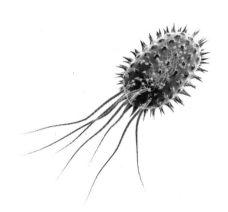

Capítulo I
Temos uma alma?

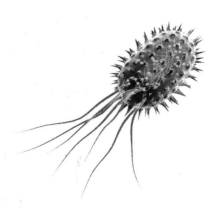

Temos uma alma? Esta é a questão que nos propomos estudar neste capítulo. À primeira vista, parece que este problema pode ser facilmente resolvido, porque, desde a mais remota antiguidade, as investigações dos filósofos tiveram por objeto o homem, sua natureza física e intelectual. Poder-se-ia crer que chegaram a algum resultado? Pois bem, segundo certos sábios modernos, não é nada disso.

Os antigos, que haviam tomado por lema a célebre máxima: "Conhece-te a ti mesmo", não se conheciam. Imaginavam que o homem compunha-se de dois elementos distintos: a alma e o corpo; haviam baseado nessa dualidade todas as deduções da filosofia, e eis que, em nossa época, uma nova escola sustenta que eles se enganaram, que em nós tudo é matéria, que a antiga entidade denominada alma não existe e que se deve renegar esse velho erro, produto da ignorância e da superstição.

Antes de nos inclinarmos passivamente diante desse arresto, desejamos examinar se realmente os argumentos fornecidos pelos materialistas têm todo o valor que pretendem atribuir-lhes. Tentaremos acompanhá-los no seu terreno e buscaremos desenredar o que existe de verdadeiro e de falso nas suas teorias. Confrontaremos seus trabalhos com as conclusões imparciais da ciência e da pesquisa modernas. Dessa comparação nascerá, assim o esperamos, a certeza de que realmente existe em nós um princípio independente da matéria, que dirige o corpo e a que chamamos alma.

Aos que duvidarem da utilidade do princípio espiritual para o homem, responderemos: Não há assunto que mais mereça atrair-nos a atenção, porque nada nos interessa mais do que saber quem somos, para onde vamos, de onde viemos.

Essas perguntas impõem-se ao espírito após ocorrências dolorosas de que ninguém está livre neste mundo. A alma, frustrada e mutilada após os combates da existência, fecha-se em si mesma e se pergunta por que o homem está na Terra, se seu destino é sofrer sempre. Quando vemos o vício triunfante ostentar seu esplendor, quem de nós já não pensou que os sentimentos de justiça e honestidade são palavras vãs, e se, afinal de contas, a satisfação dos sentidos não é o supremo objetivo a que todos os seres aspiram?

Quem de nós, tendo perseguido ardentemente a realização de um sonho, não sentiu o coração vazio e a alma desiludida após tê-lo conseguido? Quem de nós, quando o turbilhão da existência lhe permitia um momento de descanso, não se perguntou: por que estamos na Terra e qual será nosso futuro?

O sentimento que nos leva a essa busca é determinado pela razão, que deseja impreterivelmente saber o porquê e o como dos fatos que ocorrem ao redor de nós. É ela que nos põe no coração o desejo de sondar o mistério da nossa existência. Se em meio à agitação das cidades essa necessidade às vezes se impõe ao nosso espírito, com quão maior força ela nos toma quando, ao deixar as cidades populosas, nos vemos diante da natureza imutável, eterna. Ao contemplarmos os vastos horizontes de uma imensa paisagem, o céu profundo recamado de estrelas, parece-nos que somos muito pequenos no conjunto da criação. Quando pensamos que os lugares por onde passamos foram pisados por inúmeras legiões de homens que não deixaram outros traços a não ser o pó das suas ossadas, angustiados nos perguntamos: por que aqueles homens viveram, amaram e sofreram?

Sejam quais forem nossas ocupações, nossos estudos,

somos invencivelmente levados a preocupar-nos com nosso destino, sentimos a necessidade de nos conhecermos e de saber devido a que leis nós existimos.

Acaso somos joguetes das forças cegas da natureza? Nossa raça, que apareceu na Terra depois de tantas outras, não será apenas um elo da imensa cadeia de seres que devem suceder-se na sua superfície? Ou será ela o desabrochar da força vital imanente do nosso globo? Finalmente, a morte deverá dissolver os elementos constitutivos do nosso corpo para tornar a mergulhá-los no cadinho universal, ou, depois dessa transformação, conservaremos uma individualidade para amarmos e lembrar-nos?

Todos esses pontos de interrogação surgem diante de nós nas horas de dúvida e de reflexão, prendem o espírito na rede de idéias que suscitam, e obrigam até mesmo o mais indiferente dos homens a perguntar-se: a alma existe?

Breve olhar sobre a história da filosofia

Os mais antigos filósofos cuja memória a história conservou acreditavam que éramos duplos, que residia em nós um princípio inteligente diretor da máquina humana, mas não haviam aprofundado suas condições de funcionamento. Suas considerações gerais eram extremamente vagas, pois queriam descobrir a causa primeira dos fenômenos do Universo. Nos seus estudos, baseavam-se apenas em hipóteses; assim, a teoria dos quatro elementos que resulta dos seus trabalhos foi abandonada. Mas um fato digno de menção é que Leucipo, para explicar o mundo sensível, admitia três coisas: o espaço, os átomos e o movimento, e acontece que hoje suas deduções são em grande parte adotadas pela ciência contemporânea.

O estudo metódico do homem surgiu com Sócrates; esse grande espírito estabeleceu a existência da alma através de raciocínios extremamente lógicos. Platão, seu discípulo, levou mais longe ainda essa crença. O filósofo da academia, a exemplo de Pitágoras, admitia um mundo distinto dos seres materiais: *o mundo dos pensamentos*. Segundo Platão, a alma conhece os pensamentos pela razão, contemplou-os numa vida anterior à existência atual. Eis aí uma novidade; até então, todos se limitavam a crer que a alma era feita ao mesmo tempo que o corpo. A teoria platônica ensinava que ela tinha vivido anteriormente. Veremos adiante como suas deduções são justas.

Aristóteles, cognominado príncipe dos filósofos, é tão espiritualista quanto seus predecessores, e é preciso reconhecer que toda a antiguidade acreditou na existência da alma, salvo quanto à sua imortalidade. As lutas entre as diferentes escolas tinham por objeto, principalmente, divergências na explicação dos fenômenos do entendimento e não a alma em si.

Assim, criou-se a seita sensualista, cujos mais ilustres representantes foram Leucipo e Epicuro. Este último situava o ponto de partida de todos os conhecimentos na sensação. Ele admitia a alma, sim, mas supunha-a formada por átomos e, conseqüentemente, incapaz de sobreviver à morte do corpo. Na realidade, era um materialista, e colocava-se em oposição formal aos idealistas representados por Sócrates, Platão e Aristóteles.

Zenão pode ser associado a essa escola, mas, ao contrário de Epicuro, separava a sensação das idéias gerais e os sentidos da razão. Sem ir tão longe quanto os cínicos, os estóicos consideravam indiferentemente os prazeres e os sofrimentos. Achavam que todas as ações que se afastassem da lei e do dever eram imorais. Durante vários séculos, essa severidade de princípios constituiu a força da humanidade e a única barreira oposta às paixões desenfreadas da antiguidade pagã.

A escola neoplatônica de Alexandria forneceu gênios luminosos, como Orígenes, Porfírio e Jâmblico, que souberam elevar-se às mais sublimes concepções da filosofia. Admitiram a preexistência da alma e a necessidade do retorno à Terra. Acreditavam que o homem é incapaz de adquirir em uma única vez a soma de conhecimentos necessários para elevar-se a uma condição superior, e defenderam essas nobres doutrinas com uma coragem e uma audácia sem par contra os sectários do cristianismo nascente.

Proclo foi o derradeiro reflexo desse foco intelectual, e a humanidade ficou longos séculos sepultada sob as espessas trevas da Idade Média.

Essa época crente não duvidava da alma e da sua imortalidade, mas os dogmas da Igreja, que se adaptavam maravilhosamente ao espírito bárbaro das nações atrasadas, haviam-se tornado impotentes diante do despertar das consciências. A antiga filosofia apoiava-se na razão; a teologia de Santo Tomás de Aquino repousava apenas na fé, e as tentativas de libertação, resultado do divórcio entre a fé e a razão, eram cruelmente punidas.

Sendo o progresso uma lei do nosso globo, devia chegar um momento em que se efetuaria o despertar das inteligências: foi o que aconteceu com Bacon. Cansado das querelas dos escolásticos, que se esgotavam em discussões estéreis, esse sábio voltou a atenção para o estudo da Natureza; com ele, foi criada a ciência indutiva. Antes de mais nada, recomendava ordem e classificação nas pesquisas; queria que a filosofia saísse dos seus antigos limites, abriu um campo novo para as suas investigações e dotou-a da observação como sendo o meio mais seguro de chegar à verdade.

Após sua morte, revelou-se, na França, Descartes. Esse profundo pensador rejeita todos os dados antigos para adquirir novos conhecimentos através de um método descoberto por ele. Partindo do princípio: penso, logo existo, Descartes estabelecia a existência e a espiritualidade da alma, porque, dizia ele, se podemos supor que o corpo não existe, é impossível negar o pensamento que se afirma por si só, cuja existência sentimos à medida que ele se exerce; em resumo, cada um de nós é algo que compreende, que concebe, que afirma, que nega, que quer, ou não quer. Nessas condições, a faculdade de pensar pertence ao indivíduo, abstraindo-se os órgãos do corpo.

O método preconizado por esse importante renovador inspirou toda uma plêiade de grandes homens, entre os quais podemos citar: Bossuet, Fénelon, Malebranche e Spinosa. Ao mesmo tempo, a influência baconiana formava: Hobbes, Gassendi e Locke. Segundo Hobbes não existe outra realidade a não ser o corpo, outra origem das nossas idéias a não ser a sensação, outro propósito da Natureza a não ser a satisfação dos sentidos. Assim, seu modo de ver conduz diretamente à apologia do despotismo como forma social.

Gassendi foi um discípulo de Epicuro, cujas doutrinas reformulou; o mais célebre filósofo desse período, porém, é Locke, que pode ser visto, com toda razão, como o fundador da psicologia. Ele combateu o sistema cartesiano das idéias inatas e imprimiu, na Inglaterra e na França, um grande impulso aos estudos filosóficos.

Quase na mesma época viveram Bossuet e Fénelon, que escreveram obras admiráveis sobre Deus e a alma. Nessas obras, marcadas pela mais correta lógica, podemos persuadir-nos da existência dessas grandes verdades tão bem evidenciadas por esses espíritos eminentes. A profundidade dos pensamentos é realçada também por uma linguagem admirável, e o espírito francês jamais alcançou tanto brilho, elegância e força como nessas obras imortais.

Leibniz, a mais fecunda inteligência produzida pelos tempos modernos, posicionou-se entre as duas escolas que disputavam entre si o domínio dos espíritos, entre Locke e Descartes. Rebateu o que um e outro haviam tido de demasiado absoluto, mas, ao morrer, seu sistema não tardou a ser abandonado, mesmo na Alemanha, onde no início fora bem recebido.

Na França, os Enciclopedistas fizeram as idéias de Locke triunfar, e estas, com Condillac, Helvétius e Holbach, conduziram a um materialismo absoluto, conclusão inevitável das teorias que, reduzindo o homem à sensação pura, não podem designar-lhe outro fim a não ser o sucesso material.

Não se tardou a ver como esse método, chamado empirismo, produzia tristes resultados. A necessidade de uma reforma se fez sentir energicamente, e esta foi realizada por Thomas Reid, na Escócia, e Emmanuel Kant, na Alemanha.

Em nossa pátria, a escola eclética admitiu o racionalismo de Descartes e brilhou com esplendor ao sustentar a tese espiritualista. As vozes eloqüentes de Jouffroy, Cousin, Villemain demonstraram a existência e a imaterialidade da alma com tal evidência que sua vitória ficou no terreno filosófico. Mas a escola materialista operou uma mudança de estratégia; saindo do domínio da especulação, desceu ao estudo do corpo humano, pretendendo demonstrar que o que pensa, sente e ama em nós não é uma entidade chamada alma, mas o organismo humano, a matéria, única coisa que pode sentir e perceber.

Devemos admitir que, para a massa dos leitores, é difícil situar-se entre as contradições, os sistemas e as utopias pregadas pelos maiores espíritos. Todos estão cansados de tantas pesquisas metafísicas que caem no vazio; querem voltar ao estudo meticuloso dos fatos: daí o sucesso dos positivistas.

No entanto, é preciso situar nitidamente a questão. Para que não haja mais equívoco possível, vamos fazê-lo com a maior clareza que pudermos.

Só podem existir duas suposições a respeito da natureza do princípio pensante: matéria ou espírito. A primeira sujeita à destruição, o outro, imperecível. Todos os meios-termos, por mais sutis que sejam, como epicurismo, panteísmo, sensualismo, idealismo, espiritualismo, vêm confundir-se nessas duas opiniões.

"Que importa – diz Foissac – que os epicuristas admitam uma alma razoável, formada dos átomos mais polidos e mais perfeitos, se essa alma morre com os órgãos, ou se, pelo menos, os átomos que a formam se desagregam e voltam ao estado elementar? Que importa que Spinosa e os panteístas reconheçam que um Deus vive em mim, que minha alma seja uma parcela do grande todo? Não concebo uma alma a não ser com a característica de unidade indivisível, e com a conservação da individualidade do eu. Se minha alma, depois de ter sentido, sofrido, pensado, amado, esperado vai se perder nesse fabuloso oceano chamado alma do mundo, o eu se dissolve e desaparece; é a destruição e a morte das minhas afeições, das minhas lembranças, das minhas esperanças, é o abismo das consolações desta vida e o verdadeiro nada da alma."

Assim, a alternativa é esta: ou todo ser desaparece e se desagrega após a morte terrestre, ou persiste dele uma emanação, uma individualidade que conserva o que constituía a personalidade, ou seja, a lembrança, e, conseqüentemente, a responsabilidade.

Pois bem, concentrando-nos no terreno dos fatos, passaremos em revista as objeções que nos são feitas e demonstraremos que a alma é uma realidade que se afirma pelo estudo dos fenômenos do pensamento; que jamais se poderia confundi-la com o corpo que ela domina; e que, quanto mais se penetra nas profundezas da fisiologia, mais a existência de um princípio pensante se revela luminosa e clara aos olhos do pesquisador imparcial.[1]

As teorias materialistas

Os mais ilustres representantes das teorias materialistas são, na Alemanha, Moleschott e Buchner. Ambos reuniram em suas obras a maioria dos argumentos que militam a seu favor. Portanto, examinaremos em primeiro lugar os sistemas preconizados por eles. Em outro capítulo, nos ocuparemos de uma segunda categoria de adversários: os positivistas.

É compulsando os anais da fisiologia, isto é, dos fenômenos da vida, que os sábios acima citados esperam provar que estão certos. Escrutinam minuciosamente todos os elementos que entram na composição dos corpos organizados, estabelecem com autoridade a grande lei da equivalência das forças, que se traduz nas ações vitais, medem, pesam, analisam com excepcional talento todas as ações físicas e químicas que se efetuam no corpo do homem. Mas quando, abandonando as ciências exatas, se aventuram no domínio filosófico, seu testemunho, com toda razão, pode ser recusado.

É que, na verdade, eles tentam uma empreitada impossível. Querem banir dos conhecimentos humanos todos os fatos que não são percebidos diretamente pelos sentidos. Empenhados em rejeitar antigas idéias, não refletem que estão admitindo causas tão estranhas e entidades científicas tão bizarras quanto as dos espiritualistas.

Antes de mais nada, acaso não vemos esses sábios, que rejeitam a alma porque ela é imaterial, admitirem a existência de um agente imponderável, invisível e intangível que se chama vida? Que é a vida afinal?

"É – responde o sr. Longet – o conjunto das funções que distinguem os corpos organizados dos corpos inorgânicos." Ao aceitar essa definição, não ficamos mais esclarecidos, porque continuamos a ignorar qual é a causa dessas funções. Elas

---
[1] Quanto ao sentido da palavra imaterial, ver a quarta parte desta obra.

só ocorrem devido a uma força que age constantemente, que conhecemos por seus efeitos, mas cuja natureza íntima continua sendo um mistério.

Que força é essa que anima a matéria, que dirige as operações tão numerosas e múltiplas que se passam no interior do corpo?

Nossas máquinas, ainda tão rudimentares quando comparadas ao vegetal mais simples, exigem manutenção constante para o bom funcionamento de todas as suas partes, uma vigilância contínua para prevenir acidentes que possam ocorrer. Na natureza, ao contrário, tudo se cumpre maravilhosamente. As ações mais diversas, mais díspares, combinam-se entre si para manter a harmonia que constitui o ser saudável.

Quem determina a cada substância o lugar que deve ocupar no organismo? Quem conserta essa máquina quando fica danificada? Enfim, que força é essa da qual resulta a vida?

Para responder a essas indagações, os fisiologistas imaginaram uma força que chamam de princípio vital. Tudo que mais desejamos é acreditar nisso, mas lhes chamamos a atenção para o fato de que esse princípio é invisível, intangível, imponderável, que só acusa sua presença pelos efeitos que manifesta, e que os espiritualistas estão nas mesmas condições quando falam da alma. Se os materialistas admitem a vida, e nenhum deles pode negá-la, não têm qualquer motivo para rejeitar a existência do princípio pensante do homem.

Moleschott publicou uma obra intitulada *La Circulation de la Vie*, em que expõe a nova forma das crenças materialistas. Vamos resumi-la rapidamente, para mostrar como suas alegações são desprovidas de exatidão e através de que sofismas ele consegue dar uma aparência de lógica às suas deduções.

Ele estabelece como princípio que em nós e em torno de nós só podemos perceber a matéria; que nada existe sem ela, que o poder criador reside no seu âmago, e que é através do seu estudo que o filósofo pode explicar tudo.

Discorre com satisfação sobre as provas que a ciência forneceu sobre a grande frase de Lavoisier: nada se cria, nada se perde. O balanço demonstra que, em suas transformações, os corpos se decompõem, mas que os átomos que os constituem podem reencontrar-se integralmente em outras combinações. Em outras palavras, não se cria matéria. O corpo do homem rejeita o que nutre a planta; a planta transforma o ar que nutre o animal; o animal nutre o homem, e seus restos, levados pelo ar sobre a superfície vegetal, renovam e conservam a vida das plantas. Todos os mundos: vegetais, minerais, animais se unem, se penetram, se confundem e transmitem a vida por um movimento que é dado ao homem captar e compreender. Eis por que, diz ele, "a circulação da matéria é a alma do mundo."

Essa matéria, que se mostra sob aspectos tão diferentes, que se transforma em tão múltiplos avatares, é, contudo, sempre a mesma. Como essência, ela é imutável, eterna. Moleschott observa que ela é inseparável de uma das suas propriedes: a força. Não concebe uma sem a outra. Não consegue imaginar que a força existe independente da matéria, e vice-versa. Conclui daí que as forças designadas por nomes como: Deus, alma, vontade, pensamento etc., são propriedades da matéria. Segundo ele, acreditar que elas podem ter uma existência real, é incorrer num erro ridículo. Ouçamos:

"Uma força que pairasse acima da matéria, e pudesse juntar-se com ela a seu bel prazer, seria uma idéia absolutamente vaga. As propriedades do azoto, do carbono, do hidrogênio e do oxigenio, do enxofre e do fósforo residem neles desde tempos imemoriais."

Disso resulta que a força vital, a idéia diretriz, a alma etc. são, na realidade, apenas modificaçoes da matéria, alguns de seus aspectos particulares. A matéria em si, por toda parte e sempre, sob uma variedade infinita de formas, é somente a combinação físico-química dos elementos. São estas, em linhas gerais, as primeiras afirmações de Moleschott. Serão exatas? É o que se trata de investigar. Resumindo:

1º Ele nega absolutamente qualquer plano, qualquer vontade dirigente na marcha dos acontecimentos do Universo.

2º Garante que a força é um atributo da matéria.

Vejamos se os fatos lhe dão razão.

A idéia diretriz

Em primeiro lugar, observemos que, no infinito, existem terras como a nossa que obedecem a regras invariáveis, cujo encadeamento é tão grandioso que o espírito, surpreso e confuso diante dessas maravilhas, não pode duvidar de que uma profunda sabedoria tenha presidido ao seu ordenamento. Não é a um sábio como Moleschott que se deve lembrar a extrema complicação da máquina celeste. Não é a ele que se deve mostrar os milhares de mundos girando no espaço e entrelaçando suas órbitas numa harmonia tão eficientemente combinada que a mais fértil imaginação mal consegue investigar-lhe as mais simples das leis. Quem não se detém maravilhado diante do esplendor de uma bela noite de verão? Quem já não estremeceu de emoção ao ver o pontilhado de sóis suspensos no espaço? Quem não sentiu um terror instintivo ao pensar que o planeta que nos transporta avança no éter sem outra sustentação a não ser a atração de um astro longínquo? E quem um dia não pensou que os movimentos tão precisos desse vasto relógio revelavam a inteligência de um sublime artífice? Quem não compreendeu que a harmonia não pode nascer do caos, e que o acaso, essa força cega, não conseguiria engendrar a ordem e a regularidade?

Sim, no espaço ilimitado ocorrem as eternas transmutações da matéria; sim, ela muda de aspecto, de propriedades, de formas, mas constatamos que isso se deve a leis *imutáveis*, guiadas pela mais inflexível lógica, por isso acreditamos numa inteligência suprema, reguladora do Universo.

Se, desviando os olhos da abóbada azulada, olharmos ao nosso redor, continuamos a perceber a mesma influência diretriz. Sabemos, como Moleschott, que nada se cria, que nada se perde em nosso pequeno mundo. A astronomia nos mostra a Terra girando em torno do Sol, através das planícies do espaço, e sabemos que a gravitação retém na sua superfície todos os corpos que a compõem. Portanto, podemos perfeitamente compreender que ela nada adquire e nada perde no seu curso incessante. As novas descobertas nos provam que todas as substâncias se transformam umas em outras, que os corpos estudados pela química diferem pelo número e pelas proporções dos elementos simples que entram na sua composição. Nada é mais exato, e ninguém pensa em contestar essas verdades provadas.

Quando consideramos a enorme multiplicidade de trocas que se efetuam entre todos os corpos, o que mais nos surpreende não são as combinações em si, mas a maravilhosa compreensão das necessidades de cada ser que elas revelam. Nada se perde no imenso laboratório da Natureza. Todos os seres, por mais ínfimos que nos pareçam, têm sua utilidade para o bom funcionamento do conjunto da criação; cada substância é utilizada de modo a produzir o máximo de resultados, e a "circulação da matéria" sustenta a vida na superfície do nosso globo. Sim, esse perpétuo movimento é a alma do mundo, e, quanto mais complicado, quanto mais diversificado é, mais depõe a favor de uma ação diretriz.

A ciência contemporânea descobriu nossas origens; sabemos que, desde o momento em que a Terra não passava de um amontoado de matéria cósmica, produziram-se metamorfoses que lenta e gradualmente a transportaram à época atual. É devido a essa *progressão evolutiva* que reconhecemos a necessidade de uma influência exercendo-se de modo constante, para conduzir os seres e as coisas da fase rudimentar a estados cada vez mais aperfeiçoados. Quando se examina o desenvolvimento da vida através dos períodos geológicos, não se pode negar que uma inteligência tenha dirigido a marcha ascendente de tudo que existe rumo a uma meta que ignoramos, mas cuja existência é evidente.

É fácil constatar que os seres se modificaram de modo contínuo devido a um plano grandioso, à medida que as condições da vida se transformavam na superfície do globo. Eis por que encontramos nas entranhas da Terra o esboço da maior parte das espécies, vegetais e animais, que hoje compõem a flora e a fauna terrestres.

A que agente atribuir essa marcha progressiva? Será que é o acaso que combina com tanto cuidado a ação de todos os elementos? Seria absurdo supô-lo, sendo o acaso uma palavra que significa ausência de qualquer premeditação, de qualquer previsão.

Afastada essa hipótese, restam-nos as leis físico-químicas de que fala Moleschott. Aqui, novamente, lembramos que essas leis não são inteligentes. Jamais se admitiu que o oxigênio se combinasse por prazer com o hidrogênio; o azoto, o fósforo, o carbono etc. têm propriedades que possuem desde tempos imemoriais, é evidente. Porém, não é menos verdade que são forças cegas, que não se dirigem em virtude de uma compulsão que lhes é própria, e, se essas energias passivas, aliando-se, produzem resultados harmônicos, bem coordenados, é porque são acionadas por um poder que as domina. A química, a física, a astronomia, ao explicarem os fatos que pertencem aos seus respectivos domínios, não atingiram, absolutamente, a causa primeira. A moderna biologia tampouco toca nessa causa; ela não suprime Deus, ela o vê mais distante e, principalmente, mais alto.

A força é independente da matéria

Examinemos agora a segunda proposição de Moleschott, que sustenta que a força é um atributo da matéria, isto é, que é impossível conceber uma sem a outra. Segundo ele, estudar separadamente a força e a matéria é um absurdo, donde resulta que, estando a energia contida na matéria, as forças, como a alma, o pensamento, Deus etc., são apenas propriedades dessa matéria. Se demonstrarmos que sua afirmação é falsa, estabeleceremos implicitamente a realidade da alma. Para responder a um sábio, não há método melhor do que confrontá-lo com outros sábios.

Baseado em Newton, d'Alembert diz "que um corpo abandonado a si mesmo deve permanecer eternamente no seu estado de movimento ou de repouso uniforme". Dito de outra forma, se um corpo está em repouso, não conseguirá mover-se por conta própria.

Laplace expressa assim o mesmo pensamento: "Um ponto em repouso não pode pôr-se em movimento, pois não tem em si razão para mover-se de um lado para outro. Quando é solicitado por uma força qualquer e a seguir é abandonado a si mesmo, move-se constantemente, de modo uniforme, na direção daquela força: não encontra a menor resistência, ou seja, sua força e sua direção de movimento são sempre as mesmas em qualquer instante. Essa tendência da matéria de perseverar no seu estado de movimento e de repouso é o que chamamos *inércia*. É a primeira lei do movimento dos corpos."

Assim, Newton, d'Alembert e Laplace reconhecem que a matéria é indiferente ao movimento e ao repouso, que só se move quando uma força atua sobre ela, porque, naturalmente, ela é inerte. É, portanto, por uma afirmação gratuita e sem fundamento científico que se tenta atribuir força à matéria.

Cremos que o depoimento e a competência dos três grandes homens acima citados dificilmente podem ser contestados; contudo, para dar mais peso à nossa assertiva, diremos que o Cardeal Gerdi e Euler estabelecem, através de cálculos matemáticos, a certeza da inércia dos corpos; não podemos reproduzi--los aqui, mas faremos valer um argumento decisivo em apoio à nossa convicção.

Temos uma excelente prova do princípio da inércia nas aplicações que foram feitas das teorias da mecânica aos fenômenos astronômicos.

Com efeito, se essa ciência que tem por base a inércia não se apoiasse num fato real, suas deduções seriam falsas e inverificáveis pela experiência. Se a lei da inércia não precisasse de uma concepção do espírito sem qualquer valor positivo, teria sido impossível que Leverrier encontrasse e calculasse a órbita de um planeta desconhecido até a sua época, e principalmente que suas previsões, que se confirmaram de ponta a ponta, talvez não se tivessem realizado.

Essa descoberta confirma que as leis encontradas pelo raciocínio são exatas, pois são verificáveis pela observação de um fenômeno cuja possibilidade não se imaginava quando os princípios da mecânica celeste foram estabelecidos. Não é evidente que se conheciam as propriedades dos corpos, e mais tarde das curvas que eles descrevem, muito antes de ter observado no céu o movimento dos astros? Ora, sendo a mecânica nada mais do que o estudo das forças em ação, é certo que suas leis são rigorosas, pois estão inscritas na Natureza.

Os matemáticos não foram os únicos a tratar da questão: o sr. H. Martin, no seu livro *Les Sciences et la Philosopie*, demonstra, segundo o sr. Dupré, que em virtude das leis da termodinâmica é necessário conceber uma ação inicial exterior e independente da matéria.

Aliás, é fácil convencer-se, raciocinando segundo o método positivo, de que o testemunho dos sentidos não pode fazer-nos ver a força como um atributo da matéria; ao contrário, pela experiência cotidiana constatamos que um corpo permanece inerte e ficará eternamente na mesma posição, se nada vier transmitir-lhe movimento. Uma pedra que atiramos, após a queda fica no estado em que está, quando a força que a animava deixou de atuar. Uma bolinha de gude não rolará sem um primeiro impulso que lhe determine o deslocamento. Ora, sendo o Universo o conjunto dos corpos, pode-se dizer a respeito do conjunto da criação o que se diz de cada corpo em particular, e, embora o Universo esteja em movimento, é impossível constatar que possua em si mesmo a causa disso.

Até aqui, como se vê, Moleschott não foi feliz na escolha das suas afirmações. Erige como verdade os pontos mais contestáveis. Não é de surpreender, portanto, que, partindo de dados tão falsos, chegue a conclusões absolutamente errôneas. O estudo imparcial dos fatos nos leva a encarar o mundo como se formado por dois princípios independentes um do outro: a força e a matéria.

Além disso, deve-se observar que a força é a causa efetiva à qual todos os seres, orgânicos ou não, obedecem. Então, as forças denominadas Deus, alma, vontade etc. têm uma existência real fora da matéria, que é apenas o instrumento passivo sobre o qual se exercem.

Continuemos a análise do livro de Moleschott e veremos que sua perspicácia nas suas apreciações sobre o homem não é maior do que o discernimento que tem no seu estudo da Natureza. O grande argumento que apresenta como prova de convencimento é o mesmo usado pelos materialistas em geral; consiste em dizer: o cérebro é o órgão através do qual o pensamento se manifesta, logo, é o cérebro que emite o pensamento. Este raciocínio é quase tão lógico quanto o seguinte: o piano é o instrumento que serve para fazer com que se ouça uma melodia, logo, o piano emite a melodia. Se disséssemos isso diante de um incrédulo, muito provavelmente ele nos olharia com desdém, mas, estranhamente, quando se trata da alma, ele prontamente aceita este modo de discutir. É porque, sob pretexto algum, os materialistas querem acreditar num princípio pensante; negam a existência do músico; daí as singulares teorias que nos propõem.

Os materialistas encontram-se diante do seguinte problema: o homem pensa, o pensamento não tem nenhuma das propriedades da matéria; é invisível, não tem forma, nem peso, nem cor. No entanto, ele existe, e, para serem racionais, é preciso que o façam provir da matéria. Certamente, é muito difícil explicar como uma coisa material, o cérebro, pode gerar uma ação imaterial, o pensamento. Assim, veremos desfilarem os sofismas, com o auxílio dos quais nossos adversários transmitem indícios de raciocínios.

O cérebro é necessário para a manifestação do pensamento; os filósofos gregos já o sabiam, e por isso não incorriam no erro dos cépticos atuais; faziam distinção entre a causa e o instrumento que ajuda a produzir o efeito. Alguns fisiologistas, como Cabanis, não dão tanta importância a isso. Ele, com efeito, diz:

> Veremos as impressões chegarem ao cérebro por intermédio dos nervos, sendo, então, isoladas e sem coerência. A víscera entra em ação; atua sobre elas e em seguida as devolve metamorfoseadas em idéias que a linguagem da fisionomia ou do gesto, ou os signos da palavra e da escrita, manifestam exteriormente. Concluímos com a mesma certeza que o cérebro de certa forma digere suas impressões, que ele realiza organicamente a secreção do pensamento.

Essa doutrina está tão bem implantada no espírito dos materialistas que, segundo Carl Vogt, os pensamentos têm com o cérebro quase "a mesma relação da bílis com o fígado, ou da urina com os rins".

Broussais já havia dito no seu testamento:

> Desde que soube, pela cirurgia, que pus acumulado na super-

fície do cérebro destruía nossas faculdades, e que a evacuação desse pus permitia-lhes reaparecer, não pude mais considerá-las de outro modo a não ser como atos do cérebro vivo, embora não soubesse nem o que era o cérebro, nem o que era a vida.

Moleschott apressando-se a seguir tão nobres pegadas, variando um pouco a argumentação, brada:

> O pensamento não deixa de ser um fluido como o calor ou o som, é um movimento, uma transformação da matéria cerebral; a atividade do cérebro é uma propriedade do cérebro tão necessária quanto a força, por tudo inerente à matéria como seu caráter essencial e inalienável. É tão impossível que o cérebro intato não pense, quanto é impossível que o pensamento esteja ligado a outra matéria que não o cérebro.

Segundo o sábio químico, qualquer alteração do pensamento modifica o cérebro e qualquer dano a esse órgão suprime todo pensamento, ou parte dele.

"Sabemos por experiência – diz ele – que a excessiva abundância do líquido encéfalo-raquidiano causa o estupor; a apoplexia é acompanhada pela anulação da consciência; a inflamação do cérebro provoca o delírio; a síncope que diminui o movimento do sangue rumo ao cérebro ocasiona desmaios; a influência do sangue venoso no cérebro produz a alucinação e a vertigem; uma completa idiotia é o efeito inevitável da degenerescência dos dois hemisférios cerebrais; enfim, qualquer excitação nervosa na periferia do corpo só desperta uma sensação consciente no momento em que repercute no cérebro."

Conclui, então, que nos fenômenos psicológicos não se pode constatar outra coisa a não ser a eterna dualidade da criação: uma força, o pensamento que modifica; uma matéria, o cérebro.

Toda a argumentação de Moleschott consiste em dizer que, com órgão sadios, os atos intelectuais se exercem facilmente; que se, ao contrário, o cérebro adoece, a alma não pode mais servir-se dele, e que as faculdades reaparecem quando a causa que alterava o cérebro deixou de atuar.

Continua sendo a história do piano. Se uma das cordas

vem a romper-se, será imposível vibrar a nota correspondente a ela; substitua-se a corda ausente, e imediatamente fica fácil reproduzir o som. Portanto, mesmo que ficasse demonstrado que o pensamento é sempre a resultante do estado do cérebro, isso não bastaria para poder afirmar que o encéfalo produz o pensamento. Quando muito, se poderia concluir a partir disso que existem entre ambos correlações íntimas. Não está provado, porém, que a integridade do cérebro seja indispensável para a produção dos fenômenos espirituais. Eis o que diz o sr. Longet, cuja competência em fisiologia é unanimemente reconhecida:

> Jamais se negou a solidariedade entre órgãos sadios e uma inteligência sã: *mens sana in corpore sano*; mas essa dependência tão natural não é de tal modo absoluta que não se encontrem numerosos exemplos do contrário. Vêem-se crianças frágeis assombrarem pela precocidade da sua inteligência e alcance de raciocínio, anciãos caducos e perto do túmulo conservarem intatos o juízo, a memória, o brilho do gênio, o ardor da coragem. Há alguns anos o prof. Lordat escreveu um tratado notável sobre a insenescência do senso íntimo nos velhos. A loucura segue-se, freqüentemente, a uma lesão considerável dos centros nervosos; mas que diremos dos casos em que Esquirol e os autores mais conscienciosos afirmam não ter encontrado qualquer vestígio de alteração no cérebro? Os anais da ciência nos fornecem um número bastante grande de fatos perfeitamente observados de alteração profunda da substância cerebral, sem que, durante a vida, se tenha percebido a mais leve perturbação da inteligência.
> Viram-se porções do cérebro serem retiradas, balas atravessarem esse órgão de um lado a outro, sem o menor transtorno mental, ao passo que às vezes bastam diminutos filetes de sangue num ponto restrito para excitar a febre, provocar delírio violento e levar rapidamente à morte. Apressamo-nos a reconhecer que a integridade dos órgãos, sua boa conformação, um volume suficiente são condições favoráveis ao livre exercício, ao vigor das faculdades intelectuais. Mas tenhamos o cuidado de não confundir o *órgão* com a *função*; e é principalmente ao falar do cérebro e do pensamento que essa distinção é importante, porque várias partes do organismo concorrem para esse grande fenômeno da vida intelectual: a privação do ar a faz cessar imediatamente; uma bala que atravessa o coração a destrói rapidamente etc. E, no entanto, quem ousaria atribuir como causa primeira do pensamento o ar que respiramos, o

sangue vermelho que circula nos canais arteriais?

Eis o que diz a ciência, e parece-nos que suas conclusões, realmente, não são favoráveis a Moleschott. Não é possível afirmar que o pensamento esteja sempre em harmonia com a integridade do cérebro, logo, ele não é produzido pelo cérebro. Vimos também, anteriormente, o sábio holandês atribuir o pensamento a uma vibração da matéria cerebral. Seria essa uma teoria mais justa do que as precedentes? Veremos isso imediatamente.

Logo de início uma dificuldade nos embaraça: é difícil compreender como uma sensação gera uma idéia. A sensação é uma impressão produzida nos nervos sensitivos por uma comoção externa que determina um movimento ondulatório, que se propaga pelas fibras nervosas até o cérebro. Chegando lá, esse movimento faz as células do sensório vibrarem. Em que um movimento mecânico das células pode determinar uma idéia? Como compreender que essa comoção seja percebida pelo seu pensamento?

A célula nervosa, que é formada de colesterina, de água, de fósforo, de ácido úmico etc., associados em determinadas proporções, por si só não é inteligente; o movimento vibratório é uma simples ação material. Como pode acontecer, no entanto, que o pensamento nasça da comoção da célula nervosa? É o que se esquecem de dizer-nos.

Os espiritualistas interpretam os fatos dizendo que temos em nós uma individualidade intelectual que é advertida, por essa vibração, de que uma ação foi exercida no corpo, e é quando a alma toma consciência desse movimento vibratório que temos a percepção. O que estabelece de modo incontestável que as coisas se passam assim, é o fenômeno tão comum da distração.

Quando trabalhamos num aposento, muitas vezes não ficamos alheios ao tique-taque de um relógio? E pode até acontecer que não lhe prestemos atenção quando bate as horas. Por que não ouvimos as batidas? As vibrações produzidas pelo som impressionaram nosso ouvido, propagaram-se, através do organismo, até o cérebro, mas a alma, estando ocupada com outros pensamentos, não pôde transformar a sensação em percepção, de modo que não tivemos consciência dos ruídos produzidos pelo pêndulo do relógio. Este simples fato prova, de maneira evidente, a existência da alma.

Outras objeções

Agora temos certeza de que o pensamento não é produzido pelo complexo do cérebro, nem por um movimento vibratório de suas moléculas. Certificamo-nos de que tampouco é produto da matéria cerebral. Retomemos, para examiná-las, as teorias de Cabanis e de Carl Vogt sobre o pensamento: é possível que exista uma secreção do cérebro? Essa idéia é tão falsa, tão pouco acorde com a realidade dos fatos, que um materialista decidido, como Buchner, se recusa a admiti-la. Realmente, ele diz:

> Não obstante o mais escrupuloso exame, não podemos encontrar uma analogia entre a secreção da bílis, ou a da urina, e o processo pelo qual se forma o pensamento no cérebro. A urina e a bílis são matérias palpáveis, ponderáveis e visíveis, e mais, são matérias excrementícias que o corpo usou e expele. O pensamento, o espírito, a alma, ao contrário, nada têm de material, não são substância, mas o encadeamento de forças diversas formando uma única, e o efeito da união de muitas substâncias dotadas de forças e de qualidades. Se uma máquina feita pela mão do homem produz um efeito, põe em movimento seu mecanismo, ou outros corpos, dá uma batida, indica a hora ou algo semelhante, uma coisa essencialmente diferente de certas matérias excrementícias que ela talvez produza durante sua atividade.
> É assim que o cérebro é o princípio e a fonte, ou, melhor dizendo, a única causa do espírito, do pensamento; mas nem por isso é um órgão secretor. Ele produz algo que não é jogado fora, que não dura materialmente, mas que se consome automaticamente no momento da produção. A secreção do fígado, dos rins, acontece sem interferência da nossa vontade, de forma independente da atividade superior dos nervos; produz uma matéria palpável. A atividade do cérebro não pode ocorrer sem consciência total; não segrega substâncias, mas forças. Todas as funções vegetativas, a respiração, a pulsação cardíaca, a digestão, a secreção dos órgãos excretores ocorrem tanto durante o sono, como em estado de vigília; porém, as manifestações da vida são suspensas no momento em que o cérebro, sob a

influência de uma circulação mais lenta, está mergulhado no sono.

Para Buchner, o pensamento não é uma secreção, ele é proveniente de um conjunto de forças diversas formando uma única; é uma resultante, mas uma resultante de quê? Será do complexo do cérebro ou somente de certas partes dele? Como algo indivisível, indissecável como o pensamento pode ser produzido por diferentes órgãos reunidos num efeito comum? O autor nada diz sobre isso. Aliás, não precisamos de explicação para compreender que esse modo de encarar o pensamento também é errado. Buchner reconhece que o pensamento é imaterial; nós perguntamos como poderia ele ser produzido pelo cérebro, já que este é composto só de matéria?

Acompanhemos mais de perto a questão e veremos que, seja qual for o rumo que tomemos, é impossível supor que o cérebro segregue o pensamento, ou que este se desprenda dele como a eletricidade se desprende dos corpos que a contêm.

É evidente, provado, incontestável que o trabalho cerebral determina uma elevação de temperatura no cérebro. Produz-se uma oxidação das células que pode ser medida, como o fez Schiff, operando em cães ou no homem, tal como o atestam as experiências de Broca em estudantes de medicina ou, enfim, pesando, como Bayson, os sulfatos e os fosfatos que lhe entravam no corpo pela alimentação, e mostrando que a quantidade de sais expelida pelas excreções aumentava de maneira sensível após um trabalho cerebral.

Em que essas experiências, que os materialistas pretenderam usar como argumento, podem invalidar a existência da alma? Elas simplesmente demonstram que quando o cérebro trabalha, o sangue aflui a ele e determina um movimento molecular que se traduz materialmente por ações químicas. Deve-se crer que o pensamento seja o produto dessas reações? Seria um erro grave, porque se o cérebro segrega o pensamento, é preciso explicar a natureza e o resultado dessa secreção; será um líquido, um sólido, um corpo simples, ou um corpo composto? A partir do momento em que se afasta definitivamente qualquer hipótese espiritual, deve-se estabelecer que, pela elevação da temperatura, obtém-se um objeto material. Ora, quem poderá afirmar um dia que o pensamento, essa coisa fugidia, está nesse caso?

Se admitirmos que o pensamento é uma força, como a eletricidade ou o calor, que emana do cérebro em certos momentos, sendo toda força um movimento vibratório do éter, voltamos a cair na teoria de Moleschott, que mostramos ser falsa.

Vemos portanto que, seja qual for o processo de análise empregado, é impossível supor que o pensamento se deva a uma emanação do cérebro, ou a secreções ou vibrações da matéria cerebral. Não podemos admitir os sistemas materialistas sem ficarmos em oposição formal com os fatos e com a razão, e, se constatamos no cérebro uma série de atos que precedem, acompanham ou seguem o pensamento, é absolutamente ilógico atribuir-lhes sua produção.

Uma das faculdades da alma que mais atraiu a atenção dos filósofos foi, incontestavelmente, a memória. Faculdade misteriosa que reflete e conserva os acidentes, as formas e as modificações do pensamento, do espaço e do tempo; na ausência dos sentidos e longe da impressão de agentes externos, ela representa uma sucessão de idéias, de imagens e de acontecimentos já desaparecidos, sumidos no nada; ela os ressuscita espiritualmente, tais como o cérebro os sentiu e a consciência os percebeu e formou.

Para explicar-lhe o mecanismo, Aristóteles admite que as impressões externas gravam-se no espírito, mais ou menos como se reproduz uma letra calcando um sinete sobre a cera. Descartes também crê que essa faculdade provenha de vestígios deixados em nós pelas impressões dos sentidos ou pelas modificações do pensamento. Adotemos a maneira de ver desses grandes homens e perguntemo-nos como poderemos conciliá-la com os dados que Moleschott nos fornece sobre a natureza do princípio pensante.

O douto químico, num magnífico capítulo, estabelece o movimento incessante da matéria, as maravilhosas e múltiplas transformações que ocorrem no interior do nosso corpo, e, apoiando-se nos trabalhos de Thompson, de Vierodt e de Lehumann, que por sua vez tomavam por base os trabalhos de Cuvier e de Flourens, anuncia que "os fatos justificam plenamente a suposição de que o corpo renova a maior parte da sua substância num lapso de vinte a trinta dias". E, em outro capítulo, também diz: "O ar que respiramos *a todo instante* muda a composição do cérebro e dos nervos."

Se isso é verdade, se a cada trinta dias somos um novo ser, se todas as moléculas que compõem nosso ser retornarem ao turbilhão vital, como é que, na idade madura, conservamos a lembrança de atos que ocorreram na nossa juventude? Como Moleschott nos explicará que, apesar dessas contínuas mutações, continuamos a ser os mesmos indivíduos? É incontestável que temos a irresistível certeza de sermos idênticos; assim, mesmo que envelheçamos, sabemos que nosso eu não muda. Em meio às vicissitudes da existência, nossas faculdades podem ampliar-se ou obliterar-se, nossos gostos variar ao infinito e levar-nos a apresentar as mais surpreendentes contradições, mas temos certeza de continuar sendo o mesmo, temos consciência de que um outro não tomou nosso lugar, e no entanto todos os elementos do nosso corpo foram renovados várias vezes, nem um só átomo do que o formava há dez anos subsiste nele atualmente. Como, então, conservamos a memória das coisas passadas?

É, respondem os espiritualistas, porque existe em nós um princípio que não muda e cuja natureza indivisível não está sujeita à destruição como a matéria. É a alma que conserva a lembrança dos acontecimentos passados, as conquistas da inteligência e as virtudes lentamente adquiridas por uma luta incessante contra as paixões.

Não podemos admitir as teorias materialistas, pois elas pura e simplesmente tendem a suprimir a responsabilidade dos atos. Se, realmente, não passamos de um conjunto de moléculas incessantemente renovadas, se as faculdades são a tradução exata do desenvolvimento que o acaso daria a certas partes do cérebro, com que direito o homem poderia prevalecer-se das suas qualidades, e por que se consideraria um malfeitor, já que sua inclinação para o crime dependeria de uma disposição orgânica que ele não tem autonomia para modificar?

As lutas que sustentamos contra as aspirações que nos arrastam para o mal indicam que há em nós uma força consciente dirigida pelas leis da moral. Essas lutas íntimas revelam a ação da vontade, a despeito de todos os sofismas que se amontoaram para provar que ela é uma quimera. É verdade que nem sempre conseguimos dominar nossas sensações; às vezes elas se impõem energicamente. Um espetáculo comovente nos enche de emoção, a visão de uma injustiça provoca nossa indignação, uma harmonia suave nos encanta, mas essas impressões tão diversas são bem diferentes da vontade, que é a característica mais íntima do eu e da personalidade humana. Quando estamos diante da realização de um ato, pesamos os motivos que podem decidir-nos, freqüentemente a voz do interesse se faz ouvir, opondo-se à voz do dever, e o que constitui o mérito é o poder que temos de escolher entre as duas motivações. É por sermos livres que somos responsáveis; esta grande verdade está tão entranhada na consciência universal, que jamais se viu um louco ser punido por ter cometido um crime.

O livre-arbítrio não é uma ilusão, é ele que dá ao homem honesto a força para preferir a morte a ter que infringir as leis, é ele que incita os grandes corações a renúncias heróicas; e, se o homem fosse apenas um joguete inconsciente de forças físico-químicas, teria que dizer adeus a todos os nobres sentimentos, a todas as aspirações generosas!

Tentou-se provar, comparando o peso de grande número de cérebros humanos, que a inteligência mais desenvolvida sempre correspondia ao encéfalo mais pesado. Inúmeras estatísticas foram feitas; mas, até agora os resultados não foram suficientemente precisos para permitir que se formulasse uma lei. Nos últimos tempos, os srs. Bischof, Nicolucci, Hervé, Broca etc. fizeram pesquisas muito curiosas a este respeito, mas, da mesma forma que seus predecessores, não conseguiram deduzir uma regra a partir dos numerosos casos observados, e viram-se idiotas cujo cérebro tinha um volume tão considerável quanto o de pessoas que gozavam de todas as suas faculdades intelectuais.

É nesse tipo de pesquisas que não se deve confundir o órgão e a função. Se observamos que certas partes do corpo crescem mais do que outras, é porque trabalham mais. Está provado que os ferreiros têm o braço direito bem mais forte do que o outro, porque é com aquele que manejam o martelo. Observou-se também que os torneiros têm a perna esquerda mais volumosa do que a direita, pois é aquela que utilizam constantemente. Deve-se deduzir daí que esses homens são ferreiros ou torneiros porque seus membros sãos mais desenvolvidos?

O mesmo raciocínio se aplica ao cérebro. Se em certos casos se observa uma correlação entre o seu volume e uma grande atividade intelectual, isso simplesmente prova que nele o espírito age com intensidade. O sr. Hervé diz com muita propriedade: "O encéfalo, como todas as coisas, cresce na proporção da atividade de que ele é a sede." Esta é uma lei que se aplica a todos os órgãos da série animal. Ora, qual é a atividade funcional do cérebro? É a atividade intelectual e moral.

Portanto, o peso e o volume do cérebro nada têm em comum com a existência da alma, e não podem desaboná-la.

Conclusão

Em resumo, diríamos que, do estudo dos fatos, ressalta a certeza de que possuímos um princípio pensante, independente da matéria, que não está, como ela, sujeito às transformações da vida, e no qual reside a memória. Para combater essa verdade tão simples, alguns sábios vasculharam as mais íntimas profundezas do ser, para daí extraírem argumentos.

Ficamos surpresos ao ver como se equivocam quando, guiados por hipóteses, abandonam o sólido terreno da experiência, aventurando-se no domínio filosófico. É que não querem admitir o que é visível, tangível, que se pode medir. Nada teríamos a dizer contra esse método, se sempre o utilizassem. O que não é justo, porém, é que só o apliquem aos fenômenos psíquicos. Broussais dizia: "Dissequei muitos cadáveres; nunca encontrei a alma." E, no entanto, ele admitia a vida e as ciências naturais, que só se baseiam em entidades.

Ouçamos o sr. Langel:

> A química se contenta com palavras sempre que é impossível penetrar a verdadeira essência dos fenômenos. De que fala ela sem cessar? De afinidade; não está aí uma força hipotética, uma entidade tão pouco tangível quanto a vida e quanto a alma. A química transfere para a psicologia a idéia da vida e nega-se

a ocupar-se com isso. Mas a idéia em torno da qual a química se desenvolve tem alguma coisa que seja mais real? Freqüentemente, é uma idéia que não se pode captar, não somente na sua essência, mas também nos seus efeitos. Por exemplo, é possível meditar um instante sobre as leis de Berthollet sem compreender que se está diante de um mistério impenetrável? Nas experiências que serviram para estabelecê-las, as reações químicas são reconduzidas a condições puramente estáticas e independentes das afinidades propriamente ditas; mas no fenômeno de uma combinação, na atração que precipita um contra o outro os átomos que se buscam, que se unem escapando dos compostos que os aprisionavam, não há algo que confunde a mente?

Quanto a mim, penso que, quanto mais estudamos as ciências na sua metafísica, mais podemos convencer-nos de que esta nada tem de inconciliável com a mais idealista das filosofias. As ciências analisam as relações, tomam medidas, descobrem as leis que regem o mundo dos fenômenos; mas não há problema, por mais insignificante que seja, que não as coloque diante de duas idéias sobre as quais o método experimental não tem qualquer poder: em primeiro lugar, a **essência** da substância modificada pelos fenômenos; em segundo lugar, a **força** que provoca essas modificações. Só reconhecemos, só vemos o exterior, as aparências; a verdadeira realidade, a realidade substancial e a causa nos escapam.

Não poderíamos encerrar melhor este exame do que citando as palavras do ilustre fisiologista Claude Bernard:

> A matéria, *seja ela qual for*, é sempre desprovida de espontaneidade e nada gera; tudo o que faz é expressar, por suas propriedades, a idéia daquele que criou a máquina que funciona. De modo que a matéria organizada do cérebro, que manifesta fenômenos de sensibilidade e inteligência próprias do ser vivo, tem tanta consciência do pensamento e dos fenômenos que manifesta quanto a matéria bruta de uma máquina inerte, de um relógio, por exemplo, que não tem consciência dos movimentos que executa ou da hora que indica; tal como os tipos de impressão e o papel não têm consciência das idéias que reproduzem. Dizer que o cérebro segrega o pensamento equivaleria a dizer que o relógio segrega a hora ou a idéia do tempo...
>
> Não se deve crer que a matéria gerou a lei de ordem e de sucessão; seria incorrer no grosseiro erro dos materialistas.

Capítulo II
O materialismo positivista

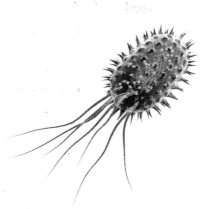

Em nosso breve estudo dos diferentes sistemas filosóficos, deixamos de falar de duas escolas importantes: os falansterianos e os fourieristas, que não nos importavam diretamente, por serem suas teorias mais sociais do que puramente filosóficas. Deve-se notar, porém, que Saint-Simon prestou um verdadeiro serviço ao espírito humano ao mostrar com sutileza que devemos dar à alma um espaço maior do que o que lhe haviam concedido os filósofos do séc. XVIII.

Fourier também, em meio ao sensualismo da sua época, acreditava na alma e na sua imortalidade; seus continuadores distinguem-se no movimento moderno pelo estilo de seus escritos, que contrastam com os trabalhos mais materialistas do final do nosso século.

Além desses dois grandes homens, citaremos uma plêiade de pensadores de elite, tais como: Pierre Leroux, Jean Reynard, Lamennais etc., que levantaram a bandeira espiritualista. E, poder-se-ia pensar que a vitória fora conquistada por esses últimos, quando entre os discípulos de Saint-Simon revelou-se um filósofo de primeira ordem: Auguste Comte.

Este fundou um sistema chamado *positivismo*, cujo mérito foi opor à imaginação demasiado versátil dos seus predecessores as frias e rígidas doutrinas da tradução baconiana. Comte tentou reanimar o sensualismo, aplicando-lhe a idéia do progresso, mas fracassou em sua tentativa e, após ter pretendido tudo explicar pela experiência e pela observação, viu-se forçado a reconhecer que existe em nós uma faculdade: o sentimento, que não pode ser ignorado impunemente. Acabou por inventar uma espécie de religião, que se perdia nas nuvens do misticismo incompreensível. Era, segundo Huxley, "um catolicismo com cristianismo de menos". Seus discípulos não o acompanharam nesse caminho; os dissidentes caíram no excesso contrário e são atualmente verdadeiros materialistas, embora queiram justificar-se. Um dos mais ilustres representantes do positivismo é Littré. Trabalhador infatigável, durante toda sua vida resguardou a nova concepção, dela suprimindo o que seu espírito rigoroso achava inútil, ou supérfluo. Foram essas supressões que o levaram a separar-se de Auguste Comte e a reduzir as doutrinas do seu velho mestre à sua verdadeira utilidade; mas acentua ainda a tendência materialista que encerra, em germe, o positivismo, e poremos essa grande inteligência em contradição consigo mesma, quando ela pretende permanecer neutra entre os dois sistemas que dividem os espíritos: o espiritualismo e o materialismo.

Exporemos, inicialmente, a chamada concepção positiva do mundo, isto é, "a filosofia que resulta da coordenação do saber humano". É mais uma negação do que um dogma. Os positivistas têm por objeto o estudo da Natureza pelos sentidos, a observação e a análise. Tudo que se afasta dessa ordem de coisas é para eles o desconhecido, o porquê que deliberadamente se recusam a procurar.

As realidades dos metafísicos podem existir; não o negamos, mas como não entram no domínio dos fatos sensíveis, é inútil e perigoso pretender defini-las. Em resumo, elas são **incognoscíveis**, ou seja, completamente fora do alcance da compreensão. "Assim, o fundamento do estado positivo do espírito humano, o caráter essencial da mentalidade positiva, é afastar toda *imaginação* na explicação das coisas, e nisso proceder somente por constatação real, *por observação*; é eliminar todas as suposições indemonstráveis e inverificáveis, e limitar-se a observar as relações naturais, a fim de prevê-las para modificá-las em nosso proveito, quando for possível, ou suportá-las convenientemente quando não são acessíveis à nossa ação."[1]

Além da esfera dos fenômenos constatados, demonstrados, existe um desconhecido que o espírito em vão busca penetrar; assim Littré, ao traçar o programa da escola, recomenda uma neutralidade absoluta em todas as questões dogmáticas relativas à essência das coisas. Ele enfatiza nitidamente essa conduta na seguinte página:

> Não conhecendo a origem, nem o fim das coisas, não temos motivos para negar que haja alguma coisa além dessa origem e desse fim (isto é contra os materialistas e os ateus), como tampouco podemos afirmá-lo (isto é contra os espiritualistas, os metafísicos e os teólogos). A doutrina positivista ressalva a questão suprema de uma inteligência divina, no sentido de que reconhece ser de uma ignorância absoluta, como, de resto, as ciências particulares que lhe são afluentes, quanto à origem e o fim das coisas, o que necessariamente implica que, se ela não nega uma inteligência divina, também não a afirma, ficando perfeitamente neutra entre a negação e a afirmação, que, no ponto em que nos encontramos, se equivalem.
> É escusado dizer que ela exclui o materialismo, que é uma explicação do que ninguém pode explicar. Também não busca o que o naturalismo tem de exorbitante, porque, como o sr. Maistre diz, referindo-se à Natureza: *Quem é essa mulher?*[2]

Como se vê, está bem claro, bem explícito que o verdadeiro positivismo não deve pender para qualquer sentido; é-lhe absolutamente proibido meditar a respeito dos problemas que não podem resolver-se pelo método direto da análise e da observação.

Será que o equilíbrio de que fala Littré pode ser mantido? Será possível, quando as leis da Natureza revelam um admirável encadeamento de fenômenos, encerrar-se no estreito limite dos fatos conhecidos sem tentar elevar-se até uma causa primeira, seja ela qual for? Não, não é natural parar no caminho e dizer a si mesmo: não iremos mais longe. A invencível curiosidade humana nos leva a transpor os limites que querem

---
[1] Robinet, *Philosophie Positive*, pág. 17.
[2] *Revue de Philosophie Positive*, janeiro de 1880.

impor-lhe, e, voluntariamente ou não, os homens de ciência são chamados a pronunciar-se, quer num, quer noutro sentido.

Apressamo-nos a acrescentar que o estado suspensivo, recomendado como a expressão da prudência, foi violado por Littré e seus seguidores; estes se declaram francamente materialistas, como o prova a seguinte passagem que o mestre escreveu no prefácio do livro do sr. Leblais sobre o materialismo: "O físico reconhece que a matéria pesa; o fisiologista, que a *substância nervosa pensa*, sem que nem um, nem o outro, tenham a pretensão de explicar por que uma pesa e por que a outra pensa."

Não nos deteremos a comentar a impropriedade da comparação entre o peso, fenômeno físico, e o pensamento, ação espiritual que não pode ser comparada a nenhuma propriedade da matéria. O que importa observar é esta afirmação: a substância nervosa pensa, que temos visto reproduzida por todos os materialistas.

Um filósofo da escola de Comte, no entanto, deveria ser de uma ignorância absoluta quanto aos fatos psíquicos; para ele, os fenômenos do pensamento não devem ser o produto da substância cerebral, uma vez que jamais pôde constatar experimentalmente que uma determinada quantidade de fósforo, por exemplo, acrescentada à massa do cérebro, tornasse o pensamento mais ativo, ou que a mesma quantidade retirada desse órgão anulasse o pensamento. Sai da neutralidade que seu programa exige, para pronunciar-se negativamente. Logo, tínhamos razão ao dizer que os positivistas não passavam de materialistas disfarçados.

Querem mais uma prova? Encontramo-la facilmente quando Littré examina o Universo e busca as leis que o dirigem. Eis o que se lê em *Paroles de Philosophie Positive*:

> Presentemente, o Universo nos aparece como tendo suas causas em si mesmo, causas que chamamos de leis. – A *imanência* é a ciência que explica o Universo pelas causas que estão nele... A imanência é diretamente infinita, porque, abandonando os tipos e as figuras, nos põe, sem intermediários, em contato com os eternos motores de um Universo ilimitado, e mostra ao pensamento, estupefato e maravilhado, os mundos

assentados no abismo do espaço, e a vida assentada no abismo do tempo.

Não se pode negar, nessa passagem, o estabelecimento de uma doutrina bem nitidamente formulada. Opõe-se a idéia de um criador à idéia da imanência, ou seja, da propriedade que teria o Universo de mover-se graças a leis que possui em si mesmo. Como o sr. Caro observa, é uma afirmação que ultrapassa singularmente "a esfera dos fatos verificáveis e das verdades demonstradas", de que Littré não pretendia afastar-se.

Em suma, o mais ilustre representante da ciência positiva é materialista, se não em princípio, pelo menos efetivamente. Contrariamente ao seu programa e à realidade, ele afirma que a matéria pensa, e crê que a Natureza se governa por si só. São conclusões que contestamos, em virtude das razões que expusemos no capítulo anterior. O método positivo rejeita qualquer outro instrumento de estudo a não ser os sentidos; mas existe em nós a propriedade de nos conhecermos, que chamamos de *senso íntimo* e que tem seu valor, pois é por ele que somos informados da existência do pensamento. Sem dúvida, não se pode precisar em que consiste, é impossível encontrar algum órgão que lhe corresponda, e no entanto ninguém lhe revogará o testemunho, que se confirma pelo exercício cotidiano. Citamos uma bela página do Pe. Elie Méric, extraída do livro ***La Vie dans l'Esprit et dans la Matière***:

> Os srs. Littré e Robin não expuseram o positivismo mais claramente do que Broussais. Uns e outros nos acusam de explicar algo misterioso, o pensamento, por um arranjo misterioso, imperceptível, a alma.
>
> Devemos provar, portanto, que temos a percepção clara da alma, do pensamento, do discernimento, da vontade e de uma relação necessária entre a alma e as suas faculdades. Precisamos demonstrar que temos uma percepção tão real dessas coisas quanto da existência dos fenômenos materiais.
>
> Por uma propensão invencível e uma convicção racional, sei e sinto que penso, que imagino, que amo, que raciocino. Sei que pensamentos se sucedem e se revelam em mim, que idéias se apresentam sob a forma de imagens, que certos objetos, certas criaturas despertam em mim um sentimento de amor, ou-

tras, um sentimento de ódio. Sei e sinto que, por uma repetição do meu pensamento, uma repetição da minha vontade, posso refletir sobre essas idéias, essas imagens, esses desejos, esses sentimentos, posso observá-los, descrevê-los, analisá-los, enfim, sei e sinto que raciocino.

E posso repetir esse fenômeno, trazer uma lembrança de volta pela memória, despertar de novo o amor e o ódio, evocar uma imagem desaparecida, segundo minha vontade. Eis uma experiência que posso repetir tão freqüentemente quanto o químico e o físico podem repetir uma experiência de física e de química. Eis um fato tão certo quanto a circulação do sangue e a transformação dos elementos na minha própria substância.

Sob pena de violentar o senso íntimo, de contradizer o testemunho da consciência universal, ou de ceder a preconceitos deploráveis e condenáveis, aí estão realidades que o positivista deve reconhecer, afirmar; e contudo essas realidades, esses fenômenos, não são materiais; não os percebemos pelo testemunho dos sentidos.

A encosta em que os positivistas escorregam deve levá-los fatalmente ao materialismo, de que teoricamente têm a pretensão de afastar-se. O desprezo que mostram por tudo que não é diretamente mensurável denota a negação antecipada de todas as realidades espirituais. Apesar de toda a sua ciência, não podem explicar o pensamento; ele se produz em determinadas condições que, sem dúvida, têm alguma relação com estados especiais do cérebro, mas, como Moleschott, tampouco lhes é possível afirmar que o pensamento seja produto do cérebro.

O cérebro, sua composição, seu modo de funcionamento, este é o campo de batalha atual, onde se concentram os esforços dos partidos opostos. É penetrando nas profundezas da sua constituição íntima, escrutando com tenacidade os mais secretos meandros desse órgão que um sábio fisiologista, o sr. Luys, espera dar ganho de causa aos positivistas. Ele quer mostrar que a atividade intelectual é simplesmente produzida pelo jogo das forças naturais das células do córtex cerebral, estimuladas pelas excitações externas, levadas pelos nervos centrípetos.

É coerente com suas doutrinas, porque hoje a maior parte dos discípulos de Littré professam um horror injustificável pela antiga filosofia; rejeitam em bloco todos os fatos provados, aos quais se havia chegado pelo estudo atento dos estados de consciência, para adotar uma nova psicologia que absolutamente não faz parte de uma filosofia qualquer, mas, antes, de uma outra ciência.

Essa psicologia não se preocupa com a alma e com suas faculdades consideradas em si mesmas, mas com fenômenos através dos quais a inteligência se manifesta, e com condições invariáveis das leis da sua produção. Ela não pede à consciência que lhe revele só o espírito, não se limita à ação interna, que freqüentemente considera ilusória, mas apela para o método das ciências naturais, dispondo às vezes, apesar da delicadeza do seu assunto e do respeitoso temor que a domina, da própria experimentação, graças à patologia.

Seu primeiro princípio, seu ponto de partida, é o fato, pouco depois admitido pela ciência oficial, de que o cérebro é o órgão do pensamento, do espírito ou, mais exatamente, de que a inteligência, a alma, se quisermos englobar sob essa denominação o conjunto das idéias e dos sentimentos, é uma função do cérebro.

Outros, exagerando ainda mais esse sistema, esperam um dia chegar a determinar a que vibrações da massa fosfórica corresponde, por exemplo, a noção do infinito!

Retomemos mais uma vez o estudo do cérebro, não mais considerando-o, como Moleschott, sob o ponto de vista da sua composição química, mas na sua estrutura anatômica e na sua vida fisiológica. Seguiremos passo a passo o livro do sr. Luys – *Le Cerveau et ses Fonctions* – e então novamente poremos em evidência todos os artifícios utilizados para falsear as conclusões naturais das investigações, que são todas favoráveis aos espiritualistas.

O cérebro e suas funções

Para bem compreender a discussão, é indispensável acompanhar o autor na análise detalhada que ele faz das diferentes partes do cérebro, resumindo de modo sucinto o que diz respeito ao nosso assunto.

O sr. Luys é um pesquisador de primeira ordem; aperfeiçoou os métodos de investigação da substância cerebral, empregando uma série de cortes metodicamente espaçados de milímetro em milímetro, quer no sentido horizontal, quer no sentido vertical, como no sentido ântero-posterior; e esses cortes, tendo sido praticados seguindo as três direções da massa sólida que se trata de estudar, foram reproduzidos pela fotografia.

Regularmente conduzidas, essas operações permitiram obter representações tão exatas quanto possível da realidade e conservar as mútuas disposições das partes mais delicadas dos centros nervosos. Conseguiu-se, comparando as seções, quer horizontais, quer verticais, seguir determinada ordem de fibras nervosas na sua progressão até o ponto de partida, ou ponto de chegada. Estudou-se milímetro por milímetro a marcha natural e os sucessivos emaranhados de fibrilas nervosas, sem nada mudar, sem nada lacerar, deixando as coisas, por assim dizer, no seu estado normal. Além disso, as porções que haviam sido observadas ao microscópio foram ampliadas por meio da fotografia, o que permitiu ver certos detalhes anatômicos que ainda não tinham sido observados.

O sistema nervoso do homem apresenta três grandes divisões:

1ª O cérebro e o cerebelo;
2ª a medula espinhal;
3ª os nervos.

Não consideraremos a medula espinhal, e tampouco os nervos; o que nos interessa é o cérebro. Este é constituído por dois hemisférios (A e C) reunidos por meio de uma série de fibras brancas transversais (B) que fazem as partes semelhantes de cada lobo comunicar-se, de modo que as duas metades formem um só corpo, do qual todas as moléculas estão em relação umas com as outras.

Por sua vez, cada lobo tomado separadamente apresenta:
1º Amontoados de substância cinzenta;
2º aglomerações de fibras brancas.

1º Os amontoados de substância cinzenta, compostos de milhões de células que são os elementos essencialmente ativos

Figura 1
A. Camada cortical cinzenta do cérebro.
B. Fibras brancas que fazem comunicar-se duas partes semelhantes de cada hemisfério.

Figura 2 — Figura igual à precedente, mas com as camadas ópticas.
A. Camada cortical cinzenta. - B. Fibras brancas comissurantes. - C. Camadas ópticas. - D. Fibras brancas que fazem as camadas ópticas comunicar-se com cada hemisfério, e entre si.

do sistema, estão dispostos:

Primeiro, na periferia do lobo, sob a forma de uma fina camada; é o córtex cerebral (A, fig. 1).

Por outro lado, nas regiões centrais, sob a forma de dois bulbos cinzentos unidos, e que são apenas a substância cinza das camadas ópticas e dos corpos estriados (C, fig. 2).

2º A substância branca, inteiramente composta por tubos nervosos justapostos, ocupa os espaços compreendidos entre o córtex dos lobos e os bulbos do centro. As fibras que a constituem representam somente traços-de-união entre esta ou aquela região do córtex cerebral, e esta ou aquela região dos bulbos centrais. Podem ser consideradas como uma série de fios elétricos estendidos entre duas estações e em duas direções diferentes. As que reúnem os diversos pontos da superfície dos hemisférios aos bulbos centrais são comparáveis a uma roda cujos raios ligam a circunferência ao centro; as outras têm uma direção transversal e unem duas partes semelhantes de cada hemisfério.

Substância cortical dos hemisférios – Todo mundo conhece a aparência externa dos lobos do cérebro. Basta lembrar-se dos miolos de carneiro que habitualmente são servidos em nossas mesas para ver, logo de saída, que a substância cortical cinza se apresenta sob a aparência de uma lama cinzenta, ondulada, dobrada sobre si mesma inúmeras vezes, e formando uma série de sinuosidades múltiplas cuja única finalidade é aumentar-lhe a superfície. Acreditou-se ver nessas dobras certas disposições gerais; mas a maioria delas apresentam as mais variadas formas, conforme os indivíduos. Os hemisférios não são rigorosamente homólogos, ou seja, não têm absolutamente a mesma conformação, mas as modificações entre os dois lobos são de mínima importância.

A espessura da camada cerebral é de dois a três milímetros em média; em geral, é mais abundantemente repartida nas regiões anteriores do que nas posteriores. A massa varia segundo as idades e as raças. Gratiolet observou que nas espécies de pequeno porte a massa da substância cortical era pouco abundante.

Se pegarmos uma fatiazinha delgada dessa matéria cinza do córtex do cérebro e a comprimirmos entre duas lâminas de vidro, veremos que ela se divide em zonas de transparência desigual, e que essas zonas se dispõem numa estriação regular e fixa. Veremos daqui a pouco que essas aparências são apenas o resultado da estrutura íntima da substância cortical. Estas são as características que o córtex cerebral apresenta quando observado a olho nu e que todos podem constatar nos miolos frescos.

Agora, com o auxílio de lentes de aumento, penetremos no interior dessa substância mole, aparentemente amorfa, e cujo aspecto homogêneo longe está de revelar-nos seus maravilhosos detalhes. Que encontramos na substância cerebral como elemento anatômico fixo, como unidade primeira? A célula nervosa, com seus variados atributos, suas configurações definidas; vemos também fibras nervosas e um tecido que une todos esses elementos, tecido esse que é atravessado por vasos sanguíneos muito finos, chamados capilares.

É do estudo da célula que depende a ciência das propriedades do cérebro, pois ela é a unidade primordial do tecido cerebral, e, quando conhecemos as propriedades íntimas desse elemento, teremos uma idéia exata do papel da matéria cervical.

Na parte inferior da camada dos hemisférios, vemos o começo dessas fibras que ligam a superfície ao centro. Inicialmente, são ramificadas ao infinito, de modo a entrarem em contato com um grande número de células da camada cortical, depois, condensando-se, vão até sua saída do córtex dos hemisférios, onde têm a forma de fibras compactas.

Quando examinamos as células nervosas, veremos que, como toda célula, elas têm sua forma determinada por uma membrana, geralmente irregular, que as envolve e cujos contornos simulam uma espécie de braços que se alongam em várias direções; depois, no interior, veremos um núcleo contendo um ponto brilhante chamado nucléolo. No córtex do cérebro, as células menores ocupam as regiões superiores (A) e as maiores as regiões profundas (B); estas últimas têm aproximadamente o dobro do volume das primeiras, e a passagem de pequenas a grandes acontece por transições imperceptíveis. Das ramificações de todas essas células, resulta que formem um verdadeiro tecido cujas moléculas, de algum modo, estejam aptas a vibrar em uníssono.

Para ser ter uma idéia do número imenso das células nervosas, basta saber que num espaço igual a um *milímetro quadrado* de substância cortical, com uma espessura de um *décimo de milímetro*, contam-se aproximadamente cem a cento e vinte células nervosas de volume variado. Agora, se

Figura 3 — Corte e ampliação do córtex cerebral.
A. Pequenas células. - B. Grandes células. - C. Início das fibras brancas que retêm a camada cortical aos lobos ópticos. - D. Capilar transportando sangue.

imaginarmos o número de vezes que essa pequena quantidade está contida no conjunto, chegaremos a uma estimativa de vários milhões.

A imaginação fica confusa quando se penetra no mundo dos infinitamente pequenos onde encontramos essas mesmas divisões infinitas da matéria, que impressionam tão vivamente o espírito no estudo do mundo sideral.

Quando examinamos a estrutura de um elemento anatômico, a qual só é visível com uma ampliação de setecentos a oitocentos diâmetros, se pensarmos que esse mesmo elemento se repete por milhões na espessura da camada cerebral, não podemos deixar de admirar-nos. Se pensarmos que cada um desses pequenos aparelhos tem sua autonomia, sua individualidade, sua sensibilidade orgânica íntima, que está ligado aos seus congêneres, que participa da vida comum e que, definitivamente, ele é o artífice silencioso e infatigável que elabora discretamente as forças nervosas necessárias à atividade psíquica, que se emprega constantemente em todas as direções, reconhecemos a maravilhosa organização que rege o mundo dos infinitamente pequenos.

Do que foi dito, concluímos que a substância cortical representa um imenso aparelho, formado por elementos nervosos dotados de uma sensibilidade própria, é verdade, e contudo solidarizados entre si, porque a série de células dispostas em camadas, as relações das diferentes camadas umas com as outras, implicam a idéia de que as atividades nervosas de cada zona podem ser isoladamente despertadas, que elas têm a faculdade de associar-se, de modificar-se de uma região a outra, segundo a natureza das células intermediárias postas em ação; que, em resumo, as ações nervosas, como ondulações vibratórias, devem propagar-se gradativamente conforme a direção das células orgânicas, seja no sentido horizontal, seja no sentido vertical, ou das zonas profundas às zonas superficiais, e vice-versa.

Até aqui, estamos em terreno firme; mas é preciso deixá-lo para entrar nas deduções fisiológicas que, mais ou menos, estão sempre sujeitas à discussão.

Do ponto de vista do significado fisiológico de certas zonas, e do modo de distribuição da sensibilidade e da motilidade (faculdade de mover-se), é permitido, apoiando-se nas leis da analogia, supor que as regiões superiores, ocupadas principalmente pelas células pequenas, devem estar, principalmente, em harmonia com as manifestações da sensibilidade, ao passo que as regiões profundas, repletas de grupos de grandes células, podem ser consideradas, sobretudo, como centros de emissão do fenômeno da motricidade, isto é, das incitações que determinam o movimento.

Essas deduções apóiam-se no fato de que, na medula espinhal, os nervos sensitivos têm ligação com as pequenas células da medula, e os nervos motores, com as grandes células, nas quais se produzem as diversas ações da motricidade. Por analogia, teríamos portanto razão ao considerar as células superiores da camada cortical como sendo a esfera de difusão da sensibilidade geral e especial, e, por isso mesmo, o grande reservatório comum, *sensorium commune*, de todas as sensibilidades do organismo; por outro ângulo, poder-se-ia ver as camadas profundas como sendo o local de emissão dos fenômenos do movimento.

Substância branca – A substância branca, em grande parte, é composta por fibras nervosas brancas (B, figs. 1 e 2) formadas essencialmente de um filamento central chamado *cylinder axis*, e de uma bainha que envolve esse eixo. Entre o *cylinder axis* e a bainha acha-se uma substância óleo-fosforada, transparente durante a vida, chamada mielina. Sua finalidade é isolar o *cylinder*, exatamente como se recobre com borracha os fios destinados a conduzir a eletricidade. A comparação é justa, tanto mais que se sabe que as fibras brancas servem apenas para transmitir as excitações nervosas do centro à periferia, ou vice-versa.

O exame dos centros oto-estriados encerrará o estudo das principais partes do cérebro, sem o qual não teríamos conseguido compreender a teoria do sr. Luys.

Camadas ópticas – (Ver fig. 4.) As camadas ópticas e os corpos estriados são, de certa forma, os eixos naturais em torno dos quais gravitam todos os elementos do sistema; apresentam-se sob a forma de uma massa de substância cinzenta cuja estrutura anatômica, cujas relações gerais, até recentemente eram pouco conhecidas. Representam um ovóide, espécie de ovo, de cor avermelhada, ocupando, como se pode verificar utilizando um compasso, o meio exato do cérebro; são, por assim dizer, o centro de atração de todas as fibras cujo agrupamento e direção comandam.

Uma série de bulbilhos situados uns ao lado dos outros, numa direção que vai de trás para a frente do cérebro, são as partes principais da camada óptica. Essas excrescências implantadas na massa são em número de quatro; a maioria delas foi descrita pelos anatomistas, por Arnold em particular, exceto o bulbo mediano, que foi assinalado pelo sr. Luys. Esses bulbilhos formam, na superfície da camada, tuberosidades que dão a esse corpo um aspecto mamilar. Numa série de cortes horizontais e verticais, pode-se verificar que esses bulbos formam verdadeiros pequenos centros, constituídos por células emaranhadas, e que se comunicam isoladamente com grupos especiais de fibras nervosas aferentes. Vejamos agora, do ponto de vista fisiológico, a importância desses centros.

Até recentemente, para os autores as camadas ópticas eram um problema insolúvel, uma terra desconhecida cuja situação a anatomia mal havia definido; assim, facilmente se compreende que a função de cada um desses bulbos longe estava de poder ser fixada.

Foi estudando sozinho, e examinando as ramificações de cada um desses centros nervosos com a periferia, que o sr. Luys conseguiu perceber esses bulbos como pequenos focos de concentração, isolados e independentes, para as diferentes categorias de impressões sensoriais que chegam à sua substância.

Assim, o centro anterior, que se comunica com o nervo olfativo, é o que deve transmitir as impressões vindas das regiões periféricas relacionadas a esse órgão, isto é, vindas do nariz. A prova disso é que, nas espécies animais cujo faro é bem desenvolvido, esse bulbo é, proporcionalmente, bem grande. Ele é, portanto, o ponto para onde convergem todas as sensações olfativas antes de serem irradiadas para a periferia cortical.

Foi assim que se determinou para os outros sentidos as seguintes funções:

1º O bulbo médio destina-se à condensação das sensações

visuais;

2º o bulbo mediano é o ponto de concentração da sensibilidade geral;

3º o bulbo posterior serve para condensar as sensações auditivas.

Embora novos, esses dados, segundo o sr. Luys, são confirmados por experiências fisiológicas e, por outro lado, pelo exame dos sintomas clínicos que, nessas matérias, são o critério incontestável de toda a doutrina verdadeiramente científica.

Se admitirmos as deduções anteriormente expostas, compreenderemos que se possa encarar as camadas ópticas como regiões intermediárias entre as incitações puramente espinhais, isto é, provenientes da medula espinhal, e as mais apuradas atividades da vida psíquica.

Por seus bulbos isolados e independentes, elas servem de pontos de concentração para cada ordem de impressões sensoriais que encontram nas suas redes de células um ponto de passagem e um campo de transformação. É aí que estas são inicialmente condensadas, armazenadas e trabalhadas pela ação especial dos elementos que excitam em seu percurso. É daí que, numa última etapa, após ter emergido de gânglio em gânglio através dos condutores centrípetos que as transportam, elas são arremessadas às regiões da periferia cortical, sob uma nova forma e **espiritualizadas**, de certo modo, para servirem de materiais incitadores à atividade das células da substância cortical.

São as únicas portas abertas pelas quais passam todas as incitações externas destinadas a serem aproveitadas pelas células corticais, e os únicos condutos que possibilitam a manifestação exterior da atividade psíquica.

O exame do cérebro mostra-nos que cada um dos centros de que falamos está mais particularmente relacionado com certas partes da substância cortical.

Podemos hoje admitir a veracidade, tão controvertida outrora, das localizações cerebrais. Agora é fácil compreender como o desenvolvimento periférico deste ou daquele aparelho sensorial determina nas regiões centrais um aparelho receptor, de certa forma proporcional; como a riqueza em elementos nervosos da substância cortical em si, o grau de sensibilidade próprio, a energia específica de cada um deles poderá, num dado momento, desempenhar um papel preponderante no conjunto das faculdades mentais e determinar o temperamento e a atividade específica deste ou daquele organismo.

Finalmente, as experiências de Schiff estabelecem que as incitações da vida orgânica penetram também até os lobos ópticos. Portanto, é sob um duplo ponto de vista que podemos considerar os lobos ópticos como o elo de todo o conjunto do sistema cerebral.

Agora, o corpo estriado é o último órgão que nos falta estudar.

Corpo estriado – O amontoado de substância cinzenta denominado corpo estriado é, com a camada óptica, a porção complementar dos dois bulbos cinzentos que ocupam o ponto central de cada hemisfério e que são, como já observamos várias vezes, os pólos naturais em torno dos quais gravitam todos os elementos nervosos.

As camadas ópticas parecem ser o prolongamento das células sensitivas da medula, ao passo que o corpo estriado seria a continuação das células motoras do eixo espinhal.

A massa dos corpos estriados compõe-se de grandes células semelhantes às da região inferior do córtex cerebral, e ligadas entre si da mesma maneira. Tal como nas camadas ópticas, existem fibras que unem o corpo estriado à substância cortical. Propriamente falando, portanto, essas fibras representam os traços-de-união naturais entre as regiões corticais de onde emergem as incitações voluntárias e os diferentes pontos do corpo estriado onde adquirem maior intensidade. Foram as experiências de Fristch e de Hitzig, e mais tarde de Fournier, que demonstraram que existe uma ordem especial de fibras nervosas, irradiadas dos diferentes departamentos da substância cortical e que vão distribuir-se nos territórios isolados da substância cinzenta dos corpos estriados, que assim se vê associada de modo direto e instantâneo a todos os abalos das regiões da substância cerebral dos hemisférios.

Deve-se notar nos corpos estriados a presença de pequenas partículas amarelas que são postas em contato com o cerebelo por fibras especiais. Segundo o sr. Luys, esses bulbos amarelos seriam os receptores da força nervosa liberada pelo cerebelo sob o nome de influxo cerebelar. Essa inervação, verdadeira força excedente, serve para aumentar a ação do corpo estriado. É ela que, tal e qual uma corrente contínua, extravasa incessantemente a força nervosa que abastece as células do corpo estriado. É ela que dá aos nossos movimentos sua força, sua regularidade, sua continuidade. No interior dos tecidos do corpo estriado, os impulsos partidos dos centros motores do córtex cerebral fazem uma primeira parada na sua corrida descendente; entram em contato mais íntimo com elementos novos que reforçam, *materializam* de certo modo as excitações bem fracas, no início, das células motoras do córtex cerebral. O influxo da vontade sai do corpo estriado, aumentado, por assim dizer, e se dirige a diversas partes dos pedúnculos cerebrais onde, por sua vez, aciona diferentes grupos de células, excitando-lhes as propriedades dinâmicas. Conhecendo agora os elementos gerais do cérebro, examinemos qual é o movimento da sensação através de todos esses órgãos. Não podemos entrar em todos os desdobramentos que o autor deu a este estudo; vamos limitar-nos a entender como uma excitação externa chega ao cérebro, e como volta à periferia sob a forma de incitação motora.

Mecanismo da sensação

Os nervos que se expandem na superfície do corpo não vibram sob todas as situações indiferentemente; é necessário que as fibrilas que os compõem possam entrar em movimento sob incitações determinadas: por exemplo, as sensações luminosas não produzem qualquer efeito sobre o nervo auditivo, e vice-versa.

Para maior clareza, suponhamos que só vibrações luminosas nos interessam. Quando a retina é afetada pelo movimento ondulatório do éter, é preciso um certo tempo para que esse abalo material determine vibrações no nervo óptico, mas, uma vez produzidas, elas se propagam gradativamente até às camadas ópticas. Aí, as vibrações concentram-se no primeiro bulbo cuja existência constatamos; sofrem, por parte desse pequeno

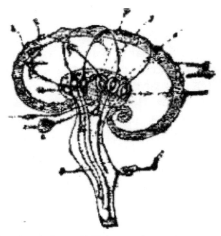

Figura 4 — A Córtex do cérebro - B Ficha comissurante que une o córtex às camadas ópticas - C Camadas ópticas - D Corpo estriado - E Bulbos medianos - F Ouvido - G Olho.

Mecanismo da sensação

Uma sensação luminosa chega a I; ali, excita a retina, que comunica seu movimento ao centro J, por intermédio do nervo óptico. Do bulbo J, a sensação é recambiada na camada cortical em R. Chegando ali, ela impressiona as células vizinhas, como L, que propagam o movimento às zonas profundas. A ação ondulatória, transformada, volta ao bulbo M do corpo estriado, e a seguir se distribui pelo corpo por meio do nervo N.

centro, uma ação cuja finalidade é *espiritualizá-las*, tendo sido anteriormente *animalizadas* no trajeto dos nervos.

Após uma pausa necessária a essa operação, elas são lançadas na direção do sensório, isto é, na direção da parte periférica do cérebro, onde se espalham na camada das pequenas células e põem em ação toda uma série de elementos nervosos relativos às impressões visuais.

Cada tipo de impulso sensorial é assim dispersado e alojado num ponto especial do córtex do cérebro. A anatomia, aliás, mostra que há localizações definidas, regiões delimitadas, organicamente destinadas a receber, a condensar, a transformar esta ou aquela categoria de impressão proveniente dos sentidos.

A fisiologia experimental, por sua vez, provou que nos animais vivos, tal como as belas experiências de Flourens mostraram há muito tempo, retirando-se metodicamente bocados da substância cerebral, podia-se fazer esses mesmos animais perderem, paralelamente, quer a faculdade de perceber as impressões visuais, quer a de perceber as impressões auditivas. E mais, Schiff pôs em evidência o fato de que o cérebro de um cão animava-se parcialmente conforme a natureza das excitações que o afetavam. Portanto, as impressões sensoriais chegam todas, em último lugar, às redes da substância cortical; chegam ali transformadas pela ação dos meios intermediários que encontraram nos seus respectivos percursos; finalmente, é ali que se amortecem, que se extinguem, para reviver sob uma nova forma, pondo em jogo as regiões da atividade psíquica, onde são definitivamente recebidas.

Aqui se acha o ponto delicado da demonstração. Até agora pudemos perceber a marcha evolutiva dos movimentos vibratórios, fazendo, todavia, ressalvas quanto à *animalização* e à *espiritualização* dessas vibrações materiais. Mas, como compreender que se transformem em idéias?

Acompanhemos o autor nos seus raciocínios.

Uma vez que a incitação sensorial se distribuiu no meio da rede do córtex cerebral, quais são os novos fenômenos que se desdobram?

Segundo o sr. Luys, só a *analogia* nos permite pensar que as células sensitivas cerebrais se comportem como as células da medula espinhal, e que, diante dos estímulos fisiológicos que lhes são próprios, elas reajam de modo semelhante.

(Sabe-se que, na ação reflexa, as excitações dos nervos sensitivos transmitem às pequenas células da medula espinhal uma irritação que, comunicando-se e refletindo sobre as grandes células da medula, impressiona os nervos motores que lhes correspondem, de modo que a excitação volta ao seu ponto de partida sob a forma de incitação motora. É dessa forma que uma rã de que se cortou a cabeça contrai ainda a pata que lhe irritam com um ácido.)

Então, o sr. Luys admite que no momento em que a célula cortical recebe o estímulo externo, de certa forma ela se eleva, desenvolve sua sensibilidade própria e libera as energias íntimas que contém. É assim que o movimento se propaga gradativamente, despertando as atividades latentes de novos grupos de células que, por sua vez, se transformam em focos de atividade para suas vizinhas.

Operando-se o que acabamos de dizer em todas as direções, as excitações oriundas das células da substância cortical propagam-se nas suas profundezas e atuam sobre as grandes células que, por seu turno, transmitem esses impulsos ao corpo estriado, o qual os *reforça* e os lança no organismo sob a forma de incitações motoras.

Tais são, segundo o sr. Luys, a gênese e a marcha de uma ordem de sensações quaisquer; mas, acrescenta ele, não se deve confundir a evolução dos fenômenos da sensibilidade com meras ações reflexas como as do eixo espinhal. E, se podemos dizer que a motricidade voluntária não passa de um ato de sensibilidade transformada, é todavia a sensibilidade duplicada, triplicada, a personalidade impressionável e vibrante que entra em jogo sob uma forma somática e que se revela externamente por uma série de manifestações reflexas e coordenadas.

Detenhamo-nos um instante e vejamos qual é a idéia que se depreende de todas essas hipóteses. Compreendemos perfeitamente como o impulso nervoso chegava até a camada superficial do cérebro, mas, uma vez lá, o sr. Luys nos fala de células que se *elevam*. Confessamos não entender o que isso significa. Será que quer dizer que as células expandem todas as energias que contêm? Admitimos isso, mas que relação pode haver entre uma ação nervosa, por mais *elevada* que seja, e o pensamento?

O autor sabe que sua argumentação não é suficiente, acrescenta que a célula libera sua sensibilidade própria e, com isso, dá a entender que a célula é capaz de sentir por si mesma. Veremos mais adiante se essa opinião é fundada. Finalmente, ele indica o movimento de retorno das excitações, mas se esquece de observar que, entre a chegada e a partida dessas sensações, ocorre um fato muito importante: o da **percepção**, ou seja, o conhecimento, pelo EU, pela personalidade humana, das ações que se concretizaram.

É nesse ponto que é útil insistir, porque todas as evoluções das vibrações nervosas tão sabiamente descritas são somente as preliminares do ato da percepção, e, necessariamente, é preciso que essas vibrações despertem alguma coisa, uma força latente que delas tome conhecimento. Sem isso, continuam sendo letra morta para o entendimento, como o demonstra o fenômeno da distração de que falamos no capítulo anterior.

O que, neste caso, prova a necessidade da intervenção de um agente novo é o fato de o sr. Luys dizer que não se deve confundir esses atos do cérebro com simples ações reflexas; ele próprio sente que há uma diferença, mas do seu ponto de vista, esta consiste apenas na multiplicidade e na intensidade das forças que se manifestam. Na medula, as operações são simples; no cérebro, são complicadas. Se isto é certo, por que as ações que no eixo espinhal são inconscientes, passam a ser fatos de consciência no cérebro? O sábio fisiologista foi obrigado a admitir, para apoiar-lhe a teoria, que existe uma completa analogia entre as diferentes ordens de células do cérebro e as diferentes ordens de células da medula espinhal; deve também admiti-lo quando se trata da sensibilidade, e, contudo, nada nas células do córtex cortical denota que a consciência aí resida.

Não adianta analisar todas as forças "que entram em jogo sob uma forma somática"; elas são impotentes para fazer com que compreendamos a natureza ou a geração de uma idéia, enquanto nos obstinarmos a negar a alma.

Deduções das teorias precedentes

O capítulo anterior fez desdobrar-se sob nossos olhos o panorama das misteriosas operações que se realizam no seio da massa cerebral. Acompanhamos o funcionamento de cada um dos órgãos do cérebro; pudemos admitir, teoricamente, que as coisas se passam tal como o sr. Luys o ensina.

Na realidade, porém, os múltiplos atos da vida não têm a simplicidade que inicialmente supúnhamos.

Um exemplo no-lo fará compreender.

Quando assistimos a uma representação teatral, os olhos e os ouvidos são afetados ao mesmo tempo, e surge um mundo de idéias determinadas pelos milhares de sensações que chegam instantaneamente ao cérebro. Se juntarmos a essas duas causas as impressões produzidas pela decoração da sala, pelo calor, pelo desempenho dos atores, pela música etc., chegaremos a uma soma enorme de ações sensitivas percebidas pelo cérebro.

Como é que todas essas vibrações tão diversas conseguem harmonizar-se? Como é que os movimentos vibratórios se conciliam para produzir no espectador o sentimento de prazer ou de mal-estar que deles resulta? Não adianta mostrar-nos que cada um dos sentidos tem um lugar reservado no córtex cerebral, que as excitações exteriores que lhes correspondem se encaminham diretamente aos lugares que lhes são destinados; temos dificuldade para compreender como os abalos desses diferentes territórios de células vão ao encontro uns dos outros para fundir-se entre si e produzir uma idéia.

Para conseguir captar o que acontece, seria preciso supor que as células nervosas fossem capazes de *sentir*, e mesmo assim não seria fácil imaginar qual seria a resultante das sensações de cada uma delas.

Se admitirmos, ao contrário, a existência da alma, então tudo se torna compreensível. Temos um centro onde todas as sensações se reúnem, e, posteriormente, todas as idéias a serem comparadas. É ele que, armazenando as múltiplas impressões que recebe, as analisa, pesa, compara-as às que possuía antes, e o resultado de todas essas operações é o discernimento.

O sr. Luys sustenta que não é necessário recorrer à intervenção da alma para explicar todas as ações do espírito, que podemos percebê-las pelas três propriedades fundamentais seguintes, que ele atribui ao sistema nervoso:

1º A sensibilidade;
2º a fosforescência orgânica;
3º o automatismo.

São essas propriedades gerais que o sr. Luys estuda na segunda parte do seu trabalho. Uma vez que as reconheceu e definiu, aborda o estudo das diversas combinações que elas admitem e pretende estabelecer que todas as operações do espírito são apenas sensações transformadas por meio de ações reflexas múltiplas.

Se o mesmo acontece tanto com o cérebro como com os centros da medula espinhal, salvo com a diferença de que os processos são mais complicados, do ponto de vista fisiológico não passamos de autômatos cujas molas as excitações externas fazem mover-se, seja diretamente, suscitando reações imediatas, seja indiretamente, após uma travessia mais ou menos longa pelos centros nervosos.

Estas são as opiniões de um certo número de sábios que hoje representam a escola positiva. É fácil constatar que sua filosofia é apenas a forma científica das teorias de Hume, e que não adquiriram maior importância ao passar para o novo terreno.

Apesar das declarações e do tom doutoral que ostentam, eles não podem impô-las a nós. Com relação à vontade, o sr. Luys escreve o seguinte:

> As controvérsias dos filósofos e dos metafísicos vêm se prolongando há muito, para chegar apenas a uma coisa: exprimir em fraseologia sonora sua ignorância mais ou menos absoluta das condições da vida psíquica.

Não sabemos a que ponto essas palavras são justas, mas o que iremos demonstrar é que o sábio professor só formula hipóteses muito contestáveis para explicar os fenômenos do espírito, e, para um positivista, para um homem que reage com tanta arrogância contra a filosofia, seria prudente não se expor a ser desmentido pelos fatos.

Sobre a sensibilidade dos elementos nervosos

Toda a argumentação do sr. Luys se baseia num equívoco. Para ele, a sensibilidade, ou seja, a *faculdade* de sentir, compete à célula nervosa. Aliás, é um fato que ele anuncia sem dar a menor prova; define-a assim:

> A sensibilidade é a propriedade fundamental que caracteriza a vida das células; é graças a ela que as células vivas entram em conflito com o meio que as cerca, que reagem *motu proprio*, em virtude das suas afinidades íntimas abaladas, e demonstram *apetência* pelas incitações que lhes agradam e *repulsa* pelas que as contrariam. A atração pelas coisas que são agradáveis, a repulsa pelas que são desagradáveis são, portanto, os corolários indispensáveis de todo organismo apto a viver, e a manifestação aparente de toda sensibilidade.

É admitindo que as células sejam capazes de sentir atração e repulsa, isto é, supondo-as dotadas da faculdade de discernir, que o sr. Luys mostra que, à medida que nos elevamos na escala dos seres, essa propriedade se especializa somente em certas células; mostra o desenvolvimento da sensibilidade andando lado a lado com a extensão cada vez maior do sistema nervoso para atingir, no homem, sua potência máxima. Raciocinar assim não é difícil e não exige grande esforço de imaginação, já que se supõe demonstrada a questão em litígio. Admitir que a célula escolhe entre os diversos elementos com os quais se relaciona, é tão racional como supor que, numa combinação química, o oxigênio *escolha* o corpo ao qual se associa.

Mas, dir-se-á, as células são vivas, têm um grau de capacidade e de propriedade maior do que os corpos inorgânicos, podem, portanto, não estar sujeitas somente às leis que regem os corpos simples e possuir um rudimento de consciência. Eis o que responde Claude Bernard, ilustre fisiologista, em suas *Lições sobre os Tecidos Vivos* (pág. 63):

> Como apenas os elementos anatômicos são vivos, são eles que poderão dar-nos as características da vida. Ora, cada tecido apresenta propriedades diferentes, e assim seríamos tentados a dizer que não existe característica vital essencial. Contudo, os fisiologistas tentaram determinar essa característica vital essencial em meio às variações de propriedades dos tecidos, e denominaram-na irritabilidade, isto é, a aptidão para reagir fisiologicamente contra a influência das circunstâncias externas, como o próprio termo o indica. Essa propriedade não pertence às matérias minerais, nem às matérias orgânicas, é privilégio exclusivo da matéria organizada e viva, ou seja, dos elementos anatômicos vivos que são, conseqüentemente, as únicas partes irritáveis do organismo. Todos os seres vivos são, então, irritáveis pelos elementos histológicos que contêm, e perdem essa propriedade no momento da morte. A propriedade de ser *irritável* distingue, pois, a matéria organizada da que não o é; e, além disso, entre as matérias organizadas, ela permite reconhecer a que está viva da que não está mais. Em suma, a irritabilidade caracteriza a vida.
>
> *A matéria por si só é inerte, mesmo a matéria viva*, no sentido em que deve ser considerada como desprovida de *espontaneidade*. Mas essa mesma matéria é irritável e, assim,

pode entrar em atividade para manifestar suas propriedades particulares, o que seria impossível se ela fosse, ao mesmo tempo, desprovida de espontaneidade e de irritabilidade. A irritabilidade, portanto, é a propriedade fundamental da vida.

Esta passagem é bem explícita: a matéria, mesmo viva, é inerte; precisa de um excitante que a faça agir, e quando manifesta as características da vida, é simplesmente do mesmo modo que os corpos inorgânicos, sem qualquer participação voluntária; logo, ela não pode reagir *motu proprio*, como pretende o sr. Luys. Uma célula nervosa não pode mostrar repulsa, porque lhe é impossível escolher entre os diferentes corpos com os quais está em contato.

Claude Bernard ensina que há três categorias de irritantes: os irritantes físicos, os irritantes químicos e os irritantes vitais. Se a célula é posta diante de um desses irritantes, ela não pode escolher ou manifestar repulsa; reage, porque é obrigada a isso. Se for posta em contato com um corpo que não se inclui numa das classes acima indicadas, ela permanece inerte, exatamente como dois gases que não têm afinidades mútuas para se combinarem. Portanto, a fisiologia está em clara oposição com o sr. Luys; ela não admite que nos fenômenos manifestados pela vida das células possa haver intervenção de uma vontade qualquer, por ínfima que se possa supô-la. Podemos legitimamente negar que a sensibilidade, ou seja, a faculdade de sentir o que se passa em nós, seja uma propriedade das células nervosas do corpo; logo, devemos atribuí-la à alma.

Eis também a opinião de outro sábio, Rosenthal, exposta em *Les Muscles et les Nerfs*:

> Para que a percepção das sensações se produza, parece absolutamente indispensável que a excitação chegue ao cérebro. É muito duvidoso, e menos ainda provado, que uma outra parte do encéfalo, e principalmente a medula, possa produzir sensações. Quando as irritações alcançam o cérebro, não se produzem ali somente sensações, mas também *percepções precisas quanto à espécie de irritação*, quanto à sua causa e quanto ao ponto onde foi praticada. Às vezes, contudo, esses fenômenos não ocorrem, e a excitação passa despercebida. É o que acontece, por exemplo, quanto nossa atenção é fortemente desviada

para outro ponto...
Mas não se pode dar a mínima explicação quanto ao modo como a percepção se forma.

É possível que exista produção de fenômenos moleculares no interior da células nervosas; mas esses fenômenos só podem ser movimentos. Ora, podemos muito bem compreender como movimentos geram outros movimentos, mas não sabemos absolutamente como esses movimentos poderiam produzir uma percepção.

Está bem demonstrado, pois, que seria formular uma hipótese não justificada admitir a percepção, ou, melhor dizendo, o conhecimento dos fenômenos da sensibilidade, como pertencente à célula nervosa. A ciência positiva do sr. Luys é apanhada em flagrante delito por concepções de modo algum provadas, imaginadas com vistas ao objetivo a ser atingido; absolutamente como as vibrações que se *animalizam* e a seguir se *espiritualizam* foram assim apresentadas somente para afastar a alma da explicação do pensamento.

É no mínimo singular ver os espiritualistas que crêem no espírito serem tratados como visionários e pessoas pouco científicas, quando os representantes da ciência oficial querem persuadir-nos de que existem vibrações espirituais, contestando a existência de um princípio imaterial.

Segunda hipótese do autor, tentada para explicar a memória:

Fosforescência orgânica dos elementos nervosos

O sr. Luys foi o primeiro a propor a equiparação da memória a uma ação física. Supondo que as células nervosas sejam como certos corpos capazes de armazenar, de algum modo, as vibrações que lhes chegam, como as substâncias fosforescentes que continuam a brilhar quando a fonte luminosa desapareceu, da mesma forma as células nervosas poderiam ainda vibrar depois que a causa excitante cessou de atuar.

Graças ao trabalho dos físicos modernos, é certo que as vibrações do éter, sob a forma de ondas luminosas, são suscetíveis, quanto aos corpos fosforescentes, de prolongar-se por tempo mais ou menos longo e de sobreviver à causa que as produziu.

Niepce de Saint-Victor, nas suas pesquisas sobre as propriedades dinâmicas da luz, conseguiu mostrar que as vibrações luminosas podiam ser armazenadas numa folha de papel, no estado de vibrações silenciosas, durante um tempo mais ou menos longo, prontas para reaparecer ao chamado de uma substância reveladora. Foi assim que, tendo conservado no escuro gravuras expostas anteriormente aos raios solares, pôde, vários meses após a insolação, com o auxílio de reagentes especiais, revelar os traços persistentes da ação fotogênica do sol na sua superfície.

Que fazemos, na realidade, quando expomos ao sol uma placa de colódio seco e, várias semanas depois, revelamos a imagem latente que ela contém?

Fazemos surgir tremores persistentes, recolhemos uma recordação do sol ausente, e isso é tão verdadeiro, trata-se tão claramente da persistência de um movimento vibratório cuja duração é apenas limitada, que, se ultrapassarmos os limites exigidos, se esperarmos muito tempo, o movimento vai enfraquecendo, como uma fonte de calor que se resfria e cessa de manifestar sua existência. Essa curiosa propriedade de certos corpos inorgânicos encontra-se sob novas formas, com aparências apropriadas, é verdade, mas copiadas e similares, no estudo da vida dos elementos nervosos. Em apoio à sua teoria, o sr. Luys cita exemplos de fosforescência orgânica, extraídos do funcionamento dos órgãos dos sentidos.

Quem não sabe, diz ele, que as células da retina continuam a ser abaladas quando as incitações já desapareceram? Calculou-se que essa persistência das impressões podia ser avaliada em trinta e dois a trinta e cinco segundos, conforme Plateau. É graças a ela que duas impressões sucessivas e rápidas se confundem e chegam a dar uma impressão contínua; que um carvão incandescente que se faz girar na ponta de uma corda produz a ilusão de um círculo de fogo; que um disco em rotação, sob o qual estão pintadas as cores do espectro, nos dá somente a sensação de uma luz branca, porque todas as suas cores se confundem e formam uma resultante única, que é a noção do branco.

Todos que se dedicam a estudos microscópicos sabem que, após um trabalho prolongado, as imagens vistas no foco do instrumento ficam, de certa forma, fotografadas no fundo do olho e às vezes, depois de algumas horas de estudo, basta fechar os olhos para vê-las surgir com grande nitidez. O mesmo ocorre com as impressões auditivas; os nervos conservam por tempo prolongado vestígios das vibrações que os excitaram. Quando viajamos de trem, várias horas depois da chegada continuamos ouvindo o ruído das trepidações do vagão; uma ária de música, alguns refrões favoritos ressoam-nos involuntariamente nos ouvidos, e isso às vezes de modo desagradável, muito tempo depois de tê-los escutado. O dr. Moos, de Heidelberg, narra o caso de um indivíduo em que as sensações musicais persistiam durante quinze dias.

Os dois aparelhos sensoriais, da vista e do ouvido, são os únicos em que as sensações parecem deixar uma impressão de alguma duração. As redes gustativas não parecem desprovidas dessa qualidade, mas não a apresentam com suficiente intensidade.

Continuando seu estudo, o autor atribui à fosforescência orgânica as ações que derivam do hábito, tais como os exercícios corporais, a dança, a esgrima, a habilidade com instrumentos musicais etc. A seguir, relaciona essa fosforescência com todos os fenômenos da memória. Essa explicação não pode satisfazer-nos, por várias razões: é que a fosforescência dos elementos nervosos só é demonstrada por um tempo muito breve; além disso, nenhuma experiência provou que ela existisse no cérebro.

Vimos, pelos exemplos acima citados, que a duração das impressões que persistem quando a causa deixou de atuar é muito limitada; sua maior influência limitou-se a uma reminiscência de algumas semanas. Logo, é aventurar-se num terreno desconhecido atribuir às células centrais semelhante propriedade, e mesmo num grau mais elevado.

O que contesta esse modo de ver é que, nas substâncias inorgânicas, não se deve ultrapassar um certo limite se se quiser obter fatos relativos à fosforescência. No organismo humano, submetido a tantas e tão diversas excitações, num aparelho tão complicado quanto o cérebro, é certo que as vibrações tão diferentes das células nervosas só podem ter uma duração muito limitada.

A segunda razão que precisamos destacar destrói radicalmente a suposição de um *armazenamento* da vibração.
O sr. Luys diz textualmente:

> Essa maravilhosa aptidão (fosforescência orgânica) da célula cerebral, incessantemente mantida pelas condições favoráveis do meio em que vive, permanece incessantemente vigorosa, *enquanto as condições físicas do seu agregado material forem respeitadas,* enquanto estiver associada aos fenômenos vitais do organismo.

Já vimos que Moleschott sustenta que o corpo se renova a cada trinta dias; sem irmos tão longe quanto esse sábio, podemos admitir que todas as moléculas do corpo são substituídas por outras ao fim de sete anos, como pretende Flourens.[3] Este naturalista, trabalhando com coelhos, mostrou que, num determinado lapso de tempo, os ossos tinham mudado completamente; que, no lugar dos antigos, novos se haviam formado.

Ora, o que ocorre com os ossos ocorre com todos os outros tecidos, e com as células nervosas em particular. Se a fosforescência orgânica é uma propriedade do elemento nervoso, ela afeta ou o conjunto da célula, ou as moléculas que a compõem. Quando a célula inteira se renova, isto é, quando os elementos que a constituem são absorvidos pelo organismo, as moléculas que vêm a tomar o lugar das que desapareceram não possuem mais o movimento vibratório que havia impressionado suas predecessoras, de modo que, quando todas as células tiverem sido substituídas, nenhum dos antigos movimentos vibratórios existe, a fosforescência orgânica desapareceu, tanto de cada uma das moléculas como do conjunto da célula.

Se a memória residisse somente nessa propriedade, deveria aniquilar-se completamente ao fim de um tempo mais ou menos longo, mas que não poderia ultrapassar sete anos. A cada sete anos teríamos que reaprender tudo o que antes havíamos fixado em nós. Melhor ainda, como a evolução das partículas do corpo se efetua constantemente, nossas lembranças desapareceriam à medida que as moléculas se renovassem, de modo que seríamos, na realidade, incapazes de aprender o que quer que fosse.

---
3 *De la Vie et de l'Intelligence*, Paris, 1856.

Todos sabemos que não é assim e que nossa personalidade e nossa memória persistem apesar da torrente de matéria que atravessa nosso corpo. A despeito das moléculas diversas que vêm incorporar-se em nós, temos a lembrança e a consciência de continuar sendo nós mesmos, e isso só se pode explicar admitindo-se a existência de uma força que não varia como a matéria e na qual se registram os conhecimentos que adquirimos pelo trabalho. Essa força, essencialmente imaterial, é a alma, que, apesar das contestações materialistas, revela sua presença, por pouco que estudemos imparcialmente os fenômenos que ocorrem em nós.

Automatismo

O sr. Luys definiu assim o automatismo: A propriedade que as células nervosas vivas apresentam de entrar *espontaneamente* em movimento e de traduzir, de modo inconsciente, os estados diversos da célula abalada. Dito de outra forma: A atividade automática de toda célula viva nada mais é do que a reação espontânea da sensibilidade íntima da célula, solicitada de uma forma ou de outra. Continua sendo a teoria do elemento nervoso que atua diretamente, *motu proprio,* em virtude das suas forças íntimas, e é também servindo-se de equívocos que o autor pode interpretar esse fato a seu favor.

É incontestável que se passam em nós ações de que não temos consciência. As experiências de Charles Robin, feitas no cadáver de um supliciado, mostraram que as funções da medula se perpetuavam enquanto a vida dos elementos não havia desaparecido, e isso com tanta regularidade como se o cérebro as dirigisse.

Devemos atribuí-las às propriedades íntimas das células nervosas? Para sabê-lo, recorreremos novamente a Claude Bernard, que assim se expressa:

> No homem, há duas espécies de movimentos: 1º os movimentos conscientes ou voluntários; 2º os movimentos inconscientes, involuntários ou reflexos (ou automáticos), porque, sob nomes diversos, são sempre a mesma coisa.
> O movimento reflexo é um movimento para cuja execução

concorrem *sempre* três ordens distintas de elementos do sistema nervoso: o elemento sensitivo, o elemento motor e a célula.

Se produzíssemos um movimento sem uma dessas condições, sem a participação de um desses elementos, não seria mais um movimento reflexo. Com efeito, todo movimento reflexo pressupõe três coisas bem distintas: 1º uma excitação do nervo sensitivo num ponto qualquer da sua extensão; 2º uma excitação do nervo motor que se traduz pela contração de um músculo; 3º um centro que serve de transição e, por assim dizer, de traço-de-união entre esses dois elementos, de modo a produzir a irritação do segundo, sob a influência do primeiro.

Já sabemos que a matéria viva é inerte, que por si só ela não consegue pôr-se em movimento; portanto, as ações automáticas são sempre devidas a uma irritação do nervo sensitivo, que transmite a excitação a um nervo motor por meio da célula. É desse modo que se operam os atos da respiração, da contração do coração, da digestão etc., nos quais a vontade não intervém habitualmente; contudo, constatou-se que existe um ponto localizado no cérebro que modera as ações reflexas.

Portanto, a alma sempre manifesta sua presença, seja de modo direto, pelos movimentos voluntários, seja de modo indireto, nas ações reflexas, pela intervenção dos centros moderadores.

A argumentação do sr. Luys se limita a afirmações desmentidas pela ciência, de modo que seus raciocínios, apoiando-se numa base falsa, chegam a deduções em oposição formal com a verdade. Nem a sensação, nem a fosforescência, nem o automatismo têm o significado e a importância que pretendem atribuir-lhes, e é através dessas interpretações truncadas que a teoria materialista parece ter uma força que efetivamente não possui.

Conclusão

De todas as teorias até agora examinadas, nenhuma leva à certeza de que a alma não seja uma entidade. Ao contrário, de um exame atento chega-se à convicção de que o espírito, ou a alma, realmente existe, que ela manifesta sua presença em todas as ações da vida.

Nem os profundos conhecimentos químicos de Moleschott, nem o talento ímpar de sábios como Broussais, Buchner, Carl Vogt, Luys etc. podem ser suficientes, não só para invalidar a existência da alma, mas simplesmente para fazer duvidar da sua realidade.

Há um século temos ao nosso alcance um poderoso instrumento de investigação que nos revela do modo mais categórico possível a existência da alma. Referimo-nos à ciência magnética.

Nas discussões precedentes, podem ainda ter ficado dúvidas no espírito de alguns leitores. A autoridade dos nomes dos nossos contestadores pode fazer pensar que sejam incapazes de enganar-se tão grosseiramente; logo, pode-se pôr sob suspeita nossas conclusões, que são, porém, as da ciência oficial. Mas, com os fatos fornecidos pelo magnetismo, separa-se a alma do corpo, ela se desprende deste último e manifesta sua realidade através de fenômenos impressionantes, afirma-se nitidamente separada do seu invólucro carnal e vivendo uma existência especial. Eis por que nos ocuparemos, na segunda parte, de fatos que põem fora de dúvida a existência do eu pensante, da alma.

Segunda parte

Capítulo I
O magnetismo, sua história

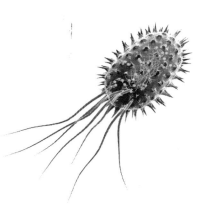

Saindo das grandes dicussões dos capítulos precedentes, talvez pareça estranho a algumas pessoas ver-nos abordar um assunto como o magnetismo, ciência que até agora não conseguiu o direito de poder circular pelas academias.

Por muito tempo ignorado, ridicularizado, e mesmo perseguido, o magnetismo, como todas as grandes verdades, tem uma vida dura; mas, longe de definhar sob o vento das perseguições, tomou um impulso considerável e se apresenta diante de nós com seu cortejo de homens ilustres e eruditos, com seus milhões de experiências convincentes, como se para mostrar à humanidade de que aberrações são capazes as doutas corporações.

Atualmente, opera-se uma reação a seu favor. De todos os pontos, jornais e revistas médicas se ocupam com os fatos extraordinários produzidos pelo hipnotismo (novo nome adotado pelo magnetismo). Resguardado por esse pseudônimo, o magnetismo esgueirou-se no santuário dos *príncipes da ciência* que, por não o reconhecerem de imediato, acolheram-no muito bem; hoje, porém, ao perceberem com que estão lidando, gostariam de negar seu estreito parentesco com o magnetismo que continuam a condenar.

Antes de estudarmos essa novidade num capítulo especial, devemos ocupar-nos com o magnetismo propriamente dito.

A primeira parte desta obra estabeleceu que a ciência não autorizava ninguém a falar em seu nome quando se tratava de combater a existência da alma. Os mais eminentes fisiologistas reconhecem sua impotência para explicar a vida intelectual sem a intervenção de uma força inteligente. A filosofia conclui pela necessidade do princípio pensante; a experiência, por sua vez, pelos processos do magnetismo, prova incontestavelmente a presença da alma como força diretriz da máquina humana.

Há um século realizam-se pesquisas minuciosas nesse domínio. Homens sérios, convictos e devotados demonstraram que o charlatanismo não tem qualquer participação nas verdadeiras ações magnéticas, e que estávamos diante de uma modificação nervosa que seria conveniente estudar.

Puységur, Deleuze, Du Potet, Charpignon, Lafontaine etc., todos homens de ciência e de indubitável honestidade, em suas numerosas publicações descreveram milhares de experiências verídicas confirmadas por depoimentos assinados por nomes dos mais honrados e conhecidos. Negar hoje os fatos seria infantilidade ou má fé.

Para mostrar sua imparcialidade, tomaremos somente experiências bem comprovadas para nossa demonstração da existência da alma; em grande parte, as extrairemos do relatório sobre o magnetismo apresentado à Academia de Medicina, e lido nas sessões de 21 e 28 de junho de 1831, em Paris, pelo sr. Husson, relator.

Os outros testemunhos serão tomados por empréstimo quer de adversários das doutrinas espiritualistas, que não se poderá acusar de complacência, quer de excelentes autores que trataram dessas questões, mas, neste caso, seu relato é apoiado pela autoridade de médicos que os acompanharam em todas as fases. Desse modo, podemos raciocinar baseados em observações autênticas e delas extrair conclusões tão nítidas quanto as que se depreendem do estudo da Natureza, e que foram formuladas sob o nome de leis físicas e químicas.

Histórico

A ciência magnética compreende um certo número de divisões, conforme sua aplicação a diferentes categorias de fenômenos. Limitar-nos-emos a assinalar aqui os fatos que têm ligação com o desligamento da alma, deixando de lado o aspecto terapêutico dessa ciência cultivada pelos nossos ancestrais. Sem descrever detalhadamente a história do magnetismo, podemos lembrar que ele era conhecido desde tempos imemoriais. Os anais dos povos da Antiguidade estão repletos de narrativas circunstanciadas que relatam o profundo conhecimento que os sacerdotes antigos possuíam do magnetismo.

Os magos da Caldéia, os brâmanes da Índia curavam pelo olhar, por meio do qual provocavam o sono. Ainda hoje, na Ásia, os sacerdotes guardam em seu poder os segredos de seus predecessores, e, particularmente no Industão, as faquires cultivam com sucesso as práticas magnéticas, como contam todos os viajantes que percorreram aquelas regiões. Os egípcios hauriram sua religião e seus mistérios na grande fonte da Índia; para alívio dos sofrimentos, empregavam passes e toques, tal como os executamos atualmente. Em várias passagens, Heródoto cita os santuários para onde acorriam os peregrinos desejosos de curar-se por meio de remédios que os hierofantes descobriam em sonho. Diodoro da Sicília diz terminantemente que enfermos chegavam em massa ao templo de Ísis para serem adormecidos pelos sacerdotes. Em sua maioria, os pacientes entravam em transe e eles próprios indicavam o tratamento que devia recuperar-lhes a saúde.

O templo de Serapis de Alexandria era renomado por restituir o sono aos que dele estavam privados. Estrabão conta que em Mênfis os sacerdotes adormeciam e, nesse estado, davam consultas médicas. A história está cheia de relatos de curas obtidas desse modo. Arnóbio, Celso e Jâmblico, nos seus escritos, dizem que, entre os egípcios, sempre existiram pessoas dotadas da faculdade de curar por meio de toques e insuflações, e que freqüentemente conseguiam fazer desaparecer certas afecções consideradas incuráveis.

Os gregos, por sua vez, assimilaram numerosos conhecimentos dos povos do Egito e não tardaram a igualar-se a seus mestres, ou até mesmo a superá-los. Os hierofantes que serviam ao altar de Trofônio haviam adquirido grande celebridade nesses assuntos. O que prova que o magnetismo estava muito difundido na época é que, no dizer de Heródoto, os sacerdotes, por ciúme, mandaram matar uma maga que operava curas através de fricções magnéticas. Apolônio de Tiana, ilustre taumaturgo, não ignorava essas práticas; curava a epilepsia por meio de objetos magnetizados, predizia o futuro e anunciava acontecimentos que ocorriam ao longe. Conservou-se a lembrança do seguinte fato:

Na velhice, o filósofo se havia refugiado em Éfeso. Um dia, quando ensinava em praça pública, seus discípulos viram-no parar de repente e exclamar com voz vibrante: "Coragem, golpeie o tirano!" Interrompeu-se de novo por alguns instantes, na atitude de um homem que aguarda com ansiedade, e recomeçou: "Não tenhais medo, efésios! O tirano não existe mais, ele acaba de ser assassinado." Alguns dias depois, soube-se que, no momento em que Apolônio assim falava, Domiciano caía sob o punhal de um liberto.

Os romanos também possuíram templos onde se recuperava a saúde através de operações magnéticas. Celso conta que Asclepíades adormecia magneticamente pessoas acometidas de frenesi. Galeno, um dos pais da medicina moderna, acabava com certas doenças pela aplicação desses mesmos remédios, que fizeram com que passasse por feiticeiro e o obrigaram a sair de Roma. Esse ilustre sábio confessava que devia grande parte da sua experiência às idéias que lhe ocorriam em sonhos. A propósito, Hipócrates dizia que a melhor medicina lhe era indicada durante o sono. Mas o homem que obteve maior renome nessas matérias foi Simão, conhecido como "o mago", que, soprando sobre os epilépticos, destruía o mal de que estavam acometidos.

Na Gália, os druídas e as druidesas possuíam a faculdade de curar em grau muito elevado, como o atestam inúmeros historiadores; sua medicina magnética tornara-se tão famosa que de todos os lugares pessoas iam consultá-los. É fácil confirmar o quanto sua fama era universal consultando Tácito, Plínio e Celso. Durante a Idade Média, o magnetismo foi praticado principalmente pelos sábios. O clero, ignorante e supersticioso, temia a intervenção do diabo nessas operações um tanto estranhas, de modo que essa ciência ficou sendo o apanágio dos homens instruídos.

Avicena, famoso doutor que viveu de 980 a 1036, escrevia que a alma age não somente sobre seu corpo, mas também sobre os corpos alheios, que ela pode influenciar à distância.

Fizzino, em 1460, Cornélius Agrippa, Pomponazzi, em 1500, e, principalmente Paracelso, seu contemporâneo, assentaram as bases do magnetismo moderno, tal como mais tarde devia ser ensinado por Mesmer.

Arnaud de Villeneuve buscou nos autores árabes o conhecimento dos efeitos magnéticos, e seu sucesso logo tornou-se tão grande que ele atraiu sobre si o ódio de seus confrades e foi condenado pela Sorbonne.

Em 1608, Glocenius, professor de medicina em Marbourg, publicou uma obra tratando das curas magnéticas. A partir de então, tentou dar uma explicação racional para esses fenômenos.

Reabilitando a memória de Paracelso, de quem foi o continuador, Van Helmont dizia: O magnetismo tem de novo só o nome, é um paradoxo somente para os que riem de tudo e atribuem a Satã o que não conseguem explicar... Existe no homem, diz mais adiante, tamanha energia, que pode atuar no seu exterior e influenciar de maneira duradoura um ser ou um objeto do qual esteja afastado... Essa força é infinita no Criador, mas limitada na criatura pelos obstáculos naturais. Essas concepções novas, essas ousadas considerações, foram atacadas pela Igreja, que sempre se encontra no caminho dos inovadores, obstinando-se em barrar-lhes a passagem, e o célebre médico foi obrigado a refugiar-se na Holanda, onde já estava o grande Descartes.

Na sua luta, Van Helmont foi auxiliado por um escocês chamado Robert Fludd; mais tarde, em 1679, Maxwell sustentou as mesmas idéias. O Pe. Kircher, falando de Robert Fludd, dizia que seus escritos tinham sido inspirados pelo diabo; contudo, cita numerosos exemplos de simpatias e antipatias, e até dá indicações para bem magnetizar.

Em 1682, devemos assinalar Greatrakes, na Inglaterra, que fez milagres operando simplesmente por toques, sem, aliás, procurar entender de que modo a ação se produzia.

Na França, no início do séc. XVIII, Borel e Valée empregaram o magnetismo por insuflação para combater doenças nervosas rebeldes a qualquer outro tratamento. Gassner tomou conta da Alemanha com os rumores dos êxitos obtidos por ele pelo magnetismo tal como hoje é praticado. Fixava energicamente o olhar nos olhos do doente e friccionava-o de alto a baixo, sacudindo os dedos quando chegava à extremidade, como se para livrá-los dos princípios ruins que estavam contidos neles.

Não contaremos a odisséia de Mesmer; é por demais conhecida para que achemos necessário reproduzi-la: basta registrar que se deve a ele a popularidade da ciência magnética.

O magnetismo atualmente é estudado metodicamente, e uma extraordinária propriedade descoberta pelo Marquês de Puységur fê-lo dar passos de gigante: estamos nos referindo ao sonambulismo provocado, que será objeto do nosso próximo estudo. Não sendo nosso objetivo estender-nos sobre a história do magnetismo, encerramos aqui este resumo. Tínhamos simplesmente a intenção de mostrar que essa ciência, ridicularizada pelos ignorantes ou por pessoas com opiniões preconcebidas, tem uma gloriosa genealogia e que sua origem remonta às mais remotas épocas.

Há pouco tempo ainda, atribuíam-se à credulidade e à superstição todos os relatos dos antigos relativos a curas magnéticas. Atualmente, como as pesquisas sobre esse ponto revelaram que podíamos obter os mesmos resultados, estamos cheios de admiração pelos sacerdotes que possuíam um conhecimento tão completo da vida, e que o empregavam com *tanta habilidade*.

Capítulo II
O sonambulismo natural

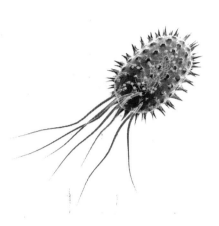

Após um dia estafante, quando descansamos nossos membros fatigados, pouco a pouco sentimos um bem-estar invadir-nos; produz-se um apaziguamento geral, uma calma no cérebro; nossos olhos se fecham, adormecemos. Que atos se concretizam durante essa suspensão da vida ativa?

O sono tem como característica essencial o poder de romper a solidariedade que habitualmente existe entre as diferentes partes do corpo, entre as diversas funções do organismo, entre as múltiplas faculdades do homem. Durante esse tempo, cada uma das unidades que compõem o conjunto concentra em si mesma a força que lhe é própria, isola-se de todas as outras, assim que o corpo se separa do mundo exterior para o repouso dos sentidos.

Até aqui, emitiram-se as mais contraditórias teorias para explicar esse estado, mas é também difícil compreender a situação em que nos encontramos quando não estamos dormindo, porque a vida se divide em períodos de atividade e de repouso, e uns não são menos normais, menos naturais do que os outros. Esse estado não é, pois, como afirmaram alguns, a imagem da morte.

Estudando com o sr. Longet os sintomas que se manifestam nos seres que vão dormir, constatamos que o sono não se apodera de nós bruscamente: nossos órgãos vão relaxando sucessivamente em graus variáveis, alguns ainda estão despertos, enquanto outros já estão mergulhados num completo entorpecimento. Geralmente, são os músculos dos membros que primeiro relaxam e cedem. Os braços e as pernas, imóveis, ficam na posição que escolheram e que é compatível com a forma das articulações e das principais massas musculares.

Depois dos membros, são os músculos voluntários do tronco que se distendem: na calma da noite, nossos sentidos inativos não recebem qualquer impressão externa, e essa inação que favorece a sonolência é logo seguida por uma completa atonia. Quase sempre a vista é o sentido que primeiro enfraquece; o olho cansado se turva, perde seu brilho e se fixa em objetos que não vê mais; ao mesmo tempo, a pálpebra se fecha. Depois da vista, é a audição que adormece, encerrando a sucessão dos fenômenos que indicam a invasão do sono.

Deve-se notar que a audição, tão rebelde à fadiga, é também a última a se render aos ataques da morte; ainda se ouve depois que todos os outros sentidos deixaram de viver, do mesmo modo que se percebem sons quando os diferentes órgãos já estão adormecidos. Outra circunstância singela é a seguinte: é pelo ouvido que geralmente penetram as influências soporíficas, e mesmo quando, por sua ação, o corpo não passa de uma massa inerte, o ouvido continua desperto. Sabe-se, efetivamente, com que facilidade a monotonia de um som anula a consciência: o rumor de uma queda d'água, o murmúrio do vento entre as grandes árvores, as melopéias plangentes, as ingênuas e tocantes canções de ninar que as mães cantam embalando seus filhos são algumas provas do que afirmamos.

O paladar, o olfato, o tato, geralmente cessam de manifestar propriedades ativas às primeiras investidas do sono, que podemos considerar como o repouso do corpo. É durante esse estado que os órgãos e os sentidos recuperam a força nervosa que despenderam na véspera, e quando a máquina humana volta a tornar-se apta para as funções da vida de relação, o homem desperta.

A série de atos que acabamos de descrever é a que normalmente se cumpre. Não indicamos os casos particulares que podem surgir e que variam conforme os indivíduos, mas existe um ponto no qual é bom insistir, porque nos colocará no caminho das explicações relativas aos sonhos: é a marcha decrescente das faculdades no momento do sono.

Pode perfeitamente acontecer que a percepção, ou seja, a capacidade de compreender, se extinga em nós antes que os sentidos estejam adormecidos. Realmente, quantas vezes, depois de árduos serões, sucedeu-nos deixar cair um livro em que não distinguíamos mais do que pontos negros. Momentos antes, nós víamos as letras, nós as juntávamos, nós as líamos, mas não as entendíamos mais; mais tarde, víamos, mas não líamos mais, perdíamos a consciência do nosso estado. Neste último caso, é incontestável que a percepção enfraquece antes dos sentidos que transmitem a impressão.

Outras vezes, ao contrário, o órgão sensorial adormece antes da concepção, de modo que a última imagem percebida serve de ponto de partida para uma série de idéias que surgem em razão do tipo de trabalho do indivíduo. Por exemplo, se a idéia da luz for a última recebida pelos sentidos: no físico, levará o espírito ao estudo da luz, ele tornará a ver as múltiplas experiências da refração, da polarização etc., cujos inúmeros problemas poderão desdobrar-se diante dele; ao fisiologista, lembrará os mistérios da visão; ao pintor, quadros mágicos, esplêndidos poentes ou auroras imaculadas; ao homem mundano, festas, saraus etc.

Ora, como todas essas visões interiores podem ser determinadas por uma ou por várias sensações produzidas por último nos órgãos dos sentidos e como elas são capazes de atuar simultaneamente, daí resulta que as faculdades do espírito, misturando-se às outras, produzam as mais fantasiosas e extraordinárias associações de idéias. É exatamente o que acontece no sonho habitual, que muitas vezes também é induzido por causas puramente materiais, atuando no corpo adormecido.

Portanto, no momento em que chega, o sono destrói inicialmente a solidariedade que existe entre as diversas faculdades do espírito, de modo que estas adormecem sucessivamente; quando uma delas permanece em atividade, adquire uma força tão grande, que nenhuma sensação vinda de fora lhe contrabalança a ação. Existem provas notáveis desse fato. Se estivermos preocupados com a solução de um problema ou com uma idéia que nos domina, nossas forças ficam concentradas nesse único ponto, e se a lembrança disso permanecer, veremos de que obras-primas o espírito é capaz.

Isso nos leva ao caso particular do sono a que se deve o nome sonambulismo. Nesse estado, o indivíduo caminha dormindo e executa habitualmente as mesmas tarefas que executa quando acordado. Os tratados de fisiologia estão repletos de observações sobre essa curiosa anomalia. Podemos citar exemplos históricos de sonambulismo.

Foi durante o sono que Cardan compôs uma de suas obras, que Condillac, o famoso filósofo sensualista, concluiu seus estudos. Voltaire refez completamente, e melhor do que o havia composto acordado, um dos cantos de *La Henriade*. Massillon escrevia muitos dos seus elegantes sermões enquanto dormia; finalmente, Burdach, o fisiologista, que se interessou muito por essa questão, narra o seguinte episódio:

> A 17 de junho de 1882, em torno do meio-dia, sonhei que o sono, como o alongamento dos músculos, é uma volta ao interior de si mesmo que consiste numa supressão do antagonismo. Feliz com a viva luz que esse pensamento parecia-me derramar sobre os fenômenos vitais, acordei; mas logo tudo entrou de novo na sombra, porque essa concepção ia muito além das minhas idéias do momento; mas ela se transformou no germe das considerações que depois se desenvolveram no meu cérebro.

Este último fato é simplesmente um sonho, mas os que citamos antes apresentam uma característica especial. Assim, para compor uma obra ou escrever sermões, quando o corpo está dormindo, é preciso que o autor se movimente, que seus membros executem determinados gestos relacionados com o objetivo a atingir. Esse estado particular é o sonambulismo natural. Distingue-se portanto do sonho por duas características: 1ª a locomoção durante o sono; 2ª a perda de lembrança, ao despertar, do que se passou.

Durante o sonambulismo, os membros obedecem à vontade, e esta atua sobre o corpo todo sem ser solicitada por qualquer estimulante exterior.

Isso se produz freqüentemente em indivíduos jovens. As crianças, principalmente as que são irritáveis, levantam muitas vezes à noite, ou, na cama, executam movimentos variados sem que, aliás, seu sono seja interrompido. Se os órgãos da voz estiverem despertos, traduzirão os pensamentos dos seus sonhos; é assim que milhares de seres têm o hábito de sonhar em voz alta. Pode suceder-lhes que mantenham por algum tempo diálogos com pessoas acordadas; mas, para tanto, é preciso adivinhar o objeto da sua preocupação, porque as respostas que dão são dirigidas não ao seu real interlocutor, mas ao personagem ideal do seu sonho. Tais são, no conjunto, as informações dadas pela fisiologia para explicar o sonambulismo. É fácil constatar que são insuficientes na grande maioria dos casos observados.

Eis, em primeiro lugar, a *Enciclopédia*, que ninguém acusará de condescendência com relação às teorias espiritualistas. No artigo "sonambulismo" é narrada a história de um jovem padre que todas as noites se levantava, dirigia-se à sua escrivaninha, redigia sermões e voltava a deitar-se. Alguns dos seus amigos, querendo saber se ele estava mesmo dormindo, ficaram à espreita, e uma noite, quando estava escrevendo como de costume, colocaram um papelão entre os olhos dele e o papel. Ele não se interrompeu, continuou sua redação e, uma vez tendo acabado, deitou-se, como costumava fazer, sem desconfiar da prova a que acabava de ser submetido. O autor do artigo acrescenta: "Quando terminava uma página, ele a lia do começo ao fim em voz alta (se é que se pode chamar de ler essa ação executada sem a participação dos olhos). Se alguma coisa não lhe agradasse, ele a retocava e escrevia acima as correções com muita exatidão. Vi o começo de um desses sermões que ele tinha escrito dormindo; pareceu-me muito bem feito e corretamente escrito. Mas, havia uma correção surpreendente: tendo escrito em certo ponto *ce divin enfant* (este divino infante/ esta divina criança), ao reler achou que devia substituir a palavra *divin* por *adorable* (adorável); viu, no entanto, que o *ce* empregado corretamente diante de *divin* não combinava com *adorable*; acrescentou então, com muita destreza, um *t* ao lado das letras precedentes, de modo que se lia *cet adorable enfant*."[1]

---

[1] Usa-se *ce* diante de palavra iniciada por consoante (no caso, *d* de *divin*, e *cet* diante de vogal (aqui, *a* de *adorable*). N.T.

Aqui, não é possível limitar-se às explanações enunciadas anteriormente para explicar os fatos, porque há uma fase do fenômeno sobre a qual não seria demais insistir: é a visão sem os olhos. Este é um detalhe muito importante, porque, se nos foi demonstrado que o sonâmbulo pode orientar-se num aposento, escrever com os olhos perfeitamente fechados, fazer correções que indicam uma visão bem nítida, isso nos provará que há nele uma força que o dirige com firmeza, que atua independente dos sentidos, em resumo, que a alma vela quando o corpo está adormecido.

No fato narrado pela *Enciclopédia*, pode-se sustentar que uma grande contenção do espírito durante o estado de vigília predispunha o cérebro do jovem padre à redação das suas homilias. Mas, se é fácil admitir que ele tinha o hábito de trabalhar na sua escrivaninha, e que, maquinalmente, voltava para lá durante o sono, é impossível explicar como é que ele enxergava através de um papelão de modo a escrever corretamente, virar a página quando chegava ao final da folha e acrescentar letras no lugar exato, quando era necessário; em resumo, fazer todos os atos que exigem a participação da visão.

Os fatos que se seguem, tão estranhos quanto o anterior, e onde é impossível qualquer contestação, foram tomados por empréstimo ao dr. Debay, que se declara materialista e que não é afável com os espiritualistas em geral, e com os espíritas em particular. A seguir exporemos suas luminosas teorias sobre o assunto, geralmente admitidas pelos incrédulos, e, mais uma vez, assinalaremos a lastimável inépcia dos sistemas que pretendem excluir a alma da sua explicação dos fenômenos da vida.

Eis o primeiro caso, observado pelo próprio doutor:

> Numa bela noite de verão, percebi à luz da lua uma forma humana movendo-se sobre o beiral de uma casa muito alta; eu a vi rastejar, alongar-se, depois agarrar-se nos ângulos agudos do telhado e sentar-se no alto da empena. Para melhor observar a estranha aparição, muni-me de uma luneta e distingui com nitidez uma mulher jovem com um bebê nos braços, fortemente apertado contra seu peito. Ficou quase meia hora nessa posição perigosa; em seguida desceu com surpreendente agilidade e desapareceu.

No dia seguinte à mesma hora, a mesma ascensão, a mesma atitude, a mesma destreza ao percorrer o beiral. Pela manhã, fui comunicar o que tinha visto ao proprietário. Este ouviu-me assustado e me disse que sua filha era sonâmbula, mas que ignorava completamente seus passeios noturnos; recomendei-lhe que tomasse as mais estritas precauções para prevenir um terrível acidente. Caiu a noite, e de novo vi a jovem executar as manobras dos dias anteriores; mais uma vez corri para advertir o pai; encontrei-o triste e pensativo.

Contou-me que depois que a filha fora deitar-se, ele mesmo tinha fechado a porta do quarto, dando duas voltas na chave, e que, além disso, tivera o cuidado de pôr um cadeado no lado de fora.

— Ai de mim! – disse ele. – Não encontrando outra saída, a pobrezinha abriu a janela e, como de costume, dirigiu-se para a beira do telhado. Ao voltar, um quarto de hora depois, ela deu um soco num batente da janela que o vento havia fechado; feriu-se levemente e acordou, dando um grito agudo. Por sorte, o bebê, escorregando das suas mãos, caiu sobre uma poltrona que ela tivera o cuidado de colocar sob a janela para servir-lhe de escada.

Nesse momento a sonâmbula entrou. Era uma mulher delicada e doentia. Sua interessante fisionomia trazia a marca da tristeza e denotava uma propensão histérica. A prisão do marido, condenado político, a deixava muito aflita e contribuía para sua exaltação mental. Quando lhe falei dos seus passeios perigosos, pôs-se a sorrir tristemente e negou-se a crer. Finalmente, ao interrogá-la sobre a natureza dos seus sonhos, achou que há alguns dias vinha tendo um sono pesado, aflitivo; ora sonhando que soldados, guardas, toda uma horda de policiais invadiam sua casa para apoderar-se do republicano; ora buscavam a ela e ao seu filho. Uma grande lassidão se sucedia ao sonho, sentia-se fatigada, triste, abatida, sofria da cabeça e atribuía a causa à dolorosa separação que a privava do marido.

Tal é o relato do doutor, ao qual acrescenta as seguintes observações:

> Refletindo sobre as condições físicas e morais dessa mulher, descobre-se que, por sua estrutura, ela era predisposta ao sonambulismo, e que um pensamento a acompanhava sem cessar: a prisão do marido. Dessa idéia, por associação, nasciam-lhe várias outras durante o sono; o órgão encefálico, fortemente estimulado, punha o aparelho locomotor em funcionamento e o

dirigia para o telhado da casa. O que motivava a arriscada ascensão era o perigo de que se julgava ameaçada, ela e seu filho.

Tudo bem! Mas aqui não se pode mais objetar o conhecimento dos lugares e o hábito para explicar a caminhada da sonâmbula sobre as agudas arestas do telhado, porque provavelmente a jovem senhora não costumava usar o telhado como percurso para seus passeios normais. Ora, perguntamos: qual é a força que a dirigia? De onde extraía ela a firmeza e a clarividência necessárias para guiá-la naquele perigoso trajeto? Mesmo que ela conseguisse servir-se dos seus olhos, o bebê que ela segurava nos braços fatalmente lhe causaria receios que a afetariam.

Nesse estado, temos que admitir a alma dirigindo o corpo sem o auxílio dos sentidos, e para que não haja dúvida possível, tomemos do mesmo autor dois outros fatos em que, estando o corpo adormecido, a alma goza de todas as suas faculdades intelectuais

O prof. Soave, professor de filosofia e de história natural na Universidade de Pádua, tornou público o seguinte caso de sonambulismo:

Um farmacêutico de Pavia, ilustre químico a quem se devem importantes descobertas, levantava-se todas as noites durante o sono e se dirigia ao seu laboratório para lá retomar seus trabalhos inacabados. Acendia os forninhos, ajeitava os alambiques, as retortas, os matrazes etc. e continuava suas experiências com uma prudência e uma agilidade que talvez não tivesse quando acordado; manipulava as substâncias mais perigosas, os mais violentos venenos, sem que jamais lhe acontecesse o menor acidente.

Quando não tivera tempo, durante o dia, para aviar as receitas mandadas pelos médicos, apanhava-as na gaveta onde estavam guardadas, abria uma por uma, colocando-as lado a lado sobre a mesa e iniciava sua preparação com todo cuidado e todas as precauções desejáveis.

Era realmente admirável vê-lo apanhar a balança de precisão, escolher os gramas, decigramas e centigramas, pesar com rigor farmacêutico as doses mais ínfimas das substâncias de que se compunham as receitas, triturá-las, misturá-las, prová-las, depois colocá-las em frascos ou embrulhá-las, conforme a natureza dos remédios, colar as etiquetas e, finalmente, dispor as encomendas em ordem nas prateleiras da farmácia, prontas para serem entregues quando viessem procurá-las.

Acabado o trabalho, apagava os forninhos, recolocava no lugar os objetos utilizados e voltava para a cama, onde dormia tranqüilo até à hora de acordar.

O prof. Soave salienta que o sonâmbulo mantinha os olhos constantemente fechados; confessa que, se a memória dos lugares e a idéia de concluir seus trabalhos eram o bastante para dirigi-lo ao seu laboratório, a leitura e a manipulação das receitas, cujo conteúdo ele ignorava, continuavam *inexplicáveis*.

Enfim, eis-nos chegados a uma circunstância que, segundo a confissão dos sábios, não pode ser compreendida pela sua teoria. Eles são impotentes para analisar esses estranhos fenômenos, mas sua incapacidade deve-se simplesmente à sua obstinação. Enquanto rejeitarem sistematicamente a alma, a natureza humana sempre terá mistérios que não poderão sondar!

O dr. Esquirol, por seu turno, conta que um farmacêutico se levantava todas as noites e preparava as poções cujas fórmulas encontrava sobre a mesa. Para testar se o discernimento atuava no sonâmbulo, ou se seus movimentos eram apenas automáticos, um médico pôs sobre o balcão da farmácia a seguinte nota:

Sublimado corrosivo .... 2 grosas
Água destilada .... 4 onças
Tomar de uma só vez.

Tendo-se levantado durante o sono como de hábito, o farmacêutico desceu ao seu laboratório; apanhou a receita, leu-a várias vezes, pareceu espantado e iniciou o seguinte diálogo, que o autor do relato, escondido no laboratório, registrou palavra por palavra: "É impossível que o doutor não se tenha enganado ao redigir sua fórmula; duas porçõezinhas já seriam demais, aqui está claramente escrito 2 grosas. Mas 2 grosas dão mais de 150 porções... Isso é mais do que o necessário para envenenar 20 pessoas... Sem dúvida o doutor se enganou... Recuso-me a preparar esta poção."

A seguir, apanhou diversas receitas que estavam sobre a

mesa, preparou-as, etiquetou-as e as colocou em ordem para entregá-las no dia seguinte.

Acompanhemos o dr. Debay nas explicações que dá a respeito do que acima foi narrado. Vimos três casos de sonambulismo natural, que é impossível compreender se não se admite a existência de um princípio espiritual, diretor da matéria, e que não é sujeito ao sono como o corpo. Os sábios tentam encobrir sua ignorância através de teorias obscuras mais difíceis de admitir do que as nossas; assim, o dr. Debay observa que o olho não é estritamente o único órgão pelo qual se opera a visão e que pode transmitir ao cérebro a perfeição dos objetos. Temos a mesma opinião, mas onde diferimos é na interpretação do mecanismo da visão sonambúlica que, segundo nosso doutor, pode efetuar-se pela extremidade do nariz, pelo epigastro ou pela extremidade dos dedos!

Leitor, não ria! O autor pretende que a visão pelo epigastro ou pela ponta do nariz não é tão sem fundamento como se poderia (com razão) pensar; que talvez existam ramificações do nervo óptico que chegam a essas extremidades, e que por elas o sonâmbulo pode orientar-se. Se nos deixarmos convencer por essa concepção fantasiosa, tornar-se-ia possível justificar a crença de que o homem perfeito seria o que possuísse uma longa cauda móvel com um olho na ponta. Segundo a hipótese das ramificações, continua o sr. Debay, "o estímulo exterior agiria nessas anastomoses desconhecidas e as vibrações que elas determinassem no cérebro bastariam para produzir a percepção". O autor acrescenta gravemente: "Não se deve, portanto, negar; é mais prudente duvidar, aguardando novas demonstrações."

Que dizer diante de tais suposições? Voltando a uma discussão séria, devemos examinar o primeiro dos casos de sonambulismo assinalados.

O sr. Debay quer explicar esses fenômenos por uma comparação. Assim como um comandante dirige seu navio baseado em consultas a um mapa, no sonambulismo, também, a memória dirige o corpo por meio das impressões que lhe fornece. Ficamos espantados ao ver um médico, um fisiologista, emitir uma opinião como essa; não sabíamos que a memória *dirigia* o corpo. Até então, admitíamos que era a vontade, guiada por diversas influências, uma das quais podia ser a memória. Apesar da dificuldade em admitir semelhante teoria quando os movimentos do indivíduo ocorrem numa residência que lhe é conhecida, que dizer das circunstâncias em que o sonâmbulo se comporta maravilhosamente, e com uma firmeza que não teria mesmo estando desperto, em ambientes que lhe são totalmente desconhecidos?

Assim, tomemos o exemplo da jovem senhora cujo marido havia sido preso. É possível dizer que a memória a guiava enquanto andava pelos beirais da casa, rastejava, estirava-se ao longo das arestas agudas do telhado, sentando-se finalmente sobre a empena? É pouco provável que no seu estado normal ela se tenha dedicado alguma vez a esse tipo de exercício. Mas, então, que poder a protegia, fazia com que evitasse as quedas? Através de que órgão enxergava, já que nesse estado os olhos ficam completamente fechados?

Não podemos imaginar que ramificações do nervo óptico que assomem ao epigastro, ou a outro ponto qualquer, sejam capazes de transmitir vibrações luminosas ao cérebro, porque há muito tempo sabemos que as sensações luminosas e auditivas localizam-se nos órgãos desses sentidos e que é tão difícil explicar que se enxergue pelas orelhas quanto explicar que se ouça pelos olhos.

E, ainda que o nervo óptico se ramificasse, como quer o sr. Debay, não tendo as extremidades um aparelho receptor, isto é, a câmara escura que constitui a parte essencial do olho, de modo algum poderiam transmitir vibrações luminosas ao cérebro. No entanto, o fato aí está, mostra-se incontestável; deve-se explicá-lo exclusivamente pelo mecanismo da máquina humana, ou admitir a alma como causa eficiente.

Dir-se-á, como o doutor, que quando a visão não atua, o cérebro substitui essa função por uma visão interior dos objetos que procura? Que significa isso? E como essa percepção íntima poderia existir quanto a objetos que não foram vistos pelos olhos do corpo? Essa hipótese é absolutamente inadmissível, então o autor imediatamente apresenta outra.

Os órgãos dos sentidos, diz ele, extraordinariamente desenvolvidos no sonâmbulo, sentem à distância a ação dos corpos, o que faz com que ele evite os perigos que o ameaçam.

Voltamos ao reino da fantasia com essa suposição que nem sequer dá uma idéia de todas as particularidades observadas. Na verdade, no fato narrado por Esquirol o farmacêutico que preparava suas poções dormindo não pode ter sido advertido por uma emanação do papel quanto ao perigo que seu cliente corria se seguisse a receita. Agiu como teria feito no seu estado normal, discutindo metodicamente a impossibilidade de tal remédio. Ora, de novo perguntamos aqui, quem discutia, quem via?

A rigor, poderíamos admitir que um indivíduo execute, durante o sono, atos puramente mecânicos como os executados na véspera e que não exigem qualquer aplicação do espírito; como um cocheiro cuida de seus cavalos, um artista toca piano, uma cozinheira lava suas panelas etc. Nesse caso, é natural conceber certas ações reflexas do sistema nervoso superexcitado por uma idéia fixa. Mas, quando envolve raciocínio, quando todas as faculdades funcionam normalmente e não há dúvida de que o indivíduo está adormecido, ou seja, que as funções da vida de relação cessaram, dizemos que, necessariamente, deve--se aceitar a existência de um agente que, ele sim, não dorme, que pensa, que raciocina, que quer, e esta força, que permanece acordada no corpo e o conduz, é o que chamamos alma.

Afinal de contas, o dr. Debay, que se refere à crença nos espíritos como algo quimérico, não é muito positivista, e seu cepticismo não se funda em qualquer prova de insanidade das nossas crenças.

Em resumo, para não prolongar a discussão, diremos: fica estabelecido que o sonambulismo natural apresenta características notáveis que são incompreensíveis, caso se negue que a alma seja uma realidade. Poderíamos citar mil outros casos de sonambulismo, os tratados de filosofia estão repletos de relatos, mas não nos mostrariam nada tão típico quanto o que estudamos. O capítulo seguinte é dedicado ao exame do sonambulismo magnético, e nele também constataremos que a afirmação espiritualista está bem fundamentada. Uma última observação: durante o famoso debate ocorrido na Academia de Medicina por ocasião da leitura do relatório do sr. Husson, o que principalmente se combateu foram os fatos de visão sem o auxílio dos olhos. Mas, se os doutos incrédulos tivessem pensado que os sonâmbulos naturais se movimentam perfeitamente com os olhos fechados, teriam evitado o ridículo de rejeitar um fato por eles mesmo reconhecido.

Capítulo III
O sonambulismo magnético

O Curso de Magnetismo do Barão du Potet contém grande número de documentos para persuadir-nos de que o sonambulismo artificial, isto é, provocado pelo magnetismo, é uma verdade. Juntamos a eles outros relatos tomados por empréstimo de autoridades da ciência magnética, como Charpignon e Lafontaine, mas sempre com o apoio de depoimentos assinados pelos mais conhecidos médicos; os fatos que se seguem têm, pois, todas as características da autenticidade.

O sonambulismo magnético, na maioria das vezes, caracteriza-se por uma total insensibilidade da pele; pode-se, impunemente, picar o adormecido, beliscá-lo, produzir-lhe queimaduras: ele não acorda e não dá sinais de sofrimento.

O amoníaco concentrado, levado pela respiração às vias aéreas, não provoca a mínima mudança, e o que, no estado normal, poderia ocasionar a morte, não produz conseqüências nessa espécie de sonambulismo. Se a sensibilidade está anulada, também a audição parece estar desprovida de ação. Nenhum ruído pode fazer-se ouvir; a voz, a queda ou a agitação de corpos sonoros não comunicam qualquer som aos nervos acústicos, que parecem estar completamente paralisados; tiros de pistola disparados próximo ao orifício do conduto auditivo, *embora machuquem as carnes*, também permitem crer na privação desse sentido.

Mas esse estado só existe com relação a tudo que não se refira ao magnetizador, porque este pode fazer ouvir até as mais leves modulações da sua voz, suas palavras se fazem compreender a distâncias onde qualquer outro nada ouviria e nem sequer poderia ver-lhe o movimento dos lábios. Numerosas experiências foram feitas por du Potet em 1820, no Hôtel-Dieu, em Paris. Ele as narra assim:

> Vocês sabem (fala aos seus alunos) que o sonambulismo se expõe à nossa observação e que grande número de médicos incrédulos, atraídos pela novidade do espetáculo, o testemunharam e quiseram certificar-se pessoalmente da veracidade do que eu lhes afirmava. Deixei-os agir conforme quiseram, porque, quando se trata de fenômenos extraordinários, não se deve crer apenas nos sentidos. A presença de muita gente não impediu a produção do sonambulismo, e, uma vez produzido esse estado, os assistentes puseram-se em ação para constatar a insensibilidade dos magnetizados. Começaram por passar-lhes delicadas plumas nos lábios e nas narinas; depois, beliscaram-lhes a pele, de tal modo que deixavam equimoses; a seguir, introduziram-lhes fumaça nas fossas nasais; puseram os pés de um sonâmbulo num banho de mostarda muito forte e cuja água estava numa temperatura extremamente elevada.
>
> Nenhum desses procedimentos determinou a mais leve mudança, o mais leve sinal de sofrimento; verificado, o pulso não indicava qualquer alteração. No momento do despertar, porém, todas as dores que deveriam ser conseqüência daquelas experiências foram vivamente sentidas e os doentes ficaram indignados com o tratamento a que tinham sido submetidos.

Não se deve esquecer que todas essas experiências foram executadas não por du Potet, mas por incrédulos; ele só apresentou os testemunhos escritos. Entre muitos outros, eis a seguir um depoimento assinado pelo dr. Roboam:

> Eu, abaixo-assinado, certifico que a 8 de janeiro de 1821, a pedido do sr. Récamier, pus em sonho magnético a identificada como Le Roy (Lise), ocupante do leito no. 22 da sala Santa Inês; que ele antes havia tentado aplicar-lhe uma moxa (cauterização com uma mecha de algodão acesa), caso ela se deixasse adormecer.

Que contra a vontade da enferma, eu, Roboam, a fiz entrar em sono magnético, durante o qual o sr. Gilbert queimou-lhe agárico na abertura das fossas nasais e a desagradável fumaça nada produziu de especial; que em seguida, o *próprio sr. Récamier* aplicou-lhe, na região epigástrica, a moxa, provocando uma escara de 15 linhas de comprimento por 9 linhas de largura; que durante a aplicação a paciente não deu a mais leve demonstração de dor, seja por gritos, movimentos ou *variações do pulso*; que ela permaneceu em perfeito estado de insensibilidade; que, ao sair do sono, mostrou estar sentindo muita dor.

Estavam presentes à sessão os srs. **Gilbert, Crequi** *etc.*
Assinado: **Roboam**, doutor médico.[1]

Se nos estendemos sobre esse assunto, foi para demonstrar que o magnetismo é uma força e o sonambulismo, uma verdade, a despeito de todas as doutas corporações que quiseram abafar a nossa descoberta.

Eis mais uma prova da insensibilidade dos sonâmbulos:

Tendo alguns cirurgiões do *Hôtel-Dieu* mudado de hospital, um deles, o sr. Margue, foi colocado no vasto hospício de *la Salpêtrière*. Em sua nova residência, ocupou-se com o magnetismo, e logo novamente o sonambulismo manifestou-se, não num único paciente, mas em vários. Esquirol, de quem já falamos, não se opôs a esses estudos, até permitiu que se tornassem públicos; era grande a multidão de curiosos e numerosos os incrédulos. Repetiram-se com as pobres mulheres as experiências do *Hôtel-Dieu*; depois, crendo, sem dúvida, que até certo ponto se pudesse agüentar a dor sem manifestá-la, que a mais forte queimadura pudesse ser suportada sem qualquer sinal exterior de sofrimento, resolveram apresentar-lhes amoníaco concentrado para respirar. Para tanto, conseguiram na farmácia do hospital um frasco contendo quatro onças, e o colocaram por vários minutos seguidos sob o nariz de cada sonâmbula, certificando-se, porém, de que a inspiração estivesse levando para dentro do peito o gás deletério que saía do bocal. Repetiram a operação várias vezes, e os observadores jamais conseguiram surpreender um leve indício sequer de uma manifestação de mal-estar ou sofrimento. Detalhe curioso: um

---
[1] Ver todos os depoimentos no Curso de Magnetismo do Barão du Potet.

doutor, sem dúvida mais incrédulo do que os outros, quis confirmar pessoalmente se o frasco continha realmente amoníaco, e, tendo-se aproximado para cheirar, por pouco não pagou com a vida essa imprudente curiosidade.

Portanto, esses fenômenos provam que o sonambulismo é um estado particular do sistema nervoso, que apresenta grandes analogias com a paralisia sensitiva produzida por anestésicos, como o clorofórmio ou o éter. Mais adiante veremos quanto essa semelhança é completa.

Os fatos que acabamos de descrever foram examinados com escrupulosa atenção e confirmados por testemunhas honradas, como os srs. Husson, Bricheteau, Delens, e uma multidão de outros médicos. Os depoimentos redigidos no local foram registrados pelo sr. Dubois, notário em Paris, sendo que as cópias foram inseridas numa brochura que teve imensa publicidade, e jamais um desmentido veio contestar-lhes a veracidade.

Determinemos, agora, outras características do sonambulismo magnético. O sonâmbulo sente com maior precisão do que no estado normal qual é a parte do seu corpo que está doente; ele a vê e muitas vezes indica o remédio adequado para a cura.

Num grau mais elevado, ele abrange num relance toda sua anatomia, e seu poder chega ao ponto de ler no pensamento das pessoas que são postas em contato com ele. Um dos sinais característicos do sono sonambúlico é o esquecimento, ao acordar, de tudo o que acabou de acontecer.

Chegamos, enfim, ao que se chamou *transposição dos sentidos*, isto é, a faculdade que alguns sonâmbulos possuem de ver sem a intervenção dos olhos, de sentir cheiros sem o órgão da olfação e ouvir sem que o ouvido nada tenha a ver com isso. Se insistimos igualmente quanto a essas estranhas faculdades, é porque não é possível dar-lhes uma explicação racional se nos obstinarmos a não reconhecer a existência da alma, de uma energia que se manifesta fora das condições da vida habitual. Os exemplos que se seguem estabelecem peremptoriamente a dupla visão.

Deleuze, bibliotecário e professor de História Natural no Jardim das Plantas, numa dissertação sobre a clarividência dos sonâmbulos narra o seguinte:

> A jovem enferma tinha-me lido correntemente sete ou oito linhas, *embora seus olhos estivessem encobertos de modo a não poder servir-se deles*. Em seguida, viu-se obrigada a parar, estando, dizia ela, cansada demais. Alguns dias depois, querendo convencer alguns incrédulos, Deleuze apresentou à jovem uma caixa de papelão fechada, na qual estavam escritas estas palavras: amizade, vigor, prazer. Ela ficou muito tempo com a caixa nas mãos, cansou-se, e disse que a primeira palavra era amizade, mas que não conseguia ler as outras. Como insistissem para que fizesse novos esforços, concordou e, devolvendo a caixa, disse: valor, lazer. Enganava-se quanto a essas duas palavras, mas, como se vê, tinham grande semelhança com as que estavam escritas, e tal coincidência não pode ser atribuída ao acaso.

Entre tantos outros fatos, escolhemos este para mostrar que a faculdade sonambúlica pode, numa mesma pessoa, apresentar diversos graus, indo da visão incompleta à visão perfeita. No relato que se segue, a lucidez é completa; passemos a palavra ao sr. Roston, que escreveu o artigo "Magnetismo" no *Dicionário de Ciências Médicas*:

> Mas se, no seu sentido natural, a visão fica abolida, está perfeitamente demonstrado por mim que ela existe em várias partes do corpo. Eis a seguir uma experiência que repeti várias vezes, e que foi feita na presença do sr. Ferrus. Apanhei meu relógio, coloquei-o atrás do occipital, a três ou quatro polegadas de distância, e perguntei à sonâmbula se estava vendo alguma coisa.
> — *Certamente, vejo algo que brilha, está me incomodando.*

Sua fisionomia tinha uma expressão de dor, a nossa devia exprimir espanto; olhamo-nos, e o sr. Ferrus, rompendo o silêncio, disse-me que já que ela estava vendo algo brilhando, sem dúvida diria o que era.

> — Que é que você está vendo?
> — *Oh! Não sei, não consigo dizê-lo.*
> — Olhe bem.
> — *Espere... isto me cansa... espere: é um relógio.*
> Novo motivo de surpresa.
> — Mas se ela sabe que é um relógio – disse o sr. Ferrus – sem dúvida verá que horas são.
> — *Oh não! É muito difícil.*

— Preste atenção, olhe bem.
— Espere... vou tentar, talvez eu diga a hora, mas não poderia ver os minutos... são oito horas menos dez minutos.
E estava certo. O sr. Ferrus quis repetir a experiência pessoalmente e ela se reproduziu com o mesmo sucesso. Fez-me girar várias vezes os ponteiros do seu relógio e nós o apresentamos a ela que, *sem olhá-lo,* não se enganou.

Esta é uma prova concludente e que, além disso, apresenta uma circunstância particular que deve ser estudada. Inicialmente, o fenômeno da visão sem os olhos está bem assentado. Ora, já demonstramos que a teoria do dr. Debay – ou seja, a das ramificações nervosas, aceita por todos os incrédulos – é inadmissível; para compreender o que se passa, só resta reconhecer que é a alma que se desliga momentaneamente e vê de um modo que não é igual ao da vida comum.

Já tivemos duas provas de clarividência, porém a pequena distância, porque, segundo Deleuze, a jovem tinha a caixa nas mãos, e o sr. Roston diz que colocou o relógio atrás do occipital a três ou quatro polegadas de distância; podemos constatar a visão ao longe em outras condições.

É também de um doutor que tomaremos este fato que ocorreu na Sabóia. O relato tem grande valor porque a sonâmbula, filha de um rico comerciante de Grenoble, não podia ser suspeita de estar representando.

Entre as diferentes fases que a doença apresenta, e que o dr. Despines, médico-chefe do estabelecimento de Aix, descreveu com muitos detalhes, ele insiste particularmente na fase do sonambulismo.

Transcrevemos literalmente:

> Nossa paciente não só ouvia pela palma da mão, como a vimos ler sem o auxílio dos olhos, apenas com a extremidade dos dedos, que agitava rapidamente acima da página que queria ler e, sem tocar nela, como se para multiplicar-lhe os trechos emocionantes, devorar uma página inteira de um romance em voga.
> Em outras ocasiões, vimo-la escolher, num maço com mais de trinta cartas, uma que lhe havia sido indicada; ler, no mostrador de um relógio virado de costas, a hora que marcava; escrever várias cartas e corrigir, ao lê-las, os erros que lhe ha-

viam escapado; recopiar uma carta palavra por palavra. Durante todas essas operações, um anteparo de papelão espesso interceptava rigorosamente qualquer reflexo visível que pudesse chegar-lhe aos olhos. Os mesmos fenômenos ocorriam na planta dos pés e no epigastro.

Aqui a visão apresenta sua maior intensidade: leitura de páginas inteiras, redação de cartas etc., e tudo sob a mais minuciosa vigilância, com os olhos fechados e um papelão interposto entre a folha de papel e a sonâmbula.

Agora a dupla visão vai afirmar-se em todo seu esplendor. O dr. Charpignon, de Órleans, narra o seguinte:

> Uma noite, tínhamos conosco duas sonâmbulas e numa casa vizinha acontecia um baile. Mal a orquestra deu os primeiros acordes e uma delas agitou-se, depois ouviu o som dos instrumentos. Já dissemos que certos sonâmbulos isolados eram sensíveis à música. Logo a segunda sonâmbula também ouviu, e ambas entenderam que se tratava de um baile.
> — Vocês querem vê-lo?
> — Certamente...
> E imediatamente eis as duas jovens rindo e comentando as poses dos dançarinos e os trajes das dançarinas.
> — Vejam só essas moças de vestido azul, como dançam de um jeito esquisito, e o pai delas, bailando com mulher casada... Ah! Como essa senhora é sem-cerimônia; está se queixando de que a água do seu copo não está suficientemente doce e pedindo açúcar... Oh! E aquele velhote, que estranha casaca vermelha... Nunca vimos um espetáculo tão divertido e curioso.
> Duas pessoas presentes, duvidando que tivesse havido uma visão real, foram ao salão do baile e ficaram estupefatas ao verem as moças de vestido azul, o velhote de casaca vermelha e o cavalheiro dançando com a mulher de quem as jovens haviam falado.

"Noutra oportunidade," continua o dr. Charpignon, "uma de nossas pacientes, num dos seus sonambulismos, desejou ir visitar sua irmã, que estava em Blois. Ela conhecia o caminho e seguiu-o mentalmente.

— Vejam! – exclamou. – Onde será que o sr. Jouanneau vai?
— Onde você está?
— Estou em Meung, a caminho de Mauve, e estou vendo

o sr. Jouanneau todo endomingado. Sem dúvida vai jantar em algum castelo.

Depois continuou sua viagem. Ora, o homem que espontaneamente surgira na visão da sonâmbula era um morador de Meung, conhecido dos presentes, que imediatamente lhe escreveram para saber se estava realmente passeando no local citado, na hora indicada. A resposta confirmou minuciosamente o que a srta. Céline tinha dito."

Quantas reflexões! Quantos estudos psicológicos nesse fato tão fortuitamente produzido! A visão da sonâmbula não tinha *pulado*, como se observa com tanta freqüência, para o local desejado; ela tinha percorrido todo o caminho de Órleans a Blois, tendo observado, na sua rápida viagem, tudo o que lhe chamasse a atenção.

Aqui, não se trata mais de clarividência a curta distância, trata-se de visão real com os olhos fechados exercendo-se no curso de uma viagem. Devemos renunciar a todas as ramificações possíveis, porque, tendo o corpo da jovem permanecido em Órleans, seria preciso que uma parte dela se tivesse deslocado para ver o que estava acontecendo no caminho de Mauve. Que me perdoem os materialistas, isso só pode ser a alma.

Resta, é verdade, o recurso de negar os fatos, é mais cômodo do que discuti-los; mas a quem convenceremos de que doutores como Roston, Deleuze, Despines e Chapignon, operando distantes uns dos outros, sobre indivíduos diferentes, tomando todas as precauções possíveis, puderam ser ridicularizados por duas mocinhas! A boa fé desses senhores está acima de qualquer suspeita, pois, ao publicarem suas pesquisas, eles não tinham outro objetivo a não ser atestar a verdade. Naquela época, principalmente, quando tudo que se referisse ao magnetismo era vilipendiado pela massa ignorante e pelas academias cépticas, era um ato de grande coragem afirmar-se abertamente.

Para os espiritualistas, os fatos que relatamos podem parecer anormais, mas não inexplicáveis, dado que a alma, essa parte imaterial do homem, pode, em determinadas circunstâncias, separar-se do corpo e se transportar à distância. Mas, para os materialistas, que não se contentam em mostrar sua indiferença diante desses relatos, é indispensável encontrar uma explicação, boa ou má, para não se ficar calado. Já conhecemos a teoria dos plexos nervosos e de suas ramificações; eis uma outra que comumente se encontra nos livros que tratam do mesmerismo sob o ponto de vista material.

Os magnetizadores sustentam que o fluido nervoso que percorre os nervos nem sempre pára na periferia da pele, que às vezes se arremessa para fora, sob a influência da vontade, formando assim uma verdadeira atmosfera nervosa ao redor do paciente, uma esfera de atividade semelhante à dos corpos eletrizados.

Até aqui, nada mais racional, pois essa doutrina foi admitida pelo célebre fisiologista Humboldt; ela pode explicar os fatos de magnetismo puro, como a ação do magnetizador sobre seu paciente, e constatar o efeito curativo do agente magnético. Pode-se supor, na verdade, que o operador emita fluido nervoso suficiente para saturar seu paciente, de modo a fazer com que este recupere as forças que perdeu. Quanto ao sonambulismo, porém, e particularmente quanto à dupla visão, a explicação é insuficiente. Eis o que se imaginou então; citamos textualmente, pois vale a pena:

> Sabemos que o mundo não acaba onde nosso olhar se detém; uma imensidão de coisas escapam aos nossos sentidos, porque eles não são suficientemente desenvolvidos, suficientemente sutis, para captá-las. Da nossa imperfeição sensorial e intelectual resulta que a impossibilidade não está onde acreditamos vê-la, e que, ao contrário, se encontra muito além do ponto em que a colocamos.
>
> Por exemplo, aqui está um casco de tartaruga; interponho-o entre vossos olhos e um livro aberto: logo deixais de poder ler, porque os raios luminosos que partem do livro para ir refletir-se na vossa retina são interceptados por um obstáculo.
>
> Agora admitamos, de um lado, que a luz penetra todos os corpos em graus diversos; suponhamos, de outro lado, que esse corpo espesso seja dividido em cem laminazinhas extremamente delgadas; cada lamela isolada será necessariamente diáfana, e se conseguirá enxergar através dela. É exatamente o que acontece no sonâmbulo: os nervos ópticos adquiriram um grau de força visual tão elevado que os corpos mais espessos, mais opacos, passam ao estado de transparência, de completa diafaneidade. A partir de então, para os raios objetivos fica fácil

atravessar esses corpos e, penetrando nas pálpebras fechadas do sonâmbulo, ir pintar-se na retina que representam.

Em primeiro lugar, chamamos a atenção para o fato de que a luz não atravessa todos os corpos. Portanto, a hipótese está errada; a seguir, se supusermos que o casco da tartaruga foi dividido em cem lamelas e que, separadamente, cada uma delas pode ser atravessada pela luz, não é menos verdade que, reunidas, elas apresentam uma barreira intransponível ao olhar comum e, com mais razão ainda, ao olhar de um sonâmbulo adormecido.

Não importa que os nervos ópticos adquiram uma força tão potente quanto se queira supor, essa energia visual, sempre, só se exerce quando os raios refletidos pelos objetos podem pintar-se na retina. Ora, o sonâmbulo tem os olhos fechados, logo, nada pode enxergar através deles.

Herschell conta que conheceu um homem que, a olho nu, distinguia os satélites de Júpiter; certamente esse indivíduo tinha uma faculdade visual incomum, mas temos certeza de que, quando fechava os olhos, não percebia mais coisa alguma. Ora, por mais ativos que os nervos ópticos possam tornar-se, eles não podem servir de explicação para o fenômeno quando as pálpebras estão fechadas.

E, na citação precedente, que significa a última frase? Como é que raios podem pintar-se na retina que representam? Isso, absolutamente, nada significa.

De tudo isto, devemos concluir que, quanto mais se estudam os estados particulares do corpo humano, mais a existência da alma aparece como uma verdade radiosa, porque, quando queremos negá-la, ficamos reduzidos às mais ridículas concepções para explicar os fenômenos do pensamento e do magnetismo, tanto natural quanto provocado. Não precisamos fingir que fatos tão característicos como os que narramos sejam pouco comuns na vida cotidiana; todos os que se ocuparam com o magnetismo, de modo mais ou menos continuado, tiveram oportunidade de constatá-los. Os livros, os jornais, as revistas que tratam do assunto estão repletos de observações semelhantes, e hoje é preciso ser ignorante ou de má fé para rejeitá-las.

Chegamos agora ao relatório do sr. Husson sobre as experiências magnéticas feitas pela comissão da Academia de Medicina durante TRÊS ANOS e lido nas sessões de 21 e 28 de junho de 183. Descobriremos nele uma terceira característica do sonambulismo: a previsão do futuro.

A comissão reuniu-se no gabinete do sr. Bourdois, a 6 de outubro, ao meio-dia, hora em que o sr. Cazot chegou. O sr. Foissac, o magnetizador, tinha sido convidado a estar lá ao meio-dia e meia; ficou no salão, sem que Cazot soubesse e sem qualquer comunicação conosco. Nesse meio tempo, por uma porta secreta, foram dizer-lhe que Cazot estava sentado num sofá, a dez pés de distância de uma porta fechada, e que a Comissão desejava que o adormecesse e o despertasse àquela distância, permanecendo ele no salão e Cazot no gabinete.

Ao meio-dia e 37 minutos, enquanto Cazot está atento à nossa conversa, ou examina os quadros que decoram o gabinete, o sr. Foissac, no salão vizinho, começa a magnetizá-lo; quatro minutos depois, notamos que Cazot pisca os olhos ligeiramente, tem um ar inquieto, e finalmente, em nove minutos, adormece. O sr. Guersent, que havia cuidado dele no hospital infantil, devido aos seus ataques de epilepsia, pergunta-lhe se o está reconhecendo. Resposta afirmativa. O sr. Itard pergunta-lhe quando terá um acesso; ele responde que será daqui a quatro semanas, no dia *3 de novembro, às 4 horas e 5 minutos da tarde.*

A seguir, pergunta-lhe quando terá outro. Após recolher-se e hesitar um instante, ele responde que será cinco semanas depois do que acabou de indicar, no dia *9 de dezembro*, às 9:30h da manhã. Tendo-se lido o registro da sessão na presença do sr. Foissac, para que o assinasse conosco, quisemos induzi-lo a erro, e, ao ler-lho antes que os membros da comissão o assinassem, o relator leu que o primeiro acesso de Cazot aconteceria no domingo, 4 de novembro, ao passo que o doente tinha fixado sábado, 3. Enganou-o também quanto ao segundo, e o sr. Foissac anotou as falsas indicações como se fossem exatas. Mas, tendo posto o sr. Cazot em sonambulismo alguns dias depois, como tinha o costume de fazê-lo para dissipar-lhe as dores de cabeça, soube, por ele, que era no dia 3 e não no dia 4 que seu acesso ocorreria. A 1º de novembro ele avisou o sr. Itard, crendo que havia um erro no relatório, cuja pretensa veracidade, contudo, o sr. Itard sustentou.

A comissão de novo tomou todas as precauções convenientes para observar o acesso do dia 3 de novembro; às 4 horas da tarde foi ao estabelecimento do sr. Georges;[2] soube por ele, sua mulher e um dos artesãos que Cazot havia trabalhado toda a manhã, até às 2 horas e que, ao almoçar, sentira dor de cabeça; que, no entanto, descera para retomar seu trabalho, mas que, tendo a dor de cabeça aumentado, e sentindo tonturas, tinha subido aos seus aposentos, deitara e adormecera.

Os srs. Bourdois, Fouquier e o relator, precedidos pelo sr. Georges, subiram ao quarto de Cazot. O sr. Georges entrou sozinho e encontrou-o dormindo profundamente, o que nos fez ver pela porta que estava entreaberta. O sr. Georges falou-lhe em voz alta, mexeu nele, sacudiu-o pelos braços sem conseguir acordá-lo, e às *4 horas e seis minutos*, em meio às tentativas feitas por ele para despertá-lo, Cazot foi tomado pelos principais sintomas que caracterizam o acesso de epilepsia, em tudo semelhantes aos que anteriormente havíamos observado nele.

O segundo acesso, anunciado para 9 de dezembro, isto é, com *dois meses de antecedência*, aconteceu às 9,30h e caracterizou-se pelos mesmos fenômenos precursores e por sintomas iguais aos de 7 de setembro, 1º de outubro e 3 de novembro.

Finalmente, a 11 de fevereiro, Cazot fixou a data de um novo acesso para o próximo 22 de abril, ao meio-dia e cinco minutos. Esse acesso, espantoso pela violência, pela espécie de furor com que Cazot mordia-se a mão e o antebraço, pelos bruscos estremecimentos que o abalavam, já durava trinta e cinco minutos quando o sr. Foissac, que estava presente, magnetizou-o. O estado convulsivo logo cessou para dar lugar ao estado de sonambulismo magnético, durante o qual Cazot se levantou, sentou-se numa cadeira e disse que estava muito cansado, que ainda teria dois acessos, o primeiro em nove semanas a contar do dia seguinte, às 6 horas e 3 minutos (25 de junho). Não quer pensar no segundo acesso, porque antes precisa refletir no que acontecerá, e acrescenta que mais ou menos três semanas depois do acesso de 25 de junho ficará louco, que a loucura durará três dias, durante os quais ficará tão furioso que brigará com todo mundo, que maltratará até a esposa e o filho; que jamais deverão deixá-lo com eles, e que não sabe se não matará uma pessoa, cujo nome não menciona. Então, deverão sangrar-lhe imediatamente os dois pés. Finalmente, acrescentou, ficarei curado lá pelo mês de agosto, e, uma vez curado, a doença não me pegará mais, sejam quais forem as circunstâncias que venham a surgir.

Todas essas precauções nos foram indicadas a 22 de abril

---

2 Chapeleiro em cujo estabelecimento Cazot trabalhava.

e, dois dias depois, querendo deter um cavalo fogoso que tinha tomado as rédeas nos dentes, Cazot foi jogado contra a roda da charrete, que lhe fraturou a arcada orbital esquerda, ferindo-o gravemente. Transportado para o hospital, morreu a 15 de maio.

Nessa observação, vemos um homem há dez anos sujeito a ataques de epilepsia. O magnetismo atua sobre ele, *embora ignore absolutamente o que lhe fazem*. Torna-se sonâmbulo, os sintomas da sua doença se atenuam, a freqüência dos acessos diminui; as dores de cabeça e sua opressão desaparecem sob a influência do magnetismo; prescreve para si mesmo um tratamento adequado à natureza da sua doença, cuja cura ele se promete. *Magnetizado sem sabê-lo, e à distância,* cai em sonambulismo, e dele é retirado *com a mesma presteza* que ocorre quando é magnetizado de perto. Finalmente, indica com rara precisão, com um ou dois meses de antecedência, o dia e a hora em que deverá ter um acesso de epilepsia. Contudo, dotado de previsão quanto a acessos distantes, e mais, quanto a acessos que nunca acontecerão, não prevê que dois dias depois será vítima de um acidente fatal.

Sem procurar conciliar o que tal observação pode ter de contraditório à primeira vista, a comissão vos observará que as previsões de Cazot são relativas apenas aos seus acessos, que se resumem à consciência das modificações orgânicas que se preparam, e que o atingem, como resultado inevitável das funções internas; que essas previsões, embora mais dilatadas, são na verdade semelhantes às de certos epilépticos que, por alguns sintomas precursores, percebem logo que terão um acesso. Seria espantoso que sonâmbulos cujas sensações são perfeitamente vivas, como os senhores viram, pudessem prever seus acessos com muita antecedência, a partir de alguns sintomas ou impressões interiores que escapam ao homem desperto? É desse modo que poderíamos entender a previsão atestada por Arétée, em dois pontos das suas obras imortais, por Sauvage, que dela cita um exemplo, e por Cabanis.

Acrescentamos que a visão de Cazot não é rigorosa, absoluta, que é condicional, porque, ao predizer um acesso, avisa que ele não ocorrerá se o magnetizarem, e efetivamente não ocorre; ela é inteiramente orgânica, completamente interna. Assim, compreendemos porque ele não previu um acidente completamente exterior: saber que o acaso lhe faria encontrar um cavalo fogoso, que cometeria a imprudência de querer detê-lo, e que receberia um ferimento mortal.

Ele conseguiu, então, prever um acesso que jamais aconteceria; como o ponteiro de um relógio que deve percorrer, num tempo determinado, uma certa porção do círculo do mostrador, e que não a percorre porque o relógio vem a quebrar-se.

O dr. Husson definiu perfeitamente o papel do sonâmbulo na previsão. É o do espectador que examina o movimento das peças de uma máquina e percebe que em dado momento acontecerá um acidente. Neste exemplo, a alma se afirma independente do corpo, uma vez que julga, calcula, raciocina e indica exatamente as crises que só devem ocorrer numa tempo bem distante.

Deve-se convir que o preconceito está profundamente enraizado no coração humano porque, se já há um século esses fatos ocorrem à luz do dia, não isoladamente, mas em toda a Europa, ainda vêem-se sábios tão pouco ciosos da própria dignidade a ponto de ridicularizarem essas práticas e considerá-las como meras imposturas charlatanescas. Os testemunhos que relatamos têm, contudo, tanta positividade quanto qualquer fenômeno físico ou químico. Sábios de primeira linha, uma comissão da Academia, proclamaram a verdade e o caráter científico desses estudos; eis por que julgamo-nos no direito de afirmar que temos em mãos a prova experimental da existência da alma.

Quando se vê um homem, ou uma mulher, em sonambulismo, ou seja, em tal estado que as ações físicas mais violentas são impotentes para produzir-lhe a menor impressão, quando se constata que esse ser, que se diria estar morto, vê, ouve o magnetizador, indica os objetos atrás dele, diz o que está acontecendo, não somente na casa, mas a grande distância, como duvidar que nele resida um agente que não obedece às leis da matéria, como negar a evidência?

Esse indivíduo no qual os órgãos sensoriais estão inativos, tem uma percepção mais viva, mais nítida do que no estado comum, prevê os acidentes que sobrevirão no decorrer da sua doença, enfim, dá todos os sinais de uma atividade intelectual mais intensa, mais penetrante do que a dos assistentes.

O magnetismo não tem só que lutar contra os materialistas, às vezes precisa ajustar contas com incrédulos e até com espiritualistas.

O sr. Bersot, que escreveu um interessante volume sobre o magnetismo, passa em revista os fenômenos naturais que apresentam analogias com o mesmerismo e o espiritismo; voltaremos a vê-los em outro capítulo, porque dizem respeito a essa última ordem de idéias; agora só estamos nos ocupando com o sonambulismo. Ele pretende explicar todos os fatos prodigiosos que temos constatado. Inicialmente, não nega o sono sonambúlico. Eis como se expressa:

> No magnetismo animal, o que parece incontestável – diz ele – é o sono, a insensibilidade e a obediência ao magnetizador. Não nos referimos à insensibilidade, que é um fato comum, o sono é artificial, não é menos real; só se discute o artifício.

Tudo bem! Mas, se a insensibilidade é tão bem constatada, tão comum, por que, mais adiante, o senhor diz a respeito dos gestos que o sonâmbulo produz:

> É certo que, nesse estado extraordinário, os sentidos não estão suficientemente excitados para perceberem o que, de outro modo, lhes seria insensível, que o ouvido não capta o movimento indicado e a respectiva direção, que o tato não julga pela impressão do calor emanado de um corpo que se aproxima ou se afasta? Explicando assim as coisas, dispensaríamos o mistério, é verdade; mas, confesso, estou entre os que se contentam com os mistérios que já existem no mundo e que não lhes acrescentam outros a seu bel-prazer.

Ao suprimir com explicações tão lógicas os casos embaraçosos, é difícil que o sr. Bersot encontre mistérios. Ele admite como coisa banal que não deseja ocupar-se com a *insensibilidade*, e duas páginas depois arrisca uma pequena teoria que se baseia, ao contrário, numa sensibilidade bem maior do que no estado normal. Para um crítico, isso é incrível.

O sr. Bersot afirma também que lhe é muito difícil recusar aos sonâmbulos a previsão do futuro; nós o convidamos a reler o relatório do sr. Hussot, isso o aliviará de um grande peso.

Finalmente, escreve que não acredita na visão através dos corpos; é pena, mas nada podemos fazer, e entre a sua incredulidade e a confirmação dos homens de ciência já citados, não hesitamos: consideramo-los mais aptos a decidir do que o sr. Bersot.

O autor confessa não fazer qualquer restrição quanto a admitir a comunicação de espírito a espírito, mas diz que não pode crer que ela se produza entre sonâmbulo e magnetizador, porque, diz ele, quando a alma está no corpo, pode comunicar-se somente em certas condições físicas que não se criam de uma hora para outra à vontade.

Isto é certo. Se quisermos, no estado normal, ler o pensamento de outra pessoa, essa operação apresentaria alguma dificuldade, embora este ano o sr. Cumberland tenha dado provas de que não é impraticável. Neste caso, porém, o sonâmbulo se encontra num estado especial, sua alma está desligada, ou, melhor dizendo, menos ligada ao seu corpo, o que lhe permite expandir-se à distância, ser clarividente.

Eis, portanto, a que se reduzem as objeções; é tudo o que os mais conceituados críticos encontram como *explicação* para os fatos do sonambulismo. É forçoso reconhecer que seus leitores não são difíceis de contentar, já que se satisfazem com argumentos tão pobres.

No entanto, o fato existe ou não existe. Se existe, façam a gentileza de examiná-lo cuidadosamente e tragam-nos argumentos plausíveis em vez de negativas sem fundamento; se não existe, então é inútil discutir.

Se querem ver outro exemplo da desenvoltura com que o sr. Bersot explica os fatos prodigiosos, ouçam:

> O dom de falar línguas desconhecidas, que tão freqüentemente se constata nos trêmulos de Cévennes, e que voltamos a encontrar em certas doenças convulsivas, sugere uma reflexão. Se são línguas que existem em algum lugar, mas que o doente nunca tinha lido ou ouvido pronunciar, *permitam-nos negar simplesmente o fato.*

É mais cômodo do que explicar como o fenômeno pode produzir-se, e duvidamos que o sr. Bersot convença muita gente pela persuasiva eloqüência que ostenta. É bom que se registre essa confissão de impotência. Mas, se a negação pura e simples tem seu charme, não se compara em graça à *explicação* relativa ao caso em que o doente fala uma língua da qual, acidentalmente, ouviu algumas palavras, como o latim, que de certo modo já passou diante dos olhos de todos nós. Esse prodígio se deve simplesmente a uma excitação da memória e da inteligência. Por exemplo, se um indivíduo, durante sua crise, fala latim corretamente, é simplesmente porque deve ter ouvido o pároco da sua aldeia ou o médico da região pronunciarem algumas palavras nessa língua. Na sua fala, empregará regras gramaticais que jamais aprendeu, palavras que nunca lhe impressionaram os ouvidos, mas tanto faz, tudo isso é determinado por uma superexcitação da memória e da inteligência.

Francamente, é difícil zombar de todo mundo com mais altivez. Ao ler tais coisas, parece que estamos sonhando, e os espíritas, que foram considerados loucos e impostores, nunca pregaram teorias tão absurdas e tão contrárias ao bom senso.

A despeito de todos os críticos, diremos, com Charles Richet:

> Os numerosos autores que se dedicaram ao estudo do magnetismo, a partir de 1875, chegaram todos, digo *todos*, sem exceção, à conclusão de que o sonambulismo é um fato indiscutível.

Capítulo IV
O hipnotismo

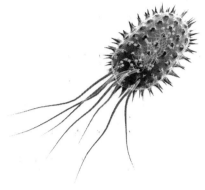

Já há alguns anos, nos hospitais e no mundo médico fala-se muito de um novo estado nervoso chamado hipnotismo. Definamos, inicialmente, o que se entende por hipnotismo. Se um indivíduo olha fixamente durante algum tempo para um objeto brilhante, em vidro ou metal, colocado acima da fronte, a fadiga nervosa resultante da tensão do olhar induz insensivelmente a um sono peculiar, caracterizado pela insensibilidade total ou parcial que se manifesta no corpo todo, pela tendência a manter uma posição qualquer que se dê aos membros, e por uma dupla visão, análoga à causada pelo magnetismo.

O primeiro a ocupar-se com essa doutrina foi o abade Faria; teve por continuadores o Gen. Noizet e o dr. Bertrand. Em 1841, Jenner Braid, cirurgião em Manchester, de início consideravelmente céptico, acabou por descobrir na fixidez prolongada do olhar a causa dos fenômenos que tinha visto um magnetizador francês, sr. Lafontaine, produzir diante dele. Tentou demonstrar que não havia nem fluido, nem vontade comunicando-se do operador ao paciente, e que tudo se passava no cérebro deste último. Em 1843, publicou um volume intitulado *La Neurypnologie,* ou hipnotismo, no qual expunha suas considerações sobre o estado produzido pelo esgotamento nervoso. Suas pesquisas tiveram pouca repercussão; o trabalho de Braid, contudo, foi assinalado pela primeira vez por Carpenter, em 1849, na Enciclopédia de Tood. Na França, foi somente em 1855 que o dicionário de Robin e Littré fez mensão a ele, e a obra do médico inglês só foi traduzida para o francês em 1883, pelo dr. Jules Simon.

Por volta de 1849, porém, o sr. Azam, professor da Escola de Medicina de Bordéus, reproduziu com sucesso algumas das experiências descritas por Braid, e o dr. Broca comunicou o resultado obtido à Academia de Medicina. A partir de então, a nova ciência foi lançada e começou-se a estudá-la. Mas, com quantos obstáculos ainda deveria chocar-se a recente descoberta antes de ser universalmente aceita!

Como, na época, buscava-se no hipnotismo apenas um meio de provocar anestesia, logo reconheceu-se que era difícil mergulhar os doentes no sono nervoso, devido à emoção que a expectativa de uma operação grave sempre provoca.

Foi em vão que em 1866 o dr. Durand de Gros publicou, sob o pseudônimo de Philips, um curso teórico e prático do braidismo. Essa obra, as conferências públicas e as interessantes experiências feitas pelo autor em Paris e em algumas grandes cidades deixaram o mundo médico hostil, ou indiferente.

Foi preciso chegar ao ano de 1875 para encontrar novas pesquisas sobre o assunto; foram empreendidas pelos srs. Charcot, Bourneville, Regnard e Paul Richet, seus alunos. Esses senhores trabalharam com histéricos na Salpêtrière. Eis, resumidamente, o relatório dos resultados a que chegaram:

1º A paciente é colocada diante do foco de uma lâmpada de drummond, ou diante de um arco voltaico; pede-se a ela que fixe os olhos na luz iontensa e, ao final de um tempo mais ou menos longo, que pode variar de alguns segundos a alguns minutos, ela entra no estado cataléptico, caracterizado pelos seguintes sintomas: os olhos estão fixos, arregalados, o corpo, em completa insensibilidade, e os membros conservam a posição que se quer dar-lhes. Toda comunicação com o mundo exterior é interceptada, ela não vê e não entende mais nada. Uma circunstância notável é que a fisionomia reproduz fielmente a expressão do gesto. Se assumimos uma expressão trágica, ela imediatamente tem uma expressão dura; se, ao contrário, aproximamos as duas mãos da boca, tal como se faz para mandar um beijo, a paciente logo assume um ar sorridente. Podem-se variar ao infinito as causas que constituem o que chamamos de sugestões. Esse estado cataléptico permanece enquanto a retina estiver influenciada pelos raios luminosos.

2º Se bruscamente se suprime o foco de luz, quer apagando-o, quer colocando um anteparo entre a paciente e a lâmpada, ou, finalmente, fechando-lhe as pálpebras, imediatamente se constata uma mudança no estado da hipnotizada. A catalepsia cessa, e, se estiver de pé, a paciente cai para trás, com o pescoço alteado para a frente. Fica, então, numa espécie peculiar de sonolência, que o sr. Charcot chama de letargia, e que nada mais é do que um verdadeiro sonambulismo. A rigidez dos membros desapareceu, os olhos estão fechados. Salvo a anestesia, que continua a ser completa, nenhuma das antigas características subsiste.

Se a chamam, a paciente se dirige para o observador, embora tenha os olhos fechados; pode-se fazê-la ler, escrever, costurar etc. Nesse estado, responde com mais precisão do que normalmente às perguntas que lhe são feitas, a inteligência parece mais desenvolvida do que na vida cotidiana. Aqui, achamos útil lembrar que Braid experimentou esse estado particular e que em 1860 colocou no seu livro um apêndice relatando os curiosos estudos a que se dedicou. O médico inglês não crê no fluido dos magnetizadores; assim, atribui tudo o que descreve à viva sensibilidade dos sentidos. Diz que os hipnotizados *sadios*, de modo algum histéricos, podem escrever, desenhar, tendo os olhos fechados, descobrir objetos escondidos e *indicar o indivíduo ao qual pertencem*, ouvir uma conversa em voz baixa que esteja ocorrendo num aposento vizinho; enfim, que predizem o futuro.

Esses fatos se parecem com os do sonambulismo magnético, tanto mais que o paciente não conserva qualquer lembrança do que disse ou fez durante o sono hipnótico.

Voltemos aos trabalhos do sr. Charcot.

O estado letárgico ou de sonolência que vimos suceder-se ao estado cataléptico cessa imediatamente quando se sopra na testa do paciente Há mais uma particularidade notável: é que se pode, à vontade, fazer o doente passar do estado letárgico ao estado cataléptico. Para tanto, basta abrir-lhe as pálpebras de modo que a luz possa impressionar-lhe a retina. Para obter essas mudanças, é necessário que a claridade ou a escuridão sejam produzidas bruscamente, sem o que o paciente permanece na última fase em que se encontrava. A influência luminosa não é o único agente que provoca o hipnotismo.

Fazendo-se uma paciente sentar sobre a caixa de reforço de um potente diapasão e se, com uma vara, se lhe afastam violentamente as hastes, o diapasão vibra e ela entra em catalepsia; se instantaneamente se suprime o som, a letargia se manifesta, caracterizada por sintomas iguais ao do caso precedente.

Enfim, chegou-se também a produzir os mesmos efeitos através do olhar. Nesse caso, o olhar do pesquisador substitui as ações físicas indicadas acima, e é desse modo que Donato e Carl Hensen obtêm resultados tão magníficos.

Uma passagem do livro que o prof. Bernheim, professor da faculdade de Nancy, publicou recentemente sobre o hipnotismo nos mostrará que ele se preocupou muito com o assunto:

> Eis como procedo para obter o hipnotismo: começo por dizer ao paciente que, pelo sono, é possível curá-lo ou aliviá-lo; que não se trata de qualquer prática nociva ou extraordinária, que é um simples sono que se pode provocar em todo mundo, sonho tranqüilo, banfazejo etc. Caso seja necessário, faço um ou dois pacientes dormirem diante dele para mostrar-lhe que esse sono nada tem de desagradável, que não inclui nenhuma experiência e, quando lhe afasto do espírito a preocupação que dá margem à idéia do magnetismo e o temor meio místico ligado a essa coisa desconhecida, sente-se confiante e se entrega.
>
> Então, digo-lhe: Olhe bem para mim e pense apenas em dormir. Sentirá um peso nas pálpebras, um cansaço nos olhos; eles vão piscar, vão ficar úmidos; a visão torna-se confusa; os olhos se fecham.
>
> Alguns pacientes fecham os olhos e dormem imediatamente. Com outros, repito tudo, dou mais ênfase, *acrescento o gesto* (pouco importa a natureza do gesto). Coloco dois dedos da mão direita diante dos olhos da pessoa e convido-a a fitá-los, ou *passo-lhe as duas mãos várias vezes de alto a baixo* diante dos olhos; ou, então, induzo-a a fitar os meus olhos, procurando ao

mesmo tempo concentrar-lhe toda a atenção na idéia do sono. Digo: seus olhos estão se fechando, você não pode mais abri-los. Você está sentindo um peso nos braços, nas pernas; não me ouve mais, suas mãos estão imóveis, você não enxerga mais nada; o sono está chegando. E, num tom imperioso, acrescento: Durma. Freqüentemente essa palavra de ordem prevalece: os olhos se fecham; o paciente dorme.

Detenhamo-nos um instante a fim de assinalar as curiosas semelhanças entre a maneira de operar do prof. Bernheim para hipnotizar e a empregada por Deleuze para magnetizar. O professor faz gestos, passa as mãos de alto a baixo no doente e termina pronunciando em tom imperioso: Durma. Os magnetizadores fazem a mesma coisa, e já que os resultados conseguidos pelo prof. Bernheim são iguais aos que registramos sobre o sonambulismo, sentimo-nos no direito de concluir que magnetismo e hipnotismo são duas denominações diferentes do mesmo fenômeno. Os procedimentos para determinar o sonambulismo descritos na dissertação do doutor podem ser considerados como um aperfeiçoamento do método magnético relativo à produção do sono; a continuação irá prová-lo, incontestavelmente. O prof. Bernheim prossegue:

> Se o paciente não fecha os olhos, ou não os mantém fechados, não o faço prolongar por muito tempo a fixação do seu olhar no meu ou nos meus dedos, porque há pessoas que mantêm os olhos arregalados indefinidamente e que, em vez de conceber assim a idéia de sono, só pensam em fitar rigidamente. Nesse caso, a oclusão dos olhos dá melhor resultado.
> Ao final de dois ou três minutos, no máximo, mantenho-lhe as pálpebras fechadas, ou então abaixo-as lenta e delicadamente sobre os globos oculares, fechando-as progressivamente, imitando o que ocorre quando o sono chega naturalmente; acabo por mantê-las fechadas, continuando sempre a sugestão: Suas pálpebras estão grudadas, você não consegue mais abri-las; a necessidade de dormir torna-se cada vez mais profunda; você não pode mais resistir. Baixo gradualmente a voz, repito a ordem: Durma. É raro que se passem mais de quatro ou cinco minutos sem que o sono seja obtido.
> Com alguns, tem-se mais êxito procedendo com delicadeza; com outros, rebeldes à sugestão delicada, é preferível ser brusco, falar em tom autoritário para reprimir a tendência ao riso

ou a veleidade de resistência involuntária que essa manobra pode provocar.

Com pessoas aparentemente refratárias, muitas vezes tive êxito mantendo a oclusão dos olhos por bastante tempo, impondo silêncio e imobilidade, falando continuamente, e repetindo as mesmas fórmulas: Você está sentindo entorpecimento, dormência; os braços e as pernas estão imóveis; eis o calor nas pálpebras; o sistema nervoso está se acalmando; você não tem mais vontade, seus olhos permanecem fechados; o sono está chegando etc. Oito a dez minutos depois dessa prolongada sugestão auditiva, retiro meus dedos, os olhos continuam fechados; ergo-lhe os braços, que permanecem no ar: é o sono cataléptico.

Muitos pacientes são impressionados já na primeira sessão; outros, só na segunda ou terceira. Após uma ou duas hipnotizações, a influência torna-se rápida. Quase basta olhá-los, estender-lhes os dedos diante dos olhos e dizer: Durma, para que em poucos segundos, até mesmo instantaneamente, os olhos se fechem, e todos os fenômenos do sono se apresentem. Outros só adquirem aptidão para dormir depressa depois de uma certa quantidade de sessões, em geral pouco numerosas.

A respeito dessas experiências, tentaram fazer as mesmas observações relativas ao magnetismo; quiseram atribuí-las a efeitos da imaginação. Durante muito tempo esse argumento foi o cavalo de batalha dos nossos adversários, mas ficou provado que o hipnotismo exerce-se também nos animais; a partir de então, a explicação dos incrédulos caiu por terra. Prendendo-se um frango sobre uma prancha na qual se traçou um risco, este logo mergulha em estado hipnótico se o obrigam a olhar durante algum tempo para o risco.

Deveríamos ter mencionado há mais tempo os trabalhos do dr. Liébault, de Nancy, que serviram de ponto de partida ao prof. Bernheim para publicar seu livro. O dr. Liébault, sem conhecer as pesquisas de Braid, há vários anos estudava as questões relativas ao hipnotismo, particularmente sob o ponto de vista terapêutico.

Em 1866, ele publicou um livro importante sobre o sono (*Le Sommeil et les États Analogues*) que passou despercebido. Levando mais adiante do que o médico inglês o método sugestivo, aplicou-o com sucesso à cura de algumas doenças.

Recentemente, a curiosidade pública ficou vivamente excitada por duas conferências feitas no círculo Saint Simon pelo dr. Brémaud, médico da infantaria da marinha. O interesse que apresentavam devia-se ao espírito científico do autor e à característica especial do auditório, composto em grande parte por membros do Instituto.

Tratava-se de demonstrar, não somente que o hipnotismo é uma verdade, coisa incontestável depois dos doutos trabalhos dos srs. Charcot e Dumontpallier, mas também que esse estado pode ser produzido em quaisquer indivíduos e não especialmente em histero-epilépticos, como sustentavam os retardatários da ciência, que haviam feito dessa condição o último reduto da resistência às novas doutrinas.

Diversos jornais — *Le Temps, Les Débats, La France* etc. – que citamos livremente, fornecem-nos interessantes observações.

O dr. Brémaud, após ter testemunhado um caso de hipnotismo na ilha de Bourbon, não pensava mais nessas estranhas manifestações quando, há dez anos, o famoso Donato foi fazer em Brest apresentações de magnetismo. As mesmas experiências que, em dado momento, fizeram toda Paris acorrer, produziram em Brest uma emoção extraordinária. Alguns amigos convenceram o dr. Brémaud, cuja consciência científica conheciam, a pesquisar a parte de verdade e a parte de charlatanismo que pudessem existir naquelas exibições. O que havia intrigado o doutor, que tinha conhecimento dos trabalhos da Salpêtrière, era o fato de Donato atuar sobre uma porção de jovens de Brest, que de modo algum pareciam doentes, e com os quais obtivera prontamente resultados análogos.

Pôs-se a estudar a maioria dos que se tinham submetido à influência de Donato; fê-los ir à sua casa, observou-os de perto, e sem muita dificuldade conseguiu produzir neles efeitos iguais aos conseguidos pelo magnetizador. Com a colaboração deles, realizou algumas sessões na Escola de Medicina, onde reproduziu exatamente todos os exercícios que tanto haviam impressionado o público. Continuou suas pesquisas com um *grande número de marinheiros* postos à sua disposição e chegou à conclusão de que, entre homens considerados sãos de corpo e de mente, havia muitos suscetíveis de serem postos nos estados de hipnotismo, de letargia ou de catalepsia e de sonambulismo, já constatados em indivíduos atacados de histeria ou de epilepsia. Chegou a pensar ser possível estabelecer, quanto à raça bretã, que entre dez indivíduos de dezesseis a vinte e sete anos, há dois ou três, isto é, mais ou menos um quarto, nos quais as experiências instituídas devem ser bem sucedidas. Essa proporção, diz o dr. Brémaud, pode variar conforme a raça, o meio, o tipo de vida. Cabe a pesquisas semelhantes às que ele começou determiná-la exatamente.

Um segundo resultado foi observar, nos estados mórbidos que formam uma série progressiva, um estado inicial que, conforme diz, não se produziria nos histero-epilépticos até então observados, e a que deu o nome de fascinação.

O paciente fica inicialmente fascinado, isto é, antes de chegar à letargia ou à catalepsia, ele cai num estado de completa abulia, ou seja, perde sua vontade, torna-se escravo do operador, um mero autômato que obedece despreocupadamente a qualquer comando. O segundo grau, que é provocado pelos meios mais simples, é a letargia, depois a catalepsia, pela contração dos músculos. Esta é conseguida à vontade, seja ela parcial ou total; um golpe a produz num membro; uma leve fricção a faz cessar.

Da letargia, passa-se ao sonambulismo. Neste último estado, conforme os indivíduos, certos sentidos ou certas faculdades adquirem uma acuidade ou uma potência realmente assombrosas. O dr. Brémaud citou exemplos notáveis, que longe está de querer comparar com os assinalados por Braid.

Um de seus pacientes, que estava no seu gabinete, junto à lareira, repetiu-lhe a conversa que duas pessoas mantinham em voz baixa na rua, a uns cinqüenta metros. Um de seus jovens parentes, posto em sonambulismo, resolveu sem dificuldade um difícil problema de trigonometria, que não compreendia em estado de vigília, e que tampouco compreendeu ao voltar ao seu estado normal.

Novamente observamos aqui que, segundo o hábito dos homens de ciência, o sr. Brémaud atribui aos sentidos um papel que eles não podem desempenhar. Não se pode crer que a audição, que é uma faculdade essencialmente peculiar ao organismo, possa projetar-se para fora, atravessar paredes e estender-se a cinqüenta metros, de modo a acompanhar uma conversa em voz baixa. Da mesma forma, não se pode conceber que um jovem resolveria um problema de trigonometria mais facilmente dormindo do que no seu estado normal. Se admitirmos a alma, tudo se explica, torna-se simples e compreensível.

Como relatos jamais equivalem aos fatos, o dr. Brémaud levara consigo dois jovens de vinte e três e vinte e seis anos, homens conhecidos, com uma situação oficial a salvo de qualquer suspeita e em perfeito estado de saúde. À medida que descrevia os fenômenos, ele os produzia e permitia que o auditório os constatasse. A catalepsia era bem real; a contratura das pernas, dos braços, do corpo, bem visível; o estado sonambúlico, perfeito. Todos foram obrigados a render-se à evidência, e experiências muito curiosas foram realizadas sucessivamente. Assim, viram um dos jovens, posto em estado de fascinação, obedecer instantaneamente a qualquer comando; ouviram-no repetir, como um perfeito fonógrafo, palavras chinesas, russas, com uma pronúncia correta, como se estivesse habituado a falar essas línguas e fosse capaz de compreendê-las. Com outro, fizeram-no beber um copo d'água; convenceram-no de que tinha bebido quatorze copos de cerveja e, de repente, pareceu realmente bêbado, ou então via efetivamente todas as figuras que lhe desenhavam no espaço, e ria se fossem engraçadas ou sentia medo se fossem assustadoras.

Observação importantíssima: Se, enquanto estiver nesse estado de contemplação, se lhe interpuser diante do olhar um vidro prismático, ele vê duas figuras, o que prova, diz o dr. Brémaud, *que não há, propriamente falando, alucinação*, isto é, exteriorização de uma idéia subjetiva, e sim *ilusão sensível*, produzida pela ação do raio luminoso sobre os nervos ópticos.

No último capítulo veremos que existe verdadeiramente uma figura que se forma fluidicamente.

A experiência pode apresentar-se sob uma forma talvez ainda mais surpreendente se, nesse estado, separarmos os dois olhos do paciente por uma tela. Então podemos mostrar-lhe uma figura grotesca no lado direito, e essa metade do rosto torna-se risonha; depois descrever, à esquerda, uma imagem horrível, e a outra metade do rosto se contrai de terror, de modo que o paciente fica como se dividido entre dois seres, sendo que cada um experimenta sensações contrárias, obedece a impulsos opostos e vive uma vida diferente, o que provavelmente pode ser explicado pela dissociação dos dois hemisférios cerebrais.

O dr. Brémaud fez com que seus ouvintes assistissem aos mais inesperados fenômenos, à anulação da vontade e até mesmo do eu, à disjunção das funções cuja unidade constitui a vida psíquica normal, a estados de insensibilidade, de rigidez, de letargia, em que a própria vida parece desaparecer, e depois a uma superexcitação nervosa na qual músculos, sentidos e certas faculdades intelectuais adquirem uma força realmente assombrosa.

Todos esses fenômenos não são novos, são curiosos somente porque foram produzidos em jovens perfeitamente sadios de corpo e mente, e porque o dr. Brémaud não pode ser acusado de charlatanismo.

Entrevemos, sem que seja necessário insistir, o interesse múltiplo que se prende à solução desses problemas; é impossível não sermos atingidos pelas perspectivas que oferecem ao espírito. Do ponto de vista prático, sua importância talvez seja maior para a medicina legal, e, sem dúvida, para o tratamento de alienados.

O sistema nervoso pode ser influenciado por causas externas ainda mal definidas, a ponto de modificar por completo o indivíduo, tanto moral como fisicamente, de transformá-lo em autômato e de, através de diversas sugestões, substituir sua vontade por uma vontade alheia. As experiências tentadas nestes últimos anos na Alemanha e na França não deixam qualquer dúvida a esse respeito.

O sr. Liégeois, professor de Direito da faculdade de Nancy, volta a atrair a atenção para esses fatos, numa interessante dissertação lida na Academia de Ciências Morais e Políticas, no dia 5 de abril de 1884. Primeiro, ele quis constatar pessoalmente a realidade dos fenômenos hipnóticos, e averiguar a que limites extremos se pode induzir a influência do homem sobre seu semelhante. Com a colaboração do prof. Bernheim, seu colega, cuja maneira de operar já expusemos, ele hipnotizou uma certa quantidade de pessoas *absolutamente sãs de corpo e mente*. Chegou às mesmas conclusões a que chegaram seus predecessores.

O hipnotizado se transforma num autômato inconsciente. O que é muito mais singular, porém, é que ele conserva durante dias, semanas, traços desse automatismo, a tal ponto que as sugestões anteriores persistem por muito tempo e podem levá--lo a realizar atos independentes da sua vontade. O operador pode inspirar ao seu paciente a idéia de atos criminosos que, ao despertar, serão fatalmente executados ponto por ponto, num intervalo de vários dias, ou mesmo de vários meses, afirma o prof. Liégeois.

Assim, no dia e hora marcados pelo prof. Liégeois, alguns pacientes foram à delegacia de polícia, ou ao procurador da República, confessar crimes imaginários, com todos os detalhes e nos termos exatos que lhes havia ditado na véspera ou na antevéspera.

Alguns hipnóticos cometeram, ou pensaram ter cometido atos pavorosos. Uma jovem, entre outros, disparou um tiro de pistola na sua mãe com o maior sangue-frio (é escusado dizer que a arma não estava carregada). Outros reconheceram compromissos que não tinham assumido. Finalmente outros, aos quais tinham sido sugeridas certas frases, certos relatos, juraram que tinham visto e ouvido tudo que lhes tinha sido indicado durante o sono hipnótico.

Há pois, incontestavelmente, um novo campo aberto à medicina legal.

Todos se lembram da história de Didier, condenado uma primeira vez pela polícia correcional, sem saber de que se tratava, já que estava em sonambulismo, depois absolvido pela Câmara de Apelações Correcionais, graças ao dr. Motet, que trabalhava no Instituto médico-legal e que, magnetizando-o, fê-lo repetir a cena que motivara sua prisão. Reconheceu-se sua inocência ou, em todo caso, sua irresponsabilidade, e diante da apelação a sentença foi revogada.

Não podemos encerrar este apanhado sem falar, com o sr. de Parville, do livro *L'homme et l'Intelligence*, repleto de fatos estranhos, mas constatados, que o sr. Richet acaba de publicar.

Não insistiremos nos fenômenos mais conhecidos, mas examinemos alguns casos em que a personalidade desaparece completamente.

"Você parece velha — diz-se a uma jovem hipnotizada, e logo o andar, os sentimentos que expressa são os de uma mulher idosa. – Mas é uma garotinha – e em seguida a paciente assume a fala, os modos e os gestos de uma criança. Pode-se transformar a hipnotizada em camponesa, em atriz, em general ou em padre. Nada mais curioso, com uma palavra fazemos dela um general: — Reviste-me – diz ela. – Está bem. Onde está o comandante do 2º Zuavos? Há *kroumirs* lá; vejo-os subindo a ravina. Comandante, pegue uma companhia e ponha os homens sob meu comando. Que tragam também uma bateria de campanha! Esses Zuavos são bons! Como escalam bem. Que querem de mim? Como! Não há nenhuma ordem? (À parte): Esse aí é um péssimo oficial, não sabe fazer nada... Vejamos, meu cavalo, minha espada... (Faz o gesto de prender a espada ao cinto.) Avante... ah! Estou ferido!

E tudo isso é pronunciado em voz baixa, apenas movendo os lábios. O paciente de tal modo imagina ser o personagem que lhe dizem que é, que se enfurece se alguém o acusa de estar enganando a assistência. Pode-se até mesmo, por sugestão, metamorfosear um homem em animal: em cão, em macaco, em papagaio etc.

Conta o sr. Richet que um dia, tendo hipnotizado um de seus amigos, disse-lhe: — Estás transformado em papagaio, meu pobre rapaz. Após um momento de hesitação, este retrucou-lhe: — Eu preciso comer as sementinhas de cânhamo que estão na minha gaiola?"

Num outro dia, trata-se de uma senhora que, persuadida de que é uma cabra, salta agilmente para cima do sofá e se esforça para alçar-se até à biblioteca.

Já constatamos que o hipnotizado VÊ realmente o que se quer mostrar-lhe, mas o que há de mais notável é a sugestão por uma ordem, que deve ser cumprida num tempo determinado. A mais fácil de ser produzida é a do sono. "Amanhã às três horas você dormirá." E no dia seguinte, quando soam três horas, o paciente adormece, não importa onde se encontre. Não pensaríamos estar lendo um conto de fadas, no qual um encantador malvado mergulha um palácio inteiro no sono?

Neste caso, trata-se de uma realidade. Em estado sonambúlico, disseram-lhe: "Você dormirá", ao despertar, ele se esqueceu da recomendação, e, apesar de tudo, quando chega o momento, dorme. Provavelmente, nem o próprio operador está pensando na recomendação, mas ela está gravada, burilada no cérebro do hipnotizado, e o autômato obedece como um aparelho registrador indicaria um fenômeno no momento em que este se produz, movido por um mecanismo de relojoaria.

Eis algumas provas ainda mais convincentes dessa espécie de obsessão imperativa. A. está adormecida, o sr. Richet lhe diz:

— Quando tiver acordado, você apanhará este livro que está sobre a mesa, lerá o título e o recolocará na minha biblioteca.

A. é acordada, esfrega os olhos, olha ao redor com ar de espanto, põe seu chapéu para sair, depois olha de relance para a mesa, vê o livro, apanha-o, lê o título.

— Oh! – diz ela. – O senhor estava lendo Montaigne. Vou colocá-lo no lugar.

E arruma-o na biblioteca. Perguntam-lhe por que fez aquilo. Ela estranha a pergunta:

— Será que eu não devia ver este livro? – responde calmamente.

Eis aí um ato executado sem motivo conhecido e como resultado direto de uma sugestão.

B. está adormecida.

— Quando tiver acordado, você vai tirar o abajur da lâmpada.

Acordam-na.

— Aqui não se enxerga direito – diz ela, e tira o abajur.

Noutra ocasião:

— Quando tiver acordado, você porá muito açúcar no seu chá.

Servem o chá. A paciente, já bem desperta há um quarto de hora, enche sua taça de açúcar.

— Que é que você está fazendo? – perguntam-lhe.

— Estou pondo açúcar.

— Está pondo demais.

— É mesmo – e põe mais açúcar. Achando o chá detestável, acrescenta: — Que é que o senhor quer? Foi uma besteira. O senhor nunca fez uma bobagem?

Entre as experiências do sr. Richet, deve-se citar a seguinte, que é a mais característica:

O paciente está adormecido.

— Você voltará tal dia, a tal hora.

Acordado, ele se esqueceu de tudo, já que pergunta:

— Quando é que o senhor quer que eu volte?

— Quando você puder, qualquer dia da semana que vem.

— A que horas?

— Quando quiser.

E, com uma surpreendente pontualidade, ele chega no dia indicado, na hora marcada.

Um dia A. chegou na hora exata, com um tempo horrível.

— Realmente, não sei por que estou aqui – diz ela. – Estava com visitas em casa. Corri para chegar aqui e não tenho tempo para ficar. É um absurdo, não compreendo por que vim. Será ainda um fenômeno do magnetismo?

Num outro caso, essa senhora chega na hora prescrita e confessa que nem ela mesma sabia, antes de se pôr a caminho, que iria. Evidentemente, aqui a paciente obedece como se diante de uma ordem imperativa. Não se lembra de nada; ignora completamente o que lhe foi ordenado durante o sono e, contudo, obedece. A lembrança inconsciente, ignorada, persiste em estado latente e determina o ato. Deve-se, como diz o sr. Liégeois, desconfiar da inconsciência, há aqui todo um domínio absolutamente ignorado que reclama um estudo aprofundado e bem atento.

Ao encerrar, diremos com o sr. de Parville:

Magnetismo, hipnotismo, ilusões ontem, realidades hoje. Certamente, foi preciso tempo, muito tempo, antes que se decidissem a estudar de perto esses fatos estranhos, mas podemos afirmar que agora os fisiologistas mais eminentes consideram os principais fenômenos do hipnotismo e do magnetismo animal como *fora de contestação*. É pois com uma certeza absoluta que concluímos pela existência da alma, que se afirma em todas essas experiências.

Capítulo V
Ensaio de teoria geral

Ao lado dos fenômenos que estudamos, podemos alinhar os estados produzidos por anestésicos, como o clorofórmio, o éter, o protóxido de azoto etc. Os pacientes submetidos à ação desses agentes ficam completamente insensíveis às impressões externas. É essa propriedade que se utiliza na cirurgia para afastar do doente a sensação de dor.

Devido ao plano restrito desta obra, não podemos estudar detalhadamente todos os efeitos provocados por esses produtos químicos; limitar-nos-emos a relatar o seguinte fato:

Num relatório apresentado em 1842 à Academia de Ciências, o dr. Vulpian concluiu pela adoção do tratamento por clorofórmio em todas as operações cirúrgicas demasiado dolorosas. Cita uma grande quantidade de circunstâncias em que os anestésicos deram excelente resultado e assinala, como uma característica distintiva do sono produzido, a perda, ao despertar, da lembrança do que se passou.

A seguir, narra a experiência que se segue, feita por ele numa senhora que operara de um câncer no seio. Após tê-la adormecido pelos processos comuns, estava fazendo a operação quando ficou muito surpreso ao ouvi-la dizer que *via* o que estava acontecendo na casa de uma amiga sua que morava perto de lá. Ele não deu grande importância a essa comunicação, tomando-a por uma peça pregada pela imaginação da doente. Qual não foi sua surpresa, porém, quando a senhora em questão, indo buscar informações sobre a saúde da amiga, afirmou que estava fazendo exatamente o que a paciente tinha visto durante o sono.

Aqui, não nos deteremos mais uma vez para pôr em evidência o desligamento da alma, que consideramos perfeitamente demonstrado. O que temos a assinalar são as notáveis analogias existentes entre o sonambulismo magnético, o hipnotismo e a anestesia provocada por substâncias químicas.

Nessas três categorias de fenômenos, é fácil destacar características comuns, que assinalaremos:

1º a insensibilidade;
2º a perda da lembrança ao despertar;
3º a dupla visão.

Semelhante identidade dos resultados implica uma identidade de causa. Devemos procurá-la, e, nos três casos, podemos atribuir os fenômenos constatados a uma modificação do sistema nervoso.

Essa modificação produzida no complexo nervoso determina o desligamento da alma, que é quando essa parte imaterial de nós se torna mais livre do que no estado normal, fica menos ligada ao corpo, pode expandir-se à distância e apresentar todas as características que, por não se conseguir encontrar uma explicação, foram atribuídas a uma superexcitação dos órgãos dos sentidos.

Vamos provar o que dissemos.

Não se contesta que o sistema nervoso não fique completamente modificado nesses fenômenos; estudemos, então, com Claude Bernard, quais são os irritantes que podem influenciá-lo.

Há três espécies de irritantes do sistema nervoso: os irritantes físicos, os irritantes químicos e os irritantes vitais.

Foquemos nossa atenção, de modo especial, nos irritantes químicos e, entre eles, estudemos a ação dos anestésicos sobre o organismo. Segundo Claude Bernard, "os anestésicos diminuem a irritabilidade, mas não de um modo geral, nem em todos os tecidos; assim, o clorofórmio age somente sobre os nervos da sensibilidade; o mesmo ocorre com o éter, o álcool, o protóxido de azoto etc. Quando estão sob a influência de anestésicos, os nervos sensitivos não são mais atacados por seus irritantes normais, nem mesmo por irritantes anormais que, no estado normal, aumentariam a intensidade dos fenômenos a ponto de provocar a morte. É que, na verdade, a vida dos nervos tornou-se então quase latente, ou que, pelo menos, eles se acham num estado de entorpecimento que os protege".

No caso narrado pelo sr. Vulpian, pudemos observar que, quando se aplicam anestésicos no homem, o estado nervoso em que o paciente se encontrava – estado caracterizado pela insensibilidade, pela perda de lembrança ao despertar e pela dupla visão – coincide com a insensibilidade dos nervos, de sensações físicas, com uma vida latente dos nervos sensitivos. Cremos portanto que, sempre que encontrarmos essas condições reunidas, o sistema nervoso sensitivo estará paralisado.

É o que acontece quando examinamos os fenômenos do hipnotismo. Todos os agentes físicos empregados, como a luz, o som, o olhar, são irritantes do sistema nervoso que mergulham o paciente num estado especial, a que se chamou sono hipnótico, por não se conseguir definir melhor essa espécie particular de vida; sono que resulta da paralisia dos nervos sensitivos sob a influência de irritantes físicos agindo em determinadas condições.

O método operatório do dr. Bernheim, de Nancy, que une aos processos hipnóticos as práticas dos magnetizadores, levam-nos a perguntar-nos se, às vezes, os irritantes físicos não poderiam substituir os excitantes vitais.

Claude Bernard responde:

> Às vezes os irritantes físicos podem produzir os efeitos que resultam igualmente da ação dos irritantes vitais. Assim, certos ácidos provocam a contração do músculo; a eletricidade produz o mesmo efeito. Mas, no estado fisiológico, esse fenômeno se manifesta sob a influência do nervo. O sr. du Bois-Reymond achou que poderia reduzir essa influência a uma causa física, considerando o nervo como um órgão que, de algum modo, segregasse eletricidade.
>
> Infelizmente, os fatos ainda não nos demonstraram essa hi-

pótese, à qual o próprio sr. du Bois-Reymond parece ter renunciado. Somos então forçados, até nova ordem, a admitir essa força nervosa como um irritante vital, ou seja, como uma força 'que ainda não se pôde incluir entre as forças físico-químicas, pois o termo *vital* não tem outro significado'.

O que os magnetizadores chamam de *fluido* – que nos perdoe o sr. Bersot – tem , pois, uma existência real no corpo humano. Esse fluido nervoso é um irritante vital, pode agir à distância, ser lançado, pela vontade, numa determinada direção, tal como resulta das experiências da Academia relatadas pelo sr. Husson. Vimos, com efeito, que o paciente Cazot adormeceu sob o influxo enviado pelo magnetizador Foissac, que estava em outro aposento.

Observaremos, também, que a vontade é uma força, que absolutamente não é, como se pretendeu, um simples estado de consciência. Isso resulta da seguinte passagem, que novamente tomamos de empréstimo a Claude Bernard: "A ação da vontade constitui um excitante vital por excelência, que seria impossível substituir, e que agiria de modo especial sobre a medula espinhal. Esses fatos foram perfeitamente evidenciados por Van Deen."

Por outro lado, no livro **Les Muscles et les Nerfs**, Rosenthal descreve uma experiência a partir da qual se pode avaliar a influência da vontade pelas correntes elétricas que ela determina nos músculos.

Portanto, podemos admitir que os fatos do sonambulismo provocado pelas práticas magnéticas devem-se à ação do fluido nervoso do magnetizador, dirigido por sua vontade, indo irritar o sistema nervoso sensitivo do paciente para mergulhá-lo num estado especial, durante o qual os nervos sensitivos ficam anulados, entorpecidos.

É a vontade, *esse irritante vital por excelência*, que se propaga pelo fluido nervoso, servindo de condutor do magnetizador ao seu paciente. No caso do sonambulismo natural, é a própria vontade do paciente que o mergulha nesse estado. A viva preocupação de fazer algo basta para explicar que a mente superexcitada faça com que o corpo posto nessa situação especial se mova. Os diferentes irritantes de que já falamos atuam somente sobre o sistema nervoso sensitivo. Mas nem todos têm, e sempre, a mesma intensidade; daí as diferentes fases dos fenômenos observados. Mais uma vez, há perfeita concordância com a fisiologia:

"Todos os irritantes, seja qual for sua natureza, quer sejam físicos, químicos ou vitais, devem ser vistos como irritantes especiais de certos tecidos, de certos órgãos.

Mas a especialidade não é tudo. É necessário levar em consideração a quantidade do irritante, também. A importância dessa consideração já foi indicada por Brown, que chamava de incitação normal a que era produzida pelo irritante empregado em sua dose habitual; quando essa dose era ultrapassada, a incitação se transformava em irritação e provocava fenômenos mórbidos. Esse foi o dado que Broussais perseguiu e que serviu de base à sua patologia geral. A quantidade do irritante é, portanto, um ponto importante.

Assim, se se fizer passar num órgão uma corrente elétrica bem fraca, os tecidos não ficarão irritados e não reagirão. Mas, se a força da corrente for aumentada, obtereis fenômenos cuja intensidade irá crescendo, com certas qualidades de corrente, até assumir um caráter verdadeiramente mórbido.

Na aplicação de um irritante, portanto, há uma medida a ser atingida, e essa medida depende, ao mesmo tempo, da quantidade maior ou menor do irritante e da suscetibilidade mais ou menos delicada do próprio órgão."

Daí a maior ou menor capacidade dos magnetizadores, segundo a energia da sua vontade e a força do seu fluido nervoso. Da mesma forma, compreende-se que os pacientes sejam mais ou menos sensíveis conforme a grosseria ou a delicadeza do seu organismo.

Por suas experiências, Braid havia pretendido estabelecer que o sonambulismo magnético não era determinado pela ação *fluídica* do operador sobre o paciente. Empregava irritantes físicos para produzir o sono, mas via somente um lado da questão. Poder-se-ia, atuando com anestésicos, responder-lhe que só esses agentes podem produzir o sonambulismo. Em suma, de todas essas observações, resulta que quando o sistema nervoso sensitivo está paralisado, a alma se desprende.

Cremos, portanto, que está assentado que os diferentes estados do corpo humano conhecidos como sonambulismo natural, sonambulismo magnético, hipnotismo e estado anestésico devem-se simplesmente à ação de irritantes do sistema nervoso sensitivo de natureza diversa.

A fascinação é o primeiro grau da ação modificadora, a letargia é um estado mais acentuado do fenômeno, o sonambulismo é a ação integral do irritante sobre o sistema nervoso, e, finalmente, a catalepsia é o exagero da ação do irritante,[1] o começo dos estados mórbidos. Este é o lado puramente material desses fenômenos. O aspecto psíquico que se pretendeu atribuir a uma superexcitação dos sentidos, deve-se, como já o estabelecemos muitas vezes, ao desligamento da alma. Enquanto não nos demonstrarem que estamos errados, por outros argumentos que não os até agora apresentados, temos o direito de afirmar que a existência da alma está provada experimentalmente pelos fatos do magnetismo, do hipnotismo e da anestesia.

Na quarta parte, que trata do perispírito, teremos oportunidade de voltar à série dos atos que se realizam no momento em que a alma se livra dos entraves do corpo.

---

[1] Esta não é a ordem em que os fenômenos se apresentam habitualmente no hipnotismo, mas parece-nos a mais lógica do ponto de vista teórico.

Terceira parte

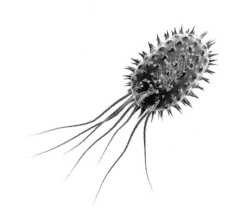

Capítulo I
Provas da imortalidade da alma pela experiência

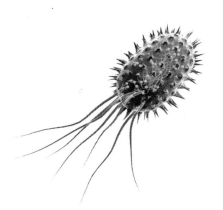

Diante da pergunta: A alma existe? A ciência responde talvez; os fenômenos do magnetismo, do hipnotismo, da anestesia respondem sim e, com isso, confirmam todas as deduções da filosofia e as afirmações da consciência.

Forçados, pela evidência dos fatos, a admitir no homem uma força diretriz, muitos materialistas se refugiam numa derradeira negação, sustentando que essa energia se extingue com o corpo, do qual era apenas uma emanação. Como todas as forças físicas e químicas – dizem eles – a alma, essa resultante vital, cessa com a causa que a tinha produzido; morto o homem, a alma se extingue.

Será isso possível? Não passamos de um vulgar aglomerado de moléculas sem solidariedade entre si? Nossa individualidade deverá desaparecer para sempre, e do que foi um homem restará somente um cadáver destinado a desagregar-se lentamente na fria escuridão do túmulo?

Diante da grandiosa questão da imortalidade do ser pensante, diante do temível problema que apaixonou as mais vastas inteligências, diante desse desconhecido cheio de mistério, não hesitamos em responder de maneira afirmativa.

Temos provas seguras da existência da alma após a morte,

podemos afirmar, incontestavelmente, que estamos com a razão, e isso por meio de experiências simples, práticas, ao alcance de todos e para cuja explicação não se precisa de um gênio transcendente. O ignorante, tal como o sábio, pode formar uma convicção, e esse resultado se deve a uma nova ciência: o espiritismo.

Quando se pensa na gravidade que se atribui à solução do problema da sobrevivência do eu e nas conseqüências que disso resultam, não seria demais insistir nos fenômenos que nos revelam de modo convincente a existência da alma depois da morte. A vida social e as leis que a dirigem são baseadas num ideal moral que só pode apoiar-se na crença em Deus e numa vida futura.

Há séculos, com efeito, baseando-se nos princípios de suas religiões, que lhes pareciam inabaláveis, as nações aceitaram as leis ditadas por seus legisladores. Mas com os tempos modernos, com a livre discussão, surgiram dúvidas sobre a legitimidade dessas leis, o direito divino que tornava o homem senhor do povo soçobrou na torrente de 93, e o resultado deveu-se, do mesmo modo que na política e na filosofia, ao descrédito em que caíram as idéias religiosas. Havia uma íntima aliança entre a realeza e o clero; quando os enciclopedistas minaram os dogmas, o trono também ruiu.

A fé cega imposta pelos padres produziu inúmeros erros e crimes contra os quais o espírito humano, liberto dos seus preconceitos, se revoltou. Ninguém encara sem horror os massacres dos valdenses, dos albigenses, dos *camisards*. Os gritos das vítimas da noite de São Bartolomeu, dos Savonarola e de João Huss ecoam dolorosamente no fundo dos corações, e os suplícios da Inquisição, seus monstruosos autos-de-fé, são uma mancha sangrenta na história do catolicismo. Os fanáticos que condenaram Galileu nada sabiam sobre as maravilhas da Universo; sua fé tacanha e ignorante só podia engendrar ignorância e credulidade. Os cristãos da Idade Média tinham uma idéia acanhada do nosso mundo, que só conheciam em parte. Consideravam-no a base do Universo; viam o céu apenas como a morada de Deus, e as estrelas, como simples pontos luminosos. Assim, tinham estabelecido uma hierarquia rudimentar, colocando o inferno no centro da Terra e o paraíso, acima do Sol, de modo que nós éramos o pivô de toda a criação e fora do nosso mundinho nada existia.

Mas a astronomia veio derrubar essa fabulosa concepção. Nossos conhecimentos ampliaram-se, o infinito expôs sua extensão diante de nossos olhos maravilhados. As estrelas não são tachinhas brilhantes colocadas pela mão do criador para iluminar nossas noites, são mundos imensos rolando no espaço, são sóis radiosos que, no seu curso através do infinito, levam consigo um cortejo de planetas. A imensidão mostrou-se com suas insondáveis profundezas; sabemos que nossa Terra é somente uma ínfima parte da poeira de mundos que turbilhonam no éter, de modo que as crenças baseadas em nosso orgulho dissiparam-se ante o sopro da realidade. O Universo inteiro expôs diante de nós os esplendores da sua harmonia eterna, a inalterável simetria de suas mudanças, sua imutabilidade, sua imensidão! Diante de espetáculos tão inusitados, os homens reconheceram a inanidade das suas primeiras crenças, queimaram o que haviam adorado, e, levando o desprezo pelo passado aos limites extremos, repeliram as noções de Deus e de alma, como entidades separadas, sem qualquer valor objetivo. Assim se estabeleceu a corrente materialista nascida, no séc. XVIII, da luta contra os abusos. O homem da nossa época não quer mais crer, desconfia até mesmo da razão, refugia-se na experiência sensível, como se fosse a única capaz de lhe fornecer a verdade; eis por que exige provas inquestionáveis, fenômenos que até agora eram domínio próprio da filosofia. Essas considerações nos explicam o pouco sucesso obtido por eminentes escritores, como Ballauche, Constant Savy, Esquiros, Charles Bonnet, Jean Reynaud, que pregaram a imortalidade da alma.

Atualmente, um filósofo e sábio, Camille Flammarion, segue os gloriosos passos daqueles grandes homens. Esse propagador de gênio semeia a mancheias as idéias da palingenesia humana, e o sucesso retribui-lhe os nobres esforços, mas ele deve sua fama mais a um estilo esplêndido do que às idéias que emite. O espírito humano, há séculos oscilando entre os mais diversos sistemas, está cansado de especulações metafísicas e se agarra à observação material como a uma tábua de salvação. Daí o grande prestígio dos homens de ciência no momento atual. Estes, por sua vez, formam uma corporação sacrossanta, cujas sentenças são inapeláveis. Têm toda a arrogância dos antigos colégios sacerdotais, sem deles possuir as raras virtudes, e em ambos os lados a intolerância é a mesma.

O povo, que só capta o exterior das coisas, vendo seus antigos conhecimentos destruídos pelas modernas descobertas, acredita cegamente em seus novos condutores e, acompanhando-os, se joga no mais absoluto materialismo. Não se raciocina mais; de cabeça baixa, vai-se às últimas conseqüências, e, como está provado que o cérebro é a sede do pensamento, a alma não existe mais, porque não se acredita mais em Jeová planando sobre uma nuvem. Deus não passa de um mito fabuloso.

É contra essas tendências que o espiritismo vem reagir. Sendo nosso século o século da demonstração material, ele traz ao observador imparcial *fatos* bem constatados. Deixando de lado as teorias nebulosas, o espiritismo se afasta dos dogmas e das superstições, apóia-se na base inabalável da observação científica, e os próprios positivistas conseguem declarar-se satisfeitos com as provas que apresentamos às discussões, porque elas nos são fornecidas pelos maiores nomes, de quem a ciência contemporânea se orgulha.

Cinqüenta anos depois que essa doutrina fez sua reaparição no mundo, ela foi submetida a críticas apaixonadas, a ataques muitas vezes desleais. Seus adeptos foram vilipendiados, ridicularizados, execrados, quiseram transformá-los em derradeiros representantes da feitiçaria e, contudo, apesar das perseguições, eles são hoje mais numerosos e mais fortes do que nunca; não mais são recrutados na massa ignorante, mas entre homens esclarecidos: escritores, artistas, sábios etc.

O espiritismo se expande no mundo com uma rapidez extraordinária. Nenhuma filosofia, nenhuma religião teve um desenvolvimento tão considerável em tão pouco tempo.

Hoje, mais de quarenta publicações, mensais ou semanais, levam a pontos distantes o resultado das pesquisas empreendidas em todas as partes do mundo, e seus partidários, agrupados em sociedades, contam com milhões de sócios na superfície do globo.

A que se deve essa progressão formidável? Naturalmente, à simplicidade dos ensinamentos espíritas baseados na justiça de Deus, e principalmente aos meios práticos de convencer-se da imortalidade da alma que são proporcionados a todos pela nova ciência.

Na história do espiritismo, há duas fases distintas que é útil assinalar. A primeira abrange o período compreendido entre 1846, momento da sua aparição, e 1869, marcado pela morte do célebre escritor Allan Kardec. Nesse lapso de tempo, o fenômeno espírita foi estudado por todo lado, as experiências se multiplicaram e os observadores sérios descobriram que fatos inusitados eram produzidos por inteligências vivendo uma existência diferente da nossa. Dessa certeza nasceu o desejo de estudar essas manifestações tão curiosas, e, com documentos recolhidos em toda parte, Allan Kardec compôs *O Livro dos Espíritos* e, mais tarde, *O Livro dos Médiuns*, cuja consulta é indispensável a toda pessoa desejosa de iniciar-se nessas práticas novas. O grande filósofo que os escreveu imprimiu um formidável impulso às pesquisas, e pode-se dizer que se deve ao seu devotamento infatigável a propagação tão rápida dessas consoladoras verdades.

O segundo período, que vai de 1869 até os dias atuais, é caracterizado pelo movimento científico que começou a girar em torno das manifestações dos Espíritos. A Inglaterra, a Alemanha, os Estados Unidos parecem marchar de comum acordo quanto às investigações. Os sábios mais autorizados desses países já proclamam em voz alta a validade dos fenômenos espíritas, e dentro em breve o mundo todo se associará a esses nobres trabalhos, cuja finalidade é afastar-nos das degradantes crenças do materialismo. Logo exporemos os documentos em que baseamos nossa afirmativa.

Passou-se o tempo em que podiam, *a priori*, rejeitar nossas idéias; hoje o espiritismo se impõe à atenção pública. É preciso que os preconceitos absurdos com que foi recebido ao nascer desapareçam diante da realidade. É necessário que todos saibam que, longe de serem visionários, cabeças ocas, os espíritas são observadores imparciais e metódicos, que só relatam fatos perfeitamente constatados.

Deve-se convencê-los de que vários milhões de homens não são vítimas de uma loucura contagiosa, de que, se crêem, é porque sua doutrina oferece os mais nobres ensinamentos, porque abre ao espírito os mais vastos horizontes. É preciso, enfim, que deixem de lado as piadas fáceis há vinte e cinco anos publicadas por jornalecos e das quais nem seus editores acham mais graça. A nova ciência que ensinamos não consiste só no movimento de uma mesa, porque, dessas modestas tentativas a suas conseqüências, há a mesma distância que havia entre a maçã de Newton e a gravitação universal.

Convidamos os homens de boa fé a fazer pesquisas sérias, a meditar sobre os ensinamentos da nossa filosofia, e ficarão convencidos de que o sobrenatural jamais interfere nas nossas explicações.

O espiritismo rejeita o milagre com todas as suas forças. Ele faz de Deus o ideal da justiça e da ciência; diz que o criador do mundo, tendo estabelecido leis que são a expressão do seu pensamento, não pode condescender, porque elas são a obra da suprema razão, e é impossível qualquer infração a essas leis. Todos os fatos espíritas podem, se não ser explicados, pelo menos ser incluídos entre os dados da ciência atual. É o que demonstraremos no final desta obra.

A parte espiritual do homem foi negligenciada pelos sábios, seus trabalhos tinham por objeto somente o corpo, e eis que hoje os Espíritos invadem a ciência que os havia desdenhado.

Histórico

Vamos expor, resumidamente, como se passaram os fatos.

Pancadas, cuja causa ninguém conseguiu adivinhar, foram ouvidas pela primeira vez em 1846, na casa de um homem de nome Veckmann, habitante de uma pequena aldeia chamada Hydesville, não distante de Arcádia, no estado de Nova Iorque.

Nada foi negligenciado a fim de descobrir o autor dos ruídos, mas não se conseguiu descobri-lo. Certa noite, também, durante a noite, a família foi acordada pelos gritos da filha mais nova, de oito anos, que afirmou ter sentido algo como uma mão que percorrera a cama e finalmente passara-lhe pelo rosto, coisa que aconteceu em vários outros lugares onde foram ouvidas pancadas.

A partir de então, nada mais se manifestou durante seis meses, época em que a família deixou a casa, que passou a ser habitada por um metodista, o sr. John Fox, e sua família, formada por sua mulher e duas filhas. Por três meses, tudo correu tranqüilamente, depois as pancadas recomeçaram.

Inicialmente eram ruídos leves, como se alguém estivesse batendo no assoalho de um dos quartos, e a cada vez sentia-se uma vibração no piso; mesmo estando deitado, podia-se percebê-la, e pessoas que a sentiram a compararam à ação produzida pela descarga de uma bateria elétrica. As pancadas se faziam ouvir sem interrupção, e não se conseguia mais dormir na casa; os ruídos leves, vibrantes, repetiam-se mansamente, mas sem descanso, a noite toda. Cansada, inquieta, sempre à espreita, a família finalmente decidiu chamar os vizinhos para ajudá-la a achar a chave do enigma. A partir daí, as pancadas misteriosas chamaram a atenção de toda a região.

Puseram grupos de seis ou oito indivíduos na casa, ou então saíram dela, todos escutando do lado de fora, mas o agente invisível continuava batendo. No dia 31 de março de 1845, não tendo conseguido dormir na noite anterior, extenuadas, a sra. Fox e suas filhas deitaram-se cedo, no mesmo quarto, esperando assim escapar das manifestações que geralmente aconteciam no meio da noite. O sr. Fox estava ausente. Mas logo recomeçaram as pancadas, e as duas jovens, despertadas pelo barulho, puseram-se a imitá-las, estalando os dedos. Para seu espanto, as pancadas replicavam a cada estalo; então, a mais nova, a srta. Kate, quis verificar aquele fato surpreendente; fez um estalo, ouviram uma pancada, duas, três etc. e sempre o ser ou agente invisível dava um número igual de pancadas. Sua irmã disse brincando:

— Agora, faça como eu, conte um, dois, três, quatro...

E, a cada vez, batia na mão o número indicado. As pancadas seguiram-se com a mesma precisão; mas, tendo esse sinal de inteligência alarmado a jovem, ela logo interrompeu a experiência. Então a sra. Fox disse:

— Conte dez – e imediatamente dez pancadas foram ouvidas. Ela acrescentou: — Poderia dizer-me a idade da minha filha Catherine? – E as pancadas indicaram exatamente quantos anos a criança tinha. Em seguida a sra. Fox perguntou se o autor das pancadas era um ser humano; não houve resposta. Depois ela disse: — Se você é um espírito, peço-lhe que dê duas pancadas. Estas se fizeram ouvir imediatamente. A sra. Fox continuou: — Se você é um espírito a quem fizeram mal, responda-me da mesma maneira. – E de novo as pancadas ecoaram.

Tal foi o primeiro diálogo ocorrido nos tempos modernos, e que foi constatado, entre seres do outro mundo e este. Desse modo a sra. Fox conseguiu saber que o espírito que lhe respondia era o de um homem que tinha sido assassinado vários anos antes na casa onde ela morava, que se chamava Charles Ryan, que era mascate e tinha trinta e um anos quando a pessoa em cuja casa morava o matou para ficar com seu dinheiro. Então ela disse ao seu interlocutor invisível:

— Se chamarmos os vizinhos, as pancadas continuarão a responder? – Ouviu-se uma pancada em sinal de afirmação. Chamados, os vizinhos não tardaram a chegar, achando que iriam rir à custa da família Fox, mas a exatidão de numerosos detalhes assim fornecidos pelas pancadas em resposta às perguntas dirigidas ao ser invisível, sobre assuntos particulares de cada um, convenceram os mais incrédulos. O rumor dessas coisas espalhou-se ao longe, e logo chegaram de todos os lados padres, juízes, médicos e uma multidão de cidadãos.

Aos poucos a família Fox, que os autores dessas pancadas perseguiam de casa em casa, foi estabelecer-se em Rochester, importante cidade do estado de Nova Iorque, onde milhares de pessoas iam visitá-la, procurando em vão descobrir se não havia alguma impostura naquele assunto.

O fanatismo religioso alvoroçou-se com essas manifestações de além-túmulo, e a família Fox foi maltratada. A sra. Hardinge, que se tornou defensora do espiritismo na América do Norte, conta que, nas sessões públicas promovidas pelas filhas da sra. Fox, estas corriam grandes riscos. Por três vezes foram nomeadas comissões para examinar o fenômeno, e por três vezes elas afirmaram que a causa dos ruídos lhes era desconhecida. A última sessão pública foi a mais tumultuada e, sem a intervenção de um quaker, as pobres meninas teriam perecido vítimas da sua fé, estraçalhadas por uma multidão em delírio.

É triste pensar que no século XIX se podem encontrar homens tão atrasados a ponto de repetir as bárbaras cenas das perseguições da Idade Média. É mais lamentável ainda que esse exemplo de intolerância tenha sido dado por essa América que, no entanto, se proclama a terra de todas as liberdades.

A notícia dessa descoberta espalhou-se rapidamente, e por toda parte aconteceram manifestações espirituais. Um homem chamado Isaac Post teve a idéia de recitar em voz alta o alfabeto, convidando o espírito a indicar através de pancadas, no momento em que fossem pronunciadas, as letras que deviam compor as palavras que lhe quisesse ditar. A partir desse dia estava inventada a telegrafia espiritual.

Logo cansaram-se de um processo tão incômodo, e os próprios autores das pancadas indicaram uma nova forma de comunicação. Bastava simplesmente reunir-se em torno de uma mesa, pôr as mão sobre ela e, erguendo-se, a mesa daria uma pancada, enquanto se recitasse o alfabeto, a cada uma das letras que o espírito quisesse ditar. Esse processo, embora muito lento, produziu excelentes resultados, e assim surgiram as mesas girantes e falantes.

É necessário dizer que a mesa não se limitava a levantar-se sobre um pé para responder às perguntas que lhe eram feitas; ela se agitava em todos os sentidos, girava sob os dedos dos experimentadores, às vezes elevava-se no ar, sem que se pudesse ver força alguma que a mantivesse suspensa. Em outras ocasiões, as respostas eram dadas por meio de pancadinhas audíveis no interior da madeira. Esses fatos estranhos atraíram a atenção geral, e logo a moda das mesas girantes invadiu toda a América do Norte.

Ao lado de gente leviana que passava seu tempo interrogando os Espíritos sobre a pessoa mais apaixonada da sociedade, ou sobre um objeto perdido, inteligências austeras, sábios, pensadores, atraídos pelo rumor que se formava em torno desses fenômenos, resolveram estudá-los cientificamente para pôr seus concidadãos em guarda contra o que chamavam de *loucura contagiosa.*

Em 1856, o juiz Edmonds, eminente jurisconsulto, que goza de uma autoridade inconteste no Novo Mundo, publicou um livro em que assegurava a realidade dessas surpreendentes manifestações. O prof. Mapes, que ensinava química na Academia Nacional dos Estados Unidos, empenhou-se numa investigação rigorosa que, como a precedente, resultou numa constatação motivada, segundo a qual os fenômenos eram realmente devidos à intervenção dos Espíritos.

Mas o que produziu o maior efeito foi a conversão às novas idéias do célebre Robert Hare, professor na Universidade da Pensilvânia, que experimentou cientificamente o movimento das mesas, e em 1856 consignou suas pesquisas num volume intitulado *Experimental Investigations of the Spirit Manifestation.*

A partir de então, a batalha entre os incrédulos e os crentes acirrou-se. Escritores, sábios, oradores, homens de igreja envolveram-se na confusão e, para dar uma idéia do desdobramento assumido pela polêmica, basta lembrar que, já em 1854, uma petição assinada por 15.000 cidadãos tinha sido apresentada ao congresso solicitando-lhe a nomeação de uma comissão encarregada de estudar o novo espiritualismo (é o nome dado na América ao espiritismo).

O pedido foi vetado pela assembléia, mas o impulso fora dado, e viram-se surgir sociedades que fundaram jornais onde se deu prosseguimento à guerra contra os incrédulos.

Enquanto esses acontecimentos se desenrolavam no Novo Mundo, a velha Europa não ficava inerte. As mesas girantes tornaram-se uma atualidade de grande interesse, e entre 1852 e 1853 muitos se ocuparam em fazê-las girar na França. Em todas as classes sociais só se falava nessa novidade; ninguém se abordava sem a pergunta ritual:

— Pois bem! Você faz mesmo mesas giraram?

Depois, como todos os modismos, após um momento de popularidade as mesas deixaram de ocupar a atenção, que se desviou para outros assuntos.

Essa mania de fazerem as mesas girarem, contudo, teve um resultado importante: o de levar muitas pessoas a refletir sobre a possibilidade das relações entre mortos e vivos. Lendo, descobriu-se que a chamada crença no sobrenatural era tão antiga quanto o mundo. As histórias de Urbain Grandier e dos religiosos de Loudun, dos trêmulos de Cévennes, dos convulsionários jansenistas provaram que muitos fatos históricos mereciam ser esclarecidos e, para citar só os mais célebres, o gênio de Sócrates e as vozes de Joana d'Arc, que a levaram a salvar a França, ainda continuam um mistério para os sábios. Em vão o sr. Lelut quis comparar a heróica lorena a uma alucinada; como resposta, lhe desejamos uma doença semelhante a fim de esclarecer-lhe o juízo.

O relato da possessão de Louviers, a história dos iluminados martinistas, dos seguidores de Swedenborg, das estigmatizadas do Tirol e, havia apenas 50 anos, do Pe. Gassner e da vidente de Prévorst, levaram os homens sérios a examinar os novos fenômenos. Comparou-se o espírito de Hydersville ao que pôs em polvorosa a presbitério de Cideville, e, do exame de todos os fatos, surgiu uma teoria geral, que foi exposta nas obras de Allan Kardec.

A mesma cólera que, na América, havia acompanhado as manifestações espirituais, repetiu-se na França. Os jornais, as revistas científicas, as academias fartaram-se de sarcasmos contra a nova doutrina. Gratuitamente, chamavam-lhe os partidários de loucos, de idiotas, de impostores. Acusavam-nos de querer levar o mundo de volta aos tristes dias da superstição da Idade Média; chegaram a solicitar que os tribunais proibissem aquela vergonhosa exploração da credulidade pública. Do alto do púlpito, os sacerdotes bradavam contra os fenômenos espíritas, que sustentavam ser obra do demônio! Enfim, para coroar tudo isso, o arcebispo de Barcelona mandou queimar em praça pública as obras de Allan Kardec, como infectadas por feitiçaria!

Quando lemos tais coisas, parece que estamos sonhando; infelizmente elas são bem verídicas e mostram o quanto os homens ainda estão presos à rotina, apesar do magnífico impulso na direção do progresso, determinado pelo movimento científico moderno. É necessária uma doutrina como a nossa, que brilha por sua simplicidade e pela sua lógica, para reconduzir os espíritos às grandes verdades que se chamam Deus e alma. Sob sua forma primitiva, nossa filosofia sintetiza as mais elevadas crenças dos pensadores, mas tem a mais, a seu favor, o *fato*, que reina absoluto. Devemos, portanto, empenhar-nos para afastar toda suspeita das nossas experiências. É indispensável que nos dediquemos a destruir as prevenções e a mostrar o quanto as explicações que foram dadas para esclarecer os fenômenos espíritas são falsas, mesquinhas e incompletas quando as comparamos com as nossas. É o que será fácil nas páginas seguintes, ao examinar as objeções diversas que nos opuseram; antes, porém, descrevamos o movimento espiritualista que ocorreu na Inglaterra e na Alemanha para mostrar quantos homens de ciência são espíritas convictos.

Na França, a opinião pública está habituada a confiar em algumas sumidades literárias ou científicas quanto aos juízos que faz dos homens e das coisas, de modo que, se essas personalidades notáveis têm algum interesse em enterrar uma questão, a maior parte do público segue-lhes o incitamento e silencia, afastando-se dos assuntos em litígio. É para protestar contra esse ostracismo que reproduzimos as afirmações de sábios da Grã-Bretanha; veremos como esses homens íntegros pouco se importam com o que dirão os outros e com que enérgica honestidade proclamam suas crenças, quando são sabidamente baseadas em fatos.

Devemos começar citando as memoráveis palavras pronunciadas por sr. William Thompson em 1871, no discurso lido perante a associação britânica em Edimburgo: "A ciência é obrigada, pela eterna lei da honra, a encarar de frente e sem temor todo problema que possa francamente apresentar-se diante dela."

São nobres sentimentos partilhados por grande número de homens de ciência. À frente marcha William Crookes, eminente químico a quem se deve a descoberta do tálio e que marcou seu lugar em Westminster pela demonstração de um quarto estado da matéria que, conforme Faraday, chama de matéria radiante.

Para que se compreenda a importância dessa descoberta, ouçamos o concerto de elogios que lhe saudou a aparição:

> A partir de agora, as experiências do sábio inglês, doravante ilustre, levantam problemas que dizem respeito à mais

íntima natureza das coisas e abrem à imaginação científica horizontes cujos esplendores lhe é difícil considerar. — *Edmond Perrier*

O sr. de Parville, no seu folhetim científico, qualifica a descoberta como grandiosa e anuncia que ela irá revolucionar as teorias atuais; finalmente, o conhecido químico sr. Wurtz assim se pronuncia na *Revue des Deux Mondes*:

> O ilustre inventor do radiômetro penetra num domínio antes dele completamente desconhecido, e que, marcando o limite das coisas que conhecemos, toca nas que ignoramos e que talvez jamais conheçamos.

Químico ilustre, físico de gênio, William Crookes submeteu a exame as manifestações espíritas, não com idéias preconcebidas, mas com o firme desejo de instruir-se e apoiar seu juízo somente na evidência. Diz ele:

> Diante de semelhantes fenômenos, os passos do observador devem ser guiados por uma inteligência tão fria e tão pouco apaixonada quanto os instrumentos de que se utiliza. Uma vez tendo a satisfação de compreender que está na pista de uma verdade nova, esse único objetivo deve animá-lo a prosseguir, sem considerar se os fatos que se apresentam diante de seus olhos são naturalmente possíveis, ou não.

Foi com essas idéias que iniciou seus estudos sobre o espiritismo; esses estudos duraram quase dez anos e foram publicados na França sob o título: ***Recherches sur les phénomènes du spiritualisme***.

No livro, ele expõe francamente os resultados da sua pesquisa; não contente com o testemunho dos sentidos, construiu instrumentos delicados que mediam matematicamente as ações espirituais. Longe de temer o ridículo, o sr. Crookes respondeu assim aos que o incitavam a dissimular sua fé, receando comprometer-se:

> Tendo-me assegurado da realidade dos fatos, *seria uma covardia moral* recusar-lhes meu testemunho, porque minhas

> publicações precedentes foram ridicularizadas por críticos e por outras pessoas, que nada sabiam sobre o assunto, e que eram preconceituosas demais para ver e julgar por si mesmas. Simplesmente direi o que vi e o que me foi provado por experiências repetidas e controladas, e ainda precisam ensinar-me que não é razoável esforçar-se por descobrir as causas de fenômenos inexplicados.

Eis a linguagem da verdadeira ciência e da honestidade; que nossos sábios franceses possam aproveitá-la. Poder-se-ia crer que o sr. Crookes não passa de uma brilhante exceção; seria um erro crasso supô-lo, e se a afirmação de um homem como ele é inestimável para a nossa causa, ela é ainda mais consolidada pela de outros sábios que se dignaram estudar o espiritismo.

Podemos citar, em primeiro lugar, Cromwell Varley, engenheiro-chefe das companhias de telegrafia internacionais e transatlâticas, inventor do condensador elétrico. Eis aí um físico cuja afirmação não é menos nítida do que a do sr. Crookes. Ele fez experiências *em casa*, observando as mais rigorosas condições de controle, e sua convicção é absoluta; encerra uma carta, que daqui a pouco reproduziremos, dizendo:

> Tudo o que fazemos é estudar o que foi objeto de pesquisas dos filósofos há dois mil anos; e se uma pessoa versada no conhecimento do grego e do latim, e que ao mesmo tempo estivesse a par dos fenômenos que desde 1848 se produzem em tão grande número, se tal homem, digo, quisesse traduzir meticulosamente os escritos daqueles grandes homens, o mundo logo saberia que tudo o que agora acontece é apenas a nova edição de uma velha face da história, estudada por espíritos ousados, em um nível que colocaria bem alto o crédito daqueles antigos sábios tão clarividentes, porque eles se elevaram acima dos preconceitos tacanhos do seu século, e parecem ter estudado o assunto em questão em proporções que, sob vários aspectos, ultrapassam muito nossos conhecimentos atuais.

Como se vê, químicos e físicos não negam sua adesão ao espiritismo. Eis outro sábio, sr. Alfred Wallace, naturalista famoso que descobriu, ao mesmo tempo que Darwin, a lei da seleção, e que, ele também, faz sua profissão de fé espírita numa carta dirigida ao *Times*, que reproduziremos ao expor os fatos em que se baseia nossa convicção. Aqui contaremos apenas em que condições ele foi levado a preocupar-se com as manifestações dos espíritos. Existe em Londres, independentemente da Sociedade Real, que é a Academia da Inglaterra, uma reunião de sábios que tomou por título Sociedade Dialética; conta no seu seio, com homens notáveis, como Thomas H. Huxley, Sir John Lubbock, Henry Lewes etc. Essa Sociedade resolveu, em 1869, estudar pretensos fenômenos do espiritismo, a fim de explicá-los ao público. Foi nomeada uma comissão de 30 membros e, dezoito meses depois, ela apresentou seu relatório que era todo favorável às manifestações espíritas. Conforme o hábito, a Sociedade, vendo suas idéias desmentidas pelos fatos, recusou-se a mandar imprimir as conclusões dos seus comissários. Exatamente como a Academia de Medicina rejeitou o trabalho do sr. Husson sobre o magnetismo animal, o que prova que as doutas corporações são iguais em todos os países; compõem-se de ilustres mediocridades, que se empinam aterrorizadas diante de todas as novidades. Quando uma verdade como o espiritismo se manifesta de um modo anormal, quando força a atenção pública pela estranheza dos seus métodos, imediatamente se levanta um clamor de reprovação, e procura-se sufocar oficialmente as teorias que têm o atrevimento de produzir-se fora dos laboratórios patenteados desses senhores.

Felizmente, para orgulho do gênero humano, ainda se encontram homens que não recuam diante da verdade. O sr. Alfred Wallace foi um deles. Como membro do comitê de investigação, teve oportunidade de ver uma porção de fatos que o convenceram, e publicou um livro intitulado *Miracle and modern spiritualism*, em que suas experiências estão todas registradas. Ele observa que, no seio da comissão, o grau de convencimento produzido no espírito dos diversos membros foi, levando-se em conta as diferenças de caráter, quase proporcional à soma de tempo e de aplicação dedicados à investigação. Isso nos leva a dizer que qualquer um que queira experimentar SERIAMENTE, e dedicar alguns meses ao estudo do espiritismo, certamente chegará à convicção.

Na França, porém, querem aparentar que sabem tudo e

conhecem tudo, sem jamais ter estudado. Querem uma prova? Podemos dá-la já.

Um deputado, sr. Naquet, há alguns anos anunciou que faria uma conferência sobre o espiritismo e seus adeptos. Esperava-se, da parte do eloqüente orador, uma refutação em regra, com o apoio de bons argumentos. Que pena! Não foi nada disso, limitou-se a reeditar os lugares-comuns mais fora de moda e levou seu atrevimento ao ponto de afirmar que nenhum homem de alguma importância se havia ocupado com o assunto. Então, uma senhora se levantou e pediu que lhe entregassem uma lista de sábios estrangeiros que publicaram obras sobre o espiritismo. O sr. Naquet simploriamente confessou sua ignorância!

Diante de tais fatos, será que não é hora de reagir? Como! Sábios, conferencistas, pretendem destruir o que chamam nossas superstições, e nem sequer estão a par dos trabalhos publicados sobre o espiritismo! É realmente triste constatar tamanha presunção, aliada a tanta incúria!

Na Inglaterra, entre os adeptos do novo espiritualismo, podemos citar três homens eminentes: sr. Auguste de Morgan, presidente da Sociedade Matemática de Londres, sr. Oxon, professor na faculdade de Oxford, sr. P. Barkas, membro do Instituto Geológico de Newcastle, e o prof. Tyndall, autor de notáveis estudos físicos. Todos eles tornaram-se espíritas após ter constatado *de visu* manifestações dos espíritos.

Pode-se observar que, propositadamente, não falamos dos magistrados, dos publicistas, dos médicos que trataram do assunto. Não que seu testemunho seja destituído de valor, mas para deixar a nossas citações seu caráter eminentemente científico. Cremos que depois de termos enumerado tantos nomes ilustres de adeptos nossos, podemos rir da ridícula pretensão dos que, sem estudos prévios, querem repelir o espiritismo, tratando-o como uma superstição vulgar, e pior ainda, como *uma sandice do mundo nascente*, opinião gratuita do sr. Dupont White, reproduzida pelo sr. Jules Soury.

Se é sandice, devemos convir que estamos em boa companhia, porque a estudiosa Alemanha também nos oferece um respeitável contingente de homens de ciência para apoiar nossa *imbecilidade*. À frente deles, o ilustre astrônomo Zöllner que, nas suas memórias científicas, narra as experiências que fez na companhia dos srs. Ulrici, professor de filosofia da maior importância, Weber, o famoso fisiologista, Fechner, professor da Universidade de Leipzig, e Slade, o médium americano.

De estudos e de conscienciosas experiências instituídas por esses sábios ressalta não somente que as manifestações espíritas são reais, mas que são também, no mais alto grau, dignas de atrair a atenção de homens de ciência.

Na França, pelas razões antes enunciadas, não contamos com tantas notabilidades oficiais em nossas fileiras, mas nomes como Flammarion, Vitor Hugo, Sardou, Madame de Girardin, Vacquerie, Louis Jourdan, Maurice Lachâtre etc. têm algum valor e formam um belo batalhão de bestas, no qual os srs. Dupont White e Jules Soury jamais conseguirão um lugar.[1]

---

[1] Depois da primeira edição deste livro, foi criado em Paris um Instituto Metapsíquico Internacional para o estudo dos fenômenos espíritas, e numerosos sábios afirmam a autenticidade dos fatos.

Capítulo II
As teorias dos incrédulos e o testemunho dos fatos

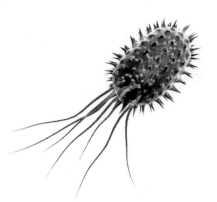

A respeito das mesas girantes e do espiritismo, foram emitidos os mais contraditórios pareceres. Entre os juízes mais severos está o sr. Bersot, que vimos ser tão bem informado quanto ao magnetismo. Embora admita também certos pontos do mesmerismo, não quer nem ouvir falar do espiritismo.
Ouçamos:

> Enfim o espiritismo, é preciso dizê-lo com franqueza, se explica por causas perfeitamente naturais: ilusão, fraude, credulidade. Como se não bastasse a fragilidade da razão, puseram contra ela o coração humano, e aqui ficamos divididos entre a indignação contra os que zombam dos sentimentos sagrados e a simpatia pelos que assim se deixam enganar.

Como se vê, nosso crítico não é amável; de tolos, passamos a trapaceiros. Para apresentar um desmentido formal a essas caluniosas imputações, vamos examinar acuradamente os fatos; não os que temos observado, isso não seria bastante convincente, mas os relatados pelos sábios de quem falamos. Citaremos muitas vezes os senhores Wallace e Crookes, por serem homens cuja boa fé, honorabilidade e valor intelectual respondem vitoriosamente às acusações de credulidade, trapaça ou ilusão que tão generosamente nos são prodigalizados pelos êmulos do sr. Jules Soury. Segundo algumas lendas, quando se quer fazer a mesa girar é preciso que as pessoas que se entregam a esse exercício se toquem mutuamente os dedos e olhem fixamente, com uma atenção contínua, para o mesmo ponto da mesa. Isso é completamente inútil.

Quando se quer fazer essa experiência, basta pousar as mãos de leve sobre o tampo da mesa e aguardar que os movimentos se manifestem. Depois de um tempo, mais ou menos longo, constatam-se alguns estalos no móvel, anunciando que o fenômeno irá produzir-se. Em dado momento, a mesa ergue um dos pés e desfere uma ou várias pancadas; é então que se pode fazer perguntas normalmente.

Às vezes os deslocamentos do móvel são muito violentos. No seu fascinante livro intitulado *Choses de l'autre Monde*, o sr. Eugène Nus conta como, na companhia de vários amigos, foi levado a fazer a mesa girar.

"Arrastamos para o meio da sala uma mesa pesada e maciça; sentamo-nos ao redor; colocamos as mãos sobre ela; aguardamos, segundo a indicação, e, alguns minutos depois, a mesa oscila sob os nossos dedos.

— Quem foi o gaiato...?

Todos juram inocência, mas cada qual suspeita do vizinho, quando de repente a mesa ergue dois pés. Agora, não há dúvida possível.

Ela é pesada demais para que um esforço, mesmo aparente, consiga levantá-la assim. Além disso, como se para desafiar-nos, ela fica imóvel, em equilíbrio sobre as duas pernas de trás, formando com o assoalho um ângulo quase reto, e roda sob os braços que querem fazê-la voltar à posição natural, o que finalmente conseguiram após um enérgico esforço.

Olhamo-nos embasbacados."

Devemos dizer que seu natural espanto foi partilhado pelo sr. Babinet diante de uma mesa que se levantou sem que ninguém nela tocasse.

Na *Revista Espiritualista* de 1868, com efeito, lemos:

> Um fato notável e de grande importância para as idéias que representamos acaba de ocorrer em Paris. O ilustre sábio

sr. Babinet, apresentado ao médium Montet, foi testemunha da ascensão de uma mesa isolada de qualquer contato. O acadêmico ficou de tal modo surpreso que não pôde deixar de exclamar: *É espantoso!* Fomos informados do fato por várias testemunhas oculares, entre as quais o honrado general barão de Brévern, que nos autorizou a dar ao fato e a esta narrativa a garantia do seu nome. Está pronto a repetir seu testemunho a quem o desejar e diante de quem quer que seja.

As mesas manifestam sinais de inteligência, ora dando com um pé determinado número de pancadas, ora fazendo ouvir na madeira leves estalos no momento em que se pronuncia a letra que o espírito quer indicar. Pode-se, assim, entabular uma conversa. Mas não se deve crer que a mesa seja um móvel indispensável, e que o espírito venha alojar-se na madeira, como se tem repetido à saciedade. Um objeto qualquer pode, do mesmo modo, servir para essa espécie de fenômeno, mas optou-se pela mesa por ser um instrumento mais cômodo do que os outros quando são muitos os experimentadores.

Neste estudo, acompanharemos William Crookes, que catalogou os fenômenos, passando dos mais simples aos mais complexos. Salvo raras exceções que ele indica, os fatos se produziram na sua residência, na claridade, e na presença do médium e de alguns amigos.

1º Movimento de corpos pesados com contato, mas sem esforço mecânico

"Aí está uma das formas mais simples dos fenômenos que observei. Ela varia em grau, indo da alteração de um aposento e do seu conteúdo à elevação real de um corpo pesado no ar, quando a mão está sobre ele.

A isso, pode-se objetar que quando se toca uma coisa que está em movimento, é possível puxá-la, empurrá-la ou levantá-la. *Provei pela experiência* que em numerosos casos isso não pôde acontecer; mas, quanto a provas a dar, atribuo pouca importância a essa classe de fenômenos, e só os menciono como preliminares a outros movimentos da mesma espécie, mas produzidos sem contato."

2º Fenômenos de percussão e outros sons da mesma natureza

"A denominação popular, pancadas, dá uma idéia muito falsa desse gênero de fenômenos. Em diferentes ocasiões, durante nossas experiências, ouvi batidas delicadas que se diria produzidas pela ponta de um alfinete; uma cascata de sons penetrantes como os de uma máquina de indução em movimento; detonações no ar; ruídos metálicos agudos; estalos como os que se ouvem quando uma máquina de lixar está em ação; sons que pareciam arranhaduras; chilreios como os de um pássaro etc.

Esses ruídos, que constatei com quase todos os médiuns, têm cada um suas particularidades específicas. Com o sr. Home, eles são mais variados; quanto à força e à regularidade, porém, não encontrei absolutamente ninguém que pudesse aproximar-se da srta. Kate Fox. Durante vários meses tive a satisfação de constatar, em inúmeras ocasiões, os fenômenos variados que ocorriam quando essa moça estava presente, e foram ruídos que estudei de modo particular. Com os outros médiuns, geralmente é necessário, para uma sessão regular, sentar-se antes que algo se faça ouvir; com a srta. Fox, porém, parece que basta-lhe colocar a mão sobre uma coisa qualquer para que sons ruidosos sejam ouvidos, como um choque triplo; às vezes com força suficiente para serem ouvidos vários aposentos adiante.

Ouvi-os produzir-se numa árvore viva, numa janela de vidro, num arame esticado, numa película estendida, num tamborim, na cobertura de uma charrete e no piso de um teatro. Mais ainda, nem sempre o contato imediato era necessário. Ouvi ruídos saírem do assoalho, das paredes etc., quando o médium tinha pés e mãos atados, quando estava de pé sobre uma cadeira, quando se encontrava num balanço suspenso no teto, quando estava dentro de uma jaula de ferro e quando estava inconsciente sobre um sofá. Ouvi-os nos vidros de uma marimba, senti-os nos meus próprios ombros e nas minhas mãos. Ouvi-os numa folha de papel presa entre os dedos e suspensa pela ponta de um fio passada num canto, com pleno conhecimento das teorias aventadas, principalmente na América, para explicar esses sons. Analisei-os de todos os modos imagináveis, até não ser mais possível deixar de acreditar que eram bem reais e não produzidos por fraudes ou por meios mecânicos."

Deve-se observar com que persistência, com que preocupação com a verdade o sábio inglês examinou o fenômeno sob todos os ângulos. O resultado a que chegou, após numerosas observações, é que se produzem pancadas, ruídos, rangidos que não podem ser atribuídos a fraudes ou a meios mecânicos imaginados por impostores. Esses ruídos, essas pancadas estranhas, precisam ser estudados. Por serem de uma natureza particular, forçosamente sua singularidade atrai a atenção. Assim, desde que os ruídos, bem como os movimentos das mesas foram constatados, sábios de renome, como Faraday, Babinet, Chevreul, tentaram explicar essas anomalias com hipóteses mais ou menos racionais; não lhes era fácil, porque a ciência, que rejeitava com tanto desdém o fluido magnético, não podia pensar em atribuir-lhe uma participação nesses fenômenos.

Para livrar-se do embaraço, Faraday fez várias experiências a fim de demonstrar que a aderência dos dedos ao tampo da mesa era uma condição para que esta se pusesse em movimento, porque, afirmava, uma vez estabelecida a aderência, as trepidações nervosas e musculares dos dedos acabavam tornando-se suficientemente fortes para imprimir movimento à mesa. Será verdade? Crookes diz que não, e apresenta a prova.

Ele pensou em prender a extremidade de uma prancha a uma balança bem sensível, ficando a outra extremidade sobre um suporte de alvenaria. Assim dispostas as coisas, a balança indicava um determinado peso, que seria anotado.

O médium pôs as mãos sobre a extremidade que descansava sobre o suporte, de modo que qualquer pressão por parte dele faria a prancha erguer-se, o que imediatamente seria constatado pela diminuição de peso que a balança acusaria; em vez disso, a prancha foi abaixada com uma força de seis libras e meia. O médium, sr. Home, para mostrar que não estava apoiado nela, pôs sob os dedos uma frágil caixa de fósforos e o mesmo fato se repetiu. Nesta última circunstância, qualquer aderência dos dedos fica anulada, e mais, mesmo que tivesse acontecido, ela só poderia entravar, e não favorecer o fenômeno.

Além disso, o sr. Crookes observa que só publicou suas pesquisas depois de ter visto os fatos se reproduzirem "dúzias de vezes", de modo a bem controlá-los.

Para tirar da teoria da aderência o mínimo resquício de probabilidade, o sábio químico construiu um segundo aparelho, tendo o mesmo princípio que o primeiro, mas no qual o contato se produzia por meio de água, de tal forma que havia absoluta impossibilidade de transmitir à prancha um movimento mecânico qualquer. Aliás, vimos que a balança acusou várias vezes um aumento de peso enquanto o sr. Home mantinha as mãos *várias polegadas acima do aparelho*. Portanto, a hipótese de Faraday é absolutamente falsa. O sr. Babinet tinha encontrado outra hipótese, ou melhor, tinha formulado uma igual à de Faraday, mas em termos diferentes. Segundo ele, os deslocamentos da mesa eram produzidos por movimentos *nascentes e inconscientes*, ou seja, movimentos que, involuntariamente, as pessoas reunidas em torno da mesa lhe teriam comunicado automaticamente. Estabeleceu essa teoria antes de haver observado bem todos os casos que podem apresentar-se, já que a ascensão de um móvel *sem contato* é inexplicável pelo seu método.

Além do mais, a experiência de Crookes acima citada reduziu a nada todas essas pseudo-explicações.

O sr. Chevreul, químico, não foi mais feliz em suas tentativas. Publicou um livrinho intitulado *La baguette divinatoire et les tables tournantes*, no qual expõe os seguintes princípios:

1º Um pêndulo em ação, suspenso junto a uma parede, comunica seu movimento de oscilação a um segundo pêndulo suspenso no outro lado da parede;

2º uma fricção executada na extremidade de uma barra de ferro põe a outra extremidade em vibração;

3º a resultante das forças digitais de várias pessoas agindo lateralmente pode vencer a inércia da mesa.

Como se vê, sob nomes diversos a teoria é sempre a mesma. Aderência, movimentos nascentes ou oscilações do pêndulo, são hipóteses que repousam numa ação puramente física da parte das pessoas que experimentam; ora, nas experiências de Crookes acima citadas é impossível atribuir o fenômeno a essas causas. Deve-se concluir então que, até agora, a ciência que não admite o fluido magnético é incapaz de indicar a força que produz esses fatos extraordinários.[1]

---
[1] A partir da época em que essas polêmicas aconteceram, a Sociedade Didática de

Agora é preciso passar em revista uma segunda categoria de observadores que vêem no movimento das mesas apenas efeitos magnéticos exercendo-se de uma forma desconhecida. Entre estes, o sr. Thury, professor da Academia de Genebra, e o sr. de Gasparin publicaram obras repletas de curiosas observações, e que põem fora de dúvida a existência dos fenômenos, independentemente de qualquer ação material da parte dos operadores. Segundo o sr. Thury, os fatos que se constatam devem-se à influência de uma força que ele chama de *Ectécnica*, exercendo-se à distância e podendo produzir, sob a influência da vontade, ruídos, deslocamentos de objetos e, conseqüentemente, manifestar a inteligência. O sr. de Gasparin partilha a mesma opinião. Deixemos a palavra aos fatos, porque, como observou Alfred Wallace, "trata-se de coisas de teimosos".

No final do resumo das suas observações sobre as pancadas, o sr. Crookes diz:

> Aqui, uma questão importante se impõe à nossa atenção: *Esses movimentos e esses ruídos são governados por uma inteligência?* Desde o início das minhas pesquisas constatei que a força que produzia esses fenômenos *não era simplesmente uma força cega*, e que uma inteligência a dirigia ou, pelo menos, era associada a ela; assim, os ruídos de que acabo de falar repetiram-se um determinado número de vezes; tornaram-se fracos ou fortes e, a meu pedido, ressoaram em diversos pontos; por um vocabulário de sinais previamente convencionados, perguntas foram respondidas, mensagens foram transmitidas com uma exatidão razoavelmente grande.

Até aqui, os partidários da força ectécnica ou psíquica (dá tudo na mesma) podem, a rigor, explicar esses fenômenos. É-lhes possível dizer que, quando se quer alguma coisa vivamente, envia-se uma espécie de descarga nervosa que produz os ruídos desejados. Essa suposição não é absolutamente admissível quando se obtêm "chilreios de pássaro", mas passemos sobre esta improbabilidade e iremos constatar, sempre com Crookes, que se produz um gênero de ação bem diferente.

Londres examinou a questão. O relatório feito sobre o assunto, e que se encontra na Quinta parte, concluiu a favor dos espíritas.

A inteligência que governa esses fenômenos é, algumas vezes, claramente inferior à do médium; *e freqüentemente está em oposição direta com os desejos dele*. Quando foi tomada a resolução de fazer algo que não podia ser considerado bem razoável, vi chegarem insistentes mensagens para que se refletisse outra vez. Às vezes essa inteligência tem uma tal característica, *que se é forçado a crer que ela emane de algum dos presentes*.

Esta última frase destrói a teoria do sr. de Thury, porque se essa força nervosa não é dirigida pela vontade do operador e dos espectadores, deve-se admitir uma inteligência estranha, isto é, a intervenção dos espíritos.

É incontestável, evidentemente, que se a mesa que se consulta dá respostas sobre assuntos desconhecidos dos assistentes, ou contrários a seus pensamentos, certamente não é deles que parte a resposta; mas, como deve ter sido dada por alguém, atribuimo-la a uma inteligência oculta que vem manifestar-se. Essa concepção não é uma invenção humana porque, sempre que uma inteligência se manifestou, perguntaram-lhe quem era ela, e constantemente ela respondia que era a alma de uma pessoa que tinha vivido na Terra.

Para bem compreender o modo como ocorrem os fenômenos, é indispensável apresentar o relato de uma sessão de evocação. Pode parecer ridículo colocar-se diante de uma mesa e pensar que um dos seus parentes falecido venha conversar através do móvel; no entanto, é a pura verdade, e, entre os milhares de fatos narrados pelos mais honrados homens de ciência, citaremos de modo especial o contido na carta que se segue, do sr. Alfred Wallace, não só por ser particularmente convincente, mas porque o autor está acima de qualquer suspeita.

Carta do sr. Alfred Wallace ao editor do *Times*

Senhor,
Como tenho sido citado por vários dos seus correspondentes como um dos homens de ciência que acreditam no espiritismo, talvez o senhor me permita mostrar resumidamente a quantidade de provas em que se fundamenta minha crença.

Comecei minhas pesquisas há mais ou menos oito anos, e

considero uma circunstância feliz para mim que os fenômenos maravilhosos fossem muito menos comuns e muito menos acessíveis do que hoje o são, porque isso me levou a experimentar em larga escala, na minha própria casa e na companhia de amigos em quem podia depositar toda confiança.

Tive assim a satisfação de demonstrar, com o auxílio de grande variedade de provas rigorosas, a existência de ruídos e movimentos *que não podem ser explicados por qualquer causa física conhecida ou concebível.*

Logo, familiarizado com esses fenômenos cuja realidade não deixa dúvidas, fiquei em condições de compará-los com as mais potentes manifestações de médiuns profissionais e pude verificar uma identidade de causa entre uns e outras, em razão de algumas semelhanças; pouco numerosas, mas bem características.

Foi-me igualmente possível obter, graças a uma paciente observação, provas seguras da realidade de alguns dos mais curiosos fenômenos, provas que então me pareceram, e ainda hoje me parecem, das mais concludentes. Os detalhes dessa experiência exigiriam um livro, mas talvez brevemente me seja permitido escrever um, a partir de notas tomadas na hora, a fim de mostrar, com um exemplo, como é possível resguardar-se das fraudes de que um observador paciente é muitas vezes vítima sem desconfiar disso.

Uma senhora que nunca havia presenciado um desses fenômenos pediu que minha irmã e eu a acompanhássemos à casa de um médium profissional muito conhecido; fomos até lá e tivemos uma sessão particular, em plena claridade, num dia de verão. Depois de muitos movimentos e pancadas, como de hábito, nossa amiga perguntou se o nome da pessoa falecida com a qual desejava entrar em comunicação podia ser soletrado. Sendo a resposta afirmativa, a senhora apontou as letras de um alfabeto impresso, enquanto eu anotava aquelas às quais correspondiam as três pancadas afirmativas. Nem minha irmã, nem eu conhecíamos o nome que nossa amiga queria saber, e ignorávamos também o nome de seus parentes falecidos; seu próprio nome não tinha sido pronunciado, e ela nunca tinha visto o médium antes. O que se seguirá é o relato fiel do que se passou. Apenas alterei o nome de família, que não é muito comum, por não ter autorização para publicá-lo.

As letras que anotei foram: Y. R. N. E. H. N. O. S. P. M. O. H. T.

Assim que as três primeiras letras, Y. R. N. foram anotadas, minha amiga disse:

— É um absurdo, seria melhor recomeçar.

Nesse exato momento, seu lápis estava sobre a letra E, e ouviram-se pancadas. Então ocorreu-me uma idéia (tendo lido sobre um fato semelhante, sem nunca ter testemunhado um), e eu disse:

— Continue, por favor, acho que estou adivinhando o que isso significa.

Quando minha amiga acabou de soletrar, apresentei-lhe o papel, mas ela não viu qualquer sentido. Fiz uma separação após o primeiro H, e pedi-lhe que lesse cada porção às avessas. Para seu grande espanto, apareceu, corretamente escrito, o nome de Henry Thompson, seu falecido filho, de quem desejava informações. Justamente naquela época eu tinha ouvido falar muito da habilidade maravilhosa com que o médium captava as letras do nome aguardado pelos visitantes ludibriados, apesar de todo o cuidado que tomavam para passar o lápis sobre as letras com uma regularidade perfeita.

Essa experiência (cuja exata descrição, feita no relato precedente, eu asseguro) foi e é, a meu ver, a refutação completa de todas as explicações até aqui apresentadas a respeito dos meios empregados para indicar, através de pancadas, o nome de pessoas falecidas.

Sem dúvida, não espero que pessoas cépticas, que se ocupem ou não de ciência, aceitem tais fatos *dos quais, aliás, poderia citar muitos, baseado na minha própria experiência*, mas elas também, por seu turno, não devem esperar que eu ou milhares de homens inteligentes a quem foram dadas provas tão irrecusáveis adotemos seu modo de explicar rápido e fácil. Se não for tomar demais seu precioso tempo, ainda lhe faria algumas observações sobre as falsas idéias que muitos homens de ciência têm quanto à natureza dessa pesquisa, tomando como exemplo as cartas do sr. Dircks, seu correspondente.

Em primeiro lugar, ele parece considerar como um argumento contra a realidade dessas manifestações a impossibilidade em que nos encontramos de produzi-las à vontade; outro argumento contra a realidade desses casos baseia-se no fato de não poderem ser provados por alguma lei conhecida. Mas nem a catalepsia, nem a queda de pedras meteóricas, nem a hidrofobia podem ser produzidas à vontade, e no entanto são fatos. O primeiro foi às vezes simulado, o segundo outrora foi negado, e os sintomas do terceiro foram muitas vezes extremamente exagerados; também nenhum desses fatos foi admitido definitivamente no domínio da ciência, e contudo ninguém se servirá desse argumento para recusar-se a estudá-los.

Além disso, não poderia imaginar que um homem de ciência pudesse basear sua recusa em examinar o espiritualismo no fato de estar ele em *oposição a todas as leis naturais conhecidas, especialmente à lei da gravidade, e em franca contradição com a química, a fisiologia humana e a mecânica;* enquanto os fatos (se são reais) dependem de uma ou de várias causas capazes de dominar ou obstar o efeito dessas diferentes forças, exatamente como estas últimas obstam ou dominam outras forças. Isto, no entanto, deveria ser um forte estímulo para levar um homem de ciência a examinar o assunto.

Quanto a mim, não aspiro ao título de verdadeiro homem de ciência. No entanto, há vários que merecem esse nome e que não foram considerados por seu correspondente como sendo, ao mesmo tempo, especialistas. Considero como tais: o dr. Robert Chambers, o prof. William Grégory, de Edimburgo e o prof. Hare, da Filadélfia, infelizmente falecidos, bem como o dr. Guilly de Malvern, sábio médico, e o juiz Edmonds, um dos maiores jurisconsultos da América, que fizeram as mais amplas pesquisas sobre o assunto. Todos esses homens estavam não somente convencidos da realidade desses fatos maravilhosos mas, além disso, aceitavam a teoria do espiritualismo moderno *como a única capaz de englobar todos os fatos e explicá-los*. Conheço também um fisiologista vivo, de elevada categoria, e que é ao mesmo tempo um hábil investigador e um crente inabalável. Para concluir (recado ao sr. Bersot), posso dizer que embora tenha ouvido muitas acusações de impostura, eu pessoalmente jamais as descobri, e embora a maioria dos fenômenos extraordinários, se forem imposturas, só possam ser produzidos por máquinas ou por engenhosos aparelhos, nada se descobriu ainda. Penso não estar exagerando ao dizer que hoje os fatos principais estão tão bem provados e são tão fáceis de estudar como qualquer outro fenômeno excepcional da Natureza, cuja lei ainda não foi descoberta.

Esses fatos são de grande importância para a interpretação da história, que é pródiga em relatos de casos semelhantes, como também para o estudo do princípio da vida e da inteligência sobre os quais as ciências físicas lançam uma luz tão fraca e vacilante. Creio firmemente e com convicção que todos os ramos da filosofia devem ser tolerantes até serem honesta e escrupulosamente examinados, e tratados como se constituindo uma parte essencial dos fenômenos da natureza humana.

Sou, senhor, seu obediente criado.
Alfred R. Wallace

É difícil precisar a questão melhor do que o fez o eminente naturalista. O nome Henry Thompson, vindo letra por letra na ordem inversa, demonstra claramente a intervenção de uma inteligência independente da dos assistentes e responde irretorquivelmente à objeção da transmissão de pensamento.

Expliquemos o que isso significa:

Alguns observadores, não podendo negar os fenômenos em si, nem as respostas inteligentes dadas pela mesa, mas recusando-se categoricamente a admitir uma intervenção espiritual, supõem que os operadores emitem uma certa quantidade de fluido nervoso que, concentrado na mesa, lhe comunica o movimento. É notório, diz um deles, que as respostas das mesas são apenas o eco das respostas mentais dos assistentes, e o sr. Chevreul acrescenta: "É *fácil* conceber como uma pergunta dirigida a uma mesa possa despertar na pessoa que a fez um movimento cerebral, e esse movimento, que nada mais é senão fluido nervoso, possa difundir-se na mesa; disso resulta que, sendo a impulsão calculada, inteligente, a mesa a repetirá."

Permitimo-nos observar ao eminente químico que o caso citado por Alfred Wallace é formalmente oposto à sua explicação, porque, mesmo supondo-se que a senhora que evocava o filho tenha soletrado mentalmente o nome dele, é impossível compreender por que o nome foi ditado invertido, nitidamente, sem hesitação, e principalmente explicar como a ação não cessou quando a senhora declarou, na terceira letra, que era inútil continuar, já que as primeiras, segundo ela, não tinham sentido. Devemos convir que o sr. Chevreul não é feliz nas suas *explicações*, que são parentes próximas das do sr. Bersot.

A transmissão de pensamento é um fenômeno que se opera de magnetizador a paciente. Em certos casos, o experimentador não precisa enunciar mentalmente sua vontade para fazer-se obedecer; basta-lhe pensar e o sonâmbulo executa a ordem que recebeu ou responde à pergunta que lhe foi feita. Aqui, pode-se conceber o que acontece. Pela ação magnética se estabelece uma corrente fluídica entre os dois sistemas nervosos, de modo que as vibrações emanadas do cérebro do magnetizador comovem de forma semelhante o cérebro do magnetizado e fazem surgir-lhe na mente idéias iguais às do operador. Esta é, pelo menos, a teoria que se formula para este fato notável.

Nas mesas girantes, porém, as condições não são as mesmas. Se imaginarmos várias pessoas ao redor do móvel, como diz o sr. Wallace, de que modo se produz a consonância dos fluidos e das vibrações de todos os cérebros? O da senhora que estava evocando achava o fenômeno absurdo, ao passo que o sr. Wallace o achava possível; na verdade, essa pretensa explicação é inaceitável.

Sendo a objeção da transmissão do pensamento a mais comumente difundida, citaremos outros exemplos que mostrarão como ela é absurda quando se quer aplicá-la às manifestações espíritas.

O sr. Crookes conta que durante uma sessão com o sr. Home, uma pequena régua que estava sobre a mesa, a pouca distância das mãos do médium, atravessou a mesa *sozinha*, aproximando-se dele em plena luz e transmitiu uma comunicação (esse é o nome que se dá às mensagens dos espíritos) batendo-lhe na mão.

"Soletrei o alfabeto – diz ele – e a régua me batia cada letra necessária, com a outra extremidade dela apoiada na mesa.

As pancadas eram tão evidentes, tão precisas, e a régua estava tão nitidamente sob a influência de uma força invisível que lhe dirigia os movimentos, que eu disse: será que a inteligência que dirige os movimentos desta régua pode mudar a característica desses movimentos e, através de pancadas na minha mão, transmitir-me uma mensagem telegráfica no código Morse?

Tinha motivos para crer que o código Morse fosse totalmente desconhecido das pessoas presentes, e eu mesmo só o conhecia imperfeitamente. Mal havia pronunciado aquelas palavras, a característica das pancadas mudou, e a mensagem continuou da maneira que eu havia pedido. As letras me foram indicadas muito rapidamente para conseguir captar aqui e ali uma palavra, e, conseqüentemente, a mensagem perdeu-se; mas não vi o suficiente para convencer-me de que na outra ponta da régua houvesse um bom operador de Morse, fosse quem fosse, aliás."

Esperamos que aqui ninguém encontre um vestígio sequer de transmissão de pensamento, e desafiamos os senhores Chevillard, Thury e companhia a explicar-nos o que se passa nesse caso, se não se admite a intervenção espiritual.

Mais um fato, igualmente convincente, é narrado pelo sr. Crookes. Ei-lo:

> Uma senhora escrevia automaticamente com o auxílio da prancheta. Tentei descobrir uma forma de provar que o que ela escrevia não se devia à ação inconsciente do cérebro. A prancheta confirmava, como sempre o fez, que embora fosse movimentada pela mão e pelo braço daquela senhora, a *inteligência* que a dirigia era a de um ser invisível, que tocava no cérebro da mulher como num instrumento musical, e assim fazia seus músculos se moverem.
>
> Digo então à inteligência:
>
> — Estás vendo o que há nesta sala?
>
> — Sim – escreveu a prancheta.
>
> — Vês este jornal e podes lê-lo? – acrescentei, colocando meu dedo sobre um número do *Times* que estava em cima de uma mesa atrás de mim, mas sem olhá-lo.
>
> — Sim – respondeu a prancheta.
>
> — Bem – digo -, se podes vê-lo, escreve agora a palavra que está coberta pelo meu dedo, e acreditarei.
>
> A prancheta começou por mover-se lentamente e, com muita dificuldade, escreveu a palavra *honra*; virei-me e vi que a palavra honra estava tapada pela ponta do meu dedo.

> Quando fiz essa experiência, *propositadamente evitei olhar para o jornal* e era *impossível* que a senhora, caso tivesse tentado, *visse uma única das palavras impressas*, porque ela estava sentada diante de uma mesa, o jornal estava em cima de outra mesa atrás de mim, e meu corpo lhe encobria a visão.

Diante de provas tão significativas, se alguém não crê na intervenção dos espíritos, deve-se pensar em má vontade. O testemunho de sábios como Crookes e Wallace é de indubitável valia, porque dificilmente se imaginaria esses grandes homens comprazendo-se em mistificar seus contemporâneos como farsantes vulgares. Por outro lado, seu saber, seu arraigado hábito de investigar os põem a salvo da acusação de credulidade; deve-se, portanto, concluir que eles realmente *viram*, que os fatos são bem *reais* e que os espíritos se manifestam aos homens. Se não temêssemos sobrecarregar o debate, citaríamos mais uma grande quantidade de fatos, mas preferimos remeter o leitor desejoso de instruir-se às obras publicadas por esses sábios. As manifestações espíritas não se limitam ao movimento de mesas; a experiência revelou que os espíritos atuam sobre os homens de diferentes modos para ditar as comunicações. Porém, seja qual for sua maneira de operar, é indispensável que entre os assistentes se ache um indivíduo que possa ceder uma parte do seu fluido vital. Os que possuem essa propriedade são chamados médiuns.

De todos os fenômenos do espiritismo, o mais extraordinário, incontestavelmente, é o que recebeu o nome de *escrita direta*.

Citamos novamente o sr. Crookes:

> Escrita direta é a expressão usada para designar a escrita que não é produzida por nenhuma das pessoas presentes. Várias vezes obtive palavras e mensagens escritas em papéis marcados com meu monograma, e sob as mais rigorosas condições de controle. No escuro, ouvi o lápis movendo-se sobre o papel. *Os cuidados prévios tomados por mim eram tão grandes, que meu espírito estava tão bem convencido como se eu tivesse visto os caracteres se formando.* Mas como o espaço não me permite entrar em todos os detalhes, limitar-me-ei a citar os casos em que meus olhos, como também meus ouvidos, foram testemunhas da operação.

O primeiro fato que citarei aconteceu, é verdade, numa sessão escura, mas o resultado não foi menos satisfatório. Eu estava sentado ao lado do médium, a srta. Fox, e não havia outras pessoas presentes além da minha esposa e de uma outra senhora parente nossa, e eu segurava as duas mãos do médium numa das minhas, enquanto seus pés estavam em cima dos meus. Havia papel sobre a mesa e minha mão segurava livremente um lápis.

Uma mão luminosa desceu do teto da sala e, depois de ter planado perto de mim por alguns segundos, tomou o lápis da minha mão, escreveu rapidamente numa folha de papel, largou o lápis e em seguida elevou-se acima das nossas cabeças e pouco a pouco sumiu na escuridão.

Aqui, não há negativa possível, nada de força ectécnica ou psíquica, porque a mão luminosa que escreve diretamente não precisa de qualquer intermediário. Não é a primeira vez que fatos assim se produziram; em 1857, o barão de Guldenstublé publicou um curioso livro intitulado *La Realité des esprits et le phénomène merveilleux de leur écriture directe*.

Nesse volume, o autor conta como foi tentado a fazer a experiência. Estava à procura de uma prova ao mesmo tempo palpável e inteligente da realidade do mundo dos espíritos, a fim de demonstrar, por fatos irrefutáveis, a existência da alma. Então colocou um papel de carta branco e um lápis apontado numa caixinha fechada a chave e não falou com ninguém sobre a experiência. Para maior segurança, pôs a chave no bolso. Esperou doze dias em vão, sem observar qualquer mudança. Qual não foi sua surpresa, porém, quando a 13 de agosto de 1856 viu alguns caracteres no papel. Mal conseguia crer nos seus olhos, e repetiu a experiência dez vezes no mesmo dia, a fim de convencer-se de que não estava sendo vítima de uma ilusão.

Falou sobre a maravilhosa descoberta ao conde d"Ourches, seu amigo. Ambos experimentaram de novo e, depois de diversas tentativas, o conde obteve uma comunicação de sua mãe, falecida há uns vinte anos. A letra e a assinatura foram reconhecidas como verdadeiras. Isso afasta qualquer interpretação sonambúlica do fenômeno.

Freqüentemente, houve quem objetasse que as mensagens recebidas por esse processo eram, na sua maioria, insípidas.

O sr. Oxon, professor na faculdade de Oxford, responde: "No tocante à inteligência das mensagens escritas fora das vias ordinárias, não quero estabelecer se ela é ou não digna de atenção, segundo o conteúdo das comunicações. O que é escrito pode ser tão insensato quanto os críticos queiram dizê-lo. Embora nada seja mais simplório, serve ao meu argumento. Está escrito? Sim ou não? Então, deixemos de lado os disparates do conteúdo e levemos em conta somente o fato."

É o que fazemos, observando, porém, que esses escritos longe estão de serem tão ridículos quanto se quis afirmar. A propósito da escrita direta, o sr. Oxon, douto professor que a estudou durante cinco anos, diz o que se segue (e que cito textualmente, conforme o autor de *Choses de l'autre Monde):*

> Há cinco anos estou familiarizado com o fenômeno de psicografia (escrita dos espíritos); observei-a em numerosos casos, quer com psíquicos (médiuns) conhecidos do público, quer com damas e cavalheiros que tinham o dom de produzir esse resultado. No curso das minhas observações, vi psicografias obtidas em caixas fechadas (escrita direta), num papel escrupulosamente marcado e colocado numa posição especial, da qual não havia saído; num papel marcado e colocado sobre a mesa, na penumbra; num papel colocado sob o meu cotovelo, ou coberto pela minha mão; num papel fechado num envelope lacrado, e em lousas presas uma à outra.
> Vi também escritas produzir-se quase instantaneamente, e essas diversas experiências provaram-me que elas nem sempre eram obtidas pelo mesmo processo.
> Enquanto às vezes se vê o lápis escrever como se guiado por uma mão, ora invisível, *ora dirigindo de um modo visível seus movimentos,* outras vezes a escrita parece produzida por um esforço instantâneo, sem o auxílio de um lápis.

O sr. Oxon junta seu testemunho ao de Crookes, e esses dois sábios austeros, operando um sem conhecimento do outro, chegam aos mesmos resultados. Ambos afirmam ter *visto* mãos guiarem o lápis e escreverem frases. Não há nisso algo que faça com que os mais incrédulos reflitam?

Mostremos também depoimentos de sábios de uma outra parte da Europa. Quanto mais nos revelarem o caráter universal das manifestações dos espíritos, mais valor elas terão aos olhos dos homens de boa fé.

Na Alemanha, eis o sr. Zöllner vindo confirmar as experiências dos seus colegas, e cuja narrativa conta com o apoio da autoridade de nomes como os de Fechner, Weber e Scheibner. O trecho que se segue foi cedido pelo sr. Eugène Nus, que o traduziu diretamente do alemão:

> Na noite seguinte (é Zöllner quem fala), sexta-feira, 16 de novembro de 1876, coloquei uma mesa de jogo com quatro cadeiras num quarto onde Slade nunca tinha entrado. Depois de o prof. Braune, Slade e eu termos colocado nossas mãos entrelaçadas sobre a mesa, ouviram-se pancadas no móvel; eu havia adquirido uma lousa, que Slade colocou parcialmente sobre a borda da mesa; meu canivete foi subitamente projetado a um pé de altura, e em seguida caiu em cima da mesa... Ao repetir a experiência, observamos que o pedaço de lápis, cuja posição foi verificada por uma marca, continuava no mesmo lugar sobre a lousa. Após ter sido limpa interiormente e munida de outro lápis, a lousa foi mantida por Slade *sobre a cabeça do professor Braune;* ouviu-se uma arranhadela, e, quando a lousa foi aberta, viram-se várias linhas escritas.
>
> De repente, uma cama que estava no quarto, atrás de uma cortina, deslocou-se a dois pés da parede, empurrando a cortina para fora. Slade estava afastado da cama, de costas para ela, e estava de pernas cruzadas: isso era visível para todos.
>
> Imediatamente organizou-se na minha casa uma segunda sessão, com o prof. Weber, Schreibner e eu; um violento estalo, semelhante à descarga de uma forte garrafa de Leyde se fez ouvir; voltando-nos, alarmados, a cortina acima mencionada separou-se em dois pedaços; os suportes de madeira, com meia polegada de espessura, estavam estraçalhados de alto a baixo, *sem qualquer contato visível* de Slade com a cortina. Os pedaços partidos encontravam-se a cinco pés do médium, que estava de costas para a cortina.
>
> Ficamos assombrados com essa manifestação de força mecânica, e perguntei a Slade o que aquilo significava. Respondeu-me que às vezes o fenômeno acontecia na sua presença. De pé, enquanto falava, ele pôs uma lasca da madeira sobre a superfície polida da mesa, cobriu-a com uma lousa, especialmente comprada e limpa por mim, e pressionou-lhe a superfície com os cinco dedos da mão direita abertos, enquanto a mão esquerda ficava no centro da mesa. A escrita começou

na superfície interna e, quando Slade virou a lousa, havia a seguinte frase escrita em inglês: *Não era nossa intenção fazer mal; perdoem o que aconteceu.* A produção da escrita nessas condições ocorreu enquanto *as duas mãos de Slade estavam imóveis.*

Cremos que aí estão provas suficientes para estabelecer a existência da escrita direta. Ora, como é necessário, para escrever desse modo, que alguém guie o lápis e que nenhuma das pessoas presentes possa fazê-lo, só pode tratar-se daqueles a quem se dá o nome de espíritos. O que prova ser esta dedução justificada é que, em várias ocasiões, viram-se mãos luminosas usarem o lápis para traçar mensagens. Portanto, não se admitem dúvidas quanto à causa dessas manifestações. Mas então, se os espíritos conseguem mover mesas, se lhes é possível escrever fazendo com que suas mãos sejam vistas, por que eles próprios não se tornariam visíveis? Impressionado com essas considerações, o sr. Crookes foi levado a constatar resultados esplêndidos, que analisaremos no capítulo em que tratamos especialmente da mediunidade.

Observamos que até aqui nos limitamos a relatar as experiências sem dar qualquer explicação, não querendo diminuir-lhes a importância com comentários que poderiam ensejar críticas. Por mais estranhos, bizarros, espantosos que esses fenômenos possam parecer, uma coisa certa, evidente, é que eles existem, já que foram constatados por sumidades doutas da Inglaterra, da Alemanha e da América. Além do mais, em nenhum caso se pode atribuí-los a uma intervenção humana, porque foram tomadas todas as precauções para afastar essa eventualidade. Devem, necessariamente, ser produzidos por individualidades independentes dos operadores, ou seja, pelos espíritos.

Num século de exagerado positivismo como o nosso, tais revelações eram indispensáveis para estabelecer a crença na imortalidade da alma, porque, tendo a fé desaparecido com as religiões negligentes, era preciso uma ação instigante para restabelecer a verdade. Hoje ela se impõe a todos, e, apesar dos interessados desmentidos do materialismo, superará todos os obstáculos que se amontoarem diante dela.

Os fenômenos espíritas têm sido tão ridicularizados que é inútil insistir muito sobre os fatos que depõem a seu favor. Os homens de ciência do nosso país, tanto por uma tendência natural como por medo do ridículo, não ousam dedicar-se a essas pesquisas. Não temos a pretensão de convencê-los relatando-lhes os trabalhos dos seus confrades do mundo inteiro, mas se esta leitura puder inspirar-lhes o desejo de verificar o que há de verdadeiro ou falso nestas assertivas, teremos atingido nosso objetivo.

Pintaram um retrato tão absurdo dos adeptos de espiritismo, que muitos pensam que eles são simplesmente doentes ou alucinados. O público não consegue imaginar um seguidor de Allan Kardec como um bom e prosaico burguês, mas isso é fácil de constatar quando se freqüenta sociedades espíritas. Em vez de rostos pálidos, olhos com brilho febril, vêem-se pessoas honestas, pesquisando tranqüilamente e discutindo os resultados obtidos com a mesma calma e lucidez que se vê em outros ambientes de estudo. O preconceito exerce tal influência sobre os homens, mesmo os mais ilustres, que não se deve estranhar ao encontrar uma forte oposição quando se chega com as mãos cheias de idéias que contrariem as opiniões gerais.

Aqui está uma carta de um amigo de Crookes que descreve perfeitamente esse estado psicológico:

> Não consigo (respondia ao célebre químico) encontrar uma resposta razoável para os fatos que o senhor expõe. E é curioso que até eu, seja qual for a tendência ou o desejo que tenha de acreditar no espiritualismo, seja qual for minha convicção quanto ao seu poder de observação e à sua total sinceridade, até eu sinto uma certa necessidade de ver por mim mesmo, e é-me realmente difícil pensar que mais provas me sejam necessárias. Digo difícil, porque vejo que não há razões que possam convencer um homem, a menos que o fato se repita com tanta freqüência que a impressão pareça transformar-se em hábito da mente, em antiga experiência, em algo há tanto tempo conhecido que não se pode mais duvidar.
>
> É um dos aspectos curiosos do espírito humano, e os homens de ciência o possuem em alto grau, mais do que os outros, creio. É por isso que nem sempre devemos dizer que um homem é desleal porque resiste durante muito tempo à evi-

dência; a velha muralha das crenças deve ser abatida à força de golpes.

Esta é exatamente a nossa opinião, e isto explica a persistência com que reunimos o maior número possível de documentos para implantar a convicção nas almas sinceras. Se se recusam a acompanhar-nos em todas as conclusões que extraímos da observação, pelo menos não poderão dizer que nossas crenças não têm um ponto de partida sério. Os espíritas não são fanáticos, nem sectários, não querem impor a quem quer que seja as teorias que deduziram da apreciação imparcial dos fatos. Se amanhã lhes provassem que estão errados, eles imediatamente abandonariam seu modo de ver atual para alinhar-se ao lado da verdade, porque, antes de mais nada, seu método é o racionalismo. Até este momento, porém, eles consideram sua doutrina como a mais provável e continuam a ensiná-la.

Capítulo III
As objeções

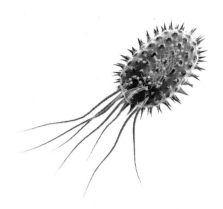

Na notável experiência narrada pelo sr. Crookes, onde fica provado que a inteligência que se manifesta é capaz de LER uma palavra que nem o médium, nem o experimentador conhecem, pudemos observar a seguinte frase: "Uma senhora escrevia automaticamente com o auxílio da prancheta". Expliquemos esse novo gênero de mediunidade.

Conforme já dissemos, as primeiras manifestações ocorreram em Hydesville, com pancadas nas paredes; depois passou-se ao emprego da mesa, mas esse meio era demorado e incômodo, de modo que os espíritos indicaram outro. Um dia, quando se experimentava, um dos seres invisíveis que produzia a manifestação mandou que o médium pegasse uma cestinha e nela fixasse um lápis, que pusesse tudo sobre uma folha de papel branco e colocasse as mãos sobre a borda da cestinha, sem encostá-las. As recomendações foram seguidas e, para grande surpresa dos assistentes, obtiveram-se algumas linhas de uma escrita hesitante. O fenômeno se reproduziu várias vezes e logo se espalhou por toda parte.

Em vez de utilizarem a mesa e responderem, quer por pancadas, quer erguendo um dos pés do móvel, os espíritos atuavam diretamente sobre a cestinha por meio do fluido fornecido pelo operador. Esse processo foi imediatamente aperfeiçoado; percebeu-se que a cestinha era apenas um instrumento, cuja natureza e forma eram indiferentes, e construiu-se uma prancheta, ou seja, uma lâmina de madeira sustentada por três pés, munida de um lápis numa das extremidades.

Assim praticando, obtiveram-se verdadeiras cartas ditadas pelos espíritos, com tanta rapidez como se os próprios invisíveis as tivessem escrito. Um pouco mais tarde, constatou-se que cestinha ou prancheta eram apenas acessórios, apêndices inúteis, e o médium, pegando diretamente o lápis, escreveu mecanicamente sob a influência dos espíritos. A faculdade de escrever inconscientemente sobre os mais diversos assuntos: ciência, filosofia, literatura, e utilizando idiomas freqüentemente desconhecidos pelo médium, foi chamada de *mediunidade mecânica*.

Por esse novo método, as comunicações entre o mundo espiritual e o nosso tornaram-se mais fáceis e rápidas, mas pessoas dotadas dessa faculdade são muito mais raramente encontradas do que as que obtêm comunicações pela mesa. Com o exercício, percebeu-se que todos os sentidos podiam ensejar manifestações de além-túmulo, e logo contou-se com médiuns videntes, audientes, sensitivos etc.

Para um incrédulo, é incontestável que a mediunidade mecânica está sujeita às mais graves objeções.

Descartando qualquer idéia de fraude, ele pode, contudo, imaginar que a ação de escrever automaticamente deve-se a um modo de ação peculiar do sistema nervoso, a uma espécie de ato reflexo da inteligência do médium, exercendo-se sem o controle da consciência. É verdade que isso é bem hipotético, mas essa teoria, já bastante difícil de conceber, tornou-se inútil e inaceitável diante da experiência do sr. Crookes já relatada. O médium escrevente não podia enxergar a palavra do *Times* escondida pelo dedo do ilustre químico que, por sua vez, não podia transmitir-lhe seu pensamento, já que ele próprio ignorava que palavra havia indicado; portanto, a intervenção de uma inteligência estranha manifestando-se através da srta. Fox é a única explicação plausível.

O sr. des Mousseaux conta que um dia, encontrando-se na

casa de uma família onde tinha o hábito de passar o serão, praticaram espiritismo na presença de vários doutos lingüistas. Naquela época, conheciam-se somente as comunicações pela mesa, mas o resultado não foi menos convincente. Por esse processo, obteve-se um ditado em língua hebraico-aramaica, que inguém conhecia, mas que, levado à escola de idiomas estrangeiros, reconheceu-se a escrita como sendo um dialeto fenício que era falado há mais de 2.000 anos nos arredores de Tiro. Inicialmente muito céptico, o sr. des Mousseaux declarou-se convencido a respeito da intervenção de uma inteligência estranha à dos assistentes, mas concluiu atribuindo ao diabo aquelas prodigiosas manifestações. Nós, que não cremos em Satã, nem nos demônios, preferimos admitir que um espírito se manifestou daquela maneira para dar um testemunho incontestável da existência do mundo oculto.

Nós mesmos fomos testemunha, em Paris, da obtenção de uma comunicação escrita em caracteres árabes por uma pessoa que nunca saíra da França e cuja instrução não permite que se pense em fraude. O mesmo fato se reproduziu de uma forma diferente. Desta vez o ditado dos espíritos era num dialeto italiano, em resposta a uma pergunta feita nesse idioma; é bom acrescentar que o médium tampouco conhecia o italiano.

Muitas vezes os fenômenos espíritas não atingem esse nível de potência, mas nem por isso são menos convincentes. Às vezes ocorre que o espírito que se comunica, desejoso de fazer com que o reconheçam, empregue a mesma caligrafia que tinha quando vivia e assine como costumava fazê-lo.

Se nem sempre se tem provas tão palpáveis, o que aliás é bastante raro, freqüentemente se constata nas comunicações dos espíritos um caráter de sabedoria, uma elevação de propósitos, pensamentos tão sublimes que não poderiam emanar do médium, que muito freqüentemente é um ser comum, que não se distingue dos seus semelhantes por alguma qualidade especial. A esse respeito, eis o que conta o sr. Sarjeant Cox, ilustre jurisconsulto, escritor filósofo de grande valor e conseqüentemente bom julgador em matéria de estilo, como diz o sr. Wallace. Conta ele que ouviu um jovem balconista sem instrução, estando em *transe*, manter com um grupo de filósofos uma discussão sobre a razão e a presciência, a vontade e a fatalidade, opondo-se a eles. "Fiz-lhe (diz o sr. Sarjeant) as mais difíceis perguntas sobre psicologia e sempre recebi respostas sensatas, sempre cheias de força e invariavelmente expressas em linguagem apurada e elegante. Porém um quarto de hora depois, estando no seu estado normal, era incapaz de responder à mais simples pergunta sobre um assunto filosófico e tinha dificuldade para encontrar palavras suficientes para expressar as idéias mais triviais."

As faculdades mediúnicas menos sujeitas a suspeição são, incontestavelmente, a mediunidade vidente e a mediunidade auditiva. Como o próprio nome indica, a primeira dessas faculdades consiste no poder de ver espíritos de que certas pessoas são dotadas. Neste caso, não há dúvida possível, porque se o médium descreve o rosto, o traje, os gestos habituais de um ser que ele jamais viu, se reconhecemos que a descrição corresponde perfeitamente à de um parente morto no qual não estávamos pensando, devemos admitir que a visão é real e que, além do mais, a personalidade descrita existe, inquestionavelmente, diante dos olhos do médium.

Na *Revista Espírita*, Allan Kardec conta que um tal sr. Adrien gozava desse poder no mais alto grau. Nós também conhecemos em Paris uma parteira, sra. R, que vê espíritos tão continuamente que às vezes chega ao ponto de ter dificuldade para distingui-los dos vivos. Aqui, certamente não se deixará de invocar a alucinação: é o refúgio dos incrédulos, a espada predileta de todos os que combatem o espiritismo. Atribuir essa causa aos fenômenos, porém, é conhecê-los muito pouco. A alucinação é um fato normal que quase sempre se verifica em conseqüência de acidentes patológicos, ou nos momentos que antecedem o sono ou o seguem, ao passo que nos médiuns que citamos a visão dos espíritos é, por assim dizer, permanente. Tampouco se deve esquecer que esse estado mórbido só pode retratar na imaginação do doente imagens que nada têm em comum com a vida real, que são fenômenos puramente subjetivos, e que em nenhum caso um alucinado conseguiu dar sinais que identificassem um personagem que ele nunca tinha visto, de modo a fazer com que seus parentes ou amigos o reconhecessem. Na quinta parte voltaremos a este assunto.

Até agora citamos muitos sábios que compartilham nossas idéias, muitos nomes ilustres e reverenciados, para afirmar nossa crença na imortalidade da alma sem temer zombarias. Propusemo-nos a pôr diante do leitor esse magnífico conjunto de testemunhos para revelar aos que ignoram que o espiritismo é uma ciência cujas bases, no momento presente, estão inabalavelmente assentadas. Hoje ninguém pode dizer que nossas idéias são superstições grosseiras, como acontecia outrora, porque, na verdade, se um erro conseguisse propagar-se assim universalmente, se homens de estudo, autoridades científicas, filósofos em todas as partes do mundo e simultaneamente, pudessem ser vítimas dele, deve-se convir que haveria nisso um fenômeno mais estranho do que os próprios fatos espíritas.

Definitivamente, que há de tão extraordinário em crer nos espíritos? Todos os filósofos espiritualistas demonstram que temos uma alma imortal; as religiões o ensinam em toda a superfície da Terra; a partir do momento em que nos é demonstrado que essas almas podem manifestar-se aos vivos, parece-nos muito natural que nossa convicção se espalhe rapidamente no Universo inteiro. Por meio de mesas girantes, médiuns mecânicos ou outros, podemos adquirir a convicção de que seres que nos foram caros, mortos que pranteamos, estão em torno de nós, velam solicitamente por nossa felicidade, e nos amparam moralmente na vida: não vemos nada aqui que possa chocar a razão.

É verdade que o espiritismo tem muitos inimigos interessados na sua derrota. De um lado, os materialistas; do outro, os sacerdotes de todas as religiões, de modo que seus infelizes adeptos estão, de certa forma, entre a bigorna e o martelo, recebendo pancadas de todo lado.

Os materialistas possuem argumentos extraordinários; não concebem a boa fé de seus adversários e sustentam que todos os fenômenos espíritas se devem à mistificação ou ao ilusionismo. Para esses espíritos confiantes, no mundo só existem duas classes: os enganadores e os enganados. Ora, como não pensamos como eles, necessariamente somos enganadores, e nossos médiuns, charlatães vulgares. Para que não nos acusem de enegrecer propositadamente o quadro, poderíamos citar numerosos trechos de obras onde se exige nada mais nada menos do que a prisão para punir as práticas espíritas. Alguns autores, observando que o século não comporta mais perseguição brutal, fizeram vibrar outra corda: sustentavam que todos os adeptos da nova doutrina eram loucos e que só eles possuíam uma impecável sensatez. Arrogaram-se o direito de serem os únicos a ter bom senso; maltratam-nos da pior maneira em seus escritos.

Citando dois artigos do sr. Jules Soury, aparecidos na *République Française* de 7 de outubro de 1879, mostramos um exemplo dessas amenidades.

O método do jornalista é simples: consiste em negar sem provas, como sempre, em manobrar por afirmações os temas em litígio e em insinuar que os espíritas, mesmo os sábios mais autorizados, estão sofrendo de alucinação mental devido à idade avançada, o que não lhes permite mais avaliar corretamente o que acontece sob seus olhos. Vejamos essa obra-prima de má fé:

> Ele (Zöllner) fez com que as experiências que crê ter instituído com Slade fossem acompanhadas exatamente por G. Weber e Th. Fechner; nunca se esquece de citar esses ilustres sábios como testemunhas das experiências, e, de fato, o depoimento de homens como eles teria certo peso, se um não tivesse setenta e seis e o outro setenta e nove anos!

Assim, esses homens veneráveis, cujos cabelos embranqueceram pesquisando a verdade, são declarados inaptos para pronunciar-se sobre uma questão científica, porque tiveram a infelicidade de desagradar ao sr. Jules Soury! Devemos crer que nosso jornalista, que não passa de uma personalidade pífia diante desses grandes nomes, tenha descoberto o meio de saber exatamente até que idade se raciocina e em que idade devemos ser aposentados. Ao lê-lo, ninguém diria que se precise chegar aos setenta e seis anos para dizer tolices. Não é ridículo recorrer a tais argumentos para combater uma idéia?

Nosso crítico não se contenta em suprimir moralmente as celebridades que lhe incomodam; chama Zöllner de *louco lúcido*, e declara o prof. Ulrici mentalmente alienado! Ao ler tais absurdos, chegamos a nos perguntar se estamos acordados ou sonhando, e somos tentados mais a examinar o estado mental do sr. Jules Soury do que a condenar-lhe as polêmicas atitudes. Se o acompanhássemos nesse caminho, só restaria mandar internar Crookes, Wallace, Oxon, Sarjeant Cox, Barkas e o juiz Edmonds em casas para alienados. Se o sr. Jules Soury se limitasse a dizer esse tipo de coisas, poderíamos ignorá-lo, porque o bom senso público faz justiça a essas insanidades, mas ele vai mais longe e trata o médium Slade como um explorador vulgar, e isso não podemos deixar passar sem protestar. Citaremos algumas passagens de uma brochura do sr. Fauvety e da sra. Cochet, muito bem escrita, e onde os procedimentos condenáveis do nosso crítico são desnudados:

> O senhor não hesita em apresentar Slade, na França, como um escroque atrevido; porém, vejamos suas provas. Inicialmente, o senhor acha que deve denunciar à perspicácia dos seus leitores que Henry Slade é de estatura elevada, tem longos braços, longas mãos, longos dedos. O senhor se alonga condescendentemente descrevendo-lhe *a palidez espectral, os olhos brilhantes, o riso silencioso*. De modo que esse retrato lembra o do lobo mau do chapeuzinho vermelho e o de Mefisto, de Fausto. Enquanto pessoas de imaginação podem chegar ao ponto de ver garras na ponta desses longos, longos, longos membros, os espíritos positivos suporão, antes de mais nada, que se trata de uma compleição privilegiada, que deve ser muito útil nas trapaças de um prestidigitador.
>
> A isso se chama proceder por insinuação; muito hábil, Senhor, mas prossigamos.
>
> O senhor menciona o processo movido contra Slade na Inglaterra, em outubro de 1876. Nisso também o senhor dá provas de habilidade, sabendo como se é levado a ver num acusado um culpado.
>
> No entanto, todas as suas buscas não conseguem dar-lhe qualquer indício de impostura. A acusação é pueril e não se baseia em nenhum dado positivo, ao passo que a defesa leva à barra do tribunal os mais ilustres homens da Inglaterra, notadamente o que o senhor diz ser um *ilustre êmulo de Darwin* – Alfred Wallace, outro louco lúcido!
>
> Não vou insistir nesse processo, que acabou em absolvição na corte de apelação.
>
> Agora, acompanho-o até Berlim.
>
> Em Berlim, o sr. Slade tem todos os sábios a seu favor, e quem contra ele? Um prestidigitador, que imita o que o senhor

chama de *truques de Slade*.

A afirmativa é muito vaga; pela primeira vez, finalmente, o senhor toca na questão de saber se *Slade usa, sim ou não, meios materiais para produzir os fenômenos que ele diz serem devidos a uma causa estranha*. É neste ponto que se impunha dar todos os detalhes capazes de esclarecer a opinião pública. Esses detalhes teriam tido mais peso do que as oito longas colunas nas quais o senhor amontoa insinuações contra Slade, *e nem um único fato*. O importante, na verdade, é saber em que condições Hermann se colocou para imitar os *truques*, se os reproduziu todos, ou apenas alguns, se operou na sua residência, ou num local preparado, e, finalmente, se se submeteu, por parte dos assistentes, à fiscalização a que Slade espontaneamente se submete. São circunstâncias importantes, a respeito das quais o senhor não diz uma única palavra.

Com mais inconseqüência ainda, o senhor acrescenta: 'Para dizer a verdade, o médium encontrou um comparsa em Bellanchini, o prestidigitador da corte, que declarou perante o tabelião, que Slade não era um colega, mas um sábio.' Podemos perguntar-lhe em que provas o senhor se baseia para tão prontamente acusar Bellanchini de cumplicidade, isto é, de patifaria. Se o senhor tem certeza de que há cumplicidade, deve baseá-la em fatos, apresentar suas provas; mas, se estiver fazendo uma suposição gratuita, o tom afirmativo é descabido e seus leitores podem desafiá-lo a sustentá-la. Isto se aplica também a esta outra afirmação: 'As respostas escritas são da autoria de Slade'. É fácil dizê-lo. O senhor só se esquece de um pequeno detalhe: da prova do que está afirmando.

É assim que agem os detratores do espiritismo; afirmam, sem provas, fatos de modo algum demonstrados, e partem dessas falsas afirmações para tirar conclusões contra a doutrina. Essa maneira de proceder revela muita prevenção ou bastante ignorância sobre o assunto. Inclinamo-nos a crer que haja também mais parcialidade do que outra coisa, porque, quando propomos aos nossos Aristarcos produzir fenômenos diante deles, eles prudentemente se esquivam para não serem forçados a curvar-se à evidência. Foi o que ocorreu com o sr. Jules Soury; propuseram-lhe assistir a uma sessão espírita e ele recusou terminantemente.[1]

---

[1] O sr. Paul Heuzé, moderno êmulo do sr. Soury, utilizou as mesmas táticas e teve a mesma atitude. As mesmas respostas lhe podem ser dadas. (Nota da nova edição.)

Entre as objeções que nunca deixam de apresentar aos espíritas, está a seguinte: Por que, se os fenômenos que os senhores produzem são reais, não podeis obtê-los à vontade diante dos incrédulos? A resposta é fácil. Constatou-se, pela experiência, que para ter comunicações dos espíritos são necessárias várias condições: 1º é preciso um médium; 2º é necessário que sua faculdade corresponda ao gênero de manifestação que se deseja. Assim, se se quer evocar pela mesa, o médium não será o mesmo que atua pela escrita, como pode acontecer que um médium vidente não seja audiente.

Há pessoas privilegiadas que reúnem várias faculdades desenvolvidas em alto grau, como é o caso dos srs. Home e Slade, mas nesses privilegiados a mediunidade não é constante, está sujeita a flutuações e mesmo a interrupções que lhes tiram todo o poder. De modo que, para convencer um incrédulo, nem sempre basta ter um médium; é preciso saber se ele está em boas condições para servir de intermediário aos espíritos. Ignoram-se ainda quais são as leis que dirigem essa espécie de fluxo e refluxo da mediunidade, mas acreditamos que é possível atribuí-los a duas causas: ou à saúde física do indivíduo, ou aos espíritos, que nem sempre podem ou querem manifestar-se.

Em muitos médiuns, como a srta. Florence Cook, o sr. Home, o sr. Slade, após as sessões espíritas em que haviam ocorrido manifestações, observou-se tamanho desperdício de força que chegava a produzir mal-estares, desfalecimentos que não lhes permitiam produzir outras durante muito tempo. Esse estado de prostração pode ser comparado às intermitências que se observam na vidência dos pacientes sonambúlicos. O célebre Alexis, que granjeou grande reputação, confessa que muitas vezes sua faculdade o abandonou durante alguns dias, sem que conseguisse entender os motivos que produziam essa atonia.

Em segundo lugar, deve-se considerar que os espíritos são seres como nós, que estão submetidos a leis das quais não lhes é possível esquivar-se a seu bel-prazer, e que além disso eles possuem seu livre-arbítrio, em virtude do qual não são obrigados a atender ao nosso chamado.

Uma objeção freqüentemente ouvida consistia no absurdo que haveria em crer que filósofos como Sócrates, físicos como

Newton, poetas como Corneille fossem forçados a vir conversar com uma meia dúzia de desocupados reunidos em torno de uma mesa. Se assim fosse, realmente seria ridículo. A doutrina espírita ensina, ao contrário, que os espíritos podem responder às nossas evocações, mas que só o fazem quando julgam que isso é necessário.

Se os experimentadores procuram nas práticas espíritas apenas uma diversão pueril, podem, antecipadamente, ficar certos de que serão vítimas de espíritos farsantes que virão dizer-lhes as coisas mais estapafúrdias, e isso dissimulados sob os nomes mais ilustres. É que em geral se ignora que o mundo dos espíritos compõe-se dos mais diversos elementos. Tal como na Terra encontramos inteligências em todos os graus de desenvolvimento, também o mundo espiritual, que é igual ao nosso, com o corpo a menos, contém individualidades de elite ao lado dos mais atrasados espíritos.

Resulta, dessas considerações, que se podem obter ditados espíritas que variam quanto à elevação moral, conforme os ser que os produziu. Seja qual for o nome com que um espírito assine, deve-se atribuir-lhe apenas uma importância secundária; o que importa considerar são as idéias emitidas. Se o ensinamento recebido for grande, se prega o amor aos nossos semelhantes, ou se nos faz compreender as leis da moral, ele emana de um espírito avançado; se a comunicação contém idéias vulgares, enunciadas em termos inconvenientes, seja qual for a assinatura, o espírito é pouco adiantado. Todas essas recomendações foram feitas muitas vezes por Allan Kardec, nos seus livros e na revista que dirigia, mas nossos contestadores nunca se deram ao trabalho de lê-las, de modo que somos obrigados a relembrá-las.

Os observadores sérios que quiseram saber o que havia de verdade no espiritismo submeteram-se a todas as condições indispensáveis para o bom êxito da experiência. Longe de exigirem provas convincentes desde a primeira sessão, foi lenta e metodicamente que se familiarizaram com todas as fases do fenômeno. O sr. Barkas manteve-se na expectativa durante dez anos, o sr. Crookes, durante seis anos, o sr. Oxon, durante oito anos etc. Foi pelo estudo atento de todos os fatos, quando se acostumaram com a aparente estranheza das manifestações, que pesquisaram as causas capazes de produzi-los, e quando conseguiram reunir uma grande quantidade de observações, feitas em diferentes meios, fizeram-lhes uma síntese e, finalmente, concluíram pela existência e pela intervenção dos espíritos.

Sabemos que um estudo assim demanda muito tempo e um ardente desejo de conhecer a verdade, e que também não está ao alcance de todos. Os próprios sábios nem sempre têm bastante coragem para prosseguir com pesquisas que, se derem resultado, os porão em contradição com seus confrades e lhes granjearão muitos aborrecimentos. É por isso que, em vez de um relatório sério e circunstanciado, a Academia de Ciências admite os movimentos do longo peroneal como explicação para os fenômenos espíritas.

Parece que esse músculo, que é vizinho do tornozelo, tem a propriedade de estalar, o que fez com que o sr. Schiff solicitasse ao sr. Jobert de Lamballe que comunicasse essa luminosa descoberta à Academia. Imediatamente os doutores Velpeau e Cloquel aplaudiram e confirmaram o fato. Segundo a ciência oficial, está demonstrado que quando as pancadas respondem a uma pergunta mental não são os espíritos que produzem esses ruídos, mas o longo peroneal, porque ele não é só estalador, mas também dotado de dupla visão!

Se os espíritos foram algumas vezes acusados de fantasistas, admitimos que os sábios reunidos são capazes de brincadeiras mais engraçadas do que todas as que pudéssemos inventar. Nada mais cômico do que um cérebro austero quando começa a delirar; ele vai mais longe do que simples mortais conseguiriam, e o achado genial dos senhores Schiff e Jobert de Lamballe veio bem a propósito para desopilar o fígado dos seus contemporâneos. Foi a única vez que o espiritismo foi apresentado à ilustre assembléia, que deve guardar disso uma lembrança singular.

Continuemos o exame dos críticos do espiritismo. Às vezes se faz a seguinte pergunta: Supondo-se que o espiritismo seja uma verdade, por que os espíritos precisam de uma mesa e de um médium para manifestar-se?

Seria absurdo supor-se que um espírito, para dar-nos suas

instruções ou seus conselhos, fosse obrigado a alojar-se no pé de uma mesa ou de uma cadeira, pois quem não possuísse esses instrumentos não poderia receber comunicações; além do mais, esses móveis não são dotados de uma virtude especial que possa legitimar tal poder. É preciso familiarizar-se com a vida dos espíritos e com seu modo de operar para compreender o que se passa na tiptologia. Os espíritos existem desde sempre, já que são eles que, ao encarnar-se, povoam a Terra; desde sempre, também, eles têm exercido sua influência sobre o mundo visível, através das manifestações físicas e das inspirações que dão aos homens. Os pensamentos, que são de certa forma soprados no cérebro do encarnado, não deixam marcas, mas se os invisíveis quiserem testemunhar sua presença de modo ostensivo, servem-se de um médium para ceder-lhes o fluido de que necessitam, e põem em movimento um objeto qualquer, mesa ou cadeira, de maneira a denunciar sua presença. A mesa não é uma condição indispensável para o fenômeno; os espíritos a utilizam por ser o objeto mais cômodo, só isso. Quanto ao médium, este sim é necessário, porque sem a sua ação nada pode produzir-se; mas ele somente desempenha o papel de intermediário e seu único mérito é a docilidade.

Para os que conhecem pouco os princípios da doutrina espírita, uma causa de estranheza é ver que os espíritos nem sempre respondem quando os interrogamos sobre o futuro, ou quando lhes fazemos perguntas relativas à solução de certos problemas científicos.

As perguntas que vemos serem constantemente formuladas provam uma completa ignorância da missão dos espíritos e do objetivo das suas manifestações. Toda pergunta feita com um interesse meramente pessoal, com um sentimento egoísta, jamais recebe resposta, ou, se uma é dada, ela provém de espíritos farsantes que procuram enganar-nos. No mundo espiritual, como na Terra, os espíritos sérios, adiantados, são a exceção, porque, se assim não fosse, nosso mundo seria mais perfeito.

Existem, no espaço, seres que vagueiam em torno de nós, que se interessam por nossa vida e freqüentemente tentam divertir-se à nossa custa quando vêem que a cobiça ou outras causas são os únicos propósitos que movem o consulente. Podem entregar-se a mil pilhérias das quais o imprudente é vítima. É o que nos faz lamentar aqueles que vêem no espiritismo apenas um meio de encontrar objetos perdidos, pedir conselhos sobre sua situação material ou descobrir tesouros escondidos.

A ciência espírita tem um propósito mais nobre, mais grandioso; ela tem por principal objetivo provar-nos a existência da alma após a morte e, tivesse ela trazido somente esse resultado, as conseqüências que daí derivam, do ponto de vista moral e social, já seriam consideráveis. Mas seus benefícios não se limitam a isso; ela nos dá indicações precisas a respeito da vida futura, nos permite compreender a bondade e a justiça de Deus, nos fornece a explicação da nossa existência na Terra, em resumo, é a ciência da alma e das suas destinações.

Isso nos leva a falar das instruções que recebemos dos espíritos superiores, que chamamos de nossos guias. Eles já nos revelaram uma grande parte dos mistérios que encobriam o que se segue à morte, iniciando-nos nos esplendores da vida espiritual e fazendo-nos entrever as grandes leis que dirigem a evolução das coisas e dos seres rumo a destinos mais elevados. Mas não podem dizer-nos tudo, porque, se assim fosse, não haveria mérito algum de nossa parte, e como nossas aquisições espirituais devem ser o resultado dos nossos esforços individuais, não lhes é permitido revelar-nos tudo o que sabem.

Por outro lado, é preciso que propiciem seu ensinamento de acordo com o grau de adiantamento dos homens. Que diríamos de um professor que quisesse ensinar cálculo integral a uma criança de dez anos? Que é louco, porque, antes de chegar lá, a criança precisa aprender as diversas partes da matemática que, por um encadeamento lógico, levam a esse conhecimento, que é o último termo. Da mesma forma, os espíritos só podem revelar-nos progressivamente as verdades que conhecem, à medida que nos tornamos mais aptos a compreendê-las.

Contudo, através de comunicações eles transmitiram as mais elevadas idéias a que chegaram as deduções modernas. Allan Kardec pregava a unidade da força e da matéria numa época em que essas noções longe estavam de ser admitidas pela ciência oficial. Nossos guias nos prometem para o futuro revelações ainda mais grandiosas; eis por que, encorajados pelo que eles já anunciaram, aguardamos com paciência novas descobertas futuras.

Houve quem pensasse encontrar um argumento decisivo contra os espíritas na constatação de que os espíritos dos diferentes países não têm a mesma maneira de ver sobre muitos pontos; de que uns admitem a reencarnação, enquanto outros a rejeitam; de que uns são católicos, enquanto outros seguem o protestantismo etc., e daí partiu-se para afirmar que as comunicações bem poderiam ser somente o reflexo da mente dos médiuns, segundo a equação pessoal de cada um, como diz o sr. Dassier.

Já combatemos essa maneira de ver e mostramos que, quando a influência espiritual se exerce, são incontestavelmente inteligências estranhas ao médium que produzem os fenômenos; e mais, esses seres dizem ter vivido na Terra não uma vez, mas em várias oportunidades. Não temos motivo algum para duvidar da sua afirmação, ainda mais que ela corrobora um sistema filosófico da mais estrita lógica. A pluralidade das existências da alma concilia todas as dificuldades que as religiões atuais não conseguem solucionar, por isso adotamos esse modo de ver. A reencarnação é uma lei sem a qual não se poderia compreender a justiça de Deus; ela é confirmada por milhares de seres que denotam, por sua argumentação e por seu estilo, seu grau de adiantamento espiritual; portanto, devemos concluir que espíritos que não compartilhem essas idéias são almas atrasadas que mais tarde chegarão à verdade.

Na Terra, mesmo num país civilizado, quão poucos homens conhecem os ensinamentos da ciência! Se nos postássemos numa via pública e pudéssemos parar vinte passantes, dedicando-nos a um exame dos seus conhecimentos, podemos apostar que pelo menos dezoito deles não seriam capazes de dar-nos informações corretas sobre as diferentes funções da digestão. Ora, existe fenômeno mais habitual, que se repita mais freqüentemente do que a digestão? Então, se o povo é tão pouco instruído a respeito das noções que mais lhe importaria conhecer, com mais razão ainda não compreenderá problemas complexos dos quais depende a vida espiritual.

Sendo o mundo espírita, ou dos espíritos, a reprodução absoluta do nosso, não devemos admirar-nos com divergências de opiniões que se manifestam nas comunicações. Longe de aceitar todas as idéias que nos chegam pelo canal dos médiuns, devemos passar pelo crivo da razão as teorias que assim nos são dadas e rejeitar implacavelmente as que não estão em perfeita concordância com a lógica. Deus colocou em nós essa chama divina que nada deve extinguir e nosso mais sagrado direito é o de crer somente nas coisas que compreendemos claramente. Eis por que o espiritismo, tão bem resumido nas obras de Allan Kardec, responde às aspirações da nossa época; daí sua rápida propagação pelo mundo todo.

Um escritor positivista, sr. Dassier, teve a pretensão de livrar os homens do que chamou de "enervantes alucinações do espiritismo". Depois de uma promessa tão mirífica, esperávamos uma refutação em regra de todos os argumentos dos espíritos, mas nos vimos diante de uma reedição mais ou menos disfarçada de velhas afrontas: charlatanismo, superstição etc. Contudo, o sr. Dassier dá um passo adiante: consente em crer que o que chamamos de perispírito é mesmo uma realidade; só que o chama de duplo fluídico, personalidade póstuma ou mesmeriana, e lhe atribui os mais amplos poderes. Esse autor reuniu documentos notáveis que provam que o homem é duplo e que, em certas circunstâncias, pode ocorrer uma separação entre os dois princípios que o compõem. Nos capítulos seguintes voltaremos mais particularmente a este estudo. Aqui, somente assinalamos o procedimento do sr. Dassier que, embora combatendo nossas doutrinas, reconhecia a exatidão dos fatos enunciados por Allan Kardec e a boa fé dos médiuns. Ele crê tudo explicar pela hipótese da transmissão de pensamento e da sobrevivência temporária da individualidade. Segundo ele, no momento da morte toda força vital não fica absolutamente anulada; o que formava o duplo fluídico pode viver algum tempo ainda, mas pouco a pouco se divide e se desagrega à medida que os elementos que o constituem vão juntar-se aos seus similares na natureza.

Para refutar essa doutrina, basta dizer que temos milhares de comunicações que nos afirmam o contrário. Aliás, o autor se limita a enunciar seu modo de ver sem dignar-se a fornecer provas. O sr. Dassier pura e simplesmente apoderou-se, em proveito próprio, de uma parte das teorias teosóficas que sustentam, elas também, que todos os homens não têm, em grau igual, a possibilidade de alcançar a imortalidade. Todos esses sistemas revelam um progresso sobre a materialismo puro, mas não podem satisfazer os homens sérios que não se limitam a vagas noções e que exigem dados incontestes para fundamentar suas convicções.

Tentaram comparar o médium escrevente a um sonâmbulo lúcido; sabe-se, na verdade, que o magnetizador pode, em certos casos, fazer com que seu paciente execute os movimentos nos quais ele pensa, sem por isso ser obrigado a enunciar oralmente sua vontade. Não se pode estabelecer qualquer analogia entre esse fato e a mediunidade. Nas experiências espíritas, o médium *não dorme* e a pessoa que evoca na maioria das vezes desconhece totalmente as práticas magnéticas; portanto, o pensamento do consultante não poderia produzir os efeitos verdadeiramente admiráveis que se observam. Além do mais, o médium mecânico pode manter uma conversação enquanto sua mão escreve automaticamente; está, intelectualmente, no seu estado normal; então, não se poderia comparar esse estado com o sonambulismo natural, ou provocado.

O clero de todas as religiões entrou em guerra contra o espiritismo por ter destruído de uma vez por todas a crença no inferno e, conseqüentemente, nas penas eternas. Ele mina pela base a teoria do pecado original e transforma a divindade feroz e cruel dos sacerdotes num Deus bom e misericordioso. A filosofia espírita não se apóia na fé, haure suas forças nas luzes da razão, e, para combater o dogma, apóia-se na observação científica. A partir disso, imagine-se a acolhida que teve. Já contamos a história do arcebispo de Barcelona, que mandou queimar os livros de Allan Kardec, sob pretexto de bruxaria. Esse comportamento da inquisição, repetido, mostra bem o que fariam com os espíritas, caso tivessem o poder de destruí-los. Na França, as imunidades do clero não chegam a tanto. Escapamos da fogueira, mas os padres não se cansam de pregar contra a nossa doutrina, que afirmam ser inspirada por Satanás. Esses discursos não têm qualquer influência sobre nós porque, há muito tempo, não cremos mais no deus do mal. Esse gênio sombrio, inventado pela casta sacerdotal para aterrorizar as pessoas ingênuas da Idade Média, hoje está completamente fora de moda, e seus caldeirões vingadores sumiram diante das luzes do progresso. Fazemos uma idéia demasiado remota da divindade para crer que ela tenha podido criar seres eternamente votados ao mal; aliás, a antiga concepção do inferno é desmentida por testemunhos dados diariamente pelos espíritos e não poderia influenciar-nos de forma alguma.

Mas, penetremos por um instante nas idéias católicas e suponhamos que o espírito do mal nos ronde, *quaerens quem devoret*; deveríamos reconhecer a árvore por seus frutos e manter-nos atentamente em guarda contra suas sugestões. Acaso ele prega o ódio, a inveja e a cólera? Incita-nos a satisfazer todas as nossas paixões?

Não, os espíritos que se comunicam ensinam a fraternidade, o perdão das ofensas, a mansuetude para com os amigos e os inimigos. Eles nos dizem que o único caminho para alcançar a felicidade é o do bem, que os únicos sacrifícios que são agradáveis ao Senhor são os que conseguimos sobre nós mesmos. Exortam-nos a velar atentamente por nossos atos para evitar a injustiça; recomendam-nos o estudo da natureza e o amor aos nossos semelhantes, como sendo os únicos meios de nos elevarmos rapidamente rumo a um futuro mais brilhante. Longe de dizer-nos que a salvação é pessoal, fazem-nos encarar a felicidade de nossos irmãos como o objetivo superior em cuja direção devem tender todos os nossos esforços. Finalmente, colocam a suprema felicidade na mais sublime das fraternidades: a do coração.

Se são esses os meios empregados por Satã para perverter-nos, deve-se admitir que se parecem estranhamente com os que Jesus empregava para reformar os homens, e o anjo das trevas administra muito mal seus negócios ao levar-nos à virtude pela austeridade da moral que recomenda em suas comunicações.

Se não nos é possível acreditar em legiões de condenados, não se deduz daí que os maus gozem de impunidade. No livro *O Céu e o Inferno*, Allan Kardec pintou ao natural os sofrimentos dos espíritos infelizes, e se o inferno não existe, nem por isso as almas perversas deixam de sofrer cruéis punições. Mas também sabemos que essas penas não serão eternas. Deus permite ao pecador abreviá-las, dando-lhe a faculdade de redimir-se por expiações proporcionais às suas faltas. Eis no que diferimos absolutamente de todos os dogmas; é que nossa experiência está fundamentada na justiça e na bondade infinita do Criador. Não conseguimos imaginar que Deus seja mais cruel conosco do que um pai com relação ao seu filho arrependido, e esta esperança afasta dos nossos corações a desoladora idéia de um desespero eterno.

Que nova luz nos traz o espiritismo! Acabaram-se as incertezas terríveis quanto ao nosso futuro, o misterioso além, velado sob as ações das religiões, mostra-se a nós em toda sua realidade; não há mais céu nem inferno, mas a continuação da vida prosseguindo no tempo e no espaço, e eterna como tudo o que existe. A incessante ascensão de tudo o que existe rumo a destinações cada vez mais elevadas, eis a verdadeira felicidade. Longe de crer numa beatitude indolente, colocamos a felicidade numa atividade incessantemente atuante, e no conhecimento cada vez mais perfeito das leis do Universo. Se verificarmos rapidamente os benefícios que o homem teve com o progresso das ciências, se compararmos o bem-estar material de que ele goza atualmente com as suas miseráveis condições de vida há cem anos, compreenderemos que, embora no domínio da física tais revoluções sejam possíveis, elas não passam de miseráveis avatares se comparadas aos esplendores que nossa evolução moral nos promete na direção do infinito.

Chega de dogmas, chega de coisas incompreensíveis, uma harmonia sublime sempre se revela nos mínimos detalhes dessa imensa máquina que se chama Universo! E a satisfação profunda de compreender, enfim, qual é o nosso objetivo neste mundo, é o resultado do estudo atento das manifestações espíritas. Para que melhor se compreenda o caráter e o alcance científico do espiritismo, vamos resumir em poucas palavras os pontos principais sobre os quais ele se apóia, remetendo os leitores que desejam estudar mais a fundo esta crença aos livros de Allan Kardec. Em primeiro lugar, o espiritismo preconiza a existência de Deus, o motor inicial e único do Universo; nele se resumem todas as perfeições levadas ao infinito; ele é eterno e todo-poderoso.

Na Terra, ninguém pode conhecê-lo, mas todos estão submetidos às suas leis; nosso entendimento ainda é demasiado limitado para elevar-nos a essas sublimes alturas, mas nossa razão nos prova que ele existe, e os espíritos, em situação melhor do que a nossa para apreciar-lhe a grandeza, inclinam-se respeitosamente diante da sua majestade infinita. Não adquirimos um desenvolvimento intelectual suficiente para abranger na sua extensão essa grandiosa noção da Divindade, mas nos dirigimos para ela como a mariposa se dirige para a luz. O desejo de conhecer e de saber desenvolve nos corações as mais nobres aspirações, e mais tarde, livre da matéria, gravitando rumo à perfeição, o espírito fará uma idéia cada vez mais elevada desse Todo-Poderoso que ele hoje pressente e que um dia conhecerá.

Foi-se o tempo em que se conhecia Deus como uma potestade implacável e vingadora, condenando o homem eternamente por um erro de momento. Não, a sombria Divindade da Bíblia não paira mais sobre nós como uma perpétua ameaça, não existe mais o Jeová feroz que ordenava a degola de quem não acreditasse nele, e que fazia milhares de homens se curvarem sob o vento da sua ira como uma plantação de juncos sob a tempestade furiosa.

O Deus moderno surgiu diante de nós como a expressão perfeita de toda ciência e de toda virtude. Sua inteligência revelou-se no admirável conjunto das forças que dirigem o Universo, sua bondade, na lei de reencarnação que nos permite redimir nossas faltas por sucessivas expiações e elevar-nos gradualmente até à sua majestade infinita.

O Deus que compreendemos é a grandeza infinita, o infinito poder, a infinita bondade, a infinita justiça! É a iniciativa criadora por excelência, é a força incalculável, a harmonia universal! É Deus quem paira acima da criação, que a envolve com sua vontade, que a penetra com sua razão; é por ele que os universos se formam, que as massas celestes giram seus esplendores cintilantes nas profundezas do vácuo, é por ele que os planetas gravitam nos espaços formando radiantes auréolas solares. Deus é a vida imensa, eterna, indefinível, é o começo e o fim, o alfa e o ômega.

Em segundo lugar, o espiritismo demonstra a existência da alma, isto é, do eu consciente, imortal e criado por Deus. Ignoramos a origem desse eu, mas seja qual for, cremos que Deus fez todos os espíritos iguais e os dotou de faculdades iguais para atingirem o mesmo objetivo: a felicidade. Ao mesmo tempo que a consciência, ele nos deu o livre-arbítrio que nos permite apressar mais, ou menos, nossa evolução rumo a destinos superiores. Sabemos que a alma do homem existia antes do seu corpo, que este poderia nem existir, que a natureza inteira poderia não existir, mas nada disso afetaria a alma; em resumo, a alma é imaterial e indestrutível.

É o eu consciente que, por sua vontade, adquire todos os conhecimentos e todas as virtudes que lhe são indispensáveis para elevar-se na escala dos seres. A criação não se submete à pequena parte que nossos instrumentos nos permitem descobrir. Ela é infinita na sua imensidão. Longe de considerar-nos exclusivamente habitantes do nosso pequeno globo, o espiritismo demonstra que devemos ser cidadãos do Universo.

Vamos do simples ao composto. Tendo partido do estado mais rudimentar, pouco a pouco fomos nos elevando à dignidade de seres responsáveis; cada novo conhecimento que fixamos em nós faz-nos entrever horizontes mais vastos, nos faz saborear uma felicidade mais perfeita. Longe de situar nosso ideal numa eterna ociosidade, acreditamos, ao contrário, que a suprema felicidade consiste na incessante atividade da mente, no seu saber cada vez maior, e no amor que se desenvolve à medida que transpomos o árduo caminho do progresso. O amor é o motor divino que nos impele para o foco radiante que se chama Deus!

Compreende-se que essas idéias nos obrigam a admitir a pluralidade das existências, ou seja, a lei de reencarnação. Quando pensamos pela primeira vez na possibilidade de ter muitas vidas na Terra, com corpos humanos diferentes, essa idéia a princípio parece estranha, mas quando refletimos sobre a enorme quantidade de conhecimentos que precisamos ter para morar na Europa, na distância que separa o selvagem do homem civilizado, na lentidão com que adquirimos um hábito, vemos desenhar-se a evolução dos seres e concebemos as vidas múltiplas e sucessivas como uma necessidade absoluta que se impõe ao espírito, tanto para adquirir saber, como para resgatar as faltas que se possa ter cometido anteriormente. A vida da alma, encarada sob esse ponto de vista, demonstra que o mal não existe, ou melhor, que é criado por nós, graças ao nosso livre-arbítrio.

Deus estabeleceu leis eternas que não devemos transgredir, mas se não concordarmos com isso, ele nos deixa eternamente a faculdade de resgatar, por novos esforços, as faltas ou os crimes que tenhamos cometido. É assim que os espíritos, ajudando-se mutuamente, alcançam a felicidade que deve ser o apanágio de todos os filhos de Deus.

Nossa filosofia dilata o coração, considera os infelizes, os deserdados deste mundo, como irmãos aos quais devemos o apoio de uma mão caridosa. Eis por que pensamos que uma simples questão de tempo separa o mais embrutecido dos selvagens dos homens de gênio de nossas nações civilizadas. Do ponto de vista moral, o mesmo acontece, e monstros como os Neros, os Calígulas, podem e devem, mais tarde, chegar ao mesmo nível de um São Vicente de Paulo.

O egoísmo é totalmente destruído pelo espiritismo, que proclama que ninguém pode ser feliz se não tiver amado seus irmãos e se não os tiver ajudado a progredir moral e materialmente. Na lenta evolução das existências podemos ser, em ocasiões diversas: pai, mãe, esposo, filhos, irmãos, e vice-versa. É assim que os potentes laços do amor se consolidam. É por uma mútua ajuda que adquiriremos as virtudes indispensáveis à nossa elevação espiritual.

Nenhuma filosofia elevou-se a uma concepção mais sublime da vida universal, nenhuma pregou uma moral mais pura. Eis por que, detentores de uma parte da verdade, nós a apresentamos ao mundo apoiada sobre as bases inabaláveis da observação física. O espiritismo é uma ciência progressiva, baseia-se na revelação dos espíritos. Ora, estes, conforme progridem e conforme nós crescemos intelectualmente, descobrem verdades novas, de modo que seu ensinamento é gradual e amplia-se à medida que eles próprios se tornam mais instruídos. Portanto, não temos dogmas, nem pontos doutrinários inflexíveis; exceto a comunicação entre os vivos e os mortos e a reencarnação, que estão absolutamente provadas, admitimos todas as teorias que dizem respeito à origem da alma e ao seu futuro. Resumindo, somos positivistas espirituais, o que nos dá uma incontestável superioridade sobre as outras filosofias cujos adeptos se mantêm dentro de estreitos limites. Em linhas gerais, esta é a filosofia que tentaram aviltar com mentiras e calúnicas. Concebe-se que nossas idéias e o valor das nossas crenças nos colocam muito acima desses deploráveis críticos, mas é preciso que o sol da justiça se levante sobre nós e permita que os pensadores apreciem esta nobre doutrina em toda a sua grandeza.

Quarta parte

Capítulo I
Que é o perispírito

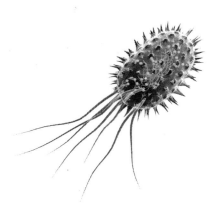

Nos capítulos precedentes mostramos que a alma é imortal, isto é, que quando o corpo que ela habitava durante sua passagem pela Terra é destruído, ela não é afetada pela mudança; conserva sua individualidade e ainda pode manifestar sua presença através de intervenções físicas. Aqui surge uma dificuldade. Como explicar a ação da alma sobre o corpo?

Conforme a filosofia e segundo os espíritos, a alma é imaterial, ou seja, ela não tem qualquer ponto de contato com a matéria que conhecemos. Não se pode conceber que a alma tenha propriedades análogas às dos corpos da natureza, já que o pensamento, que é sua imagem e emanação, escapa a qualquer medida, a qualquer análise física ou química. Mas, devemos tomar o termo imaterial no seu sentido absoluto? Não, porque a verdadeira imaterialidade seria o nada; porém a alma constitui um ser cuja existência é tal, que nada neste mundo conseguiria dar uma idéia do que é.

Para bem especificar nosso pensamento, desejamos esclarecer nossos leitores quanto ao sentido da palavra *imaterial*, para que ela não dê motivo a confusões. Afirmamos que nenhum estado da matéria pode fazer-nos compreender o da alma, e no entanto a ciência chegou a resultados surpreendentes quanto à divisão da matéria. Eis o que resulta das experiências do sr. Crookes feitas perante a Academia de Ciências.

Sabemos que esse físico tem uma teoria particular, de acordo com a qual as moléculas dos corpos gasosos podem mover-se segundo suas forças próprias quando se diminui o número de moléculas, criando o vácuo. Para chegar a esse resultado, deve-se operar com uma precisão extrema e efetuar numerosas a complicadas manipulações. O sr. Crookes conseguiu criar o vácuo, de forma que a pressão do ar restante no balão ficasse reduzida a um milionésimo de atmosfera. É nessas condições que as características do estado radiante se manifestam.

Habitualmente, os fenômenos novos, em física ou em química, são produzidos pela adição de matéria. É curioso constatar que aqui, ao contrário, efeitos de uma extrema energia resultam de uma subtração de matéria. É reduzindo-a a quase nada, rarefazendo-a além do admissível, que o sr. Crookes obtém esses fenômenos singulares. Quanto mais ele retira matéria, mais a ação se torna surpreendente: é a física do nada, a ponto de sermos tentados a perguntar-nos se ele tem o direito de atribuir à matéria efeitos tão potentes, já que fez tanto esforço para desembaraçar-se dela. Não é preciso que existam equívocos a esse respeito e que julguemos conforme a impressão dos nossos sentidos o que pode perfeitamente escapar-lhes. A natureza vai muito além das nossas sensações; portanto, devemos acautelar-nos contra nossos enganos. Quando as mais aperfeiçoadas máquinas tiverem retirado de um espaço vazio todo o ar, ou todo o gás possível, não se segue daí que não possa ter restado muito ainda. O sr. Crookes reduziu o conteúdo dos seus tubos a um milionésimo do ar que conhecemos e que é tão impalpável que o deslocamos a todo instante sem ter consciência de que está em torno de nós. Pareceria que o milionésimo de tão pouca coisa para nós continua ser menos que nada. Como veremos, esta é uma concepção errada.

O cálculo mostra que num balão de 13 cm de diâmetro, igual ao utilizado pelo sr. Crookes, mas cheio de ar à pressão normal, existe *no mínimo* um setilhão de moléculas.[1]

---
[1] Estes cálculos baseiam-se em considerações extraídas da termodinâmica. Os srs. Clausius e Clark Maxwell, por uma série de deduções que não podemos compartilhar, determinaram a rapidez que as partículas gasosas possuem a uma dada pressão, e, conseqüentemente, o número de partículas contidas na unidade de volume.

1 000 000 000 000 000 000 000 000 000

Rarefazer esse ar ao milionésimo, é dividir por um milhão o número precedente; então ele ainda contém um quintilhão de moléculas. Um quintilhão!

É uma cifra enorme, e eis-nos bem distantes do nada. Para dar uma idéia desse número gigantesco, o sr. Crookes diz:

> Pego o balão em que fiz o vácuo e o perfuro com a centelha da bobina de indução. A centelha produz uma abertura microscópica, mas suficientemente grande para permitir que as moléculas gasosas penetrem no balão e destruam o vácuo. Suponhamos que a pequenez das moléculas seja tal que, por segundo, *cem milhões* delas entrem no balão. Nessas condições, quanto tempo se acha que seria necessário para que o pequeno recipiente se enchesse de ar? Seria uma hora, um dia, um ano, um século? *Será preciso uma eternidade*, um tempo tão enorme que a imaginação é incapaz de concebê-lo. Serão necessários mais de 400 milhões de anos, tanto tempo que, conforme as previsões dos astrônomos, o Sol terá esgotado sua energia calorífica e luminosa e há muito já estaria extinto!

O sr. Crookes não está enganado, realmente é fácil fazer o cálculo.

Segundo o sr. Johnston Stoney, num centímetro cúbico de ar existe um sextilhão de moléculas. Então, o balão do sr. Crookes, com 13 cm de diâmetro contém:

1 288 252 350 000 000 000 000 000

de moléculas. As coisas só serão reconduzidas ao seu estado primitivo quando tiver entrado de novo pela abertura o que se havia retirado, isto é:

1 288 251 061 747 650 000 000 000

de moléculas. Se, por hipótese, passarem cem milhões por segundo, eis quanto durará o desfile:

12 885 510 617 776 500 segundos, ou seja, mais de

12 quatrilhões de segundos

214 708 510 291 275 minutos, ou

214 trilhões de minutos

3 578 475 171 521 horas, ou

3 trilhões de horas

149 103 132 147 dias, ou

149 bilhões de dias
408 501 731 anos, ou
400 milhões de anos

Mais de 400 milhões de anos!

A realidade é que o vácuo de um balão Crookes se enche em menos de uma hora e meia, o que prova que a exigüidade das partículas é tão grande que devem passar por segundo, na mais fina das aberturas, não cem milhões, mas 300 quintilhões. Que infinita pequenez devem ter essas partículas!

Pois bem, por mais apurada que seja a matéria, por mais diminuta e impalpável que a experiência no-la mostre, ela ainda é grosseira se comparada ao espírito, que é uma essência, um ser infinitamente mais sutil ainda. É nesse sentido que entendemos a palavra *imaterial* aplicada à alma, que é de tal modo imponderável que não pode ter qualquer ponto de contato com a matéria que conhecemos na Terra.

No entanto, constata-se no homem a conjugação desses dois elementos: o corpo e a alma. São unidos de um modo íntimo e influem um sobre o outro, como o demonstra o testemunho cotidiano dos sentidos e da consciência. A partir do que dissemos a respeito da alma, parece haver uma contradição, mas esta é mais aparente do que real, porque o homem não é formado só de corpo e alma, mas também de um terceiro princípio intermediário entre um e outro, chamado *perispírito*, ou seja, invólucro do espírito.

A necessidade desse mediador logo será compreendida ao estabelecermos um paralelo entre a espiritualidade da alma e a materialidade do corpo.

A alma é imaterial porque os fenômenos por ela produzidos não podem comparar-se a nenhuma propriedade da matéria. O pensamento, a imaginação, a lembrança não têm forma, nem cor, nem duração, nem maleabilidade; essas produções do espírito não estão sujeitas a nenhuma das leis que regem o mundo físico, elas são puramente espirituais e não podem ser medidas nem pesadas. A alma, por sua natureza, escapa à destruição, uma vez que se manifesta em toda a sua plenitude após a desagregação do corpo; a alma é, pois, imaterial e imortal.

O corpo é o invólucro do princípio pensante, que vemos nascer, crescer e morrer. Os elementos que o compõem são extraídos da matéria que forma o nosso globo. Quando esses elementos tiverem permanecido durante algum tempo em nosso organismo, cedem lugar a outros, que vêm substituí-los. Essas operações renovam-se até à morte do indivíduo; então, os átomos que no final compunham o corpo humano são retomados pela circulação da vida e entram em outras combinações, em virtude da lei que diz que nada se cria e nada se perde na natureza.

O corpo e a alma, portanto, são essencialmente distintos: um, notável por suas incessantes transformações, o outro, pela imutabilidade da sua essência. Apresentam qualidades radicalmente opostas, e contudo constatamos que eles vivem em perfeita harmonia e exercem influências recíprocas. O ódio, a cólera, a piedade, o amor refletem-se no rosto, imprimindo uma característica particular à fisionomia. Nas emoções violentas, é todo o organismo que fica perturbado; uma súbita alegria ou uma dor inesperada podem determinar abalos tão grandes que podem provocar a morte. A imaginação age sobre o físico com grande violência. É o que demonstram os livros de medicina que tratam do assunto, de modo que, estando por um lado bem constatados esses efeitos e, por outro, sendo a alma imaterial, o problema da sua mútua ação permaneceu insolúvel para os filósofos.

As maiores inteligências empenharam-se em entender a ação da alma sobre o corpo, mas nem Descartes, nem Malebranche, nem Spinoza, nem Leibniz, nem Euler chegaram a uma explicação satisfatória dos fatos.

Segundo Descartes, a alma e o corpo, por um sábio desígnio da Providência, durante todo o curso da vida seguem duas linhas paralelas, e no entanto sua natureza os torna estranhos um ao outro. Deus modifica a alma em virtude dos movimentos do corpo, e dá movimento ao corpo em conseqüência das vontades da alma. Cada substância é, portanto, não a causa, mas a motivação para os fenômenos que se manifestam na outra. Eis por que a teoria cartesiana foi chamada pelos historiadores *hipótese das causas ocasionais*.

Segundo Leibniz, o corpo e a alma, embora vivendo separadamente, receberam tal organização que as modificações que se produzem num se reproduzem no outro, quase do mesmo modo como os ponteiros de dois relógios bem acertados marcam sempre a mesma hora. Essa harmonia é mais antiga do que o mundo, tem seu fundamento na inteligência divina, por isso, como Leibniz, dizemos que ela é *preestabelecida*.

O matemático Euler tinha uma teoria bem mais vulgar, a do *influxo físico* que admite a ação direta e recíproca do corpo sobre a alma.

Todos esses sistemas provocam graves objeções e não resistem à crítica. Como conciliar as hipóteses de Descartes e de Leibniz com o sentimento do nosso eu, da nossa atividade pessoal, com a experiência cotidiana da influência que o homem exerce sobre a natureza e que esta tem sobre o homem? Quem nos convencerá de que quando estendemos o braço não somos a causa desse movimento?

Sabemos, por experiência, que o mínimo ato da nossa vontade, por mais fugaz que seja, se traduz por um gesto, e que quando sentimos uma dor, é porque ocorreu uma modificação orgânica, e não porque Deus tenha interferido para infligir à alma o sofrimento sentido pelo corpo.

As doutrinas de Descartes e de Leibniz, absolutamente incapazes de explicar os fatos, além disso estão em contradição com a experiência. A doutrina do influxo físico se afasta menos do senso comum, mas deixa a desejar na medida em que não nos oferece nenhuma prova, e rebaixa a alma retirando-lhe sua imaterialidade. Como se vê, o problema é espinhoso, já que homens de tal valor não conseguiram solucioná-lo. Eis a seguir outros filósofos que se aproximam do nosso modo de ver.

Um inglês chamado Cudworth havia imaginado uma substância intermediária entre a alma e o corpo, que chamava de *mediador plástico*, e cuja função era unir o espírito à matéria, participando da natureza de ambos. Essa teoria poderia ser aceita, mas com algumas modificações, porque não podemos admitir que a alma, essência indivisível, se alie ao corpo cedendo-lhe uma parte da sua substância. Além disso, a definição de Cudworth é muito vaga, por isso preferimos o modo de ver de alguns fisiologistas, que dizem o seguinte:

"Toda a ação da alma sobre a matéria ponderável do corpo, seja ela contínua ou inconsciente, seja intermitente e voluntária, se exerce por certas ondulações do fluido imponderável, ondulações que têm por condutor o sistema nervoso, tanto cérebro-espinhal como ganglionário."

Nosso pensamento é absolutamente igual, e não podemos melhor definir o papel do perispírito senão comparando-o à ação de um fluido imponderável que exerce sua influência pelos nervos. A melhor prova que se pode dar da existência do perispírito é mostrar que, em certas circunstâncias particulares, o homem pode se desdobrar. Se num lado vemos o corpo material e no outro a reprodução exata desse corpo, mas fluídico, não pode haver dúvida. O perispírito, como veremos mais tarde, serve não somente para explicar a ação recíproca da alma sobre o corpo, mas também para fazer-nos compreender qual é a vida do espírito liberto da matéria e habitando o espaço.

Até agora tínhamos apenas vagas idéias a respeito do futuro da alma. As religiões e as filosofias espiritualistas se limitavam a afirmar-lhe a imortalidade, sem dar qualquer informação sobre seu modo de vida no além-túmulo. Para uns, a eternidade espiritual passava-se num paraíso mal definido onde encontraríamos as delícias reservadas aos eleitos; para outros, o inferno era um lugar terrível, onde as almas sofriam pavorosas torturas. Além disso, como as observações da ciência só iam até a matéria tangível, disso resultava entre o mundo espiritual e o mundo corpóreo um abismo que parecia intransponível. É esse abismo que novas descobertas e o estudo de fenômenos pouco conhecidos vêm preencher em parte.

O espiritismo nos ensina que as relações entre os dois mundos não são interrompidas, que constantemente há intercâmbio entre os vivos e os que chamamos mortos. Pelo nascimento, o mundo espiritual fornece almas ao mundo corpóreo e, pela morte, este restitui ao espaço as almas que tinham vindo habitar a Terra temporariamente. Portanto, existem numerosos pontos de contato entre a humanidade e a espiritualidade, e a distância que parecia separar o mundo visível do mundo invisível fica consideravelmente diminuída.

Se mostramos que esse mundo, como o nosso, é formado de matéria, que os espíritos também têm um corpo material, as diferenças que pareciam tão radicais se reduzirão a simples nuances que vão do mais ao menos, mas não encontraremos anomalias chocantes.

A natureza da alma nos é desconhecida, mas sabemos que ela está cercada, circunscrita por um corpo fluídico que a torna um ser distinto e individual após a morte. Segundo Allan Kardec, a alma é o princípio inteligente considerado isoladamente, é a força atuante e pensante, que só podemos conceber isolada da matéria como uma abstração. Revestida por seu invólucro fluídico, ou perispírito, a alma constitui o ser chamado *espírito*, como quando está revestida pelo invólucro corpóreo ela constitui o homem. Ora, se bem que no estado de espírito ela goze de propriedades e faculdades especiais, ela não cessou de pertencer à humanidade. Os espíritos são, portanto, seres semelhantes a nós, já que cada um de nós se torna espírito após a morte do corpo e que cada espírito volta a ser homem pelo nascimento.

Esse invólucro não é absolutamente a alma, pois ele não pensa: não passa de uma veste. Sem a alma, o perispírito, assim como o corpo, é uma matéria inerte privada de vida e de sensação. Dizemos matéria porque na verdade o perispírito, embora de natureza etérea e sutil, não deixa de ser matéria, da mesma forma que os fluidos imponderáveis, e, além disso, matéria da mesma natureza, e da mesma origem que a mais grosseira matéria tangível. É o que demonstramos no segundo capítulo.

A alma não possui essa veste só no estado de espírito; ela é inseparável desse invólucro, que a segue na encarnação e na erraticidade. Durante a vida humana, o fluido perispiritual identifica-se com o corpo e serve de veículo às sensações vindas de fora e às vontades do espírito; é o que penetra o corpo em todas as suas partes, mas, na morte, o perispírito se desprende com a alma, cuja imortalidade compartilha.

Talvez se pudesse contestar a utilidade desse órgão dizendo que a alma pode agir diretamente sobre o corpo, e nossa teoria estaria destruída; mas como nos apoiamos em fatos, como nossa convicção é fruto de estudo e observação, e não uma concepção arbitrária, não depende de nós mudar nosso modo de ver. Isso ressalta dos fatos que são expostos no capítulo seguinte.

Capítulo II
Provas da existência do perispírito, sua utilidade, seu papel

Entre os numerosos casos de bicorporalidade do ser humano, escolheremos um, não só devido à abundância de matérias, mas também para apresentar ao leitor somente fenômenos bem constatados e de uma certeza incontestável. Tomamos emprestado dos adversários do espiritismo o relato dessas manifestações. O sr. Dassier, de quem já falamos na terceira parte desta obra, narra a seguinte história que lhe foi contada por ocasião da sua passagem pelo Rio de Janeiro:

> Foi em 1858; na colônia francesa dessa capital ainda se falava de uma singular aparição que ocorrera alguns anos antes. Uma família alsaciana, composta do marido, da filha ainda bebê e da esposa, seguiu de navio para o Rio de Janeiro, onde iria juntar-se a compatriotas estabelecidos naquela cidade.
> Sendo longa a travessia, a mulher caiu doente, e sem dúvida por falta de cuidados e de uma alimentação adequada, sucumbiu antes de chegar. No dia da sua morte, ela caiu em síncope, ficou muito tempo nesse estado e, quando recobrou os sentidos, disse ao marido que velava ao lado dela:
> — Morro contente porque agora estou tranqüila quanto à sorte da nossa filha. Estou vindo do Rio de Janeiro, encontrei a rua e a casa do nosso amigo Fritz, o carpinteiro. Ele estava na soleira da porta e eu lhe apresentei a pequena. Tenho certeza de

que à tua chegada ele a reconhecerá e cuidará dela.
Alguns instantes depois ela expirou. O marido ficou surpreso com o relato, sem no entanto dar-lhe importância.

No mesmo dia e na mesma hora, Fritz, o carpinteiro alsaciano de quem acabo de falar, estava na soleira da porta da sua casa no Rio de Janeiro quando pensou ver passar na rua uma de suas compatriotas com uma criança nos braços. Olhou para ele com ar suplicante, parecendo apresentar-lhe a criança que levava. O rosto muito magro lembrava os traços de Lotta, a esposa do seu amigo e compatriota Schmidt. A expressão do rosto, a singularidade do andar, que mais se parecia com uma visão do que realidade, impressionaram vivamente Fritz. Querendo assegurar-se de que não estava sendo vítima de uma ilusão, chamou um dos seus operários, que também era alsaciano e da mesma localidade.

— Olha – disse-lhe – não estás vendo passar na rua uma mulher com uma criança no colo? E não se diria que é Lotta, a mulher do nosso compatriota Schmidt?

— Não posso dizer-lhe, não estou distinguindo bem – respondeu o operário.

Fritz não disse mais nada, mas as diversas circunstâncias dessa aparição, real ou imaginária, gravaram-se na sua mente, principalmente a hora e o dia. Algum tempo depois, vê chegar seu compatriota Schmidt, trazendo um bebê no colo. A visita de Lotta volta-lhe ao pensamento e, antes que Schmidt abra a boca, diz-lhe:

— Meu pobre amigo, sei tudo; tua mulher morreu durante a travessia, e antes de morrer veio apresentar-me a filhinha para que eu cuide dela. Eis a data e a hora."

Eram exatamente o dia e o momento consignados por Schmidt a bordo do navio.

Aqui, façamos algumas observações. Inicialmente, constataremos que o duplo fluídico reproduz identicamente os traços do indivíduo no qual o fenômeno se produz. A semelhança é tão evidente que permite que Fritz reconheça a mulher do amigo que há muito tempo não via.

A segunda característica a ser notada é a rapidez com que a aparição se move, já que o momento em que foi vista por Fritz coincide com a síncope da enferma a bordo do navio. Finalmente, deve-se guardar a particularidade de que a alsaciana estava mergulhada numa espécie de letargia, enquanto sua alma viajava ao longe.

Para explicar esse fato, os espíritas admitem que o perispírito, ou invólucro fluídico da alma, pode, em determinadas circunstâncias, separar-se do corpo, ao qual, contudo, fica ligado por um cordão fluídico. O perispírito reproduz a forma do indivíduo, porque, como mais adiante veremos, é a ele que devemos o fato de conservarmos nosso tipo material e a constituição física do nosso corpo. A alma, nesse caso, goza de uma parte das faculdades que possui quando está totalmente liberta da matéria. É isso que nos explica a rapidez do deslocamento da alsaciana.

O estado doentio ou a síncope nem sempre são necessários para o desdobramento. Eis um outro fato relatado pelo sr. Gouguenot des Mousseaux, a quem o sr. Dassier pediu emprestado:

Sir Robert Bruce, da ilustre família escocesa do mesmo nome, é imediato de um navio. Um dia, navegando próximo à Terra Nova e entregue a alguns cálculos, crê estar vendo o capitão sentado à sua escrivaninha. Olha com atenção e o homem que vê é um estranho cujo olhar friamente pregado nele o surpreende. Sobe para junto do capitão, que lhe percebe o espanto quando ele o interroga:

— Mas então, quem está na sua escrivaninha? – pergunta Bruce.

— Ninguém.

— Sim, há alguém, é um estranho?... mas como?

— O senhor está sonhando, ou brincando?

— De modo algum, desça, por favor, e venha ver.

Descem e ninguém está sentado diante da escrivaninha. O navio é revistado em todos os sentidos; não se encontra nenhum estranho.

— Apesar de tudo, o homem que vi estava escrevendo na sua lousa; sua letra deve ter ficado nela – diz Robert Bruce.

Olham para a lousa. Contém estas palavras: *steer to the north-west*, ou seja, dirija a embarcação para noroeste.

— Mas, esta letra é sua, ou de alguém a bordo?

— Não.

Pede-se que todos escrevam a mesma frase e nenhuma letra se parece com a da lousa.

— Pois bem! Obedeçamos ao que dizem essas palavras. Dirija o navio para noroeste. O vento está bom e permite tentar a experiência.

Três horas depois o vigia anunciava uma montanha de gelo

e via, próximo a ela, uma embarcação de Quebec desmantelada, cheia de gente, singrando para Liverpool, e cujos passageiros foram levados pelas chalupas do navio de Bruce.

No momento em que um desses homens galgava o flanco da nave salvadora, Bruce estremeceu e recuou emocionado. Era o estranho que tinha visto traçando as palavras na lousa. Conta o novo incidente ao capitão.

— Por gentileza, escreva *steer to the north-west* nesta lousa – diz o capitão ao recém-chegado, apresentando-lhe o lado que não tinha nada escrito.

O estranho escreve as palavras pedidas.

— Bem, o senhor reconhece aí sua escrita corrente – diz o capitão, admirado com a semelhança das duas escritas.

— Mas, o senhor mesmo me viu escrever, como poderia duvidar?

Como resposta, o capitão vira a lousa e o estranho fica confuso vendo nos dois lados sua própria letra.

— O senhor teria sonhado que estava escevendo nesta lousa? – pergunta-lhe o capitão do navio naufragado.

— Não, pelo menos não me lembro disso.

— Mas, que fazia este passageiro ao meio-dia? – pergunta o capitão salvador ao seu colega.

— Estando muito cansado, adormeceu profundamente, e, pelo que me lembro, isso foi pouco antes do meio-dia. Quando muito uma hora depois ele acordou e me disse: 'Capitão, seremos salvos hoje mesmo!' – e acrescentou: 'Sonhei que estava a bordo de um navio e que ele vinha em nosso socorro.' Descreveu o navio e sua cordoalha, e grande foi nossa surpresa quando o vimos singrar na nossa direção e reconhecemos a exatidão da sua descrição.

Finalmente, o passageiro disse:

— O que acho estranho é que tudo o que vejo me parece familiar, e no entanto jamais estive aqui!

O desdobramento da personalidade é tão claro aqui quanto no primeiro caso, as condições são quase as mesmas: o corpo está profundamente adormecido. Duas observações, porém, nos levam um pouco mais longe no rumo das descobertas. Em primeiro lugar, a lembrança do que se passou durante a viagem da alma parece eclipsada, ou pelo menos só apresenta à mente reminiscências vagas. O passageiro reconhece o navio que está visitando sem conseguir compreender como isso é possível já que nunca esteve lá. Não foi um ardente desejo que determinou o fenômeno, como no caso de Lotta; também o fato tem menos nitidez do ponto de vista da memória, mas apresenta outra particularidade que se deve assinalar.

No exemplo da alsaciana, Schmidt vê sua compatriota, ela lhe apresenta sua filha com ar suplicante, mas o carpinteiro seria incapaz de dizer se aquilo era uma aparição ou realmente a mulher do seu amigo. No segundo caso, o personagem fluídico *escreve*; não se trata, pois, somente de uma vaga aparência: é uma pessoa tangível e que goza de uma certa força para dirigir um lápis sobre a lousa. Este certamente é um ponto importante, porque há materialização da segunda personalidade do indivíduo, e iremos ver que, em muitos casos, é assim que as coisas se passam.

Eis um relato extraído do Curso de Magnetismo do barão du Potet:

> O fato que se segue é bem atestado e pode alinhar-se entre os fenômenos mais difíceis de explicar na ordem do espiritismo. Foi publicado no manual dos amigos da religião, por volta de 1814, por Jung Stilling, a quem foi narrado como uma experiência pessoal pelo barão de Sulza, camarista do rei da Suécia.
>
> Esse barão conta que, tendo ido visitar um vizinho, voltou da casa dele por volta da meia-noite, hora em que, no verão, na Suécia ainda há bastante claridade para que se consiga perceber a mais delicada impressão.
>
> "Quando estava chegando à minha herdade, meu pai veio ao meu encontro diante da entrada do parque; estava vestido como de costume e segurava uma bengala que meu irmão havia esculpido. Cumprimentei-o e conversamos durante muito tempo. Entramos na casa e chegamos à porta do seu quarto. Ao entrar, vi meu pai despido, deitado na cama e dormindo profundamente; no mesmo instante a aparição dissipou-se. Logo depois, meu pai acordou e olhou-me com um ar de interrogação.
>
> — Caro Edouard – disse-me —, Deus seja louvado por ver-te são e salvo porque, sonhando, fiquei aflito por tua causa. Parecia-me que tinhas caído n'água e corrias o risco de afogar-te.
>
> Ora, naquele dia, acrescenta o barão, tinha ido com um de meus amigos ao rio para pegar caranguejos e por pouco não fui arrastado pela correnteza. Contei ao meu pai que tinha visto sua aparição na entrada da herdade e que tínhamos conver-

sado muito. Respondeu-me que muitas vezes lhe aconteciam coisas assim."

Essa história apresenta uma circunstância notável. O fantasma humano *fala* com seu filho durante muito tempo. Há pouco vimos que a mão do passageiro do navio era real, escrevia; aqui é o orgão vocal que funciona. Podemos concluir, então, que tanto num caso como no outro o perispírito estava materializado, pelo menos em parte. Portanto, o duplo fluídico reproduz perfeitamente todas as partes do corpo do indivíduo, é uma cópia exata dele, ou melhor, como mais adiante constataremos, é o tecido imponderável sobre o qual se modela o corpo do encarnado.

Esta maneira de ver é tão exata que iremos ver, na história que se segue, a presença simultânea do indivíduo e do seu duplo, em circunstâncias que nos ajudarão a descobrir aspectos característicos desses fenômenos.

"Sir Robert Dale Owen era embaixador da República dos Estados Unidos em Nápoles. Em 1845, conta esse diplomata, existia na Livônia, a doze léguas de Riga e meia légua de Womar, o pensionato de Neuwelke. Lá encontravam-se quarenta e duas pensionistas, a maioria de famílias nobres, e uma das subdiretoras era Emilie Sagée, de origem francesa, com trinta e dois anos, de boa saúde, mas nervosa, embora sua conduta fosse digna de elogios. Poucas semanas após a sua chegada, observou-se que quando uma pensionista dizia tê-la visto em determinado lugar, muitas vezes outra afirmava que ela estava num lugar diferente. Um dia, de repente as jovens viram duas Emilie Sagée exatamente iguais e fazendo os mesmos gestos, só que uma tinha um pedaço de giz na mão, e a outra, nada.

Pouco tempo depois, Antoinette de Wrangel estava fazendo sua toalete quando Emilie puxou-lhe a roupa por trás; virando-se, a jovem viu num espelho duas Emilie puxando-lhe o vestido, e desmaiou de medo. Às vezes, durante as refeições, a dupla imagem aparecia de pé, atrás da cadeira da subdiretora e imitando-lhe os movimentos que fazia ao comer; mas as mãos não seguravam nem faca, nem garfo. Porém a pessoa duplicada só acidentalmente parecia imitar a pessoa real, e às vezes, quando Emilie se levantava da cadeira, o ser duplicado parecia estar sentado nela. Certa vez, como Emilie estivesse doente e acamada, a srta. Wrangel lia para ela. De repente a subdiretora ficou enrijecida, pálida e parecia prestes a desmaiar. A jovem aluna perguntou-lhe se tinha piorado. Ela respondeu negativamente, porém com voz fraca. Alguns segundos depois, a srta. Wrangler viu perfeitamente a dupla Emilie passeando de cá para lá no aposento.

Eis, porém, o mais notável exemplo de bicorporalidade observado na prodigiosa subdiretora: certo dia, as quarenta e duas pensionistas estavam bordando na mesma sala do andar térreo, onde quatro portas envidraçadas davam para o jardim. Nesse jardim, viam Emilie colhendo flores, quando de repente sua figura apareceu num sofá que estava vago. Imediatamente, todas olharam para o jardim, e continuaram vendo Emilie lá, só que lhe notaram a lentidão do andar e seu ar de sofrimento. Parecia entorpecida e extenuada.

Duas das mais corajosas aproximaram-se do duplo e tentaram tocá-lo; sentiram uma leve resistência, que compararam à de algum objeto em musselina ou em crepe. Uma delas passou através de uma parte da figura e, após ter passado, a aparência ainda continuou a mesma por alguns instantes, depois foi desaparecendo gradualmente... Esse fenômeno se reproduziu de diferentes maneiras durante todo o tempo que Emilie ocupou seu cargo, isto é, em 1845 e 1846, no lapso de um ano e meio, com intermitência de uma a várias semanas. Além disso, observou-se que quanto mais o duplo era visível, com uma aparência material, mais a pessoa realmente material ficava contrariada, aflita e abatida; quando, ao contrário, a aparência do duplo desbotava, via-se a paciente recobrar suas forças. Emilie, aliás, não tinha a menor consciência desse desdobramento, e só tinha conhecimento dele por ouvir dizer. Ela nunca viu o duplo, nunca imaginou o estado em que a deixava.

Como o fenômeno deixou os pais das moças preocupados, estes as levaram de volta para casa e a instituição desmoronou."

Um fato mostra-se evidente nessa narrativa: a íntima conexão existente entre o estado do corpo e o do duplo. Quando o perispírito se torna menos vaporoso, mais sólido, o corpo enfraquece e fica com uma aparência abatida; quando, ao contrário, o perispírito se torna fluídico, o organismo material recobra suas forças. Isso indica que existe uma relação entre o corpo e seu duplo. O sr. Damier chama-o de rede vascular invisível. Há muito tempo Allan Kardec ensina que durante o sono a alma se desprende do corpo, mas que sempre fica presa a ele por um cordão fluídico, e que, se viesse a romper-se, a morte do indivíduo seria instantânea.

Emilie Sagée, de constituição extremamente nervosa, era sujeita ao desprendimento da alma, mas o fato é notável no sentido de que o desdobramento se operava mesmo durante o estado de vigília, quando esse desprendimento geralmente só ocorre quando o corpo está mergulhado no sono.

Se nos dignarmos reportar-nos aos casos de sonambulismo lúcido relatados pelo dr. Charpignon, compreenderemos a série ascendente que se manifesta nesses diferentes fenômenos. No sonambulismo, natural ou provocado, a alma se desprende do corpo porque este, mergulhado no sono, tem uma vida menos ativa, o que permite ao espírito escapar por um momento do seu invólucro e ver o que se passa à distância.

No caso de desdobramento, a alma se desprende como durante o sono, mas ora se materializa de um modo imperfeito, como vimos no caso da mulher alsaciana, ora, ao contrário, assume um aspecto perfeitamente material e pode escrever e falar. Se o fenômeno é bem mais acentuado, a bicorporalidade se manifesta sem que o indivíduo esteja adormecido, como o prova a história precedente, mas então, quanto mais o duplo adquiria tangibilidade, mais a subdiretora ficava fraca e abatida.

Estas observações confirmam de ponta a ponta o ensinamento de Allan Kardec. Realmente, no *Livro dos Espíritos* encontramos a explicação racional de todos esses casos singulares. A alma é retida no corpo por seu perispírito, que tem como condutor o sistema nervoso; segue-se daí que todas as modificações trazidas a esse sistema, tendo por objetivo paralisar-lhe a ação, favorecem o desprendimento da alma.[1]

---
[1] Eis, com efeito, o que se lê na *Revista* de 1859, pág. 137:
"A sra. Schultz, uma de nossas amigas, que é perfeitamente deste mundo, e não parece dever deixá-lo tão cedo, tendo sido evocada durante o sono, mais de uma vez nos deu provas da perspicácia do seu espírito nesse estado. Um dia, ou melhor,

Nos relatos que reproduzimos, uma coisa, principalmente, parece estranha: a facilidade com que o duplo fluídico passa através dos corpos materiais. Sem dúvida, há nisso um fenômeno extraordinário mas que não deixa de ter análogos na natureza. A luz e o calor se propagam através de certas substâncias, a eletricidade caminha ao longo de um condutor, e sabemos pelas experiências do sr. Cailletet e Saint-Claire-Deville que os gases passam facilmente através das paredes de um tubo fortemente aquecido. Todos os corpos são porosos; como suas moléculas não se tocam, podem dar passagem a um corpo estranho. Os acadêmicos de Florença haviam esclarecido este ponto operando uma violenta pressão sobre a água contida numa esfera de ouro; ao final de muito pouco tempo via-se o líquido transudar em pequenas gotas na superfície da esfera. Por esses diferentes exemplos, constatamos que a matéria pode atravessar a ma-

---

uma noite, depois de uma conversa, ela disse:
— Estou cansada, preciso descansar, meu corpo precisa de repouso.
A propósito disso, propusemos-lhe o seguinte:
— Seu corpo pode repousar, falando-lhe eu não o perturbo; é seu espírito que está aqui e não seu corpo, a senhora pode então conversar comigo, sem que o corpo sofra.
Ela respondeu:
— O senhor está errado se pensa assim. Meu espírito realmente se desprende do meu corpo, mas ele é como um balão cativo preso por cordas. Quando o balão é sacudido pelo vento, o poste que o mantém preso sente os abalos das sacudidas transmitidas pelas amarras. Meu corpo faz as vezes do poste com relação ao meu espírito, com a diferença de que ele experimenta sensações que o poste desconhece e de que essas sensações fatigam muito o cérebro. Eis por que meu corpo, como meu espírito, precisa de repouso.
Esta explicação, em que durante a vigília jamais havia pensado, conforme nos declarou, mostra perfeitamente as relações existentes entre o corpo e o espírito, quando este último goza de parte da sua liberdade.
Isto, porém, parecia-nos apenas uma engenhosa comparação, quando de repente esta imagem assumiu proporções de realidade.
O sr. M. antigo ministro residente dos Estados Unidos junto ao rei de Nápoles, homem muito esclarecido sobre o espiritismo, vindo visitar-nos perguntou-nos se, nos fenômenos de aparições, nunca tínhamos observado uma particularidade distintiva entre o espírito de uma pessoa viva e o de uma pessoa morta, isto é, se quando um espírito aparece espontaneamente quer durante a vigília, quer durante o sono, temos um meio de reconhecer se a pessoa está viva ou morta. Diante da nossa resposta de que o único meio que conhecíamos era perguntar ao espírito, ele nos disse que na Inglaterra conhecia um médium vidente, dotado de grande poder, que cada vez que o espírito de uma pessoa viva lhe aparece, percebe que um rasto luminoso, partindo do peito, atravessa o espaço sem ser interrompido pelos obstáculos materiais e vai terminar no corpo; uma espécie de *cordão umbilical* que une as duas partes do ser vivo momentaneamente separadas. Nunca a observou quando a vida corpórea não existe mais, e é por esse sinal que ele reconhece se o espírito é de uma pessoa morta ou ainda viva."

téria. Nos casos que acabamos de citar, é preciso empregar a pressão ou o calor para fazer dilatarem-se as substâncias que se quer fazer atravessar por outras. Isto é necessário porque as moléculas do corpo a ser atravessado ainda não adquiriram o necessário grau de dilatação, estão de certo modo demasiado apertadas umas contra as outras. Mas se supusermos um estado da matéria tal que as moléculas estejam muito menos próximas, e que sejam sobremaneira tênues, essa matéria poderá então atravessar todas as substâncias sem que haja necessidade de alguma manipulação. É o que acontece com o perispírito que, sendo formado de moléculas menos condensadas do que a matéria que conhecemos, não pode ser detido por nenhum obstáculo.

Uma segunda propriedade do perispírito parece inexplicável. Dificilmente se compreende que um vapor muito rarefeito, um fluido imponderável, possa, apesar da sua tenuidade, manter uma forma determinada. Quando a fumaça escapa de uma lareira, não tarda a espalhar-se na atmosfera, tornando-se pouco a pouco invisível. Como é possível que o perispírito, que é formado de matéria infinitamente mais rarefeita, se apresente, no entanto, sob um aspecto nitidamente determinado?

Uma experiência curiosa vai pôr-nos no rumo da explicação.

Ao admitir a idéia da matéria para explicar o retorno de uma substância ao seu estado primitivo quando se separa de uma combinação, o sr. William Thompson compara os movimentos do meio elástico, que chama de matéria, ao dos turbilhões de fumaça em forma de anéis que vemos produzir-se na combustão do hidrogênio fosforado, ou, às vezes, saírem da chaminé de uma locomotiva ao partir.

Imaginou-se um aparelho que permite obter esses anéis à vontade e, dando-lhes grandes dimensões, estudar-lhes a forma. Uma caixa de madeira, com uma abertura circular na frente, encerra dois vasos, um dos quais contém uma solução de álcali volátil e o outro, ácido clorídico comercial. Os gases que escapam dessas soluções, ao combinar-se, produzem abundante fumaça que enche a caixa. Uma pancada seca dada no pano que forma a parede oposta à abertura expulsa a fumaça, que sai produzindo uma bela coroa que se propaga em linha reta.

O sr. Helmoltz, que estudou os turbilhões, mostrou que as

partículas de fumaça rolam sobre si mesmas e realizam movimentos de rotação, indo do interior ao exterior no sentido da propagação e se executam em torno de um eixo circular que forma, por assim dizer, o núcleo dos turbilhões. Dali, o sr. Helmholtz passa ao caso de um meio em que não haveria qualquer atrito; mostra que os anéis se deslocarão e mudarão de forma *sem que nada venha destruir as ligações que existem entre as partes constituintes.*

Disso deduziremos que existem estados da matéria em que, estando uma forma definida, esta se conserva indefinidamente, desde que essa matéria esteja submetida a uma força constante e que não sofra nenhum atrito. É o que ocorre com o perispírito cuja matéria rarefeita pode ser encarada como se não tivesse que sofrer nenhum atrito, em razão da sua natureza etérea, de modo que podemos conceber que conserve um tipo determinado em virtude da sua constituição molecular. Podemos levar mais longe essa analogia.

Experiências efetuadas na Inglaterra mostraram que se deformarmos esses anéis, eles tendem a retomar a forma circular; se colocarmos uma lâmina no seu trajeto, eles se dobram em torno dela *sem se deixar cortar*, oferecendo assim *a imagem material* de algo *indivisível* e *indissecável*. Além disso, dois anéis movendo-se e seguindo uma mesma linha podem atravessar-se sem *perder sua individualidade peculiar*; o anel que está atrasado se contrai enquanto sua rapidez aumenta; atravessa o que o precede, depois dilata-se, e assim por diante. Assim os anéis se penetram mutuamente, passam um através do outro, sem nada perder da sua respectiva autonomia, sem mesmo ficarem deformados. A matéria, nesse estado meio rarefeito, que está longe de atingir a extrema tenuidade do perispírito, goza portanto de propriedades que nos revelam as leis ainda pouco conhecidas que dirigem as evoluções do duplo fluídico, e compreendemos sem dificuldade, por analogia, que o perispírito possa atravessar todos os corpos como a luz passa através dos corpos transparentes.[2]

---

[2] Podemos comparar essas observações com as curiosas experiências que Zöllner fez na companhia de Slade. Ei-las contadas pelo sr. Eugène Nus, que citamos textualmente: "Tendo o sr. Zöllner adquirido dois anéis em madeira torneada, inteiriços, diâmetro interior 74 milímetros, enfia esses anéis numa corda de violino, fixa

Nos exemplos até aqui citados, vemos a alma e o seu invólucro, mas ainda não podemos determinar todas as propriedades desse corpo fluídico, porque ele está ligado ao organismo material e não goza totalmente da sua liberdade de ação. Para conhecer-lhe a composição e o funcionamento, deve-se estudar a alma quando, livre do seu invólucro grosseiro, move-se livremente no espaço. É o que nos propomos fazer no capítulo seguinte, onde explicaremos como o duplo fluídico pode tornar-se visível e material.

O conhecimento do perispírito lança uma nova luz sobre muitos fenômenos da fisiologia. Não se pode estudar o homem sem encontrar um primeiro motor, invisível e intangível: a vida. Essa força desenvolve o ser segundo um plano determinado. Geoffroy Saint-Hilaire dizia: "O tipo segundo o qual a vida forma o corpo, desde a origem, é o mesmo segundo o qual ela o sustenta e o repara. A vida é ao mesmo tempo formadora, conservadora e reparadora, sempre em conformidade com o modelo ideal, regra invariável de todos os seus atos."

Esse modelo ideal estará contido no ser material que muda e se transforma sem cessar? Evidentemente, não, é-lhe exterior, ou melhor, é nele que vêm incorporar-se as moléculas materiais, *ele é o esboço fluídico do ser*. Na verdade, se refletirmos acerca das transformações múltiplas, incessantes, a que o corpo é submetido, compreenderemos a necessidade dessa força diretriz que determina o lugar que os átomos materiais devem ocupar. Como conceber que o cérebro, instrumento tão frágil, tão complicado, cuja substância se renova continuamente, consiga fun-

---

a corda sobre a mesa com cera, na qual apõe um sinete, e deixa-os pender ao longo da mesa. Seu desejo é ver os anéis entrelaçar-se. Senta-se com Slade, pondo as duas mãos sobre a corda lacrada. Há uma mesinha redonda diante deles.

Após alguns minutos de espera, escreve Zöllner, ouvimos um ruído na mesinha redonda diante de nós, como se pedaços de madeira estivessem batendo um no outro. Levantamo-nos para analisar o ruído e, para nossa surpresa, vimos os dois anéis, que seis minutos antes estavam enfiados na corda de violino, *ao redor da perna da mesinha, e em perfeito estado*. Assim, acrescenta o sr. Zöllner, uma experiência preparada não se realizou da maneira prevista. Os anéis não estavam entrelaçados juntos, mas, em vez disso, tinham sido transferidos da corda de violino lacrada para o pé da mesinha de bambu redonda.

Aqui, também, houve desagregação momentânea da matéria dos anéis e recomposição dos mesmos anéis em torno do pé da mesa. Por mais extraordinários que esses fatos possam parecer, eles no entanto são reais, a não ser que se acuse o ilustre sábio de iludir o público."

cionar de modo constante, se não existisse um modelo fluídico no qual as moléculas materiais vêm incorporar-se?

Na morte do corpo, não existindo mais esse duplo, tudo desaba, se degrada e se destrói num curto lapso de tempo. É o esboço fluídico que, diferente segundo o indivíduo, conserva a estrutura particular de cada um, as formas gerais do corpo e a fisionomia que fazem com que seja reconhecido no curso da sua existência.

Na primeira parte vimos que os materialistas não conseguem explicar a transformação da sensação em percepção. Pois bem! Com a noção do perispírito tudo se torna fácil e compreensível.

Sabemos que todos os nervos sensitivos vão dar numa parte do cérebro chamada camas ópticas; ali, cada aparelho sensorial possui um núcleo de células ganglionares que está ligado à periferia cortical por fibras brancas. Vejamos agora como as excitações externas penetram e caminham no organismo quando se trata de um fenômeno auditivo ou visual, que põe em atividade as células da retina ou do nervo acústico. Que acontece então na intimidade dos condutores nervosos?

Imediatamente, esses abalos transmitidos gradualmente põem em ação atividades específicas, ou seja, as propriedades especiais das diversas células que compõem os gânglios das camas ópticas. As células do centro óptico, entrando em vibração, os transmitem à cama cortical pelas fibras radiantes e, lá chegando, essas vibrações, que até esse momento são apenas simples movimentos moleculares, encontram o duplo fluídico e lhe transmitem o abalo. A partir de então, esse movimento ondulatório se propaga até a alma, que deles toma consciência. É a esse conhecimento que chamamos percepção; ela não poderia acontecer se o intermediário fluídico não existisse.

Não se deve esquecer de que o perispírito não é um corpo homogêneo; ele possui partes quase materiais, que dizem respeito ao organismo, e partes quase imateriais que são ligadas à alma. Para explicar nossa idéia, compará-lo-emos a um vapor contido num tubo. Esse vapor, muito condensado em sua base, vai rarefazendo-se cada vez mais à medida que se eleva. Existe assim uma série de estados intermediários da materialidade à espiritualidade. É de certo modo uma combinação de tintas que vai do preto, que representaria o corpo, até o branco, que seria a alma.

Em resumo, o perispírito é formado de fluidos em diferentes níveis de condensação, desde os fluidos materiais, que aderem ao cérebro, até os fluidos espirituais, que se aproximam da natureza da alma. De modo que se uma vibração abala um nervo sensitivo, este a transmite às camas ópticas, que a refletem na direção do sensorium; lá chegando, essa vibração age sobre o fluido perispiritual que, gradativamente, previne o espírito.

Tal como pensam os fisiologistas de que antes falamos, são as ondulações do fluido perispiritual que transmitem as sensações à alma, e, reciprocamente, a vontade da alma se manifesta aos órgãos por ondulações em sentido inverso ao das primeiras, que vão da parte mais depurada à parte mais material. Chegando à superfície das camadas corticais, as ondulações impressionam as células do sensorium e põem em ação a energia nervosa aí contida; esta, sob a forma de descarga nervosa, atravessa os núcleos do corpo estriado onde adquire uma força maior e em eguida se distribui nos nervos motores, segundo as vontades da alma.

Se nossa teoria é justa, isto é, se uma sensação leva um certo tempo para percorrer os nervos, e mais um tempo para ir do cérebro à alma, deve-se poder medir o tempo necessário para essa viagem. É o que foi feito, como mostraremos.

Eis o princípio do método:

Num quarto escuro acha-se um observador encarregado de fazer um determinado sinal no momento em que vir uma luz. Anota-se com precisão extrema o momento exato da aparição da luz e o momento em que o observador faz o gesto convencionado.

Como a distância entre o observador e o foco luminoso é muito curta, e como a luz percorre 75.000 léguas por segundo, o tempo empregado pelo raio luminoso para chegar ao olho é insignificante, de modo que pode-se admitir que assim que a luz é produzida ela atinge a retina.

O tempo decorrido entre o momento em que o observador viu a luz e o momento em que fez o sinal convencionado é, portanto, a medida do tempo que a excitação levou para ir da retina à camada cortical do cérebro, do cérebro à alma, e para voltar da alma aos órgãos do corpo que fazem o sinal.

Ora, como através dos sábios trabalhos de Helmholtz sabe-se que a sensação percorre as redes nervosas com uma rapidez de 30 metros por segundo, basta suprimir do tempo total que se registrou: 1º o tempo empregado pela sensação para ir da retina à periferia do cérebro; 2º o tempo empregado pela vontade para partir da periferia do cérebro e agir sobre o membro que faz o sinal, para obter o tempo empregado pela sensação para atravessar duas vezes o órgão perispiritual.

São estas as cifras que o sr. Hirsch, de Neufchatel, publicou. Eis os resultados que encontrou:

Para a visão..................... 0"1974 a 0"2083
Para a audição................. 0"194
Para o tato....................... 0"1733

Tomando a metade desses números, temos o tempo empregado para que a sensação atravesse o perispírito, isto é, para que seja transformada em percepção. Estas medidas não têm somente um interesse teórico, mas têm também um grande valor prático para os astrônomo observador. Quando este estuda, por exemplo, a passagem de um astro pelo meridiano e calcula, por meio das oscilações do pêndulo de segundos, a duração dessa passagem vista através do telescópio, ele sempe comete um pequeno erro proveniente do tempo necessário para que cada uma das impressões visuais seja percebida. Esse erro *não é exatamente o mesmo para dois experimentadores diferentes*; se quisermos tornar comparáveis entre si as observações de diversos astrônomos, é preciso conhecer essa diferença, isto é, a equação pessoal de cada um deles.

Se o perispírito não existisse, essas diferenças não se verificariam e a percepção ocorreria com igual rapidez para todos, mas o duplo fluídico sendo mais ou menos depurado, ou seja, mais ou menos radiante, as sensações caminham com uma rapidez variável. Poderíamos perguntar-nos como é possível que a alma atue de uma forma tão eficaz sobre o perispírito para determinar movimentos do corpo que às vezes revelam uma grande força mecânica que a alma seria impotente para produzir. Não é admirável ver-se que o espírito, por sua vontade, pode fazer com que o corpo execute as mais duras tarefas, que um hércules erga nos braços levantados pesos extremamente grandes? Se, como o indicamos, o ponto de partida dessa energia está na alma, poder-se-ia crer que esta é demasiado frágil para produzir tais efeitos. Com o sr. Luys, respondemos que:

> Os processos de motricidade voluntária começam por ser uma incitação puramente psíquica e transformam-se insensivelmente, pelo movimento das engrenagens do organismo, numa incitação física. Ao transformar-se assim na sua evolução sucessiva, eles mostram o impressionante quadro que vemos apresentar-se incessantemente aos nossos olhos quando uma máquina a vapor começa a funcionar.
> Realmente, não vemos nesse caso como uma força, mínima no início, seja capaz de transformar-se e, pela série de aparelhos que põe em ação, dê ensejo ao desenvolvimento de uma força mecânica gigantesca.
> No momento de pôr a máquina em atividade, não basta uma pequena força, a simples intervenção da mão do mecânico que ergue uma alavanca e deixa o vapor escapar na face posterior do pistom? Essa força viva, em liberdade, imediatamente desenvolve sua potência, que é proporcional à superfície sobre a qual se expande, o pistom se abaixa, suas haste arrasta o pêndulo; o balanço começa, e o movimento inicial, bem fraco a princípio, amplifica-se e aumenta sem cessar, à medida que o volume e a potência dos aparelhos postos à sua disposição se tornam mais consideráveis.

A alma é a mão do mecânico, a força é a energia vital, ou fluido nervoso contido nos diferentes aparelhos do cérebro, da medula espinhal e dos nervos.

Assim, a experiência nos levou a constatar que existe no homem um órgão fluídico que é a fôrma na qual se modela o corpo humano. Em certas circunstâncias, o perispírito pode-se desprender do invólucro ao qual está ligado durante a vida e materializar-se o suficiente para tornar-se visível e agir à distância.

Os antigos não ignoravam esses fenômenos. Eis, como efeito, o que se lê nas *Histórias*, de Tacito, caps. 81 e 82:

> Durante os meses que Vespasiano passou em Alexandria aguardando o retorno periódico dos ventos de verão e a es-

tação em que o mar se torna mais seguro, muitos prodígios aconteceram, pelos quais manifestaram-se o favor do céu e a simpatia que os deuses pareciam ter por aquele príncipe.

Esses prodígios redobraram o desejo de Vespasiano de visitar a sagrada morada dos deuses para consultá-los a respeito do Império. Ordena que o templo seja fechado a todos. Tendo entrado só, e atento ao que o oráculo iria dizer, percebe atrás de si um dos mais eminentes egípcios, chamado Basílide, *que sabia estar doente, preso ao leito, a várias jornadas de Alexandria*. Pergunta aos sacerdotes se Basílide viera ao templo naquele dia, pergunta aos passantes se alguém o vira na cidade; finalmente, manda alguns homens a cavalo e certifica-se de que, no exato momento em que lhe aparecera, este se achava a oitenta milhas de distância. Então não teve mais dúvidas de que a visão fora real, e o nome de Basílide valeu-lhe por um oráculo.

Os Anais católicos relatam muitos fatos de desdobramento que se produziram com piedosos personagens. Afonso de Liguori foi canonizado antes do prazo exigido por ter aparecido em dois lugares diferentes, o que foi considerado milagre. É verdade que, pelo mesmo fato, pobres mulheres julgadas feiticeiras foram queimadas pelo Santo Ofício.

Santo Antônio de Pádua pregava em Pádua, na Itália, no momento em que seu pai, residente em Portugal, era arrastado para o suplício, acusado de homicídio. Nesse instante, Santo Antônio aparece, prova a inocência do pai e aponta o verdadeiro culpado, que mais tarde é punido. Foi constatado que Santo Antônio, na mesma hora, estava pregando na Itália. O sr. Dassier cita o caso de São Francisco Xavier que, durante uma tempestade, se encontrava ao mesmo tempo em duas embarcações e encorajando seus companheiros durante todo o tempo em que estiveram em perigo. Eis o relato desse prodígio, segundo seus biógrafos:

> No mês de novembro de 1571, São Francisco Xavier ia do Japão para a China quando, sete dias após a partida, o navio que o levava foi atingido por uma violenta tempestade. Temendo que a chalupa fosse levada pelas vagas, o piloto mandou que quinze homens da equipagem amarrassem aquela embarcação ao navio. Tendo caído a noite enquanto executa-

vam o serviço, os marinheiros foram surpreendidos por uma onda e desapareceram com a chalupa. Desde que a tempestade começara, o santo pusera-se a rezar, mas ela continuava, redobrando seu furor. Enquanto isso, os que tinham ficado no navio lembravam-se dos companheiros da chalupa, achando que estavam perdidos.

Quando o perigo passou, Xavier exortou-os a ter coragem, afirmando que antes de três dias os encontrariam. Na manhã seguinte mandou que alguém subisse ao mastro, mas nada foi avistado. Então o santo voltou para sua cabine e recomeçou a rezar. Após ter passado assim a maior parte do dia, subiu à ponte cheio de confiança e anunciou que a chalupa estava salva. Porém, como no dia seguinte ainda não se via nada, a equipagem do navio, vendo-se ainda em perigo, recusou-se a esperar mais tempo pelos companheiros que todos consideravam perdidos. Mas Xavier mais uma vez reanimou-lhes a coragem, exortando-os, pela morte de Cristo, a ter paciência. Depois, retornando à sua cabine, recomeçou a rezar com redobrado fervor.

Finalmente, após três longas horas de espera, viram a chalupa aparecer, e logo os quinze marinheiros que consideravam perdidos estavam chegando ao navio. Segundo o testemunho de Mendes Pinto, viu-se produzir então um fato dos mais singulares. Quando os homens da chalupa tinham subido na ponte e o piloto quis afastá-la, estes gritaram que antes se devia esperar que Xavier, que estava com eles, aparecesse. Em vão tentaram convencê-los de que Xavier não havia saído de bordo. Afirmaram que Xavier tinha ficado com eles eurante a tempestade, reanimando-lhes a coragem, e que tinha sido ele quem conduzira a embarcação até o navio. Diante de tal prodígio, todos os marinheiros se convenceram de que deviam às orações de Xavier o fato de terem escapado da tempestade. É mais racional atribuir a salvação do navio às manobras e aos esforços da equipagem. Mas tudo leva a presumir que a chalupa não teria conseguido voltar ao navio se não tivesse tido por piloto o próprio santo, ou melhor, seu duplo.

Não reproduziremos os numerosos exemplos de bicorporalidade que encontramos em livros especiais. Os que citamos bastam para estabelecer de maneira peremptória a existência do perispírito. A fisiologia, como vimos, une-se à observação e à filosofia para demonstrar a existência, no homem, de um revestimento fluídico que é o molde do corpo, seu tipo, e que, por não variar como a matéria, conserva, mesmo acompanhando as evoluções do ser, a fisionomia e a individualidade.

É no perispírito que se guardam as lembranças, é nele que os conhecimentos se incorporam e é por ser imutável que, em meio às incessantes transformações de que o corpo é o objeto, conservamos a lembrança do que se passou num tempo distante. É ele que constitui a identidade do ser, é com ele que vivemos, que pensamos, que amamos, que oramos. Finalmente, é com ele que nos encontramos após a morte, desligados somente da matéria terrestre, mas conservando nossos hábitos, nossos gostos, nosso modo de ver, enfim, idênticos, exceto pelo corpo, ao que éramos na Terra.

Isso nos faz compreender que o mundo dos espíritos é absolutamente igual ao nosso, que contém seres em todos os níveis da escala intelectual, de selvagens ignorantes a homens versados no estudo das ciências. Da mesma forma, pela imortalidade desse invólucro explicamos como se pode progredir. É evidente que, quanto mais depurado for o perispírito, mais vivas são as sensações. A alma atua no seu invólucro fluídico pela vontade que, com Claude Bernard, constatamos ser uma força todo-poderosa. O cérebro humano, que é apenas a reprodução material dessa parte do fluido perispiritual, é, de certa forma, um instrumento no qual o espírito toca; quanto mais perfeito for o instrumento, mais admirável será o resultado obtido; exatamente como um artista que possua um bom violino executará encantadoras melodias.

Pela instrução desenvolvemos certas partes do cérebro nas quais vão registrar-se os conhecimentos atuais; ora, essas informações são reproduzidas pelo perispírito. Segue-se daí que ao morrer levamos conosco nossa bagagem científica e moral e que, quando vimos reencarnar-nos, temos em germe no cérebro tudo o que nele fixamos anteriormente. Eis por que às vezes vemos crianças que nos assombram pela precocidade da sua inteligência e pela sua aptidão para assimilar todas as ciências. Nesse caso, podemos ter certeza de que para essa criança, como dizia Platão, aprender é lembrar-se.

Mas, do mesmo modo que trazemos para a Terra as qualidades anteriormente conquistadas, temos também os vícios que não nos deixam e contra os quais é preciso lutar energicamente, a fim de livrar-nos deles. É esse conjunto de virtudes e paixões que constitui a individualidade de cada homem e, com nosso sistema, compreende-se a diversidade das inteligências desde o nascimento, ao passo que todas as filosofias nada dizem quanto a isto. É durante a gestação que o espírito fluidifica a mãe, que pouco a pouco incorpora os elementos que devem formar seu corpo humano e que o cérebro material se modela segundo o cérebro do perispírito. Os defeitos físicos de uma encarnação anterior podem às vezes ter afetado o duplo fluídico de tal forma que as modificações orgânicas ainda se reproduzem na encarnação seguinte. Daí as crianças que nascem doentes, deformadas, apesar da boa saúde e da excelente constituição de seus pais.

Um dos mais curiosos fenômenos da biologia é o atavismo, isto é, a reprodução, numa raça, de determinadas características pertencentes aos ancestrais, mas que haviam desaparecido nos seus descendentes. Darwin narra casos notáveis, e confessa não ser capaz de explicar essa singularidade. Se estendermos as mesmas teorias aos animais, se supusermos que eles têm um princípio inteligente e que este também possui um revestimento fluídico que reproduz exatamente a forma do corpo, facilmente compreenderemos que o animal que se encarna ao fim de um certo tempo traz as características físicas que possuía durante sua passagem anterior pela Terra; como, porém, seus congêneres progrediram, ele é visto como uma anomalia.

Do ponto de vista moral, e mesmo físico, os homens apresentam casos semelhantes. Os espíritos rotineiros e atrasados, que sempre se opõem a qualquer idéia de progresso, são almas que ainda não progrediram suficientemente e que dão exemplos de atavismo intelectual.

Em resumo, diremos, com Allan Kardec, que o indivíduo que aparece simultaneamente em dois lugares diferentes tem dois corpos; mas, desses dois corpos, só um é permanente, o outro é apenas temporário; pode-se dizer que o primeiro tem vida orgânica e que o segundo tem a vida da alma; ao despertar, os dois corpos se juntam e a vida da alma volta ao corpo material. Nas histórias anteriormente contadas, deve-se ter observado que não parecia possível que, no estado de separação, os dois corpos pudessem gozar simultaneamente, e no mesmo grau, da vida ativa e inteligente. Contudo, os exemplos de Antônio de Pádua, de Xavier pareciam contradizer esta lei. Provavelmente deve-se atribuir essas divergências aos cronistas que, impressionados com aqueles fatos estranhos, quiseram torná-los ainda mais misteriosos, atribuindo-lhes uma simultaneidade absoluta. Além disso, fica evidente, nesses fenômenos, que o corpo real não poderia morrer e o corpo aparente continuar visível, já que a aproximação da morte sempre faz o espírito voltar ao corpo, mesmo que seja só por um instante. Disso resulta, igualmente, que não se poderia matar o corpo aparente, pois ele não é formado de carne e osso como o corpo material.

Charles Bonnet, discípulo de Leibniz, já havia entrevisto a existência do perispírito e sua necessidade. Eis o que escreveu em diferentes livros que publicou:[3]

> Estudando com alguma atenção as faculdades do homem, observando-lhes a dependência mútua ou a subordinação que as submete umas às outras e à ação de seus objetivos, facilmente conseguimos descobrir quais são os meios naturais pelos quais elas se desenvolvem e se aperfeiçoam aqui na Terra. Podemos então conceber meios análogos e mais eficazes que levariam essas faculdades a um grau de perfeição mais elevado.
>
> O grau de perfeição a que o homem pode atingir na Terra está em relação direta com os meios que lhe são dados de conhecer e agir. Esses meios estão eles próprios em relação direta com o mundo que ele habita atualmente.
>
> Um estado mais apurado das faculdades humanas, portanto, não teria ligação com o mundo em que o homem deveria passar os primeiros momentos da sua existência. Mas essas faculdades são infinitamente perfectíveis e concebemos perfeitamente que alguns dos meios naturais que as aperfeiçoarão um dia podem existir desde já no homem.
>
> Assim, já que se, sucessivamente, o homem fosse designado a habitar dois mundos diferentes, sua constituição original deveria conter coisas relativas a esses dois mundos. O corpo animal deveria estar em relação direta com o primeiro mundo,

---
[3] Ver nos *Essais de Psychologie*, nas *Contemplations de la Nature*, e na *Palingénésie Philosophique*.

o corpo espiritual, com o segundo.

Dois meios principais poderão aperfeiçoar, no mundo que se seguirá, todas as faculdades do homem: sentidos mais delicados e novos sentidos.

Os sentidos são o primeiro manancial dos nossos conhecimentos. Nossas idéias mais relativas, mais abstratas, sempre derivam das nossas idéias sensíveis. O espírito nada cria, mas opera quase sem cessar sobre a quantidade quase infinita de sensações diversas que ele adquire pela mediação dos sentidos.

Dessas operações do espírito, que sempre são comparações, combinações, abstrações, nascem, por geração espontânea, todas as ciências e todas as artes.

Os sentidos destinados a transmitir ao espírito as impressões dos objetos estão em relação com os objetos. O olho está relacionado com a luz, o ouvido com o som etc.

Quanto mais perfeitas, numerosas, diversas forem as relações que os sentidos mantêm com seus objetos, quanto mais eles transmitam ao espírito qualidades dos objetos, e quanto mais as percepções dessas qualidades forem claras, vivas, completas, mais o espírito forma a respeito delas uma idéia distinta.

Concebemos perfeitamente que nossos sentidos atuais são suscetíveis de um grau de aperfeiçoamento muito superior ao que lhes conhecemos na Terra, e que nos espanta em alguns indivíduos. Podemos mesmo ter uma idéia bastante clara desse aumento de perfeição pelos efeitos prodigiosos dos instrumentos de óptica e de acústica.

Imaginem, como eu, Aristóteles observando uma traça com um microscópio ou contemplando Júpiter e suas luas com nossos telescópios; quais não seriam sua surpresa e seu encantamento!

Quais não serão os nossos quando, revestidos do nosso *corpo espiritual*, nossos sentidos tiverem adquirido toda a perfeição que poderiam receber do autor benfazejo do nosso ser!

Essas deduções são ainda mais justificadas quando constatamos que o espírito, desprendido do corpo, possui percepções de que não podemos ter uma idéia neste mundo. Seu invólucro perispiritual permite-lhe perceber vibrações que desconhecemos, o que determina nele conhecimentos outros e em maior número do que nos homens. Fica bem claro que nos referimos sempre a espíritos já suficientemente elevados para ficarem livres dos grosseiros entraves do seu perispírito material. Quanto aos outros, eles são, como iremos ver, ignorantes de tudo que se passa ao seu redor e têm menos conhecimentos sobre o Universo e suas leis do que muitos sábios deste mundo.

Capítulo III
O perispírito durante a desencarnação - sua composição

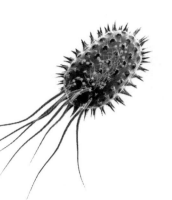

Temos dois meios de controlar a existência do perispírito nos desencarnados. Em primeiro lugar, podemos observá-lo enquanto se produzem as manifestações da alma, como fizemos com relação ao duplo fluídico do homem, depois assegurar-nos da sua existência pelos médiuns videntes e pelo testemunho dos espíritos. Fiel ao método positivo, inicialmente vamos relatar alguns fatos que estabelecem que a personalidade póstuma é inegável. Portanto, o que se depreenderá deste estudo é ao mesmo tempo a demonstração da imortalidade da alma e do seu invólucro.

Na revista de abril de 1860, Allan Kardec narra esta história:

> O fato de manifestação espontânea que se segue foi transmitido ao nosso colega sr. Krotzoff, de São Petersburgo, por seu compatriota, o barão Tcherkasoff, que reside em Canes e que lhe atesta a autenticidade. Parece, aliás, que o fato é bem conhecido e que causou muita sensação na época em que aconteceu.
>
> No início deste século havia em são Petersburgo um rico artesão que ocupava muitos operários nos seus ateliês; seu nome me escapa, mas acho que era um inglês. Homem probo, huma-

no e de boa posição, preocupava-se não só com o bom acabamento dos seus produtos, mas mais ainda com o bem-estar físico e moral dos seus operários, que, conseqüentemente, davam exemplo de boa conduta e de uma concórdia quase fraternal. Segundo um costume que ainda hoje é observado na Rússia, eles tinham alojamento e alimentação custeados pelo patrão e ocupavam os pisos superiores e o sótão da mesma casa em que ele morava. Certa manhã, ao acordar, vários operários não encontraram as roupas que tinham posto perto deles ao deitar-se. Não podiam pensar em roubo; fizeram indagações, mas inutilmente, e acusaram os mais gaiatos de terem querido pregar uma peça nos colegas. Finalmente, depois de muito procurar encontraram nas lareiras, e até nos telhados, todos os objetos desaparecidos no sótão. O patrão fez advertências gerais, já que ninguém se confessava culpado; ao contrário, todos protestavam inocência.

Algum tempo depois, a coisa se repetiu; novas advertências, novos protestos. Pouco a pouco isso passou a repetir-se todas as noites e o patrão começou a ficar muito inquieto porque, além do seu trabalho estar sendo muito prejudicado, via-se ameaçado pela emigração de todos os seus operários, que tinham medo de ficar numa casa onde, diziam eles, aconteciam coisas sobrenaturais.

Conforme os conselhos do patrão, foi organizada uma ronda noturna, escolhida pelos mais velhos, para surpreender o culpado; mas nada se conseguiu e, ao contrário, as coisas foram piorando. Para chegar aos seus aposentos, os operários deviam subir escadas que não eram iluminadas; ora, aconteceu que vários deles levaram socos e bofetadas e, ao tentar defender-se, só davam tapas no espaço, ao passo que a força dos socos lhes fazia supor que estavam lidando com um ser concreto. Desta vez o patrão aconselhou-os a dividir-se em grupos; um devia ficar no alto da escada, o outro vir de baixo. Desse modo, o malandro não poderia deixar de ser apanhado e receber o corretivo que merecia. Mas a previsão do patrão falhou. Os dois grupos apanharam até dizer chega, e um acusou o outro. As recriminações tinham-se tornado cruéis e tendo o desentendimento entre os operários chegado ao auge, o pobre patrão já pensava em fechar seus ateliês ou mudar-se.

Uma noite, rodeado pela família, estava sentado triste e pensativo; todos estavam mergulhados em abatimento quando, de repente, ouviu-se um barulho forte na sala ao lado, que lhe servia de escritório. Levanta-se precipitadamente e vai procurar a causa do barulho. A primeira coisa que vê ao abrir a porta é sua escrivaninha aberta e a vela acesa; ora, pouco antes tinha fechado a escrivaninha e apagado a vela. Aproximando-se, distinguiu sobre a escrivaninha um tinteiro de vidro e uma caneta que não lhe pertenciam, e uma folha de papel em que estavam escritas estas palavras: 'Manda demolir a parede em tal ponto (era em cima da escada); ali encontrarás uma ossada humana que mandarás enterrar em terra santa.' O patrão pegou o papel e correu para avisar a polícia.

No dia seguinte puseram-se a procurar de onde provinham o tinteiro e a caneta. Mostrando-os aos moradores da mesma casa, chegaram a um comerciante de legumes e de gêneros coloniais cuja loja ficava no andar térreo e que os reconheceu como sendo seus. Interrogado sobre a pessoa a quem os havia dado, respondeu:

— Ontem à noite, já tendo fechado a porta da loja, ouvi uma batidinha no postigo da janela. Abri, e um homem cujos traços não me foi possível distinguir disse: 'Dá-me, por favor, um tinteiro e uma caneta, eu pagarei.' Tendo-lhe passado os dois objetos, ele me atirou uma grande moeda de cobre que *ouvi cair no assoalho*, mas que não consegui encontrar.

Mandaram demolir a parede no ponto indicado e encontraram a ossada humana, que foi enterrada, e tudo voltou ao normal. Jamais se ficou sabendo a quem haviam pertencido aqueles ossos.

Encontramos nesta história todos os traços distintivos que constataremos nos seguintes: 1º O espírito é invisível, intangível, mas manifesta sua presença através de efeitos físicos que provam que está materializado. 2º Pede para ser enterrado em terra santa. Veremos que, na maioria dos casos, é assim. As aparições tangíveis são menos raras do que se poderia supor. Eis uma, também relatada por Allan Kardec:

A 14 de janeiro último, o sr. Lecomte, agricultor na comuna de Brix, distrito de Valogne, foi visitado por um indivíduo que disse ser um dos seus antigos colegas, com quem havia trabalhado no porto de Cherbourg e cuja morte remontava a dois anos e meio. A aparição tinha por finalidade pedir a Lecomte que mandasse celebrar uma missa por ele. No dia 15 a aparição se repetiu. Menos assustado, Lecomte afinal reconheceu seu velho camarada mas, ainda perturbado, não conseguiu responder-lhe; o mesmo aconteceu a 17 e 18 de janeiro. Só no dia 19 Lecomte lhe disse:

— Já que queres uma missa, onde desejas que ela seja celebrada? E vais estar presente?

— Desejo – responde o espírito – que a missa seja oficiada na capela de São Salvador, dentro de oito dias, e estarei lá. – Acrescenta: — Há muito não te via, e a distância é grande para vir visitar-te.

Dito isso, despede-se *apertando-lhe a mão*.

O sr. Lecomte não faltou à promessa; a 27 de janeiro a missa foi celebrada em São Salvador, e ele viu seu antigo camarada ajoelhado nos degraus do altar. Depois desse dia, o sr. Lecomte não foi mais visitado e reconquistou sua tranqüilidade habitual.

Dissemos que, ao morrer, o espírito traz consigo suas crenças e idéias preconcebidas. As duas histórias pecedentes o provam, já que o espírito de São Petersburgo pede que seus ossos repousem em terra santa, e o segundo, que se mande celebrar uma missa por ele. Não seria demais repetir que isso se deve ao fato de a alma encontrar-se após a morte em condições idênticas às que tinha na Terra. O espírito tem um corpo, o perispírito, que lhe parece material. Ele vai e vem conforme seus hábitos e se admira pelo fato de não lhes responderem. Sua situação é análoga à em que nos encontramos no sonho. Temos consciência de que vivemos, realizamos certos atos, vemos as pessoas e os objetos, mas tudo isso de uma forma particular. Durante esse tempo, jamais refletimos sobre nosso estado; os acontecimentos ocorrem, participamos deles, mas embora disso às vezes resulte alegria ou sofrimento e experimentemos essas sensações, elas não provocam em nós impressões iguais às que produziriam no estado de vigília. Parece que o raciocínio e a sensibilidade são subtraídos da atividade normal.

No sonho, o espírito quer, pensa, age. Acha-se em contato com outras personagens, conhecidas ou desconhecidas, mas não tira conclusões desses encontros, ou do que vê, em suma, não goza da plenitude das suas faculdades.

Na morte, o mesmo fenômeno se reproduz. O espírito entra em confusão, sabe que está vivo, tem certeza de que existe, e no entanto ninguém lhe abre as portas, seus pais, seus amigos nunca lhe dirigem a palavra. Entrega-se às suas ocupações habituais como durante a vida e essa situação se prolonga até que tenha reconhecido seu estado. Esses fatos não ocorrem só com homens desprovidos de inteligência; podem apresentar-se também para espíritos cultos, mas que não acreditem em nada ou tenham falsas idéias quanto ao futuro da alma. É natural que o materialista, mesmo o mais instruído, não pense que está morto, uma vez que, para ele, essa palavra é sinônimo de nada. Por outro lado, espíritos religiosos que crêem firmemente no julgamento de Deus, no paraíso, no inferno, se convencem de que não estão mortos, já que têm um corpo e nada do que esperam acontece. Eis alguns fatos que apóiam nosso raciocínio.

O primeiro acha-se registrado nos Anais da Academia de Medicina de Leipzig; foi discutido por essa douta corporação, apresentando, portanto, todas as características de confiabilidade.

Em 1659, em Crossen, na Silésia, morreu um aprendiz de farmácia chamado Chistophe Monig. Dias depois, avista-se um fantasma na farmácia. Todos reconhecem Christophe Monig. O fantasma senta-se, levanta-se, aproxima-se das prateleiras, apanha potes, frascos etc. e muda-os de lugar. Examina e prova os medicamentos, pesa-os na balança, mói as drogas ruidosamente, serve as pessoas que lhe apresentam receitas, recebe o dinheiro e coloca-o no balcão. Entretanto, ninguém ousa dirigir-lhe a palavra.

Tendo, sem dúvida, alguns ressentimentos contra seu patrão, então seriamente enfermo, entrega-se a uma série de maldades contra ele. Um dia pega um sobretudo que estava na farmácia, abre a porta e sai. Atravessa as ruas sem olhar para ninguém, entra na casa de vários conhecidos seus, olha-os por um instante sem dizer uma palavra, e retira-se. Encontrando uma criada no cemitério, diz-lhe:

— Volta à casa do teu patrão e cava no porão; lá encontrarás um tesouro inestimável.

A pobre moça, assustada, perde os sentidos e cai no chão. Ele se abaixa e levanta-a, mas deixando nela uma marca por muito tempo visível. De volta à casa, e embora ainda tomada de espanto, conta o que acaba de acontecer-lhe. Cavam no lugar indicado e descobrem, num velho pote, uma bela hematita. Sabe-se que os alquimistas atribuíam a essa pedra propriedades ocultas. Tendo o rumor desses prodígios chegado aos ouvidos da princesa Elizabete Carlota, esta ordenou que se exumasse o corpo de Monig. Acreditavam estar lidando com um vampiro, mas encontraram apenas um cadáver em avançado estado de putrefação. Aconselharam então o farmacêutico a livrar-se de todos os objetos que haviam pertencido a Monig. A partir de então, o espectro não voltou a aparecer.

Aqui, o estado de que falamos está bem caracterizado. A alma do aprendiz volta e se entrega às suas ocupações habituais, o que freqüentemente acontece, mas as condições necessárias à materialização do perispírito, que nem sempre ocorrem, explicam a raridade das aparições. Daqui e pouco veremos quais são essas condições.

Tomamos do sr. Dassier um outro caso, em que a individualidade póstuma também está perfeitamente evidenciada. O autor deve este relato à gentileza do sr. Augé, antigo professor em Sentenac (Ariège), paróquia do abade Peytou.

> Sentenac-de-Sérou, 18 de maio de 1879.
> Senhor,
> Pediu-me que lhe contasse, para serem depois discutidos cientificamente, fatos sobre fantasmas, geralmente admitidos pelas pessoas mais lúcidas de Sentenac, e que estão cercados de tudo o que pode torná-los incontestáveis. Vou citá-los tal como se passaram e tal como são narrados por testemunhas dignas de fé.
> **Primeiro** – Quando, há mais ou menos quarenta e cinco anos, o sr. Peytou, cura de Sentenac, morreu, todos os dias, ao cair da noite, ouvia-se alguém mover as cadeiras nos aposentos do presbitério, caminhar, abrir e fechar uma tabaqueira e fazer um ruído igual ao de alguém tomando uma pitada de rapé. O fato, que se repetiu por muito tempo, foi, como sempre acontece, imediatamente admitido pelos mais simples e mais medrosos. Os que queriam parecer, permita-me dizê-lo, os espíritos fortes da cidade, não queriam acreditar; limitavam-se a rir de todos que pareciam, ou melhor, de todos que estavam convencidos de que o sr. Peytou, o falecido cura, voltava.
> Eycheinne (Antoine), à época prefeito da comuna e falecido há cinco anos, e Galy (Baptiste), que ainda vive, os únicos do lugar um pouco letrados, e portanto os mais incrédulos, quiseram assegurar-se pessoalmente de que todos os ruídos noturnos que diziam ouvir-se no presbitério tinham algum

fundamento ou se não passavam de produtos de imaginações débeis, que se assustavam facilmente. Uma noite, armados de um fuzil e de um machado, resolveram passar a noite na casa paroquial, decididos, caso ouvissem alguma coisa, a descobrir se o ruído era provocado por vivos ou mortos.

Acomodaram-se na cozinha, perto de um bom fogo, e começavam a falar sobre a ingenuidade dos habitantes, dizendo que nada ouviriam e que podiam perfeitamente descansar no colchão de palha que tinham tido o cuidado de levar quando, no quarto acima deles, ouviram um ruído, depois cadeiras movendo-se, alguém andando, descendo a escada e dirigindo-se para a cozinha. Levantam-se; o sr. Eycheinne vai até a porta da cozinha empunhando o machado, pronto para abater quem ousasse entrar, e o sr. Galy aponta seu fuzil.

Chegando diante da porta da cozinha, aquele que parecia estar andando toma uma pitada de rapé, isto é, os homens ouviram o mesmo movimento que um homem faz ao aspirar o rapé, e em vez de abrir a porta, o fantasma passou para o salão, onde parecia estar passeando. Eycheinne e Galy, sempre armados, saem da cozinha, vão para o salão e não vêem absolutamente nada. Sobem aos quartos, percorrem a casa de alto a baixo, examinando todos os cantos, sem encontrar cadeiras ou qualquer outra coisa fora do lugar. O sr. Eycheinne, que tinha sido o mais incrédulo, diz então ao seu companheiro:

— Meu amigo! Vivos não fazem barulhos assim, trata-se realmente de mortos. É o senhor cura Peytou; o que ouvimos foi o seu passo e seu jeito de aspirar rapé; podemos dormir tranqüilos.

Segundo – Marie Calvet, criada do sr. Ferré, sucessor do sr. Peytou, mulher corajosa, que não se deixava impressionar por nada, que não acreditava no que se contava, que dormiria sem medo numa igreja, como se diz comumente para designar alguém corajoso, essa criada, como ia dizendo, certo dia, ao anoitecer, estava no corredor do celeiro limpando os utensílios de cozinha. Seu patrão, sr. Ferré, tinha ido visitar o senhor cura Desplas, seu vizinho, e não devia voltar. Enquanto a supracitada Calvet estava ocupada polindo os utensílios, um cura passou diante dela sem dirigir-lhe a palavra.

— Oh! O senhor cura não vai me assustar – diz ela — não sou tola a ponto de acreditar que o sr. Peytou voltou.

Vendo que o cura que passara e que tomara por seu patrão não lhe dizia nada, Marie Calvet levanta a cabeça, vira-se e não vê nada. Então o medo começa a tomar conta dela; desce rapidamente até a casa dos vizinhos para contar-lhes o que acabava de acontecer-lhe e pedir à mulher de Galy que fosse dormir com ela.

Terceiro – Anne Maurette, esposa de Ferrau (Raymond), ainda viva, ao raiar do dia ia com seu asno à montanha buscar uma carga de lenha. Ao passar diante do jardim paroquial, vê um cura com um breviário na mão, passeando ao longo da aléia. No momento em que ia dizer: Bom dia, senhor cura, o senhor levantou cedo, o padre se volta, continuando a recitar seu breviário. Não querendo interrompê-lo nas suas orações, a mulher segue seu caminho sem pensar em fantasmas. Voltando da montanha com seu asno carregado de lenha, viu o cura de Sentenac diante da igreja.

— O senhor acordou bem cedo – diz-lhe -, pensei que iria viajar quando, ao passar, vi o senhor no jardim lendo o breviário.

— Não, boa mulher – respondeu o cura -, faz pouco tempo que me levantei. Recém acabei de oficiar a santa missa.

— Então – replicou a mulher, parecendo assustada – quem era o padre que estava recitando o breviário no jardim ao raiar do dia e que me voltou as costas no momento em que ia dirigir-lhe a palavra? Fiquei feliz pensando que fosse o senhor; teria morrido de medo se tivesse pensado que era o finado cura. Meu Deus! Não terei mais coragem de voltar a passar por aqui de manhã.

Eis, senhor, três fatos que não são produto de uma imaginação fraca ou medrosa; duvido que a ciência possa explicá-los naturalmente. Serão fantasmas? Abster-me-ei de afirmá-lo, contudo é algo que não é natural.

Seu devotado,

J. Augé

Todas as circunstâncias desse relato mostram a personalidade póstuma do cura Peytou, continuando no outro mundo a vida terrestre. Ele vai e vem no seu apartamento, passeia lendo o breviário; é, pois, impossível negar a persistência da individualidade nessas condições.

Para não cansar o leitor com uma fastidiosa compilação, limitar-nos-emos a citar a história seguinte, narrada pelo cavalheiro Mousseaux, que ao falar de aparições de espíritos assim se exprime:

> Esses fatos são hoje confirmados por obras anglo-americanas modernas, publicadas por sábios como o grande juiz

Edmonds, presidente do Senado; Roger, Bavie e Grégory, professor na Universidade de Edimburgo. Entre os inúmeros fatos desse tipo, eis o que contava, a quem quisesse ouvi-lo, o homem menos católico do mundo e o mais céptico: lorde Byron:

"O Cap. Kidd me disse: Uma bela noite acordei na minha rede e senti algo pesado em cima de mim. Abri os olhos, era meu irmão, de uniforme, deitado de viés na rede. Quis fingir que aquela visão não passava de um sonho e fechei os olhos para dormir. Mas o mesmo peso se fez sentir e de novo vi meu irmão deitado na mesma posição. Estendi a mão e *toquei* seu uniforme. Estava *molhado!* Chamei; alguém veio e a forma humana desapareceu. Mais tarde fiquei sabendo que *naquela mesma noite* meu irmão tinha se afogado no oceano Índico.

Há fatos em abundância para provar a sobrevivência e a manifestação dos espíritos que deixaram a Terra. Não continuaremos nossa enumeração, e, reportando-nos ao livro do sr. Dassier, tomaremos seus principais comentários, fruto de milhares de observações.

O ser póstumo, assim como o duplo fluídico do homem, possui uma forma nitidamente definida, que reproduz a fisionomia e o complexo físico do defunto. Nessas condições, o espírito passa através dos obstáculos materiais que queiram opor-lhe, sem se perturbar com isso. Vimo-lo entregar-se habitualmente às mesmas ocupações que exercia durante a vida e, de repente, cessar suas manifestações.

O sr. Dassier, positivista, inicialmente negava que a sobrevivência fosse possível. Depois, vencido pela evidência, reconheceu seu erro e proclamou a existência do ser póstumo. Mas o curioso é que não o admite indefinido. Acha que o fantasma tem uma existência apenas momentânea, devido ao pouco de força vital que resta no corpo após a morte. Ele não imagina que, estando o cérebro destruído, o ser póstumo não poderia dar provas de inteligência, ir, vir, falar etc. O sr. Dassier nos diz que o espectro se desfaz lentamente para entrar no grande todo. Em que baseia ele sua apreciação? No fato de as manifestações nem sempre se reproduzirem. E isso induz a erro, pois as manifestações cessam, geralmente, quando se cumpre o desejo do ser que se manifesta, e a partir de então ele não tem mais motivo algum para continuar a fazer barulho; aliás, os milhares de comunicações que recebemos diariamente nos afirmam que a alma é realmente imortal e que, longe de dissolver-se lentamente, ela, ao contrário, vai crescendo moral e intelectualmente. Sim, mas o sr. Dassier não acredita nas comunicações; pensa que elas são produzidas pelo duplo fluídico da pessoa que evoca, pelo que chama de éter mesmérico.

Para combater essa ousada teoria, basta lembrar que os médiuns estão absolutamente no seu estado normal quando obtêm comunicações. Se só nos comunicássemos com o mundo dos espíritos por meio de sonâmbulos, poderíamos admitir que a dupla personalidade intervém, mas nossos médiuns ficam perfeitamente acordados e, além disso, a hipótese do sr. Dassier não explicaria todos os casos de mediunidade.

Admitamos por um instante que a personalidade mesmérica do médium esteja em ação. Supondo-se que essa personalidade reproduza exatamente o decalque intelectual e físico do médium, ela não pode adquirir, pelo simples fato da sua mudança, qualidades que não possuía antes. Conseqüentemente, como explicar as comunicações recebidas em línguas estrangeiras, como o hebraico-aramaico do sr. des Mousseaux, e as faculdades do balconista de que fala Cox, que discutia os mais elevados temas filosóficos? Não, uma doutrina como a do sr. Dassier não é aceitável e, longe de destruir, como é sua pretensão, "as enervantes alucinações do espiritismo", tudo o que ele faz, com os numerosos argumentos apresentados no seu livro, é confirmar-nos mais profundamente na nossa fé.

Assinalamos, ainda, duas características do ser póstumo. Ele se desloca com a mesma rapidez que o fantasma vivo. O irmão do Cap. Kidd, morto no oceano Índico, vai encontrá-lo no Atlântico na mesma noite em que ocorreu sua morte. Em segundo lugar, o póstumo parece temer a luz, foge dela com extrema rapidez. Todas as suas manifestações acontecem à noite e só muito raramente durante o dia. Neste último caso, só ocorrem próximo ao crepúsculo. O sr. Dassier atribui à luz uma ação desorganizadora devida à extrema rapidez das vibrações luminosas; temos quase a mesma opinião e daqui a pouco veremos por que e em que condições.

Até agora constatamos a existência da alma após a morte,

observamos que é revestida por um invólucro, e isso baseando-nos na observação de fatos cuja autenticidade nos parece das mais bem fundamentadas. Mas nos preocupamos com o fato de os incrédulos atribuírem a maioria dos fatos à alucinação. Em vão lhes objetaremos que tal concordância entre os relatos extraídos em tantas e tão diferentes fontes atesta a realidade do fato; continuarão a negá-la e a atribuí-la a uma atração doentia que o povo sente por coisas extraordinárias. Do alto do seu ceticismo ignorante, continuarão a rir das superstições populares. Mas talvez essa zombeteira segurança venha a ser abalada se pusermos diante dos seus olhos não mais relatos recolhidos aqui e ali, que sempre podem ser recusados, mas experiências precisas, feitas por homens de ciência em seus laboratórios.

Os casos de materialização de espíritos assinalados em todos os tempos não aconteciam de modo regular, e a singularidade das circunstâncias em que ocorriam, o medo de que as testemunhas eram tomadas, eram razões para que fossem mal observados. Graças ao espiritismo, hoje podemos experimentar com certa segurança. Conhecemos teoricamente as causas desses fenômenos, e se ainda não conseguimos explicar cientificamente como se produzem, já podemos encontrar na ciência nossos mais firmes pontos de apoio. Vamos voltar à obra do sr. Crookes, *Recherches sur le Spiritualisme*, que, na verdade, é a reprodução dos artigos que ele publicou no *Quarterly Review*, reunidos em volume pela Livraria das Ciências Psicológicas.

Quando esses notáveis trabalhos foram publicados na Inglaterra, provocaram um assombro geral. Como um homem de tal valor ousava pronunciar-se afirmativamente sobre um assunto tão controvertido? Trazia experiências científicas? Era uma coisa realmente incrível, e de todos os lados ouviram-se vociferações dos materialistas. O sr. Crookes ignorou os ataques que não se baseavam em nada, mas de uma vez por todas respondeu aos que o acusavam de não ter competência suficiente para pronunciar-se nessas questões:

"Parece que meu maior crime é ser 'um especialista entre os especialistas'! Eu, um especialista! Para mim, é realmente novo que tenha limitado minha atenção a um único assunto especial. Meu cronista faria a gentileza de dizer-me que assunto é esse? Será a química geral, de que tenho feito relatórios desde a criação do *Chemical News* em 1859? Será o tálio, a respeito do qual o público provavelmente ouviu dizer tudo que podia interessar-lhe? Será a análise química a respeito da qual recentemente publiquei um tratado dos *métodos preferidos*, que é o resultado de doze anos de trabalho? Será a desinfecção, a prevenção e a cura da peste bovina, sobre a qual publiquei um relatório que, pode-se dizer, popularizou o ácido carbônico? Será a fotografia, a respeito da qual escrevi numerosos artigos tanto quanto à teoria como quanto à prática? Será a metalurgia do ouro e da prata, na qual minha descoberta do valor do sódio para o processo de amalgamação é hoje largamente empregado na Austrália, na Califórnia e na América do Sul? Será a óptica, ramo quanto ao qual só posso remeter às minhas memórias sobre alguns fenômenos da luz polarizada, publicadas antes dos meus vinte e um anos; à minha descrição detalhada do espectroscópio e meus trabalhos com esse instrumento numa época em que era quase desconhecido na Inglaterra; aos meus artigos sobre os espectros solares e terrestres; aos meus estudos sobre os fenômenos ópticos das opalas e à construção do microscópio espectral; às minhas memórias sobre a medida da intensidade da luz e à descrição do meu fotômetro de polarização? Ou será que minha especialidade é a astronomia e a meteorologia, já que passei um ano no Observatório Radcliffe, em Oxford, onde, além da minha função especial de tomar conta da meteorologia, partilhei meus momentos de lazer entre Homero e as matemáticas em Magdalen Hall; a caça aos planetas com o sr. Pogson, atualmente diretor do observatório de Madras, e a fotografia celeste executada com o magnífico heliômetro anexo ao observatório.

As fotografias da Lua, tomadas por mim em 1855, no observatório de M. Hartump, em Liverpool, durante anos foram as melhores existentes, e a Societé Royale honrou-me com uma gratificação em dinheiro para prosseguir com meus trabalhos sobre o tema. Esses fatos, juntamente com minha viagem a Ouran, no ano passado, na qualidade de membro da expedição enviado pelo governo para lá estudar o eclipse, e o convite que recebi recentemente para ir ao Ceilão com a mesma finalidade pareceriam mostrar que a minha especialidade é a astronomia. Na verdade, poucos homens de ciência se prestam menos do que eu à acusação de ser um especialista entre os especialistas."

Acrescentemos a esse magnífico conjunto de descobertas a da matéria radiante e poderemos marchar ousadamente atrás desse homem, sem temer os sarcasmos dos ignorantes, que não conseguirão atingir-nos.

Foi estudando com o sr. Home que Crookes obteve as primeiras manifestações visíveis e tangíveis. Já contamos que ele viu uma mão luminosa escrever rapidamente, depois subir e desaparecer. Prosseguindo suas experiências, teve oportunidade de constatar formas e rostos de fantasmas. "Esses fenômenos — diz ele — são os mais raros de todos de que fui testemunha. As condições necessárias às aparições parecem ser tão delicadas, basta tão pouco para contrariar-lhes a manifestação, que tive somente raríssimas ocasiões de vê-las em condições adequadas de controle. Mencionarei dois desses casos:

> À noitinha, durante uma sessão do sr. Home na minha casa, vi as cortinas de uma janela que ficava a uns oito pés de distância do sr. Home agitar-se. Uma forma sombria, obscura, semitransparente, semelhante a uma forma humana, foi percebida por todos os assistentes, de pé, perto da janela. Essa forma agitava as cortinas com a mão. Enquanto olhávamos, ela desapareceu e as cortinas deixaram de mover-se.

O caso que se segue é ainda mais impressionante. Como no caso anterior, o médium era o sr. Home:

> Uma forma de fantasma saiu de um canto da sala, pegou um acordeão e em seguida deslizou pelo cômodo tocando o instrumento. Essa forma foi vista durante vários minutos por todas as pessoas presentes que, ao mesmo tempo, viam o sr. Home também. Em seguida o fantasma aproximou-se de uma senhora que estava sentada a uma certa distância dos outros assistentes; a senhora deu um gritinho, depois do qual a sombra desapareceu.

Aqui, pelo relato, a aparição é incontestável. Ela não foi constatada por camponeses atrasados e supersticiosos, não ocorreu numa época remota, ou diante de pessoas incompetentes para julgar. É impossível que tenha havido fraude, já que a aparição se apresentou na residência do próprio sr. Crookes. Esse fato justifica a possibilidade e, diremos mais, a certeza de que os outros casos realmente aconteceram.

Eis, aliás, outras provas que vêm juntar-se às precedentes e que estabelecem de forma irrecusável a existência e a materialização dos espíritos em determinadas condições. Como já dissemos, houve lutas apaixonadas, polêmicas violentas nos jornais ingleses, e foi graças a essas divergências que tivemos a sorte de ver o sr. Crookes intervir no debate, através de uma série de cartas em que expõe os resultados a que chegou na companhia da srta. Florence Cook.

Para permitir que o leitor acompanhe a discussão, precisamos expor de que modo se procede normalmente para obter materializações de espíritos. Num aposento qualquer, suspende-se em diagonal, num dos cantos, uma cortina que pode mover-se sobre trilhos. É nesse reduto que se acomoda o médium, após tê-lo revistado previamente dos pés à cabeça; depois todas as pessoas presentes sentam-se à volta, de mãos dadas, e todas as portas são fechadas. Ao fim de um tempo mais ou menos longo, o espírito aparece, saindo da cabine e passeia no espaço livre deixado pelos assistentes. Dito isso, voltemos ao sr. Crookes. Eis sua primeira carta:

> Senhor,
> Esforcei-me o máximo que pude para evitar qualquer controvérsia ao falar de um assunto tão inflamável como os fenômenos espíritas. Exceto em poucos casos em que a eminente posição dos meus adversários poderia ter atribuído ao meu silêncio outros motivos que não os verdadeiros, jamais repliquei aos ataques e às falsas interpretações que minhas ligações com essa causa fizeram dirigir contra mim.
>
> No entanto, quando algumas linhas da minha parte poderão afastar uma injusta suspeita lançada sobre alguém, o caso é outro. E quando esse alguém é uma mulher jovem, sensível e inocente, é um dever trazer o peso do meu testemunho em favor daquela que considero injustamente acusada.
>
> Entre todos os argumentos aventados de uma parte e de outra no tocante aos fenômenos obtidos pela mediunidade da

srta. Cook, vejo bem poucos fatos estabelecidos de forma a levar um leitor a dizer, desde que possa confiar no discernimento e na veracidade do narrador: 'Enfim, eis uma prova absoluta!'

Vejo muitas falsas assertivas, muitos exageros não intencionais, conjeturas e suposições sem fim, algumas insinuações de fraude, um pouco de zombaria vulgar, ms não vejo ninguém apresentar-se com a afirmação positiva, baseada na evidência dos seus próprios sentidos, de que quando a forma que atribui a si mesma o nome *Katie* está na sala, o corpo da srta. Cook está, ou não está, no mesmo momento na cabine.

Parece-me que a questão se resume a esses estreitos limites. Prove-se como fato uma ou outra das duas alternativas precedentes, e todas as outras questões subsidiárias serão descartadas.

A sessão acontecia na residência do sr. Luxmore, e a cabine (espaço reservado ao médium) ficava no final do salão, separada por uma cortina da parte da frente, onde se encontrava a assistência.

Cumprida a formalidade costumeira de inspecionar o aposento e examinar as fechaduras, a srta. Cook entrou na cabine.

Pouco depois, a forma de Katie apareceu, ao lado da cortina, mas logo se retirou, dizendo que seu médium não estava bem e não podia ser posta em sono suficientemente profundo para que ela pudesse afastar-se sem risco.

Eu estava a alguns pés da cortina atrás da qual a srta Cook estava sentada, quase tocando-a, e podia ouvir-lhe as freqüentes queixas e soluços, como se estivesse sofrendo. O mal-estar continuou a intervalos quase durante toda a duração da sessão, *e uma vez que, quando a forma de Katie estava na sala, diante de mim, ouvi claramente o som de um soluço lamentoso, idêntico aos que a srta. Cook tinha emitido a intervalos no decorrer da sessão, e que vinha de trás da cortina onde ela estava sentada.*

Confesso que a aparência de vida e de realidade do rosto eram impressionantes, e, pelo que conseguia ver à luz meio indecisa, seus traços pareciam-se com os da srta. Cook; no entanto, a prova positiva dada por um dos meus sentidos de que o soluço vinha da srta. Cook na cabine, ao passo que a figura estava no lado de fora, essa prova, digo, é muito forte para ser derrubada por uma simples suposição do contrário, mesmo se bem sustentada.

O testemunho do sr. Crookes é uma garantia da exatidão dos fatos, mas iremos constatar que essas manifestações, ainda um tanto vagas, foram se acentuando cada vez mais até levar o sr. Crookes a dizer numa carta seguinte: "Tenho a satisfação de dizer que finalmente obtive a prova absoluta de que eu falava na carta anterior." Passemos a palavra ao eminente químico:

Por enquanto não falarei da maioria das provas que Katie me deu nas numerosas ocasiões em que a srta. Cook me proporcionou sessões na minha residência, e só descreverei uma ou duas que ocorreram recentemente.

Há algum tempo estava fazendo experiências com uma lâmpada de fósforo, consistindo de uma garrafa de 6 ou 8 onças contendo um pouco de óleo fosforado, e que estava solidamente vedada. Tinha motivos para esperar que à luz dessa lâmpada, alguns dos misteriosos fenômenos da cabine poderiam tornar-se visíveis, e Katie também esperava obter o mesmo resultado.

A 12 de março, durante uma sessão na minha casa, e depois de Katie ter andado no meio de nós, depois de ter-nos falado durante algum tempo, ela foi para trás da cortina que separava meu laboratório, onde a assistência estava sentada, da biblioteca que, temporariamente, fazia as vezes de cabine. Ao fim de um momento, ela me chamou para perto dela, dizendo:

— Entre na cabine e levante a cabeça do meu médium, que escorregou e caiu.

Katie estava então diante de mim, usando sua roupa branca habitual e com seu turbante na cabeça. Imediatamente me dirigi à biblioteca para levantar a srta. Cook, e Katie afastou-se para me deixar passar. Realmente, a srta. Cook tinha escorregado em parte do sofá e sua cabeça pendia numa posição muito incômoda. Recoloquei-a no sofá e, ao fazer isso, apesar da pouca luz, tive a viva satisfação de constatar que a srta. Cook não estava usando a roupa de Katie, e sim seu habitual vestido de veludo preto, e se encontrava em profunda letargia. Não tinham decorrido mais de cinco segundos entre o momento em que vi Katie vestida de branco na minha frente e o momento em que acomodei a srta. Cook no sofá, retirando-a da posição em que se encontrava.

Voltando ao meu ponto de observação, Katie de novo apareceu e disse que achava que podia ser vista por mim ao mesmo tempo que seu médium. O gás foi baixado e ela me pediu minha lâmpada de fósforo. Depois de ter-se mostrado à sua claridade durante alguns segundos, devolveu-me a lâmpada, dizendo:

— Agora entre e venha ver meu médium.

Segui-a de perto até a biblioteca e, à luz da minha lâmpada, vi a srta. Cook repousando no sofá exatamente como a havia deixado. Olhei ao meu redor para ver Katie, mas ela tinha desaparecido; chamei-a, mas não tive resposta.

Voltei ao meu lugar e Katie logo reapareceu e me disse que estivera o tempo todo de pé, ao lado da Crta. Cook. Então perguntou-me se ela mesma não poderia tentar uma experiência e, tomando a lâmpada de fósforo das minhas mãos, foi para trás da cortina, pedindo-me que não olhasse logo. Minutos depois, devolveu-me a lâmpada dizendo que não tinha conseguido, que tinha esgotado todo o fluido do médium, mas que tentaria outra vez. Meu filho mais velho, um garoto de 14 anos, que estava sentado de frente para mim, numa posição de onde podia ver do outro lado da cortina, disse-me que tinha visto claramente a lâmpada de fósforo parecendo flutuar no espaço acima da srta. Cook e iluminando-a enquanto estava estendida imóvel no sofá, mas não tinha visto ninguém segurando a lâmpada.

Passo agora à sessão corrida ontem à noite em Hachney. Katie jamais apareceu com tamanha perfeição; durante *duas horas aproximadamente* ela passeou pela sala, falando familiarmente com os presentes. Caminhando, tomou-me várias vezes pelo braço, e a impressão sentida por meu espírito de que era uma mulher viva que estava ao meu lado, e não um visitante do outro mundo, essa impressão, digo, foi tão forte que a tentação de repetir uma recente e curiosa experiência foi quase irresistível.

Então, pensando que se não havia um espírito perto de mim, havia pelo menos uma dama, pedi-lhe permissão para tomá-la nos braços, o que me permitiria verificar as interessantes observações que um ousado experimentador havia divulgado recentemente de modo um tanto prolixo. A permissão foi-me gentilmente concedida e, conseqüentemente, utilizei-a com distinção, como qualquer homem bem educado o teria feito nessas circunstâncias. O sr. Volckman ficará encantado ao saber que posso corroborar-lhe a assertiva de que o fantasma (que, aliás, não opôs qualquer resistência) era um ser tão material quanto a própria srta. Cook...

Então, Katie disse que desta vez achava ser capaz de mostrar-se ao mesmo tempo que a srta. Cook. Baixei o gás e em seguida, com uma lâmpada de fósforo, entrei na cabine. Previamente, porém, tinha pedido a um amigo, que é um hábil estenógrafo, que anotasse qualquer observação que eu fizesse enquanto estivesse na cabine, pois não ignoro a importância que têm as primeiras impressões e não queria confiar na minha memória mais do que devia. Essas notas estão diante de mim neste momento.

Entrei na cabine com cuidado. Estava escuro e, tateando, procurei a srta. Cook. Encontrei-a agachada no chão. Ajoelhando-me, deixei o ar entrar na minha lâmpada e, à sua claridade, vi a jovem vestida de veludo negro, tal como no início da sessão, e aparentando estar completamente insensível. Ela não se mexeu quando peguei sua mão e segurei a lâmpada bem perto do seu rosto, e continuou a respirar tranqüilamente.

Erguendo a lâmpada, olhei ao redor e vi Katie de pé, atrás da srta. Cook. Katie vestia um drapeado curto e flutuante, como já tínhamos visto durante a sessão. Tendo uma das mãos da srta. Cook na minha e ajoelhando-me de novo, levantei e baixei a lâmpada, tanto para iluminar toda a figura de Katie quanto para convencer-me plenamente de que estava vendo mesmo a verdadeira Katie, que havia apertado em meus braços alguns momentos antes, e não o fantasma de um cérebro doentio. Ela não falou, mas moveu a cabeça em sinal de reconhecimento. Em três ocasiões diferentes examinei cuidadosamente a srta. Cook, encolhida diante de mim, para ter certeza de que a mão que estava ali era mesmo de uma mulher viva e por três vezes dirigi minha lâmpada para Katie, para examiná-la com atenção, até não ter a menor dúvida de que ela estava na minha frente. Finalmente a srta. Cook fez um leve movimento, e logo Katie fez-me um sinal para que me fosse. Afastei-me para outro ponto da cabine e deixei de ver Katie, mas não saí do aposento até a srta. Cook despertar e dois assistentes entrarem trazendo luz.

A partir do que até agora sabemos sobre as propriedades do perispírito, poderíamos supor que ocorre simplesmente um desdobramento da personalidade do médium, mas a seqüência das observações de Crookes vai mostrar-nos que o duplo fluídico aqui não desempenha papel algum e que a ação é devida a um ser espiritual momentaneamente materializado. Vejamos:

Antes de encerrar este artigo, desejo informar algumas diferenças que observei entre a srta. Cook e Katie. A estatura de Katie varia. Na minha casa, vi-a 6 polegadas maior do que a srta. Cook. Ontem à noite, estando descalça e na ponta dos pés, tinha 4 polegadas e meia a mais do que ela. Ontem Katie estava com o pescoço descoberto, a pele era perfeita, delicada ao tato e à vista, ao passo que a srta. Cook tem no pescoço uma cicatriz que, em tais circunstâncias, nota-se claramente, e é áspera ao tato. As orelhas da Katie não são furadas, enquanto a srta. Cook geralmente usa brincos. A tez de Katie é alva, ao passo que a da srta. Cook é morena. Os dedos de Katie são bem mais longos do que os da srta. Cook, e seu rosto também é maior. Nos gestos e no modo de expressar-se também há diferenças marcantes.

Eis aí os fatos. Temos certeza de que estão bem circunstanciados e de que foram cercados das mais minuciosas precauções. A boa fé do ilustre sábio não pode ser de novo questionada; ele não poderia ter sido apenas vítima de uma ilusão, de uma alucinação, tomando como verdadeiras fantasias da sua imaginação. Mas esta hipótese, que encantaria o sr. Jules Soury, nem sequer pode ser invocada, porque a carta seguinte vai mostrar-nos que foi possível *fotografar* o espírito de Katie. Ora, embora se possa conceber um homem de gênio alucinado, é completamente ridículo supor que se consiga fotografar alucinações.

Deixemos que os fatos falem por si. Eis a terceira e última carta do sr. Crookes:

> Tendo tomado parte ativa nas últimas sessões da srta. Cook, e tendo conseguido com sucesso tomar numerosas fotografias de Katie King, à luz elétrica, achei que a publicação de alguns detalhes seria interessante para os espiritualistas.
>
> Durante a semana que precedeu a partida de Katie, quase todas as noites ela esteve em sessões na minha casa, a fim de permitir-me fotografá-la à luz artificial. Cinco aparelhos completos de fotografia foram então preparados para essa finalidade. Consistiam em cinco câmaras escuras, uma do tamanho de placa inteira, uma de meia placa, uma de um quarto, e duas câmaras estereoscópicas binoculares que, ao mesmo tempo, deveriam ser dirigidas para Katie toda vez que ela posasse para obter seu retrato. Cinco banhos sensibilizadores e fixadores foram empregados, e muitas chapas de vidro foram previamente limpas, prontas para usar, a fim de não haver hesitação, nem atraso durante as operações fotográficas, que eu mesmo executei, ajudado por um assistente.
>
> Minha biblioteca serviu de cabine escura; tinha uma porta com dois batentes que se abria para o laboratório. Um dos ba-

tentes foi retirado dos gonzos e no seu lugar foi suspensa uma cortina para permitir que Katie entrasse e saísse facilmente. Nossos amigos que estavam presentes sentaram-se no laboratório, de frente para a cortina, e as câmaras escuras estavam colocadas um pouco atrás deles, prontas para fotografar Katie quando ela saísse e para captar também o interior da cabine, toda vez que a cortina fosse retirada com esse objetivo. A cada noite havia quatro ou cinco exposições de chapas de vidro nas cinco câmaras escuras, o que dava no mínimo quinze provas por sessão. Algumas avariaram-se na revelação, outras no ajuste da luz. Apesar disso, tenho quarenta e quatro negativos, alguns ruins, alguns sofríveis, e outros excelentes.

Eis dois certificados, sob juramento, de que essas experiências aconteceram nas melhores condições. Foram publicados em 1875, numa brochura intitulada *Procès des spirits*. Villa Chancer Road Hern Hill, Londres.

"Declaro solenemente e sinceramente que fiz todos os meus estudos científicos e que estudei com grande cuidado os fenômenos espíritas durante vários anos; sei que eles são reais. Em alguns casos encontrei e desmascarei publicamente a impostura. Assisti a experiências em que o sr. Cromwell Warley, que criou o telégrafo Atlântico, e o sr. William Crookes, membro da Real Sociedade de Londres, obtiveram, com uma evidência absoluta, formas espíritas materializadas e que, em diversas ocasiões, eram fenômenos verdadeiros, sem impostura. Nas experiências do sr. Crookes, vi a prova desses fenômenos dada pelos instrumentos científicos desses sábios; nas experiências do sr. Warley, não vi o resultado nos instrumentos porque estava ocupado em anotar as indicações desses mesmos instrumentos, *enquanto uma corrente elétrica, passando pelo corpo do médium na cabine onde este se encontrava*, permitia-nos constatar que ele continuava no mesmo lugar e na impossibilidade de agir como um espírito materializado.

Vi várias vezes mãos materializadas que o médium de modo algum podia imitar. Um dia, na residência da sra. Makdugall Gregory (21, Green-Street, Grosvenor Square, em Londres), vi claramente e distintamente uma mão viva, materializada, que não era de nenhuma pessoa presente; essa mão agitava-se no assoalho, a mais ou menos cinco pés de mim, enquanto o médium estava sentado numa cadeira.

Essa mão tocava num instrumento musical enquanto eu a observava.

Declaro que tudo isto é verdadeiro, e em virtude de um ato

do parlamento etc. etc.
Assinado por *William Henry Harisson"*

"Perante o sr. Leth, do Conselho da rainha, administrador de juramentos, e verificado pelo cônsul francês:

Eu abaixo assinado Edwards Dawson Rogers, da cidade de Londres, jornalista, atesto ter visto freqüentemente o fenômeno do espiritualismo chamado materialização e aparição de uma segunda forma humana, que não a do médium, sair de um pequeno aposento ou cabine onde o médium tinha sido amarrado.

Vi isso mais de uma vez em rigorosas condições de experimentações impostas pelo professor Crookes, o ilustre químico e membro da Real Sociedade da Grã-Bretanha, em que era impossível praticar qualquer logro. A aparição andava no meio dos investigadores sentados diante da cabine, conversando com eles e sendo por eles tocada. Certa vez, estando a aparição assim ocupada, o professor Crookes entrou na cabine e puxou a cortina que escondia o médium dos presentes; *vimos então, ao mesmo tempo, o médium e a aparição materializados.*

Assinado: *E. Dawson Roger*
Rose Villa Finchley (Londres W)."

Katie deu instruções para que todos os assistentes permanecessem sentados e observassem essa condição; só eu não fui incluído nesse medida, porque, algum tempo depois, ela me deu permissão para fazer o que quisesse: tocá-la, entrar e sair da cabine sempre que me aprouvesse. Seguia-a na cabine e de vez em quando via Katie e seu médium ao mesmo tempo, mas de um modo geral quase sempre encontrava somente o médium em letargia e repousando no chão; Katie e seu vestido branco haviam desaparecido momentaneamente.

Nos últimos seis meses a srta. Cook visitou minha casa com freqüência, permanecendo às vezes semanas inteiras. Trazia consigo apenas um saco de dormir, que não fechava a chave. Durante o dia estava constantemente com a sra. Crookes, comigo ou com qualquer outro membro da minha família, e, como não dormia sozinha, não havia ocasião de preparar algo, por mais mal acabado que fosse, que pudesse representar o papel de Katie King. Preparei e dispus pessoalmente minha biblioteca, bem como a câmara escura, e habitualmente, após ter jantado e conversado conosco, a srta. Cook dirigia-se à cabine e, a seu pedido, eu fechava a chave a segunda porta, guardando a chave comigo durante toda a sessão. Então, baixava-se o gás, deixando a srta. Cook no escuro.

Entrando na cabine, a srta. Cook estendia-se no chão, com a cabeça numa almofada, e logo entrava em letargia. Durante as sessões fotográficas, Katie envolvia a cabeça do seu médium com um xale, para impedir que a luz lhe batesse no rosto. Muitas vezes ergui uma ponta da cortina enquanto Katie estava de pé, bem perto. As sete ou oito pessoas que estavam no laboratório podiam ver simultaneamente a srta. Cook e Katie, sob o brilho intenso da luz elétrica. Não podíamos então ver o rosto do médium por causa do xale, mas lhe percebíamos as mãos e os pés; nós o víamos remexer-se desconfortavelmente sob a influência da luz forte e o ouvíamos queixar-se de quando em quando. Tenho uma prova de Katie e de seu médium fotografados juntos, mas Katie está diante da cabeça da srta. Cook..

À medida em que participava ativamente dessas sessões, a confiança que Katie depositava em mim aumentava gradualmente, a ponto de ela não querer mais participar de sessões a menos que me encarregasse das disposições a serem tomadas, dizendo que desejava ter-me sempre perto dela e da cabine. Desde que essa confiança foi estabelecida, e quando ela teve a satisfação de certificar-se de que eu manteria as promessas que acaso lhe fizesse, a intensidade dos fenômenos aumentou e me foram dadas provas que me teria sido impossível obter se me tivesse aproximado de modo diferente.

Freqüentemente ela me interrogava a respeito das pessoas presentes às sessões e sobre o modo como estariam acomodadas, porque ultimamente tinha-se tornado nervosa devido a certas sugestões imprudentes que aconselhavam o emprego de força para levar a efeito modos mais científicos de pesquisa.

Uma das fotografias mais interessantes é aquela em que estou de pé ao lado de Katie, cujo pé nu está num ponto particular do assoalho. A seguir, vesti a srta. Cook como Katie. Ela e eu nos colocamos exatamente na mesma posição, e fomos fotografados pelas mesmas objetivas colocadas rigorosamente como na outra experiência e iluminados pela mesma luz. Quando as duas imagens são colocadas uma sobre a outra, as minhas fotografias coincidem perfeitamente quanto à estatura etc., mas **Katie é meia cabeça maior** do que a srta. Cook e, perto dela, parece uma mulher forte. Em muitas das provas, a largura do seu rosto e o volume do corpo diferem essencialmente do seu médium, e as fotografias mostram muitos outros pontos discordantes.

Mas a fotografia é tão incapaz de retratar a beleza perfeita do rosto de Katie quanto as próprias palavras o são para descrever o charme dos seus gestos. É verdade que a fotografia pode dar uma idéia da sua pose, mas como poderia reproduzir a pureza brilhante da sua tez, ou a expressão incessantemente cambiante dos seus traços tão móveis, ora velados de tristeza, *quando contava algum fato da sua vida passada*, ora sorrindo com toda a inocência de uma jovem quando reunia meus filhos ao seu redor e os divertia contando-lhes episódios das suas aventuras na Índia.

Recentemente vi Katie tão bem, iluminada pela luz elétrica, que me é fácil acrescentar alguns traços às diferenças que, num artigo anterior, estabeleci entre ela e seu médium. *Tenho a mais absoluta certeza* de que a srta. Cook e Katie são duas individualidades distintas, pelo menos no que diz respeito ao corpo. Várias pequenas marcas que se vêem no rosto da srta. Cook não existem no rosto de Katie. O cabelo da srta. Cook é de um castanho tão escuro que quase parece preto. Uma mecha do cabelo de Katie, *que está aqui, diante dos meus olhos,* e que ela me permitiu cortar do meio de suas tranças luxuriantes, após tê-la acompanhado com meus próprios dedos até o alto da cabeça e ter-me certificado de que havia crescido lá, é de um magnífico castanho dourado.

Uma noite, contava as pulsações de Katie: seu pulso batia regularmente 75, ao passo que o da srta. Cook, poucos instantes depois, atingia 90, sua cifra habitual. Encostando o ouvido no peito de Katie, podia ouvir um coração batendo lá dentro, e suas pulsações eram ainda mais regulares do que as do coração da srta. Cook quando, após a sessão, permitiu-me a mesma experiência. Examinadas da mesma maneira, os pulmões de Katie mostraram-se mais sadios do que os do seu médium, porque, no momento em que fiz a experiência, a srta. Cook seguia um tratamento médico devido a um forte resfriado.

Sem dúvida seus leitores acharão interessante que a seus relatos e aos do sr. Ross Church a respeito da última aparição de Katie possam juntar-se os meus. Quando chegou para Katie a hora de dizer-me adeus, pedi-lhe o favor de ser o último a vê-la. Conseqüentemente, depois que chamou para perto de si cada pessoa do grupo e lhes disse algumas palavras em particular, ela deu instruções gerais quanto à nossa futura orientação e à proteção a ser dispensada à srta. Cook. Dessas instruções, que foram estenografadas, cito a seguinte: 'O sr. Crookes agiu muito bem constantemente, e é com a maior confiança que deixo Florence em suas mãos, perfeitamente convencida de que não trairá a fé que deposito nele. Em qualquer circunstância imprevista, ele saberá agir melhor do que eu, porque tem mais força.'

Tendo terminado suas instruções, Katie me convidou a entrar na cabine com ela, e permitiu que eu ficasse até o fim.

Após ter fechado a cortina, ela conversou algum tempo comigo, depois atravessou a cabine para ir até a srta. Cook, que jazia inanimada no chão. Inclinando-se sobre ela, Katie tocou-a e disse:

— Acorde, Florence, acorde! Preciso deixá-la agora.

A srta. Cook acordou e, entre lágrimas, suplicou a Katie que ficasse mais algum tempo.

— Minha cara, não posso, minha missão está cumprida. Que Deus a abençoe! – respondeu Katie, e continuou a falar com a srta. Cook.

Ficaram conversando por alguns minutos, até que finalmente as lágrimas da srta. Cook a impediram de falar. Lendo as instruções de Katie, adiantei-me para amparar a srta. Cook que ia cair no chão e que soluçava convulsivamente. Olhei ao redor, mas Katie e seu vestido branco tinham desaparecido. Assim que a srta. Cook se acalmou um pouco, trouxeram uma luz e eu a conduzi para fora da cabine.

As sessões quase diárias com que a srta. Cook me obsequiou nos últimos tempos puseram suas forças à prova, e desejo deixar bem claro os favores que lhe devo por seu desvelo ao ajudar-me em minhas experiências. Aceitou submeter-se às provas que lhe propus com a maior boa vontade; sua palavra é franca e vai direto ao alvo, e jamais vi algo que pudesse parecer o mais breve desejo de enganar. Na verdade, não creio que pudesse levar uma fraude a bom termo; se viesse a tentá-la, e se a sustentasse, seria prontamente descoberta, porque tal modo de proceder é totalmente oposto à sua natureza. E quanto a pensar que uma inocente estudante de 15 anos tenha sido capaz de conceber e levar adiante durante três anos, com pleno sucesso, uma impostura tão gigantesca como essa, e que durante esse tempo se tenha submetido a todas as condições que lhe foram exigidas, que tenha suportado as mais minuciosas investigações, que tenha querido ser revistada a qualquer momento, quer antes, quer depois das sessões, que tenha obtido mais sucesso na minha casa do que na casa dos pais, sabendo que ia para submeter-se expressamente a rigorosas experiências científicas – quanto a imaginar, digo, que a Katie King dos últimos três anos seja o resultado de uma impostura, isso violenta mais a razão e o bom senso do que acreditar que ela é o que ela própria afirma.

Dedicamos estes fatos aos srs. Jules Soury, Bersot, de Fon-

vieille e outros incrédulos que viram somente asneiras ou subterfúgios nas manifestações espíritas. Diante da evidência dos fatos, só lhes restará o recurso de negá-los, mas o público será juiz entre afirmações temerárias, baseadas numa negação sistemática, e os doutos estudos do homem mais eminente da Inglaterra atualmente. Dito isto, voltemos ao nosso assunto.

O espírito Katie King materializou-se, não mais numa luz dúbia, mas sob a plena claridade da luz elétrica; seu corpo era tão real, tão tangível quando o do sr. Crookes, já que se ouvia seu coração batendo. Portanto, devemos admitir a possibilidade da materialização temporária dos espíritos, mas logo se deduz uma condição: a necessidade de um médium. Podemos afirmar sem receio que todas as vezes que observamos casos de aparições havia um médium próximo do lugar onde o fenômeno ocorria. Vamos tentar compreender como se passam as coisas. Não temos a pretensão de apresentar uma explicação positiva completa, mas simplesmente mostrar de que modo se pode conceber a produção desses fenômenos por meio de analogias extraídas da ciência.

Tentativa da teoria

Quando interrogados sobre a natureza do perispírito, os espíritos nos responderam que ele é haurido no fluido universal do planeta que habitamos. A princípio parece que isso não nos diz grande coisa, porém estudemos mais a fundo o assunto e veremos que eles têm razão. Por fluido univrsal, os espíritos entendem uma matéria primitiva da qual, por sucessivas transformações, provêm todos os corpos. Para que essa concepção seja justificada, é preciso demonstrar: 1º que a matéria pode existir sob diferentes estados, indo, sem cessar, simplificando-se até o estado inicial; 2º que a infinita variedade dos corpos pode ser reduzida a uma matéria única.

Se essas proposições forem estabelecidas cientificamente, a existência do fluido universal não será mais contestada. A primeira pergunta a ser feita é a seguinte:

Existem fluidos?

Não é mais possível duvidar disso depois das experiên-

cias de Crookes e dos fatos anteriormente relatados, mas que se entenderá por fluidos? Em física chamam-se fluidos os corpos líquidos e gasosos; aqui, porém, devemos dar a essa palavra um significado especial, que é conveniente definir bem.
Designamos como fluidos os estados da matéria em que esta é mais rarefeita do que no estado conhecido sob o nome de gás. Essa concepção será justificada? Para responder a essa pergunta, ouçamos Faraday. Eis como ele se exprimia em 1816:

> Se imaginarmos um estado da matéria tão distante do estado gasoso como este está distante do estado líquido, tendo em conta, bem entendido, o aumento de diferença que se produz à medida que o grau de modificação se eleva, talvez possamos, desde que nossa imaginação vá até lá, conceber mais ou menos a matéria radiante, e, assim como ao passar do estado líquido ao estado gasoso a matéria perdeu muitas das suas qualidades, ela deve perder mais ainda nessa última transformação.

Essa ousada concepção do grande físico foi desenvolvida por ele nos anos seguintes, e, nas suas cartas compiladas por Bence Jones, pode-se ler a seguinte passagem:

> Posso apontar aqui uma progressão notável nas propriedades físicas que acompanham as mudanças de estado; talvez baste para levar os espíritos inventivos e ousados a acrescentar o estado radiante aos outros estados da matéria já conhecidos.
> À medida que nos elevamos do estado sólido ao estado líquido e deste ao estado gasoso, vemos diminuir o número e a variedade das propriedades físicas dos corpos, com cada estado apresentando algumas a menos do que o estado precedente. Quando os sólidos se transformam em líquidos, todas as nuances de dureza e de moleza necessariamente deixam de existir; todas as formas cristalinas ou outras desaparecem. A opacidade ou a cor são freqüentemente substituídas por uma transparência incolor, e as moléculas dos corpos adquirem uma mobilidade por assim dizer completa.
> Se consideramos o estado gasoso, vemos extinguir-se um número maior de características evidentes dos corpos. As imensas diferenças que existem entre seus pesos quase desapareceram por completo. Os traços das diferenças de cor que haviam conservado se apagam. A partir de então todos os corpos são transparentes e elásticos. Não formam mais do que

um mesmo gênero de substância, e as diferenças de dureza, de opacidade, de cor, de elasticidade e de forma que tornam quase infinito o número dos sólidos e dos líquidos são, a partir de então, substituídas por variações inexpressivas de peso e por algumas nuances sem importância.

Assim, para os que admitem o estado radiante da matéria, a simplicidade dos problemas que caracterizam esse estado longe de ser uma dificuldade é antes um argumento em favor da sua existência. Eles constataram até agora um desaparecimento gradual das propriedades da matéria, à medida que esta se eleva na escala das formas, e ficariam surpresos se esse efeito parasse no estado gasoso. Viram a natureza fazer os maiores esforços para se simplificar a cada mudança de estado, e pensam que na passagem do estado gasoso ao estado radiante esse esforço deve ser mais considerável.

O que era hipótese para Faraday é certeza para nós. Crookes, ao demonstrar a existência da matéria radiante, pôs fora de dúvida a existência dos fluidos. Não se deve esquecer, na verdade, que os corpos não mudam de estado bruscamente, não passam instantaneamente do estado sólido ao estado líquido; a maioria deles ocupa uma posição intermediária chamada estado pastoso. Da mesma forma, os líquidos não se transformam em gás sem que seja possível apreciar as nuances que separam esses dois estados. Os vapores são um exemplo disso; mas essa diferença entre os líquidos e os gases foi diminuída pelas experiências feitas por Charles Andrew, que mostrou que, em certos corpos, existe mistura entre o estado líquido e o estado gasoso, de modo a não se poder distinguir se o corpo pertence a um ou ao outro estado.

A lei de analogia nos leva então a admitir que entre os gases e o estado radiante existem matérias em diferentes estados de rarefação, desde as mais grosseiras, que se aproximam do gás, até as mais depuradas, que estão no estado radiante.

Se mostramos que as propriedades químicas seguem a mesma ordem de progresso decrescente na escala das famílias químicas, ou seja, se mostramos que se pode supor que existe uma matéria única, da qual provêm todos os corpos que conhecemos, por sucessivas transformações, estaremos bem perto de tocar no fluido universal de que nos falam os espíritos. Vejamos se a unidade da matéria é uma idéia aceitável. O sábio químico sr. Wurtz escreve na *Théorie Atomique*:

> A idéia de unidade da matéria é retomada de Descartes. Tanto é verdade que, quando se trata do eterno e insolúvel problema da matéria, o espírito humano parece andar em círculos, as mesmas idéias perpetuando-se através dos tempos e apresentando-se sob formas rejuvenescidas às inteligências de elite que procuraram sondar o problema. Mas não haverá alguma diferença no modo de operar dessas grandes mentes? Sem dúvida alguma. Uns, mais poderosos talvez, porém mais ousados, procederam por intuição; outros, melhor armados e mais severos, por indução racional. Aí reside a superioridade dos métodos modernos, e seria injusto supor que os consideráveis esforços de que fomos testemunhas não tenham impelido o espírito humano no árduo problema mais adiante do que um Lucrécio e um Descartes conseguiram chegar.

Muitos sábios modernos foram levados por suas pesquisas à conclusão de que se deve admitir a unidade da matéria. Realmente, se examinarmos os laços que unem as diferentes famílias químicas dos corpos entre si, somos tentados a aplicar-lhes, por analogia, as mesmas leis transformistas aplicadas às famílias naturais dos animais. É que atualmente temos uma invencível tendência à síntese e à simplificação. Da mesma forma que os antigos multiplicavam as causas, nós hoje temos o cuidado de eliminá-las. Só que não basta supor, é necessário ter provas.

E uma das mais convincentes que se possa fornecer é o que em química se chamam estados alotrópicos. Quimicamente falando, certas substâncias podem possuir propriedades completamente diferentes, sem mudar de natureza. Assim, o fósforo pode ter um aspecto vermelho, branco ou preto, conforme a maneira como é manipulado. O mais notável é que o fósforo vermelho e o fósforo comum apresentam tais diferenças que seríamos tentados a considerá-los distintos. E no entanto, analisados pelos mais rigorosos métodos, não mostram qualquer diferença; trata-se sempre de fósforo. A transformação se opera ao expor-se o fósforo branco, no vácuo barométrico, à ação dos raios do Sol. Parece-nos que nenhum outro caso mostra melhor que as propriedades dos corpos devem-se apenas à distribuição das moléculas que os compõem. O ozônio também é uma modificação alotrópica do oxigênio. O carbono apresenta aspectos tão múltiplos, propriedades específicas tão diferentes nos compostos que forma, que só o conhecemos em sua infusibilidade e na sua propriedade de produzir ácido carbônico ao queimar oxigênio. Primeiro mostra-se cristalizado, é o diamante. Depois sob a forma de grafite, de antracito, de coque, de fuligem, de carvão vegetal etc. Todos esses corpos têm, portanto, a mesma composição, mas apresentam propriedades diferentes conforme o modo de associação das suas moléculas. Somos logo tentados a crer que existe uma matéria única, que pode assumir aspectos diversos. Eis uma observação que mostra que temos razão.

Falando da análise espectral, o sr. Zoborowski narra as seguintes experiências: Visando a determinar as temperaturas das diversas partes do Sol, tiraram-se fotografias dos espectros dessas diferentes partes. Cada corpo em combustão marcando, como se sabe, sua presença, na luz decomposta em elementos ou espectral, por sulcos particulares, foi demonstrado que "o alargamento dos sulcos do disco corresponde à elevação de temperatura". Pôde-se assim obter proveitosamente fotografias dos espectros de uma grande quantidade de estrelas. E, em conformidade com a hipótese de Laplace, constatou-se que esses astros estão em diferentes estados de condensação. As estrelas brancas, mais ardentes, contêm hidrogênio em abundância e a alta pressão; as estrelas brilhantes se aproximam da constituição do nosso Sol; as estrelas avermelhadas são muito menos quentes. Ao extinguir-se, passam ao estado de planetas obscuros. E dão origem a nebulosas. Desde Laplace, esta, pelo menos, é a grande hipótese clássica. Mas essa hipótese se tornará suscetível de verificação, porque a fotografia, ao permitir a tomada e a conservação de imagens de nebulosas em diferentes épocas, no intervalo de séculos inteiros, nos proporcionará meios de acompanhar as transformações dessas matérias cósmicas, espécie de protoplasma que gera os mundos.

Com um objetivo um pouco diferente, o sr. Lockyer (1879) e o sr. Huggins (1882) fotografaram os espectros de uma série de nebulosas, das mais densas às mais rarefeitas; chegaram a admitir *que o número dos corpos simples diminui* à medida que se passa das primeiras às segundas. Os espectros fotográficos *das mais rarefeitas* indicam apenas hidrogênio e fósforo.

É realmente a confirmação dos conceitos expostos anteriormente sobre a unidade da matéria. A correlação assinalada por Faraday entre o estado cada vez mais rarefeito da matéria e a perda conexa das principais propriedades que a caracterizam nos dá o direito de dizer que existe um estado radiante da matéria que forma o fluido universal.

É nesse meio que o perispírito é haurido. Admitido isso, procuremos entender o que acontece numa materialização. Para tanto, é preciso saber o que é a matéria em si e a que agente se devem suas propriedades.

Todos os corpos são compostos de partículas infinitamente pequenas chamadas átomos; para se ter uma idéia da sua tenuidade, tomemos uma substância corante, como a fucsina, e constataremos que ela pode tingir um volume de água vários milhões de vezes maior do que o seu, isto é, que as moléculas que compõem seu corpo se espalham na massa total do líquido, dividindo-se progressivamente. A partir disso, poder-se-ia supor que os corpos são indefinidamente divisíveis, o que seria um erro, porque a lei das proporções definidas é um argumento irrefutável que se pode invocar em favor de uma divisibilidade limitada.

Os átomos que compõem todos os corpos não se tocam, acham-se colocados uns ao lado dos outros e agrupados por uma força chamada coesão. Todos os corpos da natureza parecem, portanto, uma espécie de coleção de átomos ou de moléculas diversamente associados. É por isso que as nossas concepções científicas tendem a reduzir todos os fenômenos da natureza a movimentos moleculares ou a movimentos de transporte no espaço. A matéria é inerte, ou seja, é incapaz de entrar em movimento por si mesma. Se constatamos um deslocamento num corpo, é porque uma força qualquer o terá feito sair do seu estado de inércia. Pode-se então dizer que o movimento é a expressão da força; mas essa força pode atuar de diferentes maneiras, seja deslocando o corpo no espaço, seja determinando-lhe modificações no estado molecular.

Por exemplo, se com o dedo se mantém uma corda de violino fora da sua condição de repouso, as moléculas que formam essa corda tendem a retomar sua posição inicial, exercem uma pressão sobre o dedo, havendo, portanto, um trabalho molecular interno. Se, ao contrário, se retira o dedo, a corda se põe em movimento e o trabalho molecular que produzia a pressão se transforma em movimentos de transporte que se executam de um lado e do outro da posição de repouso da corda. O vaivém é amortecido progresivamente pela resistência do ar e dos pontos de fixação da corda.

Essa teoria estabelece que, em princípio, as qualidades dos corpos devem-se aos movimentos específicos de que as moléculas ou os átomos de cada substância são animados. As propriedades químicas dos corpos seriam devidas apenas aos agrupamentos diferentes dos átomos. Sem dúvida, atualmente não se pode imaginar a que espécie de movimentos constitutivos se deve, por exemplo, a diferença entre o ouro e a prata, mas a idéia de que ela resida nesses movimentos também não é universalmente aceita.

Que não se diga que essa teoria tenha sido forjada para atender a exigências da nossa causa. Desde a descoberta da transformação e da conservação da força, ela é a única que se possa compreender, e a encontraremos exposta na psicofísica do prof. Delboeuf. Se essa concepção moderna estiver correta, diante da nossa inteligência supostamente perfeita o Universo parecerá composto de diferentes grupos de átomos, grupos móveis no espaço, enquanto todos os átomos oscilam em torno de um centro de equilíbrio; ela não verá aí outra variedade a não ser a proveniente de grupos diferentes, ou derivada do sentido, da amplitude e da rapidez das vibrações dos átomos.

Tudo se resume a movimento. Do átomo invisível ao corpo celeste perdido no espaço, tudo está submetido ao movimento, tudo gravita numa órbita imensa, ou infinitamente pequena. Mantidas a uma distância definida umas das outras, em razão do próprio movimento que as anima, as moléculas mostram relações constantes, que só perdem pelo acréscimo ou pela subtração de certa quantidade de movimento. Conforme as vibrações dos átomos que compõem os corpos sejam mais ou menos rápidas, as substâncias acham-se no estado sólido, líquido, gasoso ou radiante. Para fazer um corpo passar por esses diferentes estados, geralmente empregamos o calor, que nada mais é senão um movimento vibratório do éter, mas ignoramos se outros agentes têm a mesma capacidade, ou seja, se podem fazer as diferentes substâncias passarem pelos estados sólidos, líquidos e gasosos.

Os espíritos nos disseram que a *vontade* é uma força considerável por meio da qual eles atuam nos fluidos; portanto, é a vontade que determina as combinações dos fluidos. Eles podem, com sua ação, fazer todas as manipulações fluídicas que desejam, mas, para materializar essas criações fluídicas, precisam de um agente essencial: o fluido vital. E só no organismo humano o encontram contendo todas as condições necessárias à materialização; por isso a presença de um médium lhes é indispensável. Visto isso, como conceber que um espírito possa primeiro mostrar-se a nós e depois materializar-se?

Para mostrar-se, é necessário que extraia fluido vital no organismo do encarnado. Por meio desse agente, ele produz no seu invólucro uma modificação molecular que o faz passar de translúcido a opaco. Vê-se um efeito análogo, embora inverso, quando se estudam as propriedades de certas substâncias, como a hidrófana, rocha silicosa opaca, que se torna transparente quando é mergulhada n'água. Produz-se nesse caso efeito igual ao que ocorre quando se besunta uma folha de papel com uma substância gordurosa. A opacidade é devida ao reflexo da luz em diferentes parcelas do papel; mas a interposição de uma substância que impeça a produção de reflexos permite que a luz atravesse o corpo e, conseqüentemente, produz a transparência. Nos espíritos, o efeito que se produz é inverso. Aliás, basta examinar a condensação de um vapor num tubo para compreender como, sob a influência da vontade e do fluido vital, o perispírito pode materializar-se.

O invólucro fluídico, que geralmente reproduz a aparência física que o espírito tinha na sua última encarnação, possui todos os órgãos do homem, de modo que, diminuindo o movimento molecular radiante desse invólucro, ele inicialmente aparece sob um aspecto vaporoso, como no caso da subdiretora de Riga, depois, indo o fluido vital do médium acumulando-se cada vez mais no corpo fluídico, comunica-lhe momentaneamente uma vida factícia, que é mais intensa quanto mais o médium possa fornecer-lhe. Isso nos explica por que, durante a ação, os médiuns de materialização ficam mergulhados em catalepsia.

Pudemos observar também, nos exemplos de desdobramento que narramos no capítulo anterior, que a presença de um médium não parecia necessária. Isto se devia ao fato de o próprio encarnado fornecer o fluido vital indispensável; ele era seu próprio médium, e conforme seus fluidos vitais eram mais ou menos abundantes, seu duplo também tinha uma realidade mais ou menos tangível.

Uma circunstância do fenômeno parece muito estranha: é o súbito desaparecimento do espírito materializado. Pareceria que o perispírito que foi materializado deve passar lenta e progressivamente por fases inversas para voltar ao estado fluídico. Mas isso também pode ser compreendido quando se pensa que a água, mesmo no estado sólido, tem uma certa tensão de vapor. É o que faz com que não seja raro ver-se o gelo desaparecer sem ter sofrido fusão; ele passa bruscamente ao estado de vapor, e nesse caso devemos admitir – o que, aliás, o naturalista Plínio já havia reconhecido — que houve vaporização imediata. Esse fenômeno foi estudado por Gay-Lussac e pelo sr. Regnault, que operaram a até 52 graus abaixo de zero. Certos corpos sólidos, como o iodo e a cânfora, também passam diretamente para o estado gasoso. Podemos então compreender que ocorra algo análogo no súbito desaparecimento de um espírito materializado.

Para que nossa demonstração seja completa, seria preciso fazer experiências que estabelecessem o aporte do fluido vital no organismo do espírito. Nada foi tentado ainda nesse sentido, e é difícil, em vista do pouco tempo em que esses fenômenos estão sendo cientificamente estudados, determinar-lhes todas as leis. Mesmo assim, achamos que nossa teoria pode ser aceita para entender os fatos, e ficaremos felizes se esses dados puderem servir para o esclarecimento desses assuntos ainda tão pouco conhecidos. Não temos absolutamente a pretensão de impor nossa convicção a quem quer que seja; contentamo-nos contribuindo com nossa pedra para o grande edifício que dentro em breve se erguerá e que terá por alicerce os estados fluídicos tão pouco estudados atualmente.

Essa maneira de encarar o perispírito vai permitir-nos compreender mais facilmente o papel que ele desempenha durante a vida do espírito. Baseados em Allan Kardec, vamos resumir o que sabemos a esse respeito.

A vida do espírito

Tomemos a alma ao sair deste mundo e vejamos o que acontece após essa transmigração. Ao se extinguirem as forças vitais, o espírito se desliga do corpo no momento em que cessa a vida orgânica; mas a separação não é brusca e instantânea. Às vezes começa antes da cessação da vida; nem sempre é completa no instante da morte. Já demonstramos que entre o espírito e o corpo há um liame seminatural que constitui um primeiro invólucro; é essa ligação que não se rompe subitamente e, enquanto subsiste, o espírito fica num estado de perturbação que podemos comparar ao que acompanha o despertar. Freqüentemente, mesmo, duvida da sua morte; sente que existe, e não compreende que possa viver sem seu corpo, do qual se vê separado. Os laços que o unem à matéria tornam-no mesmo acessível a certas sensações físicas; um deles dizia que sentia até os vermes que lhe roíam o corpo.

É só quando está completamente livre que o espírito se reconhece; até lá, não percebe com clareza sua situação. A duração desse estado de perturbação é muito variável, pode ir de algumas horas a vários anos, mas é raro que alguns dias depois o espírito não se reconheça mais ou menos bem. Só nos referimos aqui a almas que já atingiram um certo grau de progresso moral, porque entre os povos selvagens a vida espiritual não é suficientemente ativa para que se identifiquem com sua nova situação. Faz-se com que esses espíritos reencarnem rapidamente, a fim de apressar o momento em que, gozando inteiramente do seu livre-arbítrio, se tornarão os únicos senhores do seu destino. Do mesmo modo, para muitos espíritos de nações civilizadas, a morte produz tal mudança na sua situação, que eles acham tudo estranho ao seu redor, e levam algum tempo para familiarizar-se com sua nova maneira de perceber as coisas.

O momento em que um deles vê cessar sua escravidão, pela ruptura dos laços que o retêm ao corpo, é um momento solene; à sua entrada no mundo dos espíritos, ele é acolhido por seus amigos que vêm recebê-lo como se estivesse voltando de uma viagem penosa. Reencontra seus mortos amados, cuja perda lhe causara uma dor pungente, e se a travessia foi feliz, isto é, se o tempo de exílio foi empregado de modo proveitoso, eles o felicitam pelo combate corajosamente suportado. Aos parentes juntam-se os amigos que outrora conheceu, e todos, alegres e radiantes, voam no éter infinito. Começa então, verdadeiramente, sua nova existência.

O invólucro fluídico do espírito constitui uma espécie de corpo de forma definida, limitada e análoga à nossa. Vimos, pelo estudo dos turbilhões de Helmohltz, como se podia conceber esse estado, mas esse corpo não tem nossos órgãos e não pode sentir todas as nossas impressões. Na Terra, a visão, o ouvido, o tato dependem de instrumentos cuja precariedade não permite sentir as vibrações, em quantidade infinita, que se estendem além dos limites de nossas escassas percepções. Mas essas vibrações existem e, para o ser que pode captá-las e compreender-lhes a linguagem, elas devem ter uma voz mais penetrante do que o majestoso murmúrio do oceano e do que os misteriosos lamentos do vento através das florestas.

O espírito sente tudo o que percebemos. A luz, os odores, e essas sensações, embora nada tenham de material, nem por isso deixam de ser reais; têm mesmo algo de mais claro, de mais preciso, de mais sutil, porque elas chegam à alma sem intermediário, sem passar, como em nós, pela sucessão de sentidos que as enfraquecem. A faculdade de perceber é inerente ao espírito; é um atributo de todo seu ser; as sensações lhe chegam de todos os lados e não de alguns pontos específicos. Um deles dizia, falando da visão: 'É uma faculdade do espírito e não do corpo; vós vedes pelos olhos, mas em vós não é o corpo que vê, é o espírito."

Pela conformação dos nossos órgãos temos necessidade de certos veículos para nossas sensações; é assim que precisamos da luz para refletir os objetos, do ar para transmitir-nos os sons. Esses veículos tornam-se inúteis a partir do momento em que não tenhamos mais os intermediários que os tornavam necessários: portanto, o espírito vê sem o auxílio da nossa luz, ouve sem precisar das vibrações do ar. Eis por que para ele não existe escuridão. Isso nos dá a explicação para as notáveis propriedades dos sonâmbulos lúcidos, que vêem e ouvem muito além do alcance dos sons materiais. É porque sua alma, que está livre, goza de uma parte das prerrogativas que possui no estado de desencarnação.

Mas as sensações perpétuas e indefinidas, por mais agradáveis que sejam, se tornariam cansativas a longo prazo se não pudéssemos esquivar-nos delas. Por isso a alma tem a faculdade de suspendê-las; pode, à vontade, deixar de ver, de ouvir, de sentir determinadas coisas e, conseqüentemente, ver, ouvir e sentir só o que quiser. Essa faculdade se deve à sua superioridade, porque há coisas que os espíritos inferiores não podem evitar, o que torna sua situação penosa.

É essa nova maneira de sentir que o espírito não entende logo no início e de que só pouco a pouco se dá conta. Aqueles cujo espírito é atrasado absolutamente não a entendem e teriam imensa dificuldade para descrevê-la; exatamente como entre nós os ignorantes vêem e se movem, sem saber como.

Essa incapacidade de compreender o que está acima do seu alcance, aliada à fanfarronice, companheira habitual da ignorância, é a causa das absurdas teorias propostas por certos espíritos, que nos induzirão a erro se as aceitarmos sem controle e sem nos assegurarmos, pelos meios proporcionados pela experiência e pelo hábito de conversar com eles, do grau de confiança que eles merecem.

Há sensações cuja origem reside no próprio estado dos nossos órgãos; ora, as necessidades inerentes ao nosso corpo não podem existir quando o invólucro carnal estiver destruído. O espírito então não sente cansaço, nem necessidade de repouso ou de alimentação, porque não tem qualquer perda a reparar; não é atormentado por nenhuma das nossas enfermidades. Se às veze os médiuns vêem espíritos corcundas ou coxos, é porque eles tomam essa forma para que as pessoas com as quais se relacionaram na Terra os reconheçam mais facilmente. As necessidades do corpo geram deveres sociais que não teriam qualquer razão de ser para os espíritos. Assim, preocupações com negócios, as mil intrigas a que nos expõe a necessidade de ganhar a vida, a corrida atrás de quimeras que devem lisonjear-nos a vaidade, os tormentos que criamos para nós mesmos a fim de conquistar coisas supérfluas, para eles não existem mais. Sorriem penalizados vendo o esforço que fazemos para conseguir riquezas vãs ou futilidades ridículas. Mas é preciso já ter chegado a um grau de elevação suficiente para apreciar as coisas dessa altura; os espíritos vulgares se interessam mais por nossas lutas materiais e delas participam em certa medida, incitando-nos para o bem ou para o mal, confome sua natureza, boa ou perversa. Os espíritos inferiores sofrem e, embora nada tenham de físico, suas angústias não são menos pungentes; eles têm todas as paixões, todos os desejos que os mortificavam em vida, e sua punição é não poder satisfazê-los. É para eles uma verdadeira tortura, que acreditam perpétua, porque sua própria inferioridade não lhes permite ver-lhe o fim, e isso é também um castigo.

A palavra articulada é igualmente uma necessidade do nosso organismo. Quanto aos espíritos, como não têm necessidade de sons vibrantes para impressionar-lhes os ouvidos, eles se compreendem pela simples transmissão do pensamento, como aqui na Terra muitas vezes conseguimos nos compreender pelo olhar. No entanto, os espíritos podem produzir certos ruídos; sabemos que eles são capazes de atuar sobre a matéria, e esta nos transmite o som. É assim que fazem com que se ouçam pancadas e gritos, e às vezes cantos no ar. Na quinta parte trataremos de tudo que se refere às manifestações.

Enquanto arrastamos penosamente nosso corpo material, rastejamos presos ao chão, os espíritos vaporosos, etéreos, transportam-se sem fadiga de um lugar a outro, transpõem incomensuráveis espaços com a rapidez do pensamento e penetram por toda parte sem encontrar obstáculos.

O espírito vê tudo que nós vemos e mais claramente do que conseguimos fazê-lo; vê o que nossos sentidos limitados não nos permitem ver; penetrando na matéria, ele descobre o que ela esconde ao nosso olhar.

Portanto, os espíritos não são seres vagos, indefinidos, tal como até agora nos satisfizemos a imaginá-los; são individualidades reais, determinadas, circunscritas, gozando de faculdades iguais às nossas e de muitas outras que não conhecemos, porque são inerentes à sua natureza; eles têm as qualidades da matéria que lhes é própria e formam a população desse universo invisível que nos contém, nos rodeia, nos acotovela sem cessar. Suponhamos por um instante que o véu material que os oculta dos nossos olhos se levante: veríamos uma quantidade enorme de seres rodear-nos, agitar-se ao nosso redor e examinar-nos, como faríamos se, por acaso, nos encontrássemos numa reunião de cegos. Para os espíritos, nós somos vítimas de cegueira e eles são videntes.

Já dissemos que, ao entrar na sua nova vida, o espírito leva algum tempo para reconhecer-se, que tudo para ele é estranho e desconhecido. Sem dúvida muitos perguntarão como isso é possível, se ele já teve outras existências corporais. Essas passagens pela Terra foram intercaladas com intervalos passados no mundo dos espíritos, e enfim, como o espaço é sua verdadeira pátria, nele o espírito não deve sentir-se desambientado.

Várias causas tendem a tornar essas percepções novas para ele, embora já as tenha experimentado. A morte, já o dissemos, é sempre seguida de um instante de perturbação, mas que pode ser de curta duração. Nesse estado, suas idéias são sempre vagas e confusas; a vida corporal se confunde, por assim dizer, com a vida espírita, e ele ainda não consegue separá-las no seu pensamento. Dissipada essa perturbação inicial, suas idéias clareiam pouco a pouco e com elas a lembrança do passado, que só gradualmente lhe volta à memória, porque essa faculdade não irrompe nele bruscamente. Só quando o espírito estiver completamente desmaterializado suas vidas anteriores se desenrolam diante dele, como uma perspectiva saindo lentamente do nevoeiro que a envolvia. Só então ele se lembra da sua última existência, depois o panorama das suas passagens pela Terra e dos seus retornos ao espaço se estende diante dos seus olhos. Ele avalia os progressos que realizou e os que restam a fazer; é assim que nasce o desejo de encarnar-se a fim de chegar mais rapidamente aos mundos felizes que ele entrevê.

A partir disso, concebe-se que o mundo dos espíritos deva parecer-lhe novo, até o momento em que a lembrança lhe tenha voltado completamente. Mas a esta causa deve-se juntar outra, não menos preponderante.

O estado do espírito, como espírito, varia extraordinariamente em razão da sua elevação e da sua pureza. À medida que cresce intelectualmente e se aperfeiçoa moralmente, suas percepções e sensações são menos grosseiras, adquirem mais finura, suscetibilidade, delicadeza; ele vê, sente e compreende coisas que não podia ver, nem sentir ou compreender numa condição inferior. Ora, como cada existência corporal é para ele uma ocasião de progresso, a cada vez ela o leva a um novo meio, entre espíritos de uma outra ordem, cujos pensamentos e hábitos são diferentes. Acrescentemos a isso que essa depuração lhe permite penetrar em mundos inacessíveis aos espíritos inferiores, como entre nós os salões da aristocracia são vedados às pessoas mal-educadas. Quanto menos esclarecido, mais o horizonte para ele é limitado; à medida que se eleva e depura, esse horizonte se alarga e com ele o círculo das suas idéias e das suas percepções. A comparação seguinte pode fazer-nos compreender isso. Suponhamos um camponês bruto e ignorante indo a Paris pela primeira vez; será que compreenderá a Paris do mundo elegante e do mundo culto? Não, porque só freqüentará pessoas da sua classe e os bairros onde elas moram. Mas, se no intervalo de uma segunda viagem esse camponês tiver progredido, tiver adquirido instrução e maneiras polidas, se seus hábitos e relacionamentos forem bem diferentes, ele verá uma Paris que em nada se parecerá com a que conheceu um dia. O mesmo acontece com os espíritos, mas nem todos terão o mesmo nível de insegurança. À medida que progredirem, suas idéias evoluem, a memória fica mais ágil, estão antecipadamente familiarizados com sua nova posição; em seu retorno entre os espíritos, nada mais lhes é estranho: acham-se no seu ambiente normal, e, passado o primeiro momento de perturbação, eles se reconhecem quase imediatamente.

Essa é a situação geral dos espíritos no chamado estado errante. Mas, que fazem eles nessa situação? Em que passam seu tempo? Para nós esta é uma questão de interesse capital. Realmente, importa-nos ser informados quanto a este ponto, pois trata-se do nosso futuro espiritual, e os mínimos detalhes são muito oportunos. Aliás, são os próprios espíritos que respondem a essas perguntas, porque, em tudo o que até agora expusemos, nada é produto da imaginação. Extraímos dos ensinamentos de Allan Kardec todos os esclarecimentos necessários, sendo que ele próprio baseou sua teoria em comunicações recebidas de todas as partes do globo; portanto, ela apresenta todas as características da verdade. Opiniões sobre o espiritismo à parte, deve-se convir que a vida de além-túmulo nada tem de irracional; ela apresenta uma seqüência, um encadeamento perfeitamente lógico, de que mais de um filósofo se orgulharia.

Seria um grave erro, já o dissemos, se acreditássemos que a vida espírita é ociosa. Ao contrário, ela é essencialmente ativa e todos os espíritos nos falam das suas ocupações; essas ocupações diferem, necessariamente, conforme o espírito esteja errante ou encarnado. No estado de encarnação, elas são relativas à natureza dos globos que eles habitam, às necessidades que dependem do estado físico e moral desses globos, bem como ao organismo dos seres vivos. Os dados da ciência, expostos com tão luminosa clareza em *Les Terres du Ciel*, por Camille Flammarion, já nos dão uma idéia do que é a vida na superfície dos planetas do nosso sistema solar; nossa intenção não é recomeçar o que o célebre astrônomo fez tão bem; falaremos somente dos espíritos errantes.

Entre os que atingiram um certo grau de elevação, uns velam pelo cumprimento dos desígnios de Deus nos grandes destinos do Universo; dirigem a marcha dos acontecimentos e contribuem para o progresso de cada mundo. Outros tomam os indivíduos sob sua proteção e constituem-se em gênios tutelares, em guias espirituais, seguem-nos desde o nascimento até a morte, procurando dirigi-los no caminho do bem. É uma felicidade quando seus esforços são coroados de êxito. Alguns encarnam-se em mundos inferiores para lá desempenhar missões de progresso; por seus trabalhos, seus exemplos, seus conselhos, seus esclarecimentos, procuram fazer com que uns progridam nas ciências ou nas artes; outros, na moral. Submetem-se então voluntariamente às vicissitudes de uma vida corporal muitas vezes árdua, visando a fazer o bem, e isso lhes é creditado. Muitos, finalmente, não têm atribuições especiais; vão a qualquer lugar onde sua presença possa ser útil, para dar conselhos, inspirar boas idéias, animar os ânimos abatidos, dar força aos fracos e castigar os presunçosos

Se considerarmos o número infinito dos mundos que povoam o Universo e a quantidade incalculável de seres que os habitam, veremos que há muitas ocupações para os espíritos. Para eles, os diversos trabalhos nada têm de enfadonho, fazem-nos voluntariamente e não por imposição, e sua satisfação é sair-se bem no que empreendem; ninguém pensa num eterno ócio, que seria um verdadeiro suplício. Quando as circunstâncias o exigem, reúnem-se em conselho, deliberam sobre a melhor conduta a seguir, conforme os acontecimentos, dão ordens aos espíritos que lhes são subordinados e a seguir vão aonde o dever os chama. Essas assembléias são gerais, ou particulares, conforme a importância do assunto; não há lugar especial destinado a essas reuniões, o espaço é o domínio dos espíritos. Contudo, elas geralmente se realizam nos globos que as motivam. Os espíritos encarnados nesse mundo e que têm uma missão a cumprir freqüentemente assistem a essas assembléias. Enquanto seu corpo repousa, eles vão buscar conselhos junto aos outros espíritos, receber ordens sobre a conduta que devem ter como homens. Ao despertar, eles não têm, é verdade, uma lembrança precisa do que se passou, mas têm a intuição que os faz agir inconscientemente.

Descendo na hierarquia, encontramos espíritos menos elevados, menos depurados e, conseqüentemente, menos esclarecidos, mas que não são menos bons, e que, numa esfera de atividade mais restrita, desempenham funções análogas. Em vez de estender-se aos diferentes mundos, sua ação se exerce mais especialmente num globo determinado, compatível com seu grau de adiantamento; sua influência é mais individual e tem por objeto ações de menor importância.

Vem, a seguir, a multidão dos espíritos comuns, mais ou menos bons, que pululam em torno de nós. Elevam-se pouco acima da humanidade, de que representam todas as nuances e lhe são uma espécie de reflexo, porque eles têm todos os vícios e todas as virtudes; em muitos deles encontramos os gostos, as idéias e inclinações que tinham quando vivos; suas faculdades são limitadas, seu julgamento falível como o dos homens, freqüentemente errôneo e imbuído de preconceitos. Em outros, o senso moral é mais desenvolvido; sem ter grande superioridade, nem grande sabedoria, julgam mais corretamente e reprovam o que fizeram, disseram ou pensaram durante a vida. Aliás, há uma coisa digna de nota: é que, mesmo entre os espíritos mais comuns, a maioria tem sentimentos mais puros no estado errático do que durante a encarnação; a vida espírita esclarece-os quanto aos seus defeitos; e, com muito poucas exceções, arrependem-se amargamente e lamentam o mal que fizeram, porque sofrem mais ou menos cruelmente com isso. O endurecimento absoluto é muito raro e apenas temporário, pois cedo ou tarde acabam por deplorar sua posição, e pode-se dizer que todos desejam aperfeiçoar-se, porque compreendem que é a única maneira de sair da sua posição inferior.

Em resumo, vemos que a alma se desenvolve por uma série de existências sucessivas; que, tendo partido do estado mais rudimentar, de que encontramos o exemplo nos povos selvagens, ela deve elevar-se por graus até atingir o máximo de qualidade e perfeições que se pode adquirir na Terra. Quando atinge a meta que lhe estava destinada neste mundo, ela sobe rumo a mundos superiores, onde destinos melhores a esperam. Seríamos tentados a crer que essa progressão eterna tem um limite e que a perfeição deve ser atingida um dia. É um erro que se deve à nossa natureza limitada, que tem do Universo e do infinito uma idéia acanhada, mesquinha, pouco compatível com a realidade das coisas.

Quando contemplamos a escassa parte do Universo que nossos instrumentos nos permitem conhecer, o espírito recua ofuscado diante dos milhares de mundos que povoam esses espaços sem limites. Se, pelo pensamento, medirmos o tempo que nos é indispensável para fixar em nós uma qualidade, se lançarmos um olhar retrospectivo sobre as inúmeras encarnações pelas quais foi preciso passar para chegarmos apenas ao nosso estado atual, compreenderemos que nossa ascensão indefinida exige um tempo enorme, tão considerável que as mais ousadas concepções da imaginação não conseguem fazer-nos concebê-lo.

No entanto, como Deus cria sem cessar, podemos supor que há espíritos que percorreram todas as etapas, e que enfim chegaram à perfeição absoluta. É mais uma falsa interpretação, porque a perfeição absoluta é Deus, isto é, o infinito e a eternidade. Ora, tendo tido um começo, jamais a alma do homem será eterna, ela simplesmente é imortal. É uma função que vai crescendo do zero até além do infinito.

Houve quem afirmasse que a alma era incriada. Segundo nós, essa maneira de ver está errada, porque se admitimos a existência de Deus, ele deve ser o autor de tudo que existe; sem isso, não teria razão de ser. Aliás, já que progredimos, elevando-nos de encarnação a encarnação, vemos que começamos na vida por um estado simples, no qual não tínhamos nenhuma das faculdades que hoje possuímos. Nós as adquirimos insensivelmente numa seqüência de lutas contra a matéria. Ora, se fôssemos eternos, que significaria a progressão? Na eternidade não poderíamos crescer, nem diminuir. Seríamos imutáveis por nossa própria natureza. Como a experiência nos demonstra que, ao contrário, crescemos intelectualmente, devemos concluir que fomos criados. Os únicos limites ao progresso que encontramos são a imensidão e a eternidade, ou seja, não há limites. Não devemos assustar-nos com essa perspectiva, porque sabemos, por experiência, que a cada nova descoberta, a cada aquisição intelectual corresponde uma felicidade que aumenta a de que já gozamos. À medida que nossas faculdades se ampliam, elas se exercem num campo cada vez mais vasto, abrangem horizontes mais extensos e, como o Universo é ilimitado, podemos imaginar que precisaremos da eternidade para compreendê-lo e aprofundar-lhe as leis.

Confiantes na bondade do nosso pai celeste, devemos crer nas promessas dos espíritos superiores que nos assistem, ao constatarmos a inefável felicidade de que desfrutam e a elevação e a beleza do seu ensinamento. Nosso único objetivo deve ser igualá-los, certos de que o poder divino sempre recompensará nossos esforços, proporcionando a felicidade à pena que houvermos suportado.

Capítulo IV
Hipótese

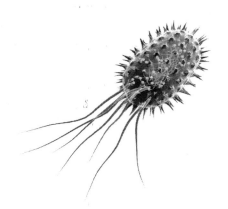

Até aqui nos limitamos a estudar o perispírito no homem e durante a desencarnação. Como os espíritos nos ensinaram que ele é formado de fluido universal, aceitamo-lhes a assertiva, sem procurarmos saber por que processo o perispírito podia ter adquirido todas as qualidades de que é dotado. Neste capítulo, vamos procurar levantar uma ponta do véu que nos oculta o passado. Para explicar o funcionamento do invólucro do espírito, formularemos a seguinte hipótese:

Durante a evolução da alma, o perispírito fixa em si todas as qualidades que lhe permitem dirigir a vida orgânica. De modo que o homem possuiria: 1° a vida vegetativa, devida ao princípio vital; 2° a vida *orgânica*, devida ao *perispírito*; 3° a vida intelectual, que é a da alma. Tentaremos, então, demonstrar que o duplo fluídico do homem é o princípio diretor da vida orgânica; para chegar a essa conclusão, admitiremos como absolutamente demonstradas as leis do transformismo, que se adaptam maravilhosamente ao nosso assunto. Observaremos, porém, que é enxertar uma hipótese numa suposição, mas, já tendo declarado estarmos prontos a aceitar qualquer outra teoria que nos provem ser melhor, podemos sem receio propor a nossa.

Aliás, para justificar-nos, diremos que todos temos um hábito ou uma tendência instintiva do espírito que nos leva a querer explicar tudo e a inventar uma explicação quando esta nos falta. Ora, se é evidente que se pode logicamente descer de uma causa conhecida ao efeito que ela determina, não é menos claro que a operação inversa fique absolutamente desprovida de regras e entregue a todos os imprevistos da interpretação.

Quando se sabe que a água é pressionada pela atmosfera, diz o sr. Jamin, sabe-se antecipadamente que ela subirá no cano de uma bomba onde se provocar o vácuo. Mas, admitindo-se que não se conheça a existência dessa pressão e que se veja a água subir, restará a liberdade de escolha entre uma porção de causas que a imaginação possa sugerir; e quando se quiser decidir entre elas, ter-se-á todas as chances possíveis de enganar-se, contra uma só de acertar. Sabemos como se saíram os antigos, que admitiam o horror da natureza pelo vácuo.

É a mesma necessidade que se quer satisfazer e a mesma operação que se faz quando se diz que a matéria se *atrai*; nas duas hipóteses tudo se assemelha, até a maneira como são expressas, e talvez tudo se assemelhe também na realidade das duas explicações. Que existe uma força que atua entre dois astros vizinhos, é o que a mecânica demonstra rigorosamente, mas quando se diz que essa força é uma atração da matéria, faz-se uma suposição tão gratuita quanto a dos antigos, quando diziam que a força que faz a água subir é uma aversão ao vácuo.

Vemos os fenômenos do calor, da eletricidade, do magnetismo e da luz se produzirem e nos apressamos a inventar quatro fluidos para explicá-los. E que são esses fluidos? São seres imaginários perfeitamente escolhidos, aliás, para se prestarem a todas as explicações, porque ao criá-los, devido à necessidade que temos de explicações, podemos atribuir-lhes todas as propriedades que quisermos.

Aí está, em toda sua beleza, o nascimento de um sistema. Na maioria das vezes essas teorias servem apenas para ocultar a ignorância das pessoas sobre as verdadeiras causas, e habituam o espírito a contentar-se com palavras. É raro que o progresso das ciências não destrua esses brilhantes produtos da imaginação. Produziram-se muitas teorias; restam muito poucas; e quem pode prever a sorte das que aceitamos?

Embora os físicos modernos, para precaver-se, tomem tanto cuidado com elas quanto os antigos se empenhavam em multiplicá-las, eles ainda admitem alguns sistemas, mas com uma condição que lhes dá uma verdadeira utilidade, a de que sejam incluídos numa hipótese geral que possa abranger matematicamente todas as leis experimentais de uma ciência, e que até mesmo lhe permita descobrir outras.

Entre elas está a nova teoria aceita em óptica. Tão logo se admitiu que a luz é um movimento vibratório do éter, todas as leis experimentais passam a ser conclusões que decorrem da hipótese, e, pouco a pouco, a óptica chega ao estado de perfeição final em que a experiência não passa de um auxiliar que verifica as previsões da teoria, em vez de ser o único meio de pesquisar as leis. É por essas características que hoje se julgam os sistemas e é nessas condições que são admitidos.

Guiado por sábios ilustres, o espiritismo científico transpôs os primeiros passos da experiência, mas a explicação de todos os seus fenômenos ainda não pode ser utilmente tentada, porque atualmente existem muito poucos documentos que permitam levar esse trabalho a bom termo. O que apresentamos, portanto, é um simples ensaio, que não tem de maneira alguma a pretensão de assentar-se como verdade absoluta.

Para explicar a vida do homem – materialismo à parte – há em filosofia três sistemas diferentes:

1º O vitalismo

2º O organicismo

3º O animismo

Passemos rapidamente em revista essas diferentes escolas.

Sabe-se, de um modo geral, que o corpo cresce como os vegetais, que sente e se move como o animal, e, finalmente, que tem uma existência superior que reside na vida intelectual. É preciso, então, que o sistema que explica o homem físico e moral abranja essas três ordens de fatos. Iremos constatar que são todos deficientes, porque se limitam a considerar apenas um lado da questão, em vez de vê-la no seu todo.

Os *vitalistas* querem reconhecer no homem somente uma

força: o princípio vital. E acham que basta isso para explicar tudo. Eis em que se apóia sua convicção:

Observam que entre os fenômenos da natureza inorgânica e os da matéria organizada existe uma diferença radical: é que os corpos brutos obedecem a leis que nos foi possível conhecer e formular, de modo que podemos, à vontade, fazer a análise e a síntese de todas as substâncias. Mas quando passamos dos corpos brutos à planta mais ínfima, à mais rudimentar, não nos é possível fazer o mesmo, sujam quais forem as condições em que operemos. Uma simples folha que o vento destaque de uma árvore é um mistério impenetrável quanto à sua produção. A química pode decompor essa folha, saber o peso e a natureza dos corpos que entram na sua composição, mas é-lhe impossível reproduzi-la, porque ela não dispõe da vida, que é a única energia capaz de organizar essa matéria.

No corpo humano, esse princípio age do mesmo modo que na planta; nutre as células dos tecidos, as substitui sem que a alma tenha consciência disso e, além do mais, mesmo após a morte ele ainda age, já que foi encontrado em alguns cadáveres cujos cabelos e unhas haviam crescido.

Mas, se quisermos explicar todos os fenômenos que se passam no homem pela simples atuação do princípio vital, toparemos com dificuldades insuperáveis.

É preciso distinguir cuidadosamente os efeitos vitais dos produzidos pela alma, porque entre essas duas espécies de ação existem diferenças enormes. Assim, por exemplo, os fenômenos de digestão, de assimilação, de circulação de sangue são independentes da vontade, operam-se sem a participação da alma. Jeoffroy, o filósofo eclético, diz:

"O eu sente-se absolutamente alheio à produção dos fenômenos da vida; estes acontecem não somente sem que ele tenha consciência de engendrá-los, mas também sem que tenha o mínimo conhecimento ou sequer seja advertido de que se produzem... Para captar os fenômenos da vida, é preciso que *saiamos de nós*, e que, por experiências sinuosas e difíceis, no corpo humano ou no dos animais, tornemos visível aos nossos sentidos essa vida que não é a nossa e da qual nossa consciência nada nos diz."

A essa proposição, o sr. Barthélemy Saint-Hilaire acrescenta que, do ponto de vista voluntário, interferimos em nossa nutrição tanto quanto interferimos na da planta.

Barthès, o famoso médico, aceita e desenvolve esses argumentos. Ele opõe à perpétua mobilidade da alma a inalterável imobilidade dos fenômenos vitais, que parecem produzidos por leis irrevogáveis, e conclui dizendo que efeitos tão diferentes não podem provir da mesma causa.

Existe, portanto, um princípio vital, mas ele não pode responder por todas as modalidades humanas; então, os vitalistas têm uma teoria incompleta.

Os *organicistas* pretendem explicar a vida vegetal e a vida animal pelo simples funcionamento dos órgãos, ou seja, pela atividade natural da matéria. Baseiam-se no fato de que podemos, em determinadas condições, submeter insetos, como os rotíferos e os tardígrados, à morte e à ressurreição, pelo menos é assim que qualificam o estado desses animais antes e depois da operação. Na verdade, após ter dessecado esses animálculos a frio e eles parecerem mortos, basta colocá-los numa estufa que geralmente é levada a cem graus para vê-los voltar à vida, se forem umedecidos após o resfriamento. Donde os organicistas concluem que o meio físico faz tudo, o organismo, nada.

Mas o que prova que esses filósofos estão errados é que há uma temperatura que não se pode ultrapassar sem que o animal perca a vida. Portanto, existe nele um princípio que resiste à morte até um certo grau, depois, ultrapassado esse limite, a força é destruída, o que prova, mais uma vez, a existência do princípio vital.

Os organicistas também se baseiam na transformação do calor em força. O sr. Gavarret estabeleceu experimentalmente, por fatos rigorosos, verificados e controlados por eminentes fisiologistas, que a produção do calor, a contração muscular e a ação nervosa derivam diretamente da ação do oxigênio do ar sobre os materiais do sangue. Essa reação química é a única fonte da força indispensável ao organismo para executar os movimentos que compõem a vida. Assim, nem alma, nem princípio vital, essa é a conclusão desse físico.

Para responder ao sr. Gavarret, basta observar que esses

fenômenos se produzem *nos corpos animados*, ou seja, corpos que já foram organizados pela força vital. A explicação do douto fisiologista é então uma simples informação sobre o modo como funciona a vida nos seres organizados, mas nada tem a ver com o princípio vital em si.

Os partidários da opinião acima citada baseiam-se também nos fenômenos que se passam no estômago e nos pulmões; estudaram minuciosamente as ações produzidas por essas vísceras e conseguiram entender as leis que as dirigem. Concluíram que, para explicar a vida, não há necessidade de outras forças além das que entram em jogo nesse caso.

Como anteriormente, lhes diremos que a quimificação só pode produzir-se se o estômago estiver vivo, como também o pulmão só respira se o animal está em vida, como muito bem o fizeram ver os srs. Cuvier e Flourens. Essa proposição é tão exata que Muller, o fisiologista, constata que "o germe é uma matéria sem forma, isto é, uma massa não organizada que não apresenta qualquer espécie de órgão ou de rudimentos de organização, e no entanto vive; portanto, a força orgânica existe no germe antes de qualquer órgão".

Os *animistas*, finalmente, esperam tudo explicar pela ação consciente ou inconsciente da alma. Se podemos admitir que os fenômenos intelectuais são diretamente o produto da alma, as ações da vida orgânica devem ser atribuídas a uma outra causa, porque não se pode compreender a ação que uma força imaterial exerceria sobre a matéria do corpo.

Portanto, cada escola se coloca num ponto de vista demasiado exclusivo e não pode resolver completamente o problema. O espiritismo, com as luzes que lança em questões tão controvertidas, pode servir de síntese a essas diversas concepções. Eis como:

Tendo o princípio vital uma existência bem demonstrada, nós o aceitamos como uma causa da vida vegetativa. Resta compreender de que modo se exercem as ações automáticas que ocorrem no corpo humano. A noção do perispírito vai fazer-nos entender como o duplo fluídico pode ser considerado como o regulador da vida orgânica, o que, em certa medida, dá razão aos organicistas. Enfim, os animistas podem juntar-se a nós ao ver de que modo explicamos a ação da alma sobre o corpo.

O que nos falta dizer é como o perispírito pode ter adquirido todas as qualidades necessárias ao funcionamento de uma maravilha como o corpo humano. Precisamos estabelecer por que processo esse organismo fluídico pode dirigir as diferentes categorias de ações orgânicas que compõem a vida.

Segundo nós, quanto mais o espírito se eleva, mais seu invólucro se depura. Então, recuando o olhar, podemos dizer que quanto mais grosseiro é o invólucro, menos adiantado é o espírito. Donde a conclusão de que a alma humana, antes de animar um organismo tão perfeito quanto o corpo do homem, teve que passar necessariamente pela experiência animal.

Não sustentamos que o princípio inteligente tenha sido obrigado a atravessar a fase vegetal, porque não encontramos nas plantas nenhum sinal de sensibilidade nitidamente evidenciado. Os movimentos de certas dionéias, como a *mimosa pudica*, vulgarmente chamada sensitiva, não bastam para estabelecer essa propriedade nas espécies vegetais. Tomemos então como ponto de partida as evoluções do princípio inteligente entre os animais mais rudimentares.

Sabemos, pelo estudo da geologia, que o princípio vital nem sempre existiu na Terra. Essa ciência nos diz que numa época de duração indeterminada a Terra não passava de uma massa de matéria orgânica, submetida apenas às leis físico-químicas que regem o mundo mineral. Foi o período azóico.

Quando nosso globo passou por todas as modificações de que era suscetível, apareceu a *vida*, isto é, a força organizadora, e, a partir daquele momento, assistimos a uma série de transformações maravilhosas. Os organismos procedem uns dos outros, indo do simples ao composto. Da matéria do protoplasma às formas mais elevadas há uma escala ininterrupta de seres, uma seqüência de elos que ligam a mais ínfima das criaturas ao homem, suprema expressão dos tipos que se sucederam neste mundo.

Essa longa elaboração exigiu milhares de séculos, e, à medida que o mundo envelhecia, tornava-se cada vez mais apto a receber seres mais perfeitos. Darwin tentou explicar essa contínua progressão pelas leis naturais. Hoeckel retomou e desenvolveu o sistema do sábio inglês, e embora o transformismo ainda não seja universalmente admitido, nós adotamos suas teorias, porque, pela majestosa lentidão que evidenciam, nos parecem em harmonia com o *natura non facit saltum* dos naturalistas e conformes à idéia que temos da energia criadora.

Já vimos uma primeira transformação concluir-se. À natureza bruta sucede a natureza organizada, graças à aparição do princípio vital; a este sucede o princípio anímico, e a conseqüência desse segundo agente é a formação dos animais. A planta vive, mas não possui a sensibilidade, nem o poder de movimentar-se. O animal, ao contrário, não só vive, mas sente e se move. É a partir desse momento que podemos empreender o estudo da evolução intelectual.

Se admitirmos que a alma e seu invólucro passaram pela experiência animal, imediatamente concebemos de que modo as coisas devem ter acontecido. Notamos que o animal possui instinto, isto é, uma força que o dirige seguramente para fazê-lo evitar o que lhe é nocivo. Como nasceu essa força?

No animal, toda ação é o resultado de um julgamento primitivo que implica vontade, consciência, raciocínio e inteligência. Não podemos encontrar na matéria o germe dessas faculdades, por isso as atribuímos ao espírito. O instinto é uma propriedade periespiritual que tem por causa a alma, mas que dela difere essencialmente. Para que se compreenda essa diferença, tomemos um exemplo:

Como é que a criança aprende a ler? De início ela deve perceber a forma das letras. Nos primeiros tempos, confunde o A com o O, o N com o U, o B com o D, o P com o Q; precisa efetuar muitas comparações para reconhecer-lhes as características próprias. Cada vez que forma um juízo, que diz que um A é um A, que um O é um O, deve se perguntar por que chegou a essa conclusão. Mas, pelo exercício, isso se torna cada vez mais rápido, de modo que, dado o primeiro passo, pode-se levá-la ao estudo das sílabas. Agora precisa aprender a distinguir NA, de AN, OU, de UO, IE, de EI; novas comparações, novas reflexões, novos exercícios, e as dificuldades vão sendo vencidas. Aborda-se então o conhecimento das palavras e a seguir, das frases.

Quanto tempo, quantos esforços, quantos estudos são necessários para que chegue a ler correntemente. Mas chega lá e, no final, capta imediatamente uma frase pelo simples exame do texto, como certos jogadores fazem instantaneamente a adição de cinco ou seis dominós dispostos à sua frente. Chegada a esse ponto, ela nem se lembra dos atos preliminares pelos quais teve de passar para conseguir entender a frase. Não percebe mais que soletra, que conjetura quanto à forma das letras e da sua posição nas sílabas etc. Parece-lhe que compreende de imediato o que lê.

E como a criança aprende a traçar as letras com a caneta, a juntá-las para formar palavras, a preocupar-se com a ortografia? Todos esses movimentos são inicialmente voluntários, feitos com plena consciência, depois, no final, consegue escrever sob ditado, sem mesmo prestar atenção às palavras que se pronunciam, sua mão, de certa forma, obedece por si só aos sons que lhe ferem os ouvidos. É de um modo análogo que o perispírito adquire insensivelmente todas as suas qualidades funcionais. Como ele não se destrói com a morte do corpo, como tem uma existência tão real quanto o espírito, acumula em seu seio todos os esforços e todas as aquisições do espírito. É graças à sua perpetuidade que o espírito deve poder voltar à Terra mais preparado do que na vez anterior. Os organismos dos animais primitivos são, na verdade, muito simples, aproximam-se da natureza das plantas. O princípio anímico só tem poucas funções a cumprir, habitua-se à vida ativa; mas não se deve crer que seja inerte, porque, desde seus primeiros passos na vida animal, o germe inteligente tem sensações. Ele quer, por exemplo, fugir, ou perseguir um objeto, mas o movimento não lhe acompanha imediatamente a vontade; deve, por isso, desenvolver um esforço e vencer certas resistências que provêm de um arranjo perispiritual das moléculas pouco favorável ao movimento. Movimento esse que acaba por propagar-se, seguindo a linha das moléculas cuja vibração apresenta menos divergências com ele.

Foi assim que, nos primeiros tempos, a inércia das moléculas perispirituais foi vencida sob a influência da vontade nascente. Daí resulta que o mesmo movimento, quando é exigido pela segunda vez, encontra menos resistência, demanda menos esforços e, com o tempo, à força de repetições, acaba por produzir-se com o menor esforço possível, com um esforço tão pequeno que nem mais é sentido. Então o movimento, a princípio difícil, em seguida torna-se fácil, depois natural e enfim automático.

Eis de que modo se pode conceber que pouco a pouco, após milhares de passagens do princípio inteligente pela série animal, o perispírito vem a fixar em si essas leis que nos parecem instintos, mas que foram lentamente conquistas por ele através de sucessivas existências.

Assim, pode-se dizer, de uma maneira geral, que o movimento é voluntário *quando sabemos como e porque o fazemos*; que é habitual quando o fazemos *sem saber como*; instintivo, quando o fazemos *sem saber porque*; reflexo ou automático quando o fazemos *sem sabê-lo*.

O hábito é adquirido pelo exercício, isto é, pela repetição voluntária de uma série de atos, que acabam por suceder-se cada vez mais rapidamente, com um menor dispêndio de força. O hábito modifica o organismo até nos óvulos e nos espermatozóides. A modificação dos pais se reproduz nos filhos; primeiro como requisito, depois como instinto. Ao mesmo tempo que o animal se aperfeiçoa, os instintos progridem e servem para dirigi-lo. É assim que se formam as leis da matéria animada. À medida que o espírito envelhece, isto é, que reencarna, ele adquire qualidades novas e torna-se cada vez mais apto a habitar corpos mais aperfeiçoados.

Ao chegar à humanidade, a alma já fixou no seu invólucro todas as leis automáticas destinadas a dirigir a maravilhosa máquina chamada corpo humano. Todas as funções animais se exercem com regularidade, e a alma, livre das grosseiras amarras da matéria, emerge da ganga que a envolvia e deve tornar-se senhora absoluta da matéria que até então a dominava.

Um fato pareceria contestar a teoria que sustentamos. É que entre o macaco mais aperfeiçoado e o selvagem, mesmo o mais embrutecido, observam-se diferenças imensas, que parecem indicar uma demarcação nitidamente estabelecida entre o homem e o animal.

Para explicar essa anomalia, do ponto de vista físico, a antropologia nos ensina que existe uma série de animais, chamados antropóides, que são os intermediários entre a humanidade e a animalidade. Não há, pois, descontinuidade na grande cadeia dos seres. Do ponto de vista moral, que é o mais importante, as sábias pesquisas dos srs. Boucher de Perthes, Du Mortillet, Lartet, Gaudry e de tantos outros estabeleceram que em determinado momento do período quaternário as características humanas simiescas achavam-se reunidas nos antropóides daquela época longínqua. A apófise dentária, isto é, a excrescência em que se inserem os músculos que favorecem a fala, ainda não existia, e no entanto todas as características do esqueleto provam que o indivíduo assim constituído já era um homem.

À medida que esse ser progrediu, com seus órgãos aperfeiçoando-se devido as esforços que ele fez para comunicar-se com seus semelhantes, a apófise dentária se formou e esse animal humano conseguiu falar.

Não se conseguiria imaginar a extensão de tempo decorrido para levar a cabo essa transformação, mas tudo leva a crer que foi enorme. O homem que se vê no estágio superior terciário não falava, e apesar das vivas discussões suscitadas por ter sido classificado como homem, pode-se, em todo caso, considerá-lo como um precursor, já que talhava pedras para seu uso.

Seja qual for a opinião que se tenha sobre o homem da época pliocena, é absolutamente certo e provado que o homem, tal como existe atualmente, apareceu no período quaternário, o que também lhe assegura uma antiguidade respeitável, já que cálculos baseados na erosão das rochas calcárias mostram que o gelo teria desaparecido há 450.000 anos, e que o homem era contemporâneo, senão anterior, à época glacial!

Se o princípio inteligente dos animais é obrigado a passar por formas intermediárias para chegar à humanidade, sendo os símios representantes diretos dos antropóides, e tendendo sua raça a desaparecer a cada dia, pergunta-se: quando não existirem mais, como as almas animais chegarão ao nosso nível humano?

Esta é uma objeção muito sensata e nos prova que não se

devem limitar à Terra as evoluções do princípio inteligente. Fazemos parte do Universo, e nada prova que o princípio anímico, ao chegar à nossa Terra, seja obrigado a seguir toda a série de espécies que existem na sua superfície.

Até poderia ser que no período quaternário as almas animais se transformassem, passando, por gradações insensíveis, a ser almas humanas. Em nossa época, porém, isso não é mais posssível, uma vez que não se encontram traços de intermediários intelectuais entre o homem e o símio. Devemos admitir, então, que, chegando ao topo da escala das formas que podia galgar, a alma animal é conduzida a um mundo onde, pouco a pouco, adquire as qualidades que diferenciam o homem do animal, ou seja, a consciência de si mesma, a perfectibilidade e o sentimento do bem e do mal.

Deve-se observar que não fizemos qualquer suposição sobre a criação do princípio inteligente, pois isso envolve questões tão obscuras, tão pouco estudadas até agora, que não poderíamos formular uma opinião. A passagem da alma pela experiência animal parece-nos racional, mas ainda há pontos a elucidar, e não podemos formular uma hipótese a não ser sob a mais categórica reserva.

Para entrar no terreno sólido dos fatos, podemos afirmar que o homem existe na Terra há mais de 300.000 anos, que saiu lentamente das fraldas da bestialidade para elevar-se aos mais altos cumes da vida intelectual. Que espetáculo e que ensinamento nos apresentam nossos miseráveis antepassados! Mal se distinguiam dos outros animais, mais fortes e tão ferozes quanto eles. Mas o homem traz na fronte o sinal da superioridade, possui inteligência, e é ela que vai tirá-lo desse estado lamentável para fazer dele senhor de toda a criação. É a lei do progresso que se manifesta e que nos eleva da mais mesquinha existência às esferas radiantes, onde tudo é amor, justiça e fraternidade.

Quinta parte

Capítulo I
Algumas observações preliminares

Os fenômenos mediúnicos de que falamos no capítulo dedicado ao espiritismo exigem um estudo especial, porque denotam que existem estados especiais do organismo que ainda continuam ignorados pelos fisiologistas e filósofos. Um médium, já o dissemos, é um ser dotado da capacidade de entrar em comunicação com os espíritos; ele deve, portanto, possuir na sua constituição física alguma coisa que o distingue das outras pessoas, uma vez que nem todas estão aptas a servir de intermediárias para os espíritos desencarnados. Além disso, ao atuar sobre o médium, o espírito emprega certos processos que seria interessante conhecer, porque se concebemos perfeitamente como um homem pode fazer sentir fisicamente sua influência sobre outro, o mesmo não acontece quando examinamos de que modo pode produzir-se a ação espiritual sobre um encarnado.

A questão é complexa, e para resolvê-la seria necessário um profundo conhecimento do ser humano, não somente do ponto de vista fisiológico, mas também, e sobretudo, do ponto de vista perispiritual, pois esse agente tem um papel considerável em todos os fenômenos da mediunidade. Seria necessário também conhecer melhor a natureza dos invólucros semimateriais dos espíritos. Como se compreenderá facilmente, nessas pesquisas só podemos raciocinar por analogia. Ainda não conseguimos fazer experiências diretas quanto ao fluido perispiritual, que, por sua natureza, escapa a todos os nossos instrumentos, por mais perfeitos que sejam. Repetiremos aqui o que já foi dito: não temos a pretensão de explicar tudo cientificamente; nosso objetivo é mais modesto. Queremos simplesmente limitar-nos a apresentar analogias, a formular teorias que permitirão compreender como os fenômenos podem produzir-se. É uma tentativa cujo propósito é fazer os fatos espíritas se encaixarem nas leis naturais e mostrar que foram erradamente considerados como derrogações aos princípios imutáveis que regem a natureza.

Foi a má interpretação que se deu às manifestações espíritas que afastou delas os pensadores, que acharam que queríamos renovar as mais absurdas superstições e levantaram-se, com razão, contra o que tachavam de loucura. Mas, mostrando-lhes que podemos explicar logicamente os fatos por hipóteses deduzidas de concepções científicas modernas, lhes abrimos os olhos para uma ordem de fatos que ignoravam, e por isso mesmo atraímos a atenção de homens sérios para um domínio inexplorado e fecundo em maravilhosas descobertas.

Explicar a mediunidade por uma teoria que não se choque com as idéias consagradas no mundo intelectual significa, portanto, dar um passo à frente na propagação das nossas crenças. Não podemos pensar em dar as relações numéricas que ligam os diferentes fenômenos da mediunidade; contudo, ninguém duvida que existam, e chegaremos mais ou menos rapidamente a descobri-las, conforme a exatidão dos métodos que forem empregados. Já vimos Crookes construir aparelhos de medida muito sensíveis para apreciar a influência dessa força que, como o constata o relatório da Sociedade Dialética, se exerce à distância do centro de onde emana, e sem qualquer condutor visível.

Foi seguindo uma ordem de idéias paralela a essa que os srs. Helmholtz e de Donders conseguiram calcular o tempo fisiológico da vista, isto é, a duração que separa o momento em que uma sensação luminosa fere o olho do momento em que é percebida pelo cérebro. Essas experiências bem simples formam os elementos fundamentais de toda atividade intelectual, porque nela entram em jogo a sensação, a percepção, a reflexão e a vontade. As mais complicadas deduções de um filósofo especulativo são constituídas por um encadeamento de fenômenos tão simples quanto os que foram objeto das pesquisas de que falamos. Portanto, essas medidas fornecem os elementos de uma nova ciência do mecanismo dinâmico do pensamento, mas que só será fecunda quando souber discernir os fatos que são devidos simplesmente à ação do cérebro dos fatos que têm a alma como causa.

Conforme seu grau de complexidade, cada ciência se aproxima mais ou menos da precisão matemática a que deve chegar cedo ou tarde, e isso é tão verdadeiro que a idéia de aplicar o cálculo aos fenômenos vitais não é nova. Sabe-se que, quanto às sensações da luz e da fadiga, foram empreendidas pesquisas por Euler, Herbart, Bernouilli, Laplace, Buffon, e que alguns trabalhos foram realizados nessa direção por Arago, Pogson, e principalmente Masson, quanto às sensações visuais. Mas o primeiro que ampliou o círculo das investigações e preparou um trabalho bem proporcionado foi Weber, que formulou uma lei que leva seu nome, e da qual resulta que: para fazer a sensação crescer uma quantidade constante, denominada o menor crescimento perceptível, ou seja, para fazer a sensação crescer em progressão aritmética, deve-se fazer o estímulo aumentar em progressão geométrica. Daí a fórmula de que a sensação é igual ao logaritmo do estímulo, porque os números que estão em progressão geométrica têm logaritmos que crescem em progressão artmética.[1]

Coube a Fechner a honra de haver coordenado os trabalhos contemporâneos e de tê-los completado com suas próprias pesquisas. Essa parte da física fisiológica tomou o nome de psicofísica, e recentemente o prof. Delboeuf, da Universidade de Liège, publicou um volume em que a lei de Weber aparece modificada a partir de experiências recentes.

É nessa linha de pensamento que devemos conduzir o es-

---

[1] Em termos algébricos, formula-se assim:
$$S = K \log E$$
K sendo uma constante

piritismo. Agora que a existência da *força psíquica* é incontestável, é necessário avaliar-lhe a ação no homem e a ação que pode exercer à distância. A grandiosa filosofia dos espíritos está assentada nas bases da mais rigorosa lógica; devemos, portanto, estudar as leis físicas que tornarão nossas experiências irrefutáveis. Infelizmente, existem entre os médiuns os mais deploráveis preconceitos. Uns imaginam que estão investidos de uma espécie de sacerdócio que deve colocá-los acima dos seus contemporâneos, e consideram um atentado à sua dignidade qualquer medida que vise a controlar-lhes o poder. Outros, que não são muito numerosos, vêem a mediunidade como uma faculdade que lhes permite ganhar a vida facilmente, e se estabelecem como médiuns, tal como se fossem açougueiros ou padeiros.

É de todo desejável que os espíritos sérios reajam contra essas tendências que são contrárias às instruções dos espíritos e que Allan Kardec reprovava energicamente. La Fontaine disse: mais vale um inimigo franco do que um amigo inábil. Isso é verdade, principalmente quando se trata de espiritismo. Formou-se uma classe de fanáticos que querem excluir qualquer medida preventiva que tenha por finalidade precaver-se contra uma possível fraude. Vêem os investigadores sérios como traidores, e por pouca coisa ficam contra eles. Esses pobres homens não compreendem que é de capital interesse que não se levante a menor suspeita. Sem isso, adeus às convicções que se quer criar. Com seu zelo inoportuno, prejudicam mais a doutrina do que os mais encarniçados detratores. Não é só na França que isso acontece, é na Inglaterra também. Eis o que diz a respeito o sr. Hudson Tuttle, no *Banner of Light*, sob o título "O Sacerdócio dos Médiuns":

> No seu número de 26 de fevereiro de 1876, o *Banner* contém um artigo assinado T. H. R., que tende às mais errôneas conclusões. O pior é que esse senhor diz em voz alta o que muitos pensam baixinho. Ele repetiu cem vezes que os fenômenos espirituais tinham por objetivo convencer os incrédulos. Para convencer, é necessário que os fenômenos possam produzir-se e que se tenha a prova, sem perturbar as leis que lhes presidem à manifestação. Ora, o autor do artigo supracitado, opondo-se

a toda ciência, diz:

'Não está longe o dia, espero, em que os médiuns terão, em geral, uma independência suficiente para recusar a todos o direito de exigir uma prova qualquer quanto aos seus poderes diversos.'

É a primeira vez que vemos atribuir aos médiuns um poder sagrado demais para admitir a contestação. Aonde nos levará isso? Ao CULTO dos médiuns. Deveremos, como entre os antigos levitas, criar uma classe especial que se situará acima das leis que regem a totalidade dos homens, e deveremos, de olhos fechados, aceitar tudo que lhes aprouver dizer que é espiritual? Mas o papa se transforma em pigmeu ao lado do colosso que assim se quer erigir acima da opinião de todos. Pôr uma venda nos olhos da razão e fazer os espectadores de marionetes cujos fios são manobrados pelo médium, seria querer o fim do espiritismo a curto prazo.

Atrevemo-nos a afirmar que as provas estritamente científicas apresentadas pelo prof. Crookes e a retidão das suas observações contribuíram mais para impressionar o mundo intelectual do que as cartas elogiosas de alguns pesquisadores medíocres. Não há espíritos que não se refiram com orgulho às pesquisas do célebre professor.

Estudei um pouco os fenômenos espirituais e ninguém pode me acusar de tentar sistematicamente prejudicar a causa a que dediquei os melhores momentos da minha vida, nem de querer impor condições contrárias ao fluido espiritual. É porque gosto do espiritualismo que desejaria vê-lo livre de toda mentira, de toda acusação de falsidade.

O prof. Crookes, como todos sabem, encerrou numa gaiola instrumentos musicais que, apesar disso, executaram árias; esse fato prova suficientemente que o poder espiritual pode agir através dessas gaiolas. Por que, depois disso, não colocar sempre instrumentos numa gaiola semelhante? Por que dar um pretexto àqueles que é preciso convencer? E por que, principalmente, chamar de traidor quem propõe medidas de controle tão seguro?

Quando um médium se furta a uma prova que minha própria experiência, aliada à de outros, mostra que não prejudica em nada as manifestações, apresso-me a pôr um fim a qualquer conversa com ele.

Confesso que não compreendo por que um *médium honesto* resistiria a certas condições de experimentação que querem impor-lhe. Seguramente, nada poderia ser-lhe mais importante do que a completa elucidação da causa que defende; a causa só teria a ganhar com isso, e ele deve ter como ponto de honra colocar toda observação num terreno absoluto. E mesmo quando se tiver controlado *uma vez* as manifestações de um médium, isso não é razão para que outras manifestações sejam admitidas como verdadeiras, se as mesmas precauções de verificação não tiverem sido observadas.

Isso é falar acertadamente, e desejamos que todos os espíritas pensem assim. Devemos assumir uma posição perante os preconceitos do nosso tempo, bastante propenso a nos tomar por alucinados, e dar aos cépticos toda facilidade para convencer-se, mostrando-lhes somente fenômenos absolutamente irrefutáveis. Nessas condições, faremos adeptos; se não nos submetermos a elas, para que serve a propaganda?

Devemos dizer que a maioria dos espíritas pensa como nós, e que estas reflexões visam somente a um grupo restrito de espíritos atrasados, que receiam dar um golpe mortal na doutrina se revelarem uma fraude. Devemos, ao contrário, ser mais rigorosos do que quaisquer outros, e é porque os fenômenos existem que devemos vigiar atentamente os charlatães que tentarem forjá-los.

A mediunidade se apresenta diante de nós em condições tão convincentes que, para quem quer estudar seriamente, não há dúvida possível, mas, se o pesquisador tem a infelicidade de, no início das investigações, encontrar um impostor, conclui daí, erradamente, que o espiritismo não passa de um novo método de exploração. Não devemos, sob qualquer ponto de vista, dar pretextos aos críticos; por isso é que Allan Kardec sempre pregou o mais absoluto controle. Dito isto, voltemos à mediunidade e ao seu estudo.

A propósito da tentativa de explicação científica que apresentamos, não faltará quem nos diga que apoiamos nossas demonstrações em hipóteses apenas e que, por conseguinte, elas não bastam para determinar a convicção dos incrédulos. Responderemos que o terreno no qual enveredamos ainda não foi reconhecido e que forçosamente temos que recorrer a hipóteses; mas teremos o cuidado de formulá-las de modo que nenhuma experiência venha nos desmentir. É somente nessas condições que uma teoria é aceitável.

Identificamo-nos, aliás, com a prática dos sábios que se restringem aos sistemas para explicar os fenômenos mais simples da natureza, os que acontecem sob seus olhos e cujas condições de produção podem variar à vontade. Não se deve esquecer, na verdade, que as coletâneas de física ou de química mostram somente relações entre as diferentes substâncias, sem revelar a natureza íntima dos corpos. Fala-se sem cessar da matéria, sem poder definir exatamente qual é sua verdadeira constituição. A força é um proteu de múltiplas formas, cuja essência íntima ainda é um mistério. Finalmente, constatamos correlações, ou diferenças, entre um certo número de fatos, e daí chegamos a leis, mas sem conhecer a verdadeira natureza dos corpos sobre os quais se exercem, nem o que são essas leis em si.

O estudo da ciência é em geral muito longo, porque é preciso acumular um volume considerável de observações antes de descobrir as relações que as ligam entre si, isto é, antes de observar as leis que as regem. Mas o estudo dos fatos espíritas é complicado por uma outra razão. Não se deve esquecer que aqui estamos num terreno diferente do das ciências puramente materiais. Nestas últimas, pode-se interverter as condições experimentais, porque, sendo inertes, as matérias com as quais se opera os resultados não mudam, enquanto as circunstâncias forem as mesmas. O mesmo não ocorre no estudo do espiritismo, quando sempre se deve levar em consideração as individualidades que intervêm na manifestação; essa influência é muito variável e na maior parte do tempo independe da nossa vontade. Essa é mais uma dificuldade que vem juntar-se às que já enumeramos.

Por mais árdua que seja nossa tarefa, devemos empreendê-la, porque é pelo estudo que chegaremos ao conhecimento de estados da matéria que atualmente longe estamos de suspeitar. Há trinta anos os espíritos já nos ensinavam a unidade da matéria, e o mundo científico estava pouco inclinado a adotar essa idéia, que hoje se tornou geral. Isto é promissor quanto ao perispírito que, esperamos, logo será reconhecido como uma das partes essenciais do homem.

Já vimos que o estado de espírito é bem diferente do estado

de encarnado; na nova vida, o ser tem sensações que não experimentava com seu corpo, vê a natureza sob um aspecto diferente, e seus sentidos, mais aperfeiçoados, mais delicados, estão aptos a ser influenciados por vibrações mais sutis do que as que normalmente atuam em nós. Nos espíritos, a sensibilidade é desenvolvida pela natureza fluídica do seu invólucro, que possui uma constituição molecular muito rarefeita, embora tenha uma forma determinada. Isso devido à alma, que é um centro de forças que, com relação ao seu corpo, desempenha um papel igual ao do eixo dos turbilhões de fumaça na experiência de Helmholtz. A comparação é exata, porque constatamos que o espírito pode, à vontade, tomar a forma que lhe convém. Deve-se admitir então que a causa da agregação perispiritual reside no fato de o espírito atuar sem cessar pela vontade.

As propriedades do perispírito são perfeitamente explicáveis, conforme vimos anteriormente. O invólucro da alma é invisível porque seu movimento vibratório molecular é demasiado rápido para que suas ondulações sejam perceptíveis; mas, se por um meio qualquer se diminui esse movimento, o ser torna-se visível, não só por um médium, mas por todos os assistentes.

No estado normal, o espírito pode deslocar-se em nossa atmosfera e na superfície do globo, sem que nada possa obstar-lhe a marcha; sua natureza lhe permite atravessar nossa matéria grosseira como a luz passa através dos corpos diáfanos; em resumo, ele pode ir a qualquer lugar sem encontrar qualquer obstáculo **material**.

Segundo o grau de adiantamento do espírito, os fluidos que lhe compõem o invólucro são mais ou menos puros, e sua ação é aumentada ou diminuída em razão do seu estado mais ou menos radiante. É evidente que os fluidos grosseiros, materiais, que se comparam aos gases terrestres, são menos adequados às operações da vida espiritual do que os dos espíritos superiores, que são de certo modo requintados. A influência do moral sobre o físico é ainda mais verdadeira no espaço do que na Terra.

Aqui na Terra, podemos danificar nosso invólucro a ponto de fazer com que se torne impróprio para as funções da vida; da mesma forma, as más paixões, ao fixarem no perispírito fluidos grosseiros, prejudicam o progresso da alma e, conseqüentemente, do seu bem-estar.

    Isto que dizemos aplica-se a todos os espíritos indistintamente, de forma que o mundo espiritual é em tudo comparável ao nosso, mas a hierarquia se estabelece sobre uma única base: a do progresso moral.

    Suponhamos agora que um espírito queira se comunicar, e tentemos compreender os sucessivos fenômenos que irão desenrolar-se. Podem apresentar-se duas alternativas: ou o espírito sabe comunicar-se ou não sabe. Se estiver no primeiro caso e se suas intenções forem boas, um espírito mais instruído o dirige e mostra-lhe como proceder; se, ao contrário, for para fazer o mal, geralmente não consegue seu intento, porque não encontra nenhum espírito um pouco superior que queira ajudá-lo nessa tarefa.

    Mesmo sabendo comunicar-se, o espírito ainda é obrigado a procurar um médium, isto é, um ser humano cuja constituição seja tal, que possa ceder-lhe uma parte do seu fluido vital. Quando o espírito o encontra, eis como opera: através da sua vontade, o espírito projeta um raio fluídico no perispírito do médium; penetra-o com seu fluido, estabelecendo assim uma comunicação direta entre ele e o encarnado. É por meio desse cordão que o fluido vital do homem é atraído pelo espírito. Essa dupla corrente fluídica pode ser comparada aos fenômenos de endosmose, ou seja, à troca que se produz entre os líquidos de densidades diferentes, através de uma membrana. Aqui os líquidos são substituídos por fluidos e a membrana pelo corpo. Uma vez estabelecida a comunicação, o espírito pode atuar sobre o médium produzindo nele efeitos diversos, que se traduzem pela visão, pela audição, pela escrita, pela tiptologia etc. São essas manifestações que iremos estudar detalhadamente nos capítulos seguintes. Em suma, vemos que são necessárias muitas circunstâncias reunidas para obter uma comunicação, por isso não devemos admirar-nos com os insucessos que quase sempre acompanham as primeiras tentativas. Eis quais são as condições indispensáveis:

    1º É preciso que o espírito evocado possa ou queira atender ao chamado do evocador; 2º uma evocação sincera feita com o objetivo de instruir-se e não de divertir-se ou de obter algum proveito material; 3º que o espírito chamado esteja, ele também, animado do desejo de fazer o bem; 4º que ele saiba como proceder para manifestar-se; 5º que encontre um médium apto a traduzir-lhe o pensamento, ou a fornecer-lhe os fluidos necessários, que variam conforme o gênero das manifestações a obter; 6º enfim, que nenhuma ação externa contrarie o espírito nas suas manifestações. Sobretudo isto é muito importante, porque o que se opera é um verdadeiro magnetismo espiritual, e sabemos muito bem que, nas ações magnéticas, as vontades estranhas podem prejudicar o êxito do fenômeno. Não falaremos do estado de saúde do médium, das influências exercidas por agentes físicos: luz, calor, eletricidade etc., porque ignoramos de que maneira eles atuam; mas não deixam de ter uma influência considerável, que será útil, no futuro, estudar com precisão.

Como vemos, é necessário que exista uma conjugação de circunstâncias favoráveis para pôr-se em contato com o mundo espiritual, e os numerosos insucessos a que nos expomos ao não observar essas prescrições mostram que o fenômeno não está de maneira alguma entregue ao acaso e deve ser estudado com muito método se quisermos descobrir-lhe as leis. Portanto, não é praticando espiritismo no final de um jantar, depois de beber, que nos encontramos nas condições requeridas, e não devemos admirar-nos se os espíritos se recusam a manifestar-se quando, à guisa de sobremesa, se quer exibi-los aos convidados como animais raros.

Capítulo II
Os médiuns escreventes

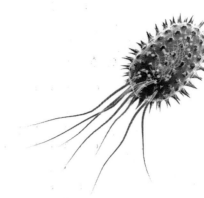

Os médiuns escreventes são aqueles que nos transmitem pela escrita os pensamentos dos invisíveis; eles são, incontestavelmente, os mais úteis instrumentos de comunicação com os espíritos. Sua faculdade é a mais simples, a mais cômoda e a mais completa de todas. É para ela que devem tender todos os esforços dos neófitos, pois ela lhes permite comunicar-se com os espíritos de um modo regular e freqüente. Devem dedicar-se a ela, tanto mais que, por esse meio, os espíritos revelam sua natureza e seu grau de perfeição ou de inferioridade. Pela facilidade de expressar-se que lhes é oferecida, eles podem revelar-nos seu pensamento e assim nos põem em condições de julgá-los e apreciá-los por seu próprio valor. É indispensável estudar pacientemente essa faculdade, porque ela é a mais suscetível de desenvolver-se pelo exercício.

Podem apresentar-se três espécies diferentes, que é indispensável distinguir do ponto de vista das manifestações. Os médiuns podem ser: mecânicos, semimecânicos ou intuitivos.

Mediunidade mecânica

A mediunidade mecânica caracteriza-se pela passividade

absoluta do médium durante a comunicação. O espírito que se manifesta atua indiretamente sobre a mão, através dos nervos que com ela se comunicam; dá-lhe uma impulsão completamente independente da vontade do médium; assim, ela se move sem interrupção enquanto o espírito tem algo a dizer e só pára quando ele termina.

Os movimentos da pessoa que recebe a comunicação são puramente automáticos. O que parece estabelecer esse fato, é que já vimos muitas vezes médiuns desse tipo manterem uma conversação enquanto sua mão escrevia maquinalmente. A inconsciência, nesse caso, constitui a mediunidade mecânica ou passiva, e não pode deixar dúvidas quanto à independência do pensamento de quem escreve.

Os movimentos são algumas vezes violentos e convulsivos, mas geralmente são calmos e comedidos.

Os bruscos sobressaltos observados podem provir da imperfeição ou da inexperiência do espírito que se manifesta. Até aqui só foram dadas explicações muito vagas sobre esse modo de comunicação, e as que foram apresentadas não conseguem explicar certas particularidades do fenômeno.

Acabamos de ver que a mediunidade mecânica consiste em escrever, sob a influência dos espíritos, comunicações de que não se tem consciência, e de que só se pode tomar conhecimento quando a influência espiritual cessou. Como se produz essa ação e por que, se o médium é verdadeiramente passivo, certas palavras, certas frases da comunicação são idênticas às que os médiuns empregam no estado normal? Parece que há aqui um ponto obscuro que exige esclarecimento.

Para responder a essas observações, permanecendo no terreno das analogias científicas, cremos que se pode conceber o fenômeno como *uma ação reflexa do cérebro do médium, sob uma influência espiritual*. Para desenvolver esta idéia, precisamos recordar alguns fatos fisiológicos que vêm em apoio dessa hipótese. Para tanto, lancemos um breve olhar sobre o sistema nervoso do homem e sobre algumas das suas funções. Esse estudo preliminar é indispensável, porque sabemos que esse sistema é o órgão pelo qual o espírito fica ligado ao corpo; ele serve de condutor aos fluidos perispirituais, como o fio telegráfico à eletricidade. É ele que transmite à alma, pelos sentidos, todas as impressões provenientes do exterior; portanto, é pelo estudo do seu funcionamento que conseguiremos ter uma idéia da manifestação dos espíritos, no caso particular que nos ocupa.

O sistema nervoso da vida de relação, o único que nos interessa, compreende duas partes distintas; as massas centrais, ou árvore cérebro-espinhal, e as redes periféricas ou nervos. As massas centrais separam-se em várias subdivisões; as duas principais são o cérebro, que traz na sua base as camas ópticas e o cerebelo, e a medula espinhal, que se une ao cérebro pela medula alongada. Os nervos partem da medula espinhal e da parte inferior do cérebro e vão ramificar-se e expandir-se em todas as partes do corpo. São eles que transportam ao centro as excitações recebidas na superfície, com uma velocidade de 30 metros por segundo, e que transmitem aos membros as vontades do espírito.

Na medula espinhal observam-se duas espécies de células nervosas; as primeiras, pequenas, estão em comunicação com as raízes dos nervos sensitivos; as outras, maiores, com as raízes dos nervos motores. Expliquemos agora o que entendemos por ação reflexa simples. Chama-se ação reflexa uma ação nervosa que se produz sem a intervenção da consciência, ou do seu órgão, o cérebro. No homem, citaremos como exemplo de reflexos os batimentos cardíacos e as operações da digestão. Para compreender o mecanismo dessas ações, façamos uma experiência.

Se cortamos a cabeça de uma rã e lhe irritamos uma das patas com um ácido, observamos que a pata se contrairá imediatamente. Que acontece? Quando irritamos a pata, os nervos sensitivos que nela se encontram transmitem às pequenas células da medula a excitação recebida; estas, por seu turno, influenciam as grandes células dos nervos motores com os quais se comunicam, de modo que a excitação volta ao seu ponto de partida sob a forma de incitação motora e determina a contração.

Vemos, portanto, que a medula é um verdadeiro centro, independente, necessário, e capaz de produzir certos movimentos muito bem coordenados.

O sábio sr. Maudsley dá o nome de centros sensório-motores às diferentes aglomerações de matéria cinzenta situadas na medula alongada e na base do cérebro, o que significa que esses centros são capazes de produzir ações reflexas nos órgãos dos sentidos.

Por outro lado, sabemos que a vontade é um irritante vital por excelência; com Claude Bernard já lhe demonstramos a eficácia. Isso bem constatado, vejamos o que acontece no caso da mediunidade mecânica.

Por sua vontade, os espíritos extraem dos médiuns o fluido vital que lhes é necessário para estabelecer a harmonia entre o seu perispírito e o do médium, operando-se assim uma mistura e uma permuta entre os dois fluidos. Formam uma espécie de atmosfera fluídica que envolve o cérebro do médium e chega ao seu próprio perispírito por uma espécie de cordão fluídico. Há pois, a partir desse momento, um intermediário entre eles e o encarnado, e é por meio desse condutor que lhe transmitem ao cérebro seus pensamentos e vontades, de modo que, para ditar uma comunicação, basta-lhes querer. A atmosfera fluídica de que falamos pode ser comparada à camada elétrica que se acumula lentamente num condensador. O médium faz o papel de instrumento e o espírito, o de operador.

Poderíamos estranhar ao ver um cordão fluídico servir de veículo para as vibrações perispirituais determinadas pelo pensamento, mas não devemos esquecer que esse fenômeno é análogo ao que se produz no fotofone imaginado por Graham Bell. O célebre inventor americano construiu um aparelho no qual a luz serve de veículo para o som. No telefone, o movimento da placa vibratória diante da qual se fala muda o magnetismo de um imã. Essa modificação determina um movimento elétrico que, reagindo sobre o imã do aparelho receptor, por sua vez aciona a placa cujas vibrações produzem um som idêntico ao que foi emitido no local do aparelho transmissor. Só que no fotofone não há fio de comunicação; ele é substituído por um raio luminoso que, ao deformar-se no bocal, transporta as vibrações da voz à lâmina vibrante do receptor, que reproduz um som idêntico ao emitido na outra estação.

Assim, podemos perfeitamente compreender como uma vibração, partida do espírito, se propaga por meio de um cordão fluídico até o aparelho receptor, que é o perispírito do encarnado. Ali chegando, essas vibrações atuam sobre o cérebro do encarnado de modo normal. Admitido isso, vejamos o que se passa no médium. Logo que o fenômeno começa, ele está absolutamente inconsciente. Momentaneamente seu cérebro fica quase totalmente à disposição do espírito, e este se serve dele sem que o encarnado tenha consciência das idéias que nele se agitam. É um verdadeiro ato reflexo determinado por uma influência espiritual através do fluido nervoso.

Essa teoria pode explicar por que certos espíritos fazem comunicações em que se encontram erros de ortografia ou de estilo, ao passo que quando viviam não os teriam cometido. É muito simplesmente porque não encontram no cérebro do médium um instrumento suficientemente perfeito para transmitir-lhes as idéias. Pelas experiências de Schiff, sabemos que as impressões sensoriais acham-se localizadas em certas partes da cama cerebral dos hemisférios, e que quanto mais se desenvolvem, pelo estudo, as faculdades do espírito, mais as células ficam sensíveis; de modo que, quanto mais instruído é um médium, mais seu cérebro é impressionável e, ao contrário, quanto mais negligenciada é a sua cultura, menos capaz ele é de transmitir as inspirações dos seus guias.

Suponhamos, por exemplo, que o espírito que se manifesta queira enunciar esta frase: Deus é a causa eficiente do Universo; fará vibrar as células nervosas dos hemisférios cerebrais do médium, de modo a levá-lo a escrevê-la. Mas, se o encarnado não fixou no seu cérebro a palavra *eficiente*, ele a substituirá por outra quase equivalente, assim: Deus é a causa atuante do Universo, e se a operação se repetir várias vezes, o espírito terá ditado uma bela comunicação, que terá sido mal reproduzida pelo órgão. O mesmo acontece com um grande músico; se dispuser somente de um instrumento imperfeito, apesar de todo o seu talento jamais conseguirá executar uma melodia límpida.

Aqui, prevemos uma objeção que não deixarão de fazer-nos, e que é a seguinte: Muitas vezes vimos médiuns receberem uma comunicação numa língua que não conhecem, como o inglês, por exemplo, e até mesmo escreverem páginas inteiras nesse idioma. Para responder a essa observação, diremos que, numa encarnação anterior, o médium deve ter vivido no país onde se fala o idioma de que o espírito se serve, e que guardou no seu perispírito vestígios dessa passagem. São essas reminiscências inconscientes que o espírito desperta por um instante, e das quais se utiliza. Isso está de acordo com o que observamos no capítulo sobre o perispírito, relativamente aos rápidos progressos de que certas crianças dão o exemplo; nós os atribuímos às faculdades adquiridas, contidas no perispírito em estado latente.

Nessa espécie de manifestação, deve-se levar em conta a flexibilidade do médium, isto é, a sua aptidão para transmitir certas idéias. Se o espírito encontra um cérebro bem organizado, ele pode desenvolver seu pensamento, mas se quiser falar sobre um assunto totalmente ignorado pelo médium, tem mais dificuldade para encontrar um meio de fazê-lo. Temos exemplos de encarnados que recebem comunicações apesar da sua ignorância da arte de escrever, mas são raros, e os espíritos preferem servir-se de bons instrumentos para manifestar seus desejos.

Voltando ao caso mais comum, diremos que devemos preparar-nos, pelo estudo, para pedir comunicações aos nossos guias. Quanto mais fixarmos em nosso perispírito conhecimentos que modificarão a textura do nosso cérebro, mais seremos capazes de expressar as instruções dos invisíveis que se interessam por nossos trabalhos. O que parece apoiar a teoria da ação reflexa, é o fato de termos ouvido espíritos dizerem freqüentemente: "Vimos preparando-lhe o cérebro para receber nossas impressões, e só hoje conseguimos manifestar-nos."

Esta, segundo pensamos, é a explicação da mediunidade mecânica. Ela nos foi sugerida pela observação de que os médiuns pouco instruídos, embora transmitam freqüentemente esplêndidas comunicações sob o ponto de vista moral, ao escrever cometem erros grosseiros que o espírito não cometeria se possuísse o livre emprego dos seus próprios órgãos; portanto, elas devem provir de intermediários. Por um instante havíamos pensado em explicar a mediunidade por uma ação direta do espírito no braço do médium, mas fomos obrigados a renunciar a isso devido às razões que acabamos de expor.

Passemos agora a uma outra variedade do fenômeno.

Mediunidade intuitiva

Nestas comunicações não há mais qualquer ação reflexa, o espírito não exerce uma ação efetiva no cérebro do médium, não lhe tira a consciência, limita-se a transmitir-lhe as vibrações perispirituais que lhe representam o pensamento, e o encarnado as ressente sob a forma de idéias. Daí a denominação mediunidade intuitiva dada a essa espécie de manifestação.

Aqui, o espírito estranho não atua sobre a mão do médium, por intermédio do cérebro, para fazê-lo escrever; ele não a guia, manifesta-se mais diretamente. Sob essa impulsão, o próprio encarnado dirige sua mão e escreve os pensamentos que lhe são sugeridos. Observemos uma coisa importante: o espírito estranho não tomar o lugar da alma do encarnado, porque não conseguiria afastá-la; ele a domina e imprime-lhe sua vontade.

Vimos há pouco que o fotofone transmite as vibrações sonoras por intermédio de um raio luminoso; aqui, a ação é idêntica. O espírito estranho, por sua vontade, imprime ao cordão fluídico movimentos ondulatórios que repercutem no perispírito do médium; ali, chegando ao cérebro perispiritual, essas vibrações fazem vibrar no espírito partes análogas àquelas pelas quais foram emitidas, de modo que essas vibrações semelhantes despertam idéias de natureza igual. É o que acontece, aliás, no caso da palavra. Quando se pronuncia a palavra homem, as vibrações sonoras que chegam ao cérebro o fazem vibrar de um certo modo que evoca, na mente de quem escuta, a idéia representada pela palavra homem. As vibrações sonoras atuam da mesma forma, mas sem passar, no caso que nos ocupa, pelos órgãos materiais da audição. É assim, pelo menos, que concebemos a transmissão do pensamento. Nessa circunstância, o papel da alma encarnada não é passivo; é ela que recebe o pensamento do espírito e o transmite. O médium, nessa espécie de comunicação, tem então consciência do que escreve, embora não lhe represente absolutamente o pensamento.

Se é assim, dir-se-á, nada prova que quem escreve é um espírito estranho e não o médium. Às vezes é difícil estabelecer a distinção, mas pode-se reconhecer o pensamento sugerido pelo fato de que nunca é premeditado; forma-se, por assim dizer, à medida que se escreve, e freqüentemente é contrário à idéia que se tinha previamente; pode até estar, neste caso, fora dos conhecimentos do médium.

Allan Kardec distinguiu perfeitamente essas duas variedades de mediunidade: ele diz que o papel do médium mecânico é o de uma máquina, ao passo que o médium intuitivo age como o faria um intérprete. Este, na verdade, para transmitir o pensamento dos interlocutores, deve compreendê-lo, de certa forma, apropriar-se dele, para traduzi-lo fielmente. E, no entanto, esse pensamento não é o seu, apenas lhe passa pelo cérebro. É exatamente o que se passa com o médium intuitivo.

Observemos que aqui também o desenvolvimento intelectual do intermediário é indispensável para que ele possa expressar corretamente as idéias que recebe. Como é ele quem escreve, quem redige, pode dar aos pensamentos sugeridos uma forma mais ou menos literária, conforme seus estudos ou suas aptidões. Portanto, é principalmente sob o ponto de vista moral, e pelas provas que fornecem, que se devem julgar as comunicações, e não ater-se demasiadamente ao estilo, que pode perfeitamente ser alterado pelo intérprete.

Acabamos de expor dois gêneros de mediunidade bem nítidos, mas na realidade eles nem sempre se apresentam com essa clareza. Trata-se, antes, dos dois termos extremos de uma série de estados. Algumas vezes o médium é mais mecânico do que intuitivo; outras, ao contrário, inclina-se para a segunda dessas faculdades; finalmente, podemos encontrar alguns que gozam simultaneamente dos dois modos de manifestações: chamam-se semimecânicos. É fácil compreender que, como a natureza fluídica de cada indivíduo não é a mesma, a ação espiritual não se exerce de modo idêntico em todos os organismos. Ela apresenta uma imensidade de nuances que não podem ser definidas e que cada qual reconhece pelo exercício.

Todos somos mais ou menos médiuns intuitivos. Quem já não sentiu, na calma profunda de um belo anoitecer, essas influências misteriosas e benéficas que reanimam o coração? De onde vêm os pensamentos tão doces, os sonhos encantadores, as aspirações ao ideal que temos em certas épocas da vida? Eles nos são inspirados pelos caros amados que vagam em torno de nós, que nos rodeiam com sua solicitude, e que ficam felizes quando nos vêem seguir os conselhos que nos sopram baixinho.

O que os artistas, os escritores, os oradores chamam de inspiração é mais uma prova da intervenção dos espíritos que nos influenciam para o bem ou para o mal, mas é, antes, obra dos que desejam nosso bem e cujos bons conselhos cometemos o erro de não seguir; ela se aplica a todas as circunstâncias da vida nas resoluções que devemos tomar. Sob esse aspecto, pode-se dizer que todo mundo é médium. Se estivéssemos bem compenetrados dessa verdade, recorreríamos com mais freqüência à inspiração dos nossos guias nos momentos difíceis da vida. Evoquemos esses caros amigos com fervor e ficaremos surpresos com os resultados que obteremos e, quer tenhamos uma decisão a tomar ou um trabalho difícil a levar a termo, sentiremos sua benéfica influência.

As explicações teóricas que apresentamos são absolutamente confirmadas pelos espíritos, e apóiam-se nas comunicações dos nossos guias e no ensinamento de Allan Kardec. Com efeito, no *Livro dos Médiuns*, parágrafo 225, encontramos o seguinte estudo ditado por um espírito:

> Seja qual for a natureza dos médiuns escreventes, sejam eles mecânicos, semimecânicos, ou simplesmente intuitivos, nossos processos de comunicação com eles não variam essencialmente. Na verdade, nós nos comunicamos, tanto com os espíritos que estão encarnados, como com os espíritos propriamente ditos, exclusivamente pela irradiação do nosso pensamento.
>
> Nossos pensamentos não precisam da roupagem da palavra para serem compreendidos pelos espíritos, e todos os espíritos percebem o pensamento que desejamos comunicar-lhes, pelo simples fato de lhes dirigirmos esse pensamento, e isto graças às suas faculdades intelectuais; isso significa que determinado pensamento pode ser compreendido por este e aquele, segundo seu adiantamento, ao passo que, para outros, por não lhes despertar qualquer lembrança, qualquer idéia no fundo do coração ou do cérebro, o

mesmo pensamento não é perceptível. Nesta situação, o espírito encarnado que nos serve de médium para transmitir nosso pensamento aos outros encarnados, embora não o compreenda, é mais adequado do que um espírito desencarnado e pouco adiantado, caso fôssemos forçados a servir-nos da sua mediação; isto porque o ser terreno põe seu corpo ao nosso dispor como instrumento, coisa que um espírito errante não pode fazer.

Assim, quando encontramos num médium o cérebro rico em conhecimentos adquiridos na sua vida atual, e o espírito repleto de conhecimentos anteriores latentes, oportunos para facilitar nossas comunicações, dele nos servimos, de preferência, porque com ele o fenômeno da comunicação se torna bem mais fácil para nós do que com um médium cuja inteligência fosse limitada e cujos conhecimentos anteriores fossem escassos. Faremos entender-nos através de algumas explicações claras e precisas.

Com um médium cuja inteligência atual, ou anterior, se acha desenvolvida, nosso pensamento se comunica instantaneamente de espírito a espírito, por uma faculdade inerente à essência do próprio espírito. Neste caso, encontramos no cérebro do médium elementos capazes de dar ao nosso pensamento a roupagem da palavra para expressá-lo, e isto quer o médium seja intuitivo, semimecânico ou puramente mecânico. Eis por que, seja qual for a diversidade dos espíritos que se comunicam com um médium, os ditados por este obtidos, embora provenham de espíritos diferentes, trazem, quanto à sua forma e caráter, a chancela pessoal do médium. Sim, embora o pensamento lhe seja completamente estranho, embora o assunto esteja fora do âmbito no qual ele habitualmente se move, embora o que queremos dizer não provenha absolutamente dele, nem por isso ele deixa de influir-lhe na forma, devido às características e propriedades inerentes à sua individualidade. É exatamente como quando observais diferentes panoramas com óculos de lentes coloridas, verdes, brancas, ou azuis; embora os panoramas ou os objetos observados se situem em locais opostos e sejam completamente independentes uns dos outros, nem por isso deixam de dar sempre a impressão de uma tonalidade que provém da cor das lentes. Ou melhor, comparemos os médiuns a esses frascos de boca larga cheios de líquidos coloridos e transparentes que se vêem na vitrine das farmácias; pois bem, nós somos como luzes que iluminamos certos panoramas morais, filosóficos e íntimos, através de médiuns azuis, verdes ou vermelhos, de tal modo que nossos raios luminosos, obrigados a passar através de vidros mais, ou menos bem facetados, mais, ou menos transparentes, ou seja, através de médiuns mais, ou menos inteligentes, só chegam aos objetos que queremos iluminar tomando emprestado o colorido, ou melhor, a forma peculiar e particular desses médiuns. Finalmente, para encerrar com uma última comparação: nós, espíritos, somos como compositores de música que compusemos, ou queremos improvisar uma ária, e só dispomos de um piano, de um violino, de uma flauta, de um fagote ou de um apito de dois centavos. É incontestável que com o piano, a flauta ou o violino executaremos nosso trecho musical de modo perfeitamente compreensível para os ouvintes; embora os sons oriundos do piano, do fagote ou da clarineta sejam essencialmente diferentes uns dos outros, nossa composição não deixará de ser exatamente a mesma, salvo quanto às nuances do som. Mas, se só tivermos à nossa disposição um apito de dois centavos, ou uma cornetinha igual à usada pelos encarregados de cuidar de fontes públicas, aí reside a nossa dificuldade.

    Realmente, quando somos obrigados a servir-nos de médiuns pouco adiantados, nosso trabalho se torna bem mais longo e difícil, porque somos forçados a recorrer a formas incompletas, o que representa uma complicação, pois somos levados a decompor nossos pensamentos e a ditar palavra por palavra, letra por letra, o que para nós é aborrecido e cansativo, constituindo um entrave real à rapidez e ao desdobramento das nossas manifestações.

É por isso que ficamos satisfeitos quando encontramos médiuns bem adaptados, bem equipados, providos de materiais prontos para entrar em ação, que sejam, em resumo, bons instrumentos, porque então nosso perispírito, atuando sobre o perispírito de quem *mediunizamos*, só precisa impulsionar a mão que nos serve de caneta, ou lapiseira, ao passo que, com médiuns inábeis, somos obrigados a um trabalho idêntico ao que fazemos quando nos comunicamos através de pancadas, ou seja, a ditar letra por letra, palavra a palavra, cada uma das frases que compõem a expressão dos pensamentos que queiramos comunicar.

É por essas razões que nos dirigimos, de preferência, às classes esclarecidas e instruídas para a divulgação do espiritismo e para o incremento das faculdades mediúnicas escreventes, embora seja nessas classes que se encontram os indivíduos mais incrédulos, mais rebeldes e mais imorais. É que, do mesmo modo que hoje deixamos para os espíritos zombeteiros e pouco adiantados o exercício das comunicações tangíveis, de pancadas e transportes, assim também os homens pouco sérios, entre vós, preferem o espetáculo dos fenômenos que lhes impressionam os olhos, ou os ouvidos, aos fenômenos puramente espirituais, puramente psicológicos.

Quando queremos operar mediante ditados espontâneos, atuamos sobre o cérebro, sobre os arquivos do médium, juntando nossos materiais aos elementos que ele nos fornece, e isso totalmente à sua revelia; é como se lhe tirássemos da bolsa o dinheiro que ali houvesse, e arrumássemos as diferentes moedas na ordem que achássemos mais adequada.

Quando, porém, o próprio médium quer interrogar-nos, deste ou daquele modo, é bom que reflita nisso seriamente, para interrogar-nos de maneira metódica, facilitando-nos, assim, o trabalho de responder. Porque, como já vos foi dito numa instrução anterior, vosso cérebro muitas vezes está em desordenada confusão, e não é só incômodo, mas também difícil, mover-nos no labirinto dos vossos pensamentos. Quando as perguntas devem ser formuladas por terceiros, é bom, e conveniente, que a série de perguntas seja comunicada antecipadamente ao médium,[1] para que este se identifique com o espírito do evocador, e dele, por assim dizer, se impregne, porque nós próprios teremos então maior facilidade para responder, devido à afinidade que existe entre nosso perispírito e o do médium que nos serve de intérprete.

Certamente, podemos falar de ciências matemáticas através de um médium a quem a matemática pareça completamente estranha; muitas vezes, porém, o espírito desse médium possui conhecimento da matéria em estado latente, isto é, um conhecimento peculiar ao ser fluídico e não ao ser encarnado, porque seu corpo atual é um instrumento rebelde, ou que se opõe a esse conhecimento. O mesmo ocorre com a astronomia, com a medicina, com diversas línguas, bem como com todos os outros conhecimentos inerentes à espécie humana. Finalmente, resta-nos ainda o difícil meio de elaboração usado com médiuns completamente alheios ao assunto tratado, combinando as letras e as palavras como em tipografia.

Como já dissemos, os espíritos não precisam revestir com palavras seu pensamento; eles se entendem e se comunicam pelo pensamento, pelo simples fato de o pensamento existir neles. Os seres corpóreos, ao contrário, só percebem o pensamento quando está re-

---

[1] Estas recomendações só são aplicáveis aos espíritas que estudam e que interrogam seus guias. Quanto aos incrédulos, é inútil comunicarem o que quer que seja, e as perguntas devem ser, tanto quanto possível, mentais.

vestido. Enquanto a letra, a palavra, o substantivo, o verbo, a frase, em resumo, vos são necessários para perceber, mesmo que mentalmente, nós não precisamos de qualquer forma visível ou tangível.

Erasto e Timóteo

A essa comunicação, Allan Kardec acrescenta a seguinte nota, com a qual concordamos plenamente:

> Esta análise do papel dos médiuns e dos processos mediante os quais os espíritos se comunicam é tão clara quanto lógica. Dela deriva o seguinte princípio: o espírito busca, *não as suas idéias*, mas os materiais necessários para exprimi-las, no cérebro do médium, e, quanto mais rico em materiais for esse cérebro, mais fácil é a comunicação. Quando o espírito se exprime num idioma familiar ao médium, encontra nele as palavras já organizadas para revestir a idéia; quando se trata de uma língua que lhe é estranha, o espírito não encontra palavras, mas apenas letras; por isso ele é obrigado a ditar, por assim dizer, letra a letra, exatamente como se quiséssemos fazer com que uma pessoa que de alemão não entende uma só palavra escrevesse nessa língua. Se o médium não sabe ler nem escrever, ele nem sequer conhece as letras; então, é preciso guiar-lhe a mão como se faz com um aluno que está começando a aprender; e nisso reside uma das maiores dificuldades materiais a vencer.[2] Esses fenômenos, portanto, são possíveis, e deles temos numerosos exemplos; compreende-se, porém, que este modo de proceder é pouco adequado à extensão e à rapidez das comunicações, e que os espíritos devem preferir instrumentos mais fáceis, ou, como dizem, e segundo o ponto de vista deles, médiuns bem aparelhados.

---

[2] Se a ação é puramente mecânica, o espírito atua somente sobre os centros sensitivo-motores que dirigem os movimentos do braço e da mão; a ação então é, com efeito, muito mais difícil.

Se as pessoas que exigem tais fenômenos como meio de convencimento tivessem estudado previamente a teoria, saberiam em que condições excepcionais eles se produzem.[3]

Como já dissemos, as variedades de médiuns escreventes são muito grandes e apresentam graus infinitos em sua diversidade; há muitas que, propriamente falando, apresentam apenas nuances que não são de modo algum propriedades especiais. Entende-se que deva ser muito raro que a faculdade de um médium fique circunscrita a um único gênero. Sem dúvida, o mesmo médium pode ter várias aptidões, mas sempre há uma que predomina e é esta que ele deve dedicar-se a cultivar se ela é útil. Um espírito evocado deu-nos o seguinte conselho:

> Quando o princípio, o germe de uma faculdade existe, esta sempre se manifesta por sinais inequívocos. Concentrando-se na sua especialidade, o médium pode apurar-se e obter grandes e belas coisas; ocupando-se com tudo, nada de bom obterá. Observe-se, a propósito, que o desejo de ampliar indefinidamente o círculo das suas faculdades é uma pretensão orgulhosa que os espíritos jamais deixam impune; os bons sempre abandonam os presunçosos que, assim, tornam-se vítimas de espíritos impostores. Infelizmente, não é raro ver-se médiuns não se contentarem com os dons que receberam e aspirarem, por amor-próprio ou ambição, a possuir faculdades excepcionais que possam torná-los famosos. Essa pretensão lhes retira a mais preciosa das qualidades, a de médiuns seguros.

Médiuns desenhistas

Compreendemos, conforme a teoria, que os médiuns mecânicos possam, em dado momento, ser chamados a fazer algo bem diferente do que escrever. A força que faz sua mão mover-se para traçar caracteres no papel também pode fazê-los executar linhas, curvas, sombreados etc., em resumo, pode fazê-los desenhar. É um caso que se apresenta com muita freqüência, e

---

[3] Se a ação é puramente mecânica, o Espírito só atua sobre os centros sensitivo-motores que dirigem os movimentos do braço e da mão; a ação é, pois, com efeito, muito difícil.

conhecemos várias pessoas que, ignorando até mesmo os elementares princípios da arte, obtêm belas paisagens, ou cabeças admiravelmente desenhadas.

O exemplo mais curioso desse tipo de mediunidade nos é dado pelo eminente acadêmico sr. Victorien Sardou, que em 1858 publicou uma prancha, desenhada e gravada por ele, representando uma residência em Júpiter. O desenho é acompanhado de uma longa nota do célebre autor, na qual ele explica como, assistido por Bernard de Palissy e por Mozart, conseguiu reproduzir pelo traço as habitações de Júpiter. Eis a nota colocada por Allan Kardec na apresentação:

> Conforme havíamos anunciado, apresentamos, neste número da revista, o desenho de uma habitação de Júpiter, executado e gravado pelo sr. Victorien Sardou, *como médium*, juntando-lhe o artigo descritivo que ele teve a gentileza de fornecer-nos. Quanto à autenticidade das descrições, seja qual for a opinião daqueles que possam acusar-nos de nos preocuparmos com o que se passa além dos mundos desconhecidos, quando há tanto a se fazer na Terra, pedimos aos leitores que não percam de vista que nosso objetivo, como o título anuncia, é antes de tudo o estudo dos fenômenos, e que sob esse ponto de vista nada deve ser negligenciado. Ora, como produtos de manifestações, esses fenômenos são incontestavelmente dos mais notáveis, uma vez que o autor não sabe desenhar, nem gravar, e que o desenho que apresentamos foi gravado por ele com água-forte, sem modelo e sem treinamento prévio, em *nove horas*. Supondo-se mesmo que esse desenho seja uma fantasia do espírito que mandou traçá-lo, o fenômeno da execução não será, por isso, menos digno de atenção, e, como tal, merece figurar em nossa coleção.

No final do artigo que acompanha o desenho, Allan Kardec acrescentava as seguintes linhas:

> O autor dessa interessante descrição é um desses adeptos ardorosos e esclarecidos que não têm medo de admitir abertamente suas crenças, e se colocar acima da crítica das pessoas que não crêem em nada que saia do âmbito das suas idéias. Ligar seu nome a uma doutrina nova, enfrentando os sarcasmos, é uma coragem que não é dada a todo mundo, e felicitamos o sr. Sardou por tê-la...

Quantum mutatus ab illo!

A partir dessa época, já distante, tivemos numerosas provas que nos demonstraram que essa mediunidade está muito difundida. Um ferreiro chamado Fabre desenhou um quadro magnífico, que um mestre não desaprovaria, representando Constantino no momento em que põe em fuga o exército de Maxêncio. Nós mesmos vimos pessoas que não conheciam os primeiros princípios do desenho rabiscarem cabeças, mas de um modo totalmente original. A mão era agitada por um movimento febril de vaivém e parecia fazer somente sombreados; depois, cessada a ação espiritual, via-se no meio daquela confusão de traços o adorável rosto de uma jovem, cujos traços puros destacavam-se nitidamente no meio do inextricável emaranhado de riscos. Outras vezes eram cabeças de velhos, ou de guerreiros, e, repetimos, os médiuns jamais haviam estudado as leis do desenho.

É bom observar que, para essa espécie de mediunidade, é preciso ter aptidões especiais, e não basta ser médium mecânico para tornar-se desenhista. Conhecendo nossas existências anteriores, os espíritos podem julgar-nos aptos para esse tipo de manifestação, ainda que nesta não tenhamos a menor inclinação para as artes; então, cabe-lhes dirigir-nos, e a nós compete seguir-lhes docilmente os conselhos.

A tentativa de teoria geral que apresentamos sobre os fenômenos da escrita também pode aplicar-se a certas manifestações que se apresentam com um caráter composto. Esse é o caso relatado pelo *Grand Journal*, de 4 de junho de 1865. Ei-lo, tal como a revista o reproduz:

> Todos os editores e todos os amantes de música de Paris conheciam o sr. N.-G. Bach, aluno de Zimmermann, primeiro prêmio de piano do Conservatório no concurso de 1819, um dos nossos mais estimados e respeitados professores de piano, bisneto do grande Sebastian Bach, cujo nome ilustre usa dignamente.
>
> Informado pelo nosso comum amigo sr. Dollingen, administrador do *Grand Journal*, de que um verdadeiro prodígio acontecera no apartamento do sr. Bach na noite do dia 5 de maio último, pedi a Dollingen que me levasse à residência do

sr. Bach, e fui recebido no nº 8 da rua Castellane com delicada cortesia. Parece-me desnecessário acrescentar que só depois de ter obtido a autorização expressa do protagonista desta história permito-me contá-la aos meus leitores.

No dia 4 de maio último, o sr. Léon Bach, que é um estudioso e um artista ao mesmo tempo, levou para seu pai uma espineta admiravelmente esculpida. Após longas e minuciosas buscas, o sr. Bach descobriu numa prancha interna o local e a data de fabricação do instrumento: Roma, abril de 1564.

O sr. Bach passou uma parte do dia contemplando sua preciosa espineta, e ainda pensava nela ao deitar-se e quando o sono veio fechar-lhe as pálpebras.

Portanto, não é de estranhar que tenha tido o seguinte sonho:

No mais profundo sono, o sr. Bach viu aparecer na cabeceira da cama um homem com longas barbas, sapatos arredondados na ponta, com laços de fita em cima; usava um calção largo, um gibão com mangas amplas e abertas no alto, uma grande gola pregueada em torno do pescoço e um chapéu pontudo, de abas largas.

O personagem inclinou-se na direção do sr. Bach e lhe disse:

— A espineta que possuis me pertenceu. Serviu-me muitas vezes para distrair meu senhor, o rei Henrique III. Quando ele era bem jovem, compôs uma ária com palavras que gostava de cantar e que muitas vezes eu tocava para ele. A ária e as palavras, ele as compôs em memória de uma mulher que encontrou numa caçada e por quem se apaixonou. Afastaram-no dela, dizem que foi envenenada, e o rei sentiu uma grande dor. Sempre que estava triste, cantarolava essa romança; então, para distraí-lo, eu tocava na minha espineta uma sarabanda de minha autoria, de que ele gostava muito. Também misturava os dois trechos e tocava-os um atrás do outro. Vou fazer-te ouvi-los.

Então o homem do sonho aproximou-se da espineta, tocou alguns acordes e cantou a ária com tanto sentimento que o sr. Bach acordou em lágrimas. Acendeu uma vela, olhou a hora, constatou que eram duas horas depois da meia-noite, e não tardou a adormecer novamente.

É aqui que começa o extraordinário.

Na manhã seguinte, ao despertar, o sr. Bach não ficou muito surpreso ao ver sobre a cama uma página de música coberta com uma escrita fininha e notas microscópicas. Foi com dificuldade que com o auxílio do seu binóculo o sr. Bach, que é muito míope, conseguiu situar-se no meio daqueles rabiscos.

Momentos depois, o bisneto de Sebastian sentava-se ao piano e decifrava o trecho. A romança, as palavras e a sarabanda eram exatamente iguais às que o homem do sonho tocara para que ouvisse durante o sono!

Ora, o sr. Bach não é sonâmbulo, jamais escreveu um único verso na vida e as regras de prosódia lhe são absolutamente estranhas.

Eis o refrão e as três quadras, tais como os copiamos do manuscrito; conservamos-lhe a ortografia, com a qual, diga-se de passagem, o sr. Bach não está absolutamente familiarizado:

J'ay perdu celle
Pour qui j'avois tant d'amour
Elle s'y belle
Avait pour moi chaque jour
Faveur nouvelle
Et nouveau désir
Oh! ouy sans elle
Il me faut mourir!

Un jour pendant une chasse lointaine,
Je l'aperçus pour la première fois,
Je croyais voir un ange dans la plaine,
Lors je devin le plus heureux des rois.

Je donnerais, certes, tout mont royaume
Pour la revoir encore un seul instant;
Près d'elle assis dessous un humble chaume
Pour sentir mon coeur battre en l'admirant.

Triste et cloistrée, oh! ma pauvre belle
Fut loin de moy pendant ses derniers jours,
Elle ne sent plus sa peine cruelle;
Icy bas, hélas! Je souffre toujours.[4]

Nesta romança plangente, assim como na alegre sarabanda que a segue, a ortografia musical é tão arcaica quanto a ortografia literária. As claves são diferentes das que hoje estamos habituados a usar. A base é escrita num tempo e o canto em

---

4 Eu perdi aquela/ Por quem tinha tanto amor/ Ela tão bela/ Tinha por mim a cada dia/ Novo favor/ E novo desejo. / Oh sim! sem ela/ Devo morrer!
Um dia durante uma distante caçada, / Eu a vi pela primeira vez, / Pensava ver um anjo na planície, / Então tornei-me o mais feliz dos reis.
Certamente daria todo meu reino/ Para revê-la um só instante;/ Sentado ao lado dela sob uma humilde choupana/ Para sentir meu coração batendo ao admirá-la.
Triste e enclausurada, oh! minha pobre bela/ Esteve longe de mim durante os seus últimos dias, / Ela não sente mais sua pena cruel;/ Neste mundo, ai de mim! Eu continuo sofrendo.

outro. O sr. Bach teve a gentileza de executar para mim os dois trechos, que são de uma harmonia simples, ingênua e penetrante...

O jornal de *Estoile* nos diz que o rei teve uma grande paixão por Marie de Clèves, marquesa d'Isle, morta na flor da idade numa abadia, a 15 de outubro de 1574. Não seria a "pobre bela, triste e enclausurada" mencionada nas quadras? O mesmo jornal nos diz também que um músico italiano chamado Baltazarini esteve na França naquela época e foi um dos favoritos do rei.

A espineta terá pertencido a Baltazarini? Foi o espírito de Baltazarini que escreveu a romança e a sarabanda?

Mistério que não ousamos aprofundar!

Alberric Second.

Algumas reflexões sobre este caso não serão fora de propósito.

"Mistério que não ousamos aprofundar... e por que não ousais? Eis um fato cuja autenticidade vos foi demonstrada, como vós mesmos o reconheceis, e só porque diz respeito à vida misteriosa de além-túmulo não ousais buscar-lhe a causa! Tendes medo de encará-la! Então, tendes medo de almas do outro mundo? Ou receais ter a prova de que tudo não acaba com a vida do corpo? É verdade que para um céptico, que nada sabe e em nada crê a não ser no tempo presente, esta é uma causa difícil de encontrar. Entretanto, por ser mais estranho e parecer afastar-se das leis conhecidas, o fato deve fazer com que se reflita mais, ou pelo menos despertar a curiosidade. Na verdade, dir-se-ia que certas pessoas têm medo de ver com clareza, porque seriam forçadas a admitir que se enganaram.

Deixando qualquer idéia espírita de lado, vejamos as conclusões que todo homem sério pode tirar desses fatos.

O sr. Bach recebe um instrumento cuja antiguidade constata, o que lhe dá uma grande satisfação. É natural que sonhe com isso, porque ficou impressionado com o fato; vê um homem em trajes da época, tocando aquele instrumento e cantando uma ária daquele tempo; certamente, nada que não se possa, rigorosamente, atribuir à imaginação superxcitada pela emoção e pela lembrança da véspera, especialmente tratando-se de um músico.

Só que aqui a lembrança se complica, a ária e as palavras não podem ser uma reminiscência, porque o sr. Bach não as conhecia. Então, quem pôde tê-las revelado a ele, se o espírito que lhe apareceu era apenas um ser fantástico, sem realidade? Que a imaginação faça reviver na memória coisas esquecidas, isto se concebe. Mas será que ela teria o dom de sugerir idéias novas, de ensinar-nos coisas que não sabemos, que jamais soubemos, com as quais nunca nos preocupamos? Aí estaria um fato de extrema importância, que valeria a pena ser examinado, pois seria a prova de que o espírito age, percebe, independente da matéria. Mas não insistamos, porque essas considerações são de ordem tão elevada, tão abstrata, que não é dado a todos escrutá-las.

Vamos ao fato mais material, mais real, que é o da música escrita com palavras. Será um produto da imaginação? Ela está aí, palpável, diante dos olhos. Terá sido escrita pelo sr. Bach em estado de sonambulismo? Admitamo-lo por um instante, mas quem lhe teria ditado os versos, escritos sem rasuras e sem hesitação? De onde lhe teria vindo o conhecimento de fatos que na véspera ele ignorava e que se acham confirmados, como adiante veremos?"

O sr. Alberic Second perguntava se a espineta havia pertencido a Baltazarini e se tinha sido esse músico quem havia ditado as palavras da romança e a música da sarabanda.

Como resposta, eis o que lemos na Revista de fevereiro de 1866: "O fato que se segue é uma continuação da interessante história *Air et paroles du roi Henry III*, contada na Revista de julho de 1865. A partir de então, o sr. Bach tornou-se médium escrevente, mas pratica pouco, devido à fadiga que isso lhe causa. Só o faz quando incitado por uma força invisível, que se traduz por uma viva agitação e um tremor na mão, porque então resistir lhe é mais difícil do que o exercício. Ele é mecânico no sentido absoluto do termo, não tendo consciência nem lembrando-se do que escreve. Certa vez, quando estava nessa disposição, escreveu a seguinte quadra:

> *Le roi Henry donne cette grande épinette*
> *A Baltazarini, très bom musicien*

Si elle n'est bonne ou pas assez coquette
Pour souvenir, du moins, qu'il la conserve bien.[5]

A explicação desses versos, que para o sr. Bach não tinham sentido, foi-lhe dada em prosa:
'O rei Henry, meu senhor, que me deu a espineta que possuis, tinha escrito uma quadra num pedaço de pergaminho que mandara pregar no estojo e certa manhã mo enviou. Alguns anos mais tarde, tendo que fazer uma viagem e com medo, já que levava a espineta comigo para executar músicas, que o pergaminho fosse arrancado e perdido, retirei-o e, para não perdê-lo, coloquei-o num pequeno nicho à esquerda do teclado, onde ainda se encontra.'

A espineta foi a origem dos atuais pianos, na sua maior simplicidade, e tocava-se da mesma maneira; era um pequeno cravo de quatro oitavas, com um metro e meio de comprimento, aproximadamente, por quarenta centímetros de largura, e sem pés. As cordas eram dispostas no seu interior como nos pianos e vibradas por teclas. Era transportado à vontade, dentro de um estojo, como se faz com os baixos e os violoncelos. Para utilizá-lo, punha-se sobre uma mesa ou sobre qualquer outro móvel.

Naquele momento a espineta estava na exposição do museu restrospectivo nos Champs-Elysées, onde não era possível efetuar a busca indicada. Quando lhe contaram, o sr. Bach, de comum acordo com seu filho, apressou-se a revistar-lhe todos os cantos, mas inutilmente, de modo que a princípio pensaram em mistificação.

Porém, por não ter de que se culpar, desmontou-a completamente e descobriu, à esquerda do teclado, um espaço tão estreito que não se podia introduzir-lhe a mão. Esquadrinhou aquele reduto empoeirado e cheio de teias de aranha e dele retirou um pedaço de pergaminho dobrado, escurecido pelo tempo, com trinta e um centímetros de comprimento por sete e meio de largura, no qual estava escrita, em caracteres da época, a seguinte quadra:

---

[5] O rei Henrique dá esta grande espineta/ A Baltazarini, muito bom músico/ Se ela não é boa ou bastante elegante/ Como lembrança, pelo menos, que ele a conserve bem.

Moy le roi Henri trois octroys cette espinette
A Baltazarini, mon gay musicien.
Mais si dis mal sône, ou bien (ma) moult simplette
Lors pour mon souvenir dans lestuy garde bien.[6]

O pergaminho tem furos nos quatro cantos, que, evidentemente, foram causados pelos pregos que serviram para fixá-lo no estojo. Além deles, tem nas bordas uma porção de furos alinhados e regularmente espaçados que parecem ter sido feitos por preguinhos minúsculos.

Os primeiros versos ditados, como se vê, reproduziam a mesma intenção que os do pergaminho, de que são a reprodução em linguagem moderna, e isso antes que estes fossem descobertos.

O terceiro verso é obscuro e contém sobretudo a expressão *ma*, que parece não ter sentido e não tem ligação com a idéia principal, e que, no original, está entre parênteses. Havíamos tentado inutilmente uma explicação para isso, e o próprio sr. Bach nada sabia a respeito. Um dia, estando na sua residência, ele teve espontaneamente, na nossa presença, uma comunicação de Baltazarini, dirigida a nós, com o seguinte teor:

'Amico mio,
Estou satisfeito contigo, encontraste os versos na minha espineta, meu desejo foi realizado, estou satisfeito contigo...
Nos seus versos, o rei gracejava com meu sotaque, eu sempre dizia *ma* em vez de *mas*.
Adio amico,
Baltazarini'

Assim, sem prévia consulta, foi dada a explicação sobre a palavra *ma*, intercalada por brincadeira, e pela qual o rei designava Baltazarini que, como muitos dos seus compatriotas, a pronunciava freqüentemente. Ao dar a espineta ao seu músico, o rei disse-lhe: Se ela não é boa, se soa mal, ou se *ma* (Baltazarini) acha-a muito simples, de muito pouco valor, que a guarde

---
[6] Eu, o rei Henrique III outorgo esta espineta/ A Baltazarini, meu alegre músico. / Mas se soa mal, ou bem (ma) acha muito simples/ Então como lembrança minha no estojo guarde bem.

no seu estojo como lembrança minha. Como a palavra *ma* estava entre parênteses, certamente teríamos procurado por muito tempo essa explicação, que não podia ser o reflexo do pensamento do sr. Bach, já que ele mesmo nada compreendia...

Restava uma importante questão a resolver: saber se a letra no pergaminho era realmente da mão de Henrique III. O sr. Bach dirigiu-se à biblioteca imperial para compará-la à dos manuscritos originais. Inicialmente encontraram-se alguns em que não havia uma similitude perfeita, apenas uma característica semelhante. Em outros, a identidade era absoluta, tanto com relação ao corpo da escrita quanto à assinatura.

Não podiam, portanto, restar dúvidas quanto à autenticidade do pergaminho, embora certas pessoas que professam uma incredulidade ridícula a respeito das coisas ditas sobrenaturais tenham afirmado que tudo não passava de uma imitação perfeita. Devemos observar que não se trata aqui de uma escrita mediúnica, produzida pelo espírito do rei, mas de um manuscrito original, escrito pelo próprio rei em vida, e que nada é mais prodigioso do que o que as circunstâncias fortuitas nos permitem descobrir a cada dia. O prodigioso, se prodigioso existe, está no modo como sua existência foi revelada. Certamente, se o sr. Bach se tivesse limitado a dizer que o havia encontrado *por acaso* no seu instrumento, ninguém teria levantado qualquer objeção."

Este é o relato exato da comunicação literária e musical obtida pelo sr. Bach. Poderíamos contar muitos casos tão convincentes quanto este, e onde a intervenção dos espíritos é menos manifesta, mas preferimos remeter o leitor à **Revista Espírita**, que está recheada de relatos semelhantes, todos trazendo o cunho da mais indiscutível veracidade.

Capítulo III
Mediunidades sensoriais, médiuns videntes e médiuns auditivos

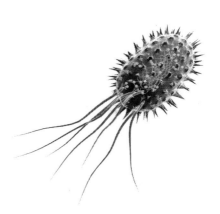

A mediunidade vidente é sem dúvida uma das mais curiosas manifestações dos espíritos. Não há melhor prova da sobevivência da alma do que a que permite que um espírito se torne visível. Para chegar a esse resultado, ele precisa fazer no encarnado certas modificações perispirituais que devemos estudar.

Inicialmente, especifiquemos os dois casos seguintes:

1º O médium vê com os olhos;

2º o médium vê em estado de desligamento.

Existe um meio bem simples de um médium saber se está num ou noutro estado. Quando vê um espírito, se, desviando o olhar ou fechando os olhos, a aparição continuar visível, é porque está desligado; se, ao contrário, não percebe mais o espírito, é porque vê com os olhos do corpo. No caso de desligamento da alma, a visão se opera fora dos órgãos dos sentidos e não precisamos ocupar-nos com isso, porque sabemos que os desencarnados vêem, ouvem e, de um modo mais geral, percebem por todas as partes do seu perispírito. A visão pela alma, no estado de desligamento, encaixa-se então no caso geral da visão dos espíritos em si.

O que importa observar, é que o espírito, contudo, é obrigado a atuar sobre o médium para obter-lhe o desligamento.

Que é, então, desligar-se? Para a alma, é estar menos presa ao corpo. Já sabemos que, durante sua passagem pela Terra, o espírito fica ligado ao seu invólucro material pelo perispírito, que lhe aciona o sistema nervoso. Quanto mais ativa for a vida do encarnado, quanto mais abundante for a circulação nervosa, menos o espírito pode desligar-se; mas se, como observamos na teoria do magnetismo, é possível paralisar momentaneamente os laços que retêm a alma no corpo, produz-se uma irradiação do espírito encarnado que, nessa condição, goza de quase todas as faculdades que possui na erraticidade. Pode então ver os espíritos, descrevê-los e assim dar provas da existência deles. Quanto a nós, esse estado particular ocorre freqüentemente durante o sono. Muitas vezes os sonhos são apenas a lembrança que guardamos de nossas viagens ao espaço; então, mesmo que não nos lembremos de fatos que testemunhamos durante a noite, não devemos concluir daí que a alma não se desligou. Deixaremos esse aspecto da questão de lado, para ocupar-nos especialmente com as manifestações visuais que acontecem no estado de vigília e pelos órgãos do médium.

Inicialmente, definamos de modo preciso o que entendemos por mediunidade vidente, porque é bom não confundir com aparições as tênues figuras que percebemos quando semi-adormecidos, e, na hora de despertar, devemos manter-nos cuidadosamente em guarda contra as causas de erro provenientes da imaginação superexcitada. Quem, em determinados momentos, já não achou que estava distinguindo rostos, paisagens, nos desenhos bizarros formados pelas nuvens? E, no entanto, nossa razão nos diz que na realidade não existiam. Sabemos, também, que no escuro os objetos assumem aparências extraordinárias, por não podermos distinguir-lhes todas as partes e porque seus contornos não se mostram nitidamente. Quantas vezes, à noite, num quarto, uma roupa pendurada, um vago reflexo luminoso, não pareceram ter uma forma humana aos olhos de pessoas com o maior sangue-frio? Se o medo ou uma credulidade exagerada se juntam a isso, a imaginação faz o resto. Isso nos permite compreender a chamada ilusão, mas não fornece qualquer esclarecimento quanto à alucinação.

Eis-nos chegados à importante palavra empregada a todo

instante pelos materialistas para explicar a mediunidade vidente. Tentemos determinar as características peculiares da alucinação e vejamos se têm algo em comum com a mediunidade.

A propósito das alucinações

O termo alucinação vem do latim *hallucinari*, errar; formado de *ad lucem*. A alucinação poderia ser definida como sonho em estado de vigília; é a percepção de uma imagem ilusória, de um som que não existe realmente, que não tem valor objetivo. Como o objeto representado não afeta a retina, o som escutado não fere o ouvido, a causa eficiente da alucinação existe no aparelho sensorial e deve estar relacionada a um trabalho especial do cérebro. O fenômeno não existe somente para a vista e o ouvido, os outros sentidos também podem ser alucinados: um contato, um odor, um sabor percebidos sem que tenha havido qualquer ação prévia de um excitante externo são verdadeiras alucinações.

As pretensas sensações experimentadas pelas pessoas atingidas por essa doença dependem das imagens, das idéias reproduzidas pela memória, amplificadas pela imaginação e personificadas pelo hábito. As alucinações podem ser produzidas por causas físicas ou morais. As primeiras são muito numerosas: a diminuição ou a elevação da temperatura, o abuso de bebidas alcoólicas, as doses elevadas de sulfato de quinino, a digitalina, a beladona, o meimendro, o acônito, o ópio, a cânfora, as emanações azotadas e, principalmente, o haxixe, a comoção cerebral devido a uma queda etc. etc.

Entre as causas físicas mais comuns estão: uma súbita impressão sobre os sentidos, ou a duração prolongada de uma viva sensação, a meditação, a atenção intensamente fixada no mesmo objeto, o isolamento, o remorso, o medo, o terror etc.

A ciência tem se ocupado com a alucinação, e os srs. Lélut e Brière de Boismont publicaram livros interessantes, mas que absolutamente não explicam o fenômeno. Eis sua teoria:

Eles acham que todas as idéias, mesmo as mais abstratas, por um lado qualquer sempre têm algo a ver com os sentidos, mas que a faculdade de imaginar um objeto ou uma paisagem não é igual para todos os homens.

Um pintor vê uma pessoa uma vez e guarda-lhe a imagem na memória por muito tempo. Um músico ouvirá interiormente trechos complicados de música etc.

Essa representação interior parece dar um passo além da ilusão, e é o que nos faz ler as linhas ou as palavras de um livro de modo diferente do que estão escritas, ao alterá-lo de mil maneiras. Esse estado de espírito pode ser determinado por causas diversas, entre as quais a solidão, o silêncio, a penumbra etc. são algumas.

Em suma, a ilusão transforma algo que é real, ao passo que a alucinação pinta no vazio; as coisas que se vêem não existem, os sons que se ouvem não têm a menor realidade. Às vezes a alucinação não é percebida, mas ela não perturba a razão e, por assim dizer, é simplesmente a razão excitada. "Acredita-se que era o caso de Sócrates, de Joana d'Arc, de Lutero, de Pascal."

Segundo o sr. Lébut, esses grandes gênios seriam uma categoria de maníacos, e as vozes de Joana, meras alucinações. Não sabemos se isso é verdade, mas se o sr. Lélut pudesse ser tomado por uma loucura que, de repente, fizesse com que se assemelhasse a Sócrates, desejaríamos que fosse tomado, porque isso o impediria de encher-nos os ouvidos com tais disparates.

Portanto, até agora, do ponto de vista fisiológico, os sábios não deram uma explicação satisfatória para a alucinação. Mas parecem ter sondado todas as profundezas da óptica e da fisiologia. Então, como se explica o fato de ainda não terem explicado a origem das imagens que surgem na mente em certas circunstâncias? Quer seja real ou não, o fato é que o alucinado vê alguma coisa. Dir-se-á que ele pensa ver, mas nada vê? Não é provável. Pode-se dizer que é uma imagem fantástica; pois que seja, mas qual é a origem dessa imagem, como se forma, como repercute no cérebro? É isso que não nos dizem. Certamente, quando o alucinado pensa ver o diabo com seus chifres e suas garras, as chamas do inferno, animais fabulosos, o Sol e a Lua chocando-se, é evidente que nisso não há qualquer realidade; mas se é uma peça da sua imaginação, como se explica que ele descreva essas coisas como se estivessem diante dele? Há pois, à sua frente, um quadro, uma fantasmagoria qualquer. Qual é, então, o espelho em que essa imagem aparece? Qual é a causa que dá a essa imagem a forma, a cor e o movimento?

Já que os sábios tudo querem explicar pelas propriedades da matéria, que apresentem então uma teoria da alucinação; boa ou má sempre será uma explicação, mas eles não podem, porque, ao negarem a alma, privam-se da causa eficiente do fenômeno.

Os fatos que diariamente observamos demonstram que existem aparições verdadeiras, e o dever de todo espírita esclarecido é estabelecer uma distinção entre os fenômenos que são devidos a manifestações dos espíritos e aqueles cuja causa reside nos órgãos doentes do indivíduo.

Em suma, a alucinação não tem qualquer característica de realidade, ao passo que, para que se admita a mediunidade vidente, é preciso que o indivíduo dotado dessa faculdade possa descrever suas visões de modo a permitir que as pessoas presentes as reconheçam. Um médium que sempre visse apenas desconhecidos, que nunca pudesse dar provas de que descreve seres que viveram na Terra, com razão, perante os espíritas, passaria por um alucinado.

No estado normal do organismo humano, as impressões produzidas pelos sentidos armazenam-se no cérebro graças à propriedade de localização das células cerebrais. Essas diversas aquisições classificam-se segundo o gênero de idéias a que pertencem; são os materiais de que o espírito se utiliza quando deles necessita. A alma de um homem saudável tem uma atuação preponderante e dirigente que se exerce indistintamente sobre todos os elementos sujeitos à sua influência. Mas se, devido a uma circunstância qualquer, a harmonia entre a alma e o corpo torna-se menos perfeita, introduz-se a desordem na organização cerebral e certas idéias, certas formas, certos odores etc. têm tendência a predominar sobre outras. Geralmente, são as impressões que atuaram mais fortemente sobre o indivíduo que o afetam, produzindo fenômenos de alucinação que, na maioria dos casos, são o prólogo da demência.

Bem diferente, porém, é um fenômeno espírita, que faz com que o médium veja um objeto ou uma pessoa reais. O espírito que se apresenta pode ser descrito minuciosamente, e é só quando essa visão é reconhecida, por ser a descrição exata de uma pessoa morta, desconhecida do médium, que admitimos a existência de uma intervenção espiritual.

As verdadeiras aparições têm uma característica que, para um observador experiente, não é possível confundi-las com um ardil da imaginação. Como podem ocorrer em pleno dia, devemos desconfiar das que acreditamos ver à noite, receando sermos vítimas de uma ilusão de óptica. Tanto quanto às aparições, como quanto a todos os outros fenômenos espíritas, aliás, o caráter inteligente é a prova da sua veracidade. Qualquer aparição que não dê nenhum sinal inteligente e que não seja reconhecida, pode ser decididamente relegada ao rol das ilusões. Como se vê, somos muito cautelosos na apreciação desses fenômenos, e queremos, antes de mais nada, mostrar que os espíritas, longe de aprovar as divagações de cérebros doentios, são observadores minuciosos dos fatos e positivistas em toda a acepção do termo.

Como já observamos, a mediunidade vidente pode exercer-se de duas maneiras: ou em estado de desligamento, ou pelos órgãos do corpo. Para darmos um exemplo de cada gênero, contaremos os dois fatos que se seguem, extraídos da Revista Espírita de 1861:

> Um colega nosso (diz Allan Kardec) contou-nos há pouco que um oficial amigo dele, estando na África, de repente viu à sua frente a cena de um cortejo fúnebre. Era o de um de seus tios que morava na França e que há muito tempo não via. Viu toda a cerimônia claramente, da saída da casa mortuária à igreja, e o transporte para o cemitério; observou mesmo diversas particularidades de que não podia ter idéia. Naquele momento ele estava acordado, mas num certo estado de prostração do qual só saiu quando tudo tinha desaparecido. Impressionado com a circunstância, escreveu para a França para ter notícias do tio, e soube que este, tendo morrido de repente, tinha sido sepultado *no dia e na hora* em que acontecera a aparição, e com as particularidades que havia visto.

Aqui, é evidente que foi a alma do oficial que se desligou, porque tendo o fato ocorrido na França, no dia e na hora em que o oficial o via na África, foi preciso que sua alma se tivesse irradiado à distância para ver o que se passava ao longe.

Eis a segunda história:

Um médico conhecido nosso, sr. Félix Malo, havia cuidado de uma jovem senhora; mas, achando que o ar de Paris lhe era prejudicial, aconselhou-a a ir passar algum tempo no interior, com sua família, o que ela fez. Seis meses depois, não ouvia mais falar nela e nem pensava mais nisso, quando uma noite, por volta das dez horas, estando no seu quarto, ouviu baterem à porta do seu consultório. Achando que alguém vinha chamá-lo para atender um doente, mandou que entrasse, mas ficou muito surpreso ao ver diante de si a jovem senhora em questão, pálida, trajando um vestido que ele já conhecia, e que lhe disse muito calmamente:

— Senhor Malo, vim dizer-lhe que morri.

Em seguida desapareceu. Certificando-se de que estava bem acordado e de que ninguém havia entrado, mandou tomar informações, e ficou sabendo que a mulher tinha morrido na mesma noite em que lhe havia aparecido.

Neste caso, foi realmente o espírito da mulher que foi visitar o médico. Os incrédulos não deixarão de dizer que o doutor podia estar preocupado com a saúde da antiga paciente e que nada havia de estranho no fato de ter-lhe previsto a morte. Pois que seja, mas então que expliquem o fato da coincidência da sua aparição com o momento da sua morte, quando há vários meses o médico não ouvia falar nela. Supondo-se mesmo que ele tenha pensado na impossibilidade de uma cura, podia prever que ela morreria tal dia, a tal hora?

O doutor viu com os olhos do corpo, porque a aparição era tangível, já que bateu à porta do consultório. É este caso de visão que vamos considerar agora.

Visão mediúnica pelos olhos

Tendo eliminado a visão da alma pelo desligamento, devemos estudá-la agora pelos órgãos da vista. Quando um médium vê um espírito, podemos, *a priori*, perguntar-nos o seguinte: É o médium quem sofre uma modificação ou o espírito? Com efeito, no estado normal não vemos os espíritos, porque nossos órgãos são grosseiros demais para permitir-nos perceber certas vibrações que lhes escapam. Mas quando a visão ocorre, ou nossos órgãos adquiriram uma sensibilidade maior, ou o espírito fez seu invólucro sofrer certas modificações que, ao diminuírem a rapidez das vibrações moleculares perispirituais, podem torná-lo visível. Se este último modo de encarar o fenômeno fosse exato, o espírito seria visto por todas as pessoas presentes; haveria então uma aparição coletiva. É o que acontecia no caso das materializações que estudamos com Crookes. Mas quando, num grupo, só uma pessoa vê os espíritos, é porque ela sofreu uma variação orgânica do sentido da vista, que é interessante estudar.

O olho, como todos sabemos, é uma verdadeira câmara escura, no fundo da qual se revelam as impressões luminosas. A retina, formada pela expansão do nervo óptico, transporta para o cérebro as vibrações luminosas; ali, elas são transformadas em sensações. Os fisiologistas não se limitaram a estudar a participação da retina na função visual; remontando dos efeitos às causas, buscaram a explicação para esses fatos.

Para analisar a sensação da cor e a do claro e do escuro, admitiram velocidades diferentes nas ondas de um fluido (éter) que estaria espalhado por todo o Universo. Essas ondas impressionariam de modo diferente a retina, e a natureza da percepção de que a alma tem consciência estaria subordinada a essas impressões variáveis. Nessa teoria, admite-se que os fenômenos da visão são simplesmente o resultado da percepção, pelo sensório, de um determinado estado da retina, e a sensação de escuro é explicada pela ausência de sensações, e pelo estado da retina em si.

Aliás, o que prova a existência de uma modificação superveniente na retina durante a percepção dos objetos luminosos, é a possibilidade de reproduzir as mesmas sensações por um outro excitante que não a luz. Toda causa capaz de determinar uma modificação no estado da membrana nervosa do olho determina sensações íntimas, também chamadas *subjetivas*, da luz. Comprima-se o olho com o dedo, e se perceberá figuras de formas diversas, ora circulares, ora raiadas.

Às vezes é possível que essas sensações subjetivas se produzam espontaneamente: J. Muller diz ter constatado, em certos casos, a aparição de uma pequena mancha branca produzindo-se ao mesmo tempo que os movimentos respiratórios; voltando os olhos para o lado bruscamente, vêem-se aparecer de repente círculos luminosos no campo visual mergulhado na obscuridade.

Uma vez que as sensações de luz foram admitidas como resultado de uma modificação ocorrida na retina, alguns fisiologistas acharam que deviam perguntar-se onde esse estado era percebido pela alma. Evidentemente, é no encéfalo e não na própria retina. O que põe fora de dúvida a participação da retina no ato da visão, é o fato de que os animais cujo olhar é mais aguçado são também os que têm a retina mais desenvolvida. Sendo essa membrana uma extremidade expandida do nervo óptico e não apresentando uma sensibilidade igual em toda a superfície, daí resulta que as fibras que compõem o nervo óptico não vibram todas ao mesmo tempo. As mais sensíveis poderão ser abaladas por ondas luminosas, enquanto as outras continuarão em repouso. Esta é a conseqüência da *especificidade* dos órgãos, isto é, da tendência que as fibras possuem de acomodar-se a um determinado estado vibratório.

A sensibilidade de um órgão depende do maior ou menor número de fibras que contém, as quais são todas capazes de assumir um movimento vibratório particular, relacionado às causas externas que podem influenciar esse órgão. Não se deve esquecer também que uma condição indispensável ao bom funcionamento dos aparelhos sensoriais é que cada órgão tenha uma determinada quantidade de fluido nervoso à sua disposição: conforme essa quantidade aumenta ou diminui, as sensações são intensas, ou nulas. Temos numerosos exemplos desse fato. Em certos estados patológicos, o ouvido atinge uma acuidade notável; esse desenvolvimento se deve ao acúmulo momentâneo do fluido nervoso no nervo acústico; o mesmo acontece com todos os outros sentidos.

Isto admitido, pelo estudo da luz, entre que limites de vibrações pode exercer-se, no estado normal, o sentido da vista.

Suponha-se que façamos um raio de sol passar através de um prisma. Se recolhermos numa tela esse raio refratado, observaremos que ele forma uma faixa luminosa composta de sete cores, que chamamos de espectro solar. As cores extremas são o vermelho e o violeta; além dessas duas cores, o olho não percebe mais sensações luminosas. No entanto, se colocarmos sais de prata na parte obscura, eles são decompostos, o que prova que, além do violeta, existem radiações especiais que o olho não é capaz de captar, a que o termômetro é insensível, mas cuja atividade química é intensa. Além do vermelho, existem ondulações caloríficas invisíveis. Chegamos assim, necessariamente, à conclusão de que o espectro completo formado pelas radiações solares prolonga-se além do violeta e do vermelho, e de que nossos olhos só podem distinguir a parte intermediária do espectro total.

Portanto, existem luzes que não vemos, vibrações luminosas imperceptíveis ao olho, porque a retina, que é o aparelho receptor, não consegue registrar essas vibrações luminosas demasiado rápidas para ela. Cálculos recentes mostraram que as ondulações etéreas, com menos que quatrocentos trilhões por segundo, ou mais de setecentos e noventa, são incapazes de afetá-la. O mesmo acontece com relação ao ouvido e aos outros sentidos, de modo que o homem é uma máquina animal dotada de aparelhos receptores que só funcionam dentro de certos limites, muito pequenos se comparados à infinidade da natureza.

Esta idéia é fundamental para a compreensão dos fenômenos espíritas. Só percebemos a matéria pela vista quando as vibrações dessa matéria não ultrapassam setecentos trilhões por segundo; mas, como vimos, há ondulações mais rápidas, que realmente existem e que nos escapam. Ora, sendo os fluidos espirituais matéria em estado de rarefação extrema, eles possuem um movimento muito rápido, de modo que no estado normal nosso olho não consegue enxergar os espíritos. Esse resultado pode ser alcançado de duas maneiras: 1° diminuindo o número das ondulações luminosas; 2° aumentando a potência visual do olho.

Será possível diminuir o movimento vibratório de um raio de luz? Não hesitamos em responder sim, porque experiências notáveis recentemente feitas vieram pôr esta verdade fora de dúvida,

Os raios luminosos ultravioleta do espectro, até então invisíveis, tornam-se visíveis quando os fazemos incidir sobre um tipo especial de vidro, contendo um silicato de um metal chamado urânio. Esse vidro possui a propriedade de tornar visíveis os raios que, sem ele, não impressionariam nosso olho. Se pegarmos um pedaço desse vidro na mão, e o iluminarmos sucessivamente com o auxílio de uma lâmpada elétrica, de uma vela, de um lampião a gás, ou se o colocarmos no campo de um espectro prismático de luz branca, nós o veremos brilhar *conforme a cor da luz que incide sobre ele*. Se o iluminarmos com raios ultravioleta, o veremos brilhar com uma cor misteriosa, que revela a presença de raios até agora invisíveis aos olhos mortais.

Examinemos o caso em que a potência do olho pode ser aumentada; essa operação também terá o objetivo de fazer ver os espíritos. A alma, como temos dito freqüentemente, é uma essência indivisível, imaterial e intangível que constitui a personalidade de cada indivíduo; é cercada de matéria extremamente apurada que lhe forma o invólucro e através da qual entra em contato com a natureza exterior. O corpo fluídico, devido à sua rarefação, possui um movimento molecular mais rápido que o dos gases e vapores, que para nós já são invisíveis; portanto, ele tampouco é visível, porque, no estado normal, o olho não contém qualquer fibra que consiga vibrar em consonância com ele. Mas, se um espírito quer manifestar sua presença, estabelece uma ligação fluídica com o encarnado, como vimos anteriormente, e, uma vez estabelecida a comunicação, ele acumula no nervo óptico, pelo magnetismo, uma quantidade de fluido nervoso maior do que normalmente, o que sensibiliza certas fibras que, a partir de então, podem entrar em vibrações correspondentes às do invólucro do espírito. Logo que esse fenômeno é produzido, o ser assim modificado vê o espírito e o verá enquanto este último continuar sua ação. Pouco a pouco, com essa operação repetindo-se muitas vezes, as fibras adquirem uma aptidão vibratória maior, as ondas luminosas propagam-se no organismo segundo a linha a que Herbert Spencer deu o nome de *linha de menor resistência*, de modo que se caminha cada vez mais facilmente ao longo dessa linha, e que no fim a própria linha acaba por assumir naturalmente esse movimento vibratório, desde que a primeira molécula esteja em movimento. Na realidade, o médium tem, então, um sentido novo, que se deve à extensão do aparelho visual.

Sabemos que, quando o espírito quer tornar-se visível a várias pessoas, ele é sempre obrigado a buscar fluido nervoso num médium, mas a modificação se produz nele e não mais nos olhos dos assistentes. Vimos que uma simples modificação no movimento molecular de um corpo pode fazê-lo passar do estado transparente à opacidade. Da mesma forma, um vapor que se condensa, isto é, cujo movimento vibratório diminui, torna-se rapidamente visível sob a forma de nevoeiro; finalmente, o vidro de urânio permite ver os raios do espectro, que sem ele seriam invisíveis. Portanto, o espírito pode proceder de modo análogo. Esse fenômeno nos mostra com exatidão o que ocorre no caso da fotografia dos espíritos. Estudemos esse novo gênero de manifestações.

Fotografia espírita

Estamos aqui diante de um fenômeno que suscitou muitas discussões e ocasionou, em 1875, um célebre processo. Os jornais que geralmente se proclamam adversários declarados dos fatos espíritas não deixaram de aproveitar a ocasião para ridicularizar nossa doutrina e seus defensores. Apesar das alegações de mais de 140 testemunhas, que juravam ter reconhecido pessoas da sua família já falecidas e cuja fotografia fora obtida, houve quem se aproveitasse da má fé do médium Buguet para fazer o público acreditar que, nessas produções, havia somente impostura, de um lado, e uma credulidade estúpida, do outro.

É incontestável que Buguet se aproveitou da boa fé das pessoas que confiavam na sua honestidade; os manequins apreendidos na casa dele são provas mais do que suficientes, mas não é menos verdade que, quando começou, ele era realmente médium.

Mas, quando vemos pessoas tão sérias quanto os senhores Royard, químico, Tremeschini, engenheiro, a senhora condessa de Caithness, o conde de Pomar, o príncipe de Wittgenstein, o duque de Leuchtenberg, o conde de Bullet, o coronel Devolluet, O. Sullivan, ministro dos Estados Unidos, de Turcq, cônsul etc. etc., jurarem que reconheceram espíritos por serem a reprodução exata da imagem de parentes ou amigos seus falecidos, precisaríamos ser cegos para duvidar da realidade das manifestações.

No entanto, os juízes não hesitaram em condenar o sr. Leymarie, gerente da Sociedade Espírita, a um ano de prisão e 500 francos de multa, porque esperavam com isso atingir o espiritismo, doutrina que incomoda tão profundamente o clero que não se pode deixar de sentir sua ação na penalidade infligida àquele que representava o espiritismo francês.

Quanto a este assunto, pensamos como o sr. Eugène Nus, e diremos com ele:

> Nesses tipos de causas, e em certas outras, duvido do tribunal quase tanto quanto do acusado. Se neste mundo há intrigantes, charlatães, impostores, inimigos da propriedade, da religião, da ciência e da família, nas cátedras também há magistrados, de barrete vermelho ou preto, homens que, com a maior boa fé do mundo, só prestam favores, achando que estão pronunciando uma sentença. Estou convencido de que na França, e em outras regiões do mundo civilizado, a justiça está progredindo com relação a épocas passadas. Tenho certeza de que nossos juízes de instrução porão no olho da rua o sujeito que se atrever a propor-lhes, a um preço qualquer, um decreto de impronúncia em favor de um patife. Não duvido um instante sequer que o mais pobre e mal remunerado dos nossos magistrados repeliria indignado as ofertas de um Artaxerxes litigando para apoderar-se da fortuna alheia; mas, no momento em que entram em jogo as prevenções, as paixões político-religiosas, e até as científicas, creio firmemente que não há mais juízes, mesmo em Berlim.

Se tivemos que suportar a condenação pronunciada contra nós, é porque nos afastamos do caminho traçado por Allan Kardec. Esse inovador opunha-se à retribuição dos médiuns e tinha boas razões para isso. Na sua época, os irmãos Davenport tinham dado muito que falar, mas como ganhavam um bom dinheiro executando suas prestidigitações, Allan Kardec se mantivera prudentemente afastado, e agiu bem, porque depois do escândalo que obrigou aqueles industriais a sair da França, ele pôde continuar ensinando o espiritismo sem ser atingido pelo descrédito daqueles americanos fantasistas. Eis as regras traçadas pelo mestre no *Livro dos Médiuns*:

Recomendações de Allan Kardec

Como tudo pode tornar-se objeto de exploração, nada haveria de surpreendente no fato de que também quisessem explorar os espíritos; resta saber como eles receberiam a coisa, se tal especulação viesse a ser tentada. Diremos, inicialmente, que nada se prestaria mais ao charlatanismo e ao ilusionismo do que a habilidade mediúnica. Se hoje vemos falsos sonâmbulos, veríamos mais falsos médiuns ainda, e este simples fato constituiria um fundado motivo de desconfiança. O desinteresse, ao contrário, é a mais peremptória resposta que se pode dar, aos que vêem nos fatos apenas uma habil maquinação. Não existe charlatanismo desinteressado. Qual seria o objetivo de algumas pessoas que usam sem lucro o ilusionismo, ainda mais quando sua notória honradez as coloca acima de qualquer suspeita?

Se a vantagem que um médium extraia da sua faculdade pode ser motivo de suspeita, isso não seria, em absoluto, prova de que a suspeita tenha fundamento; ele poderia ter uma real aptidão e agir de muito boa fé, fazendo-se retribuir. Sensatamente, vejamos se, neste caso, é possível esperar algum resultado satisfatório.

Se foi bem compreendido o que dissemos a respeito das condições necessárias para servir de intérpretes aos bons espíritos, das inúmeras causas que podem afastá-los, das circunstâncias independentes da vontade deles, que muitas vezes constituem um obstáculo à sua vinda, enfim, de todas as condições *morais* que podem ter influência sobre a natureza das comunicações, como se poderia supor que um espírito, por menos elevado que fosse, estivesse, a qualquer hora do dia, ao dispor de um promotor de sessões, e submisso às suas exigências, para satisfazer a curiosidade do primeiro que aparecesse? Não ignoramos a aversão que os espíritos têm por tudo que cheira a cobiça e a egoísmo, a pouca importância que dão às coisas materiais; como poderíamos admitir, então, que ajudassem alguém a negociar a presença deles? Só em pensar, isso repugna, e acreditar que uma coisa assim possa acontecer, é conhecer muito pouco a natureza do mundo espírita. Como, porém, os espíritos levianos são menos escrupulosos, e só procuram ocasiões para divertir-se à nossa custa, deduz-se que, se alguém é mistificado por um falso médium, há grande possibilidade de sê-lo por alguns desses espíritos. Estas simples reflexões dão a medida do grau de confiança que se deveria atribuir a comunicações desse tipo. Além do mais, para que serviriam hoje médiuns pagos, já que, se a própria pessoa não possui faculdade mediúnica, pode encontrá-la em alguém da sua família, entre seus amigos e conhecidos?

Médiuns interesseiros não são somente os que possam exigir uma retribuição fixa; o interesse nem sempre se traduz pela expectativa de um ganho material, mas também por perspectivas ambiciosas de toda espécie, sobre as quais se podem alicerçar esperanças pessoais; este também é um defeito que os espíritos zombeteiros sabem muito bem captar e de que se aproveitam com uma habilidade, com uma astúcia realmente notáveis, acalentando com enganosas ilusões os que assim se colocam sob a sua dependência. Em resumo, a mediunidade é uma faculdade concedida para o bem, e os bons espíritos se afastam de quem pretenda fazer dela um degrau para chegar ao que quer que seja, que não corresponda aos desígnios da Providência. O egoísmo é a chaga da sociedade; os bons espíritos o combatem; ninguém pode supor que venham servi-lo. Isto é tão racional, que seria inútil continuar insistindo sobre este ponto.

Os médiuns de efeitos físicos não estão na mesma categoria; esses efeitos são geralmente produzidos por espíritos inferiores, menos escrupulosos. Não dizemos que, por isso, esses espíritos sejam necessariamente maus: pode-se ser um carregador, e homem muito honesto. Então, um homem dessa categoria, que quisesse explorar sua faculdade, poderia encontrar quem o assistisse, sem muita relutância; mas aí surge o outro inconveniente. O médium de efeitos físicos, do mesmo modo que o de comunicações inteligentes, não recebeu sua faculdade para satisfação própria. Foi-lhe dada com a condição de fazer dela bom uso; se a usar mal, poderá ser-lhe retirada, ou redundar em prejuízo para ele, porque, definitivamente, os espíritos inferiores estão subordinados aos espíritos superiores.

Os espíritos inferiores gostam de mistificar, mas não gostam de ser mistificados; se de bom grado se prestam a brincadeiras, a questões de curiosidade, porque querem divertir-se, assim como os outros, não gostam de ser explorados, nem de servir de cúmplices para aumentar lucros, e provam a todo instante que têm vontade própria, que agem quando e como bem entendem, o que faz com que o médium de efeitos físicos tenha menos certeza quanto à regularidade das manifestações do que o médium escrevente. Pretender procurir manifestações em dias e horas determinados, seria dar provas da mais profunda ignorância. Que fazer, então, para ganhar algum dinheiro? Simular fenômenos. É o que pode acontecer não apenas com os que fazem disso abertamente uma profissão, mas até mesmo com pessoas aparentemente simples, que acham isso mais fácil e cômodo do que trabalhar. Se o espírito não colabora, dá-se um jeito: a imaginação é tão fértil quando se trata de ganhar dinheiro! Sendo um legítimo motivo de suspeita, o dinheiro autoriza um exame rigoroso, com o qual ninguém poderia ofender-se sem justificar as suspeitas. Suspeitar é tão legítimo neste caso, quanto seria ofensivo tratando-se de pessoas honradas e generosas.

A faculdade mediúnica, mesmo restrita ao limite das manifestações físicas, não foi dada para ser exibida em tablados de circo, e quem quer que afirme ter espíritos ao seu dispor para exibi-los em público, pode, com toda razão, ser considerado suspeito de charlatanismo ou de prestidigitação, mais, ou menos habilidoso. Que todos contestem sempre que virem anúncios de pretensas sessões de *espiritismo* ou de *espiritualismo* com ingresso pago, e se lembrem do direito que se adquire ao entrar.

De tudo o que foi dito, concluímos que o mais absoluto desinteresse é a melhor garantia contra o charlatanismo; embora nem sempre garanta a excelência das comunicações inteligentes, priva os maus espíritos de um importante meio de ação, e cala a boca de alguns maledicentes.

Esta é a linguagem da justa razão e da honestidade, e todo espírita digno desse nome deve repudiar abertamente as promiscuidades perigosas que reduziriam nossa doutrina a uma exploração cínica. Somos, antes de mais nada, gente honesta, e declaramos formalmente nada ter em comum com as pessoas, sejam elas quem forem, que fazem da sua faculdade uma profissão e que assim, por sua conduta, desonram a doutrina que afirmam apoiar.

Não conhecemos nada mais repugnante do que as possíveis fraudes cujo objetivo seria profanar o que há de mais sagrado no mundo: o túmulo dos mortos. É por isso que estigmatizamos o sr. Buguet como ele o merece, e todos os espíritas nos comprometemos a não deixar-nos seduzir por belas promessas, sempre que estiver em jogo um interesse puramente material.

Voltemos ao nosso estudo e perguntemo-nos se é possível fotografar espíritos. A resposta é sim, já que William Crookes o conseguiu; mas as condições habituais em que nos colocamos não são as mesmas do ilustre químico.

Nas experiências feitas em companhia da srta. Cook, o espírito está inteiramente materializado; tem tanta tangibilidade quanto uma pessoa viva e, sendo assim, não é de estranhar que se consiga fotografá-lo. Na fotografia de que falamos, *não se vê o espírito*, e no entanto sua imagem é reproduzida. Isto pode ser explicado do seguinte modo:

Sabemos que o médium vidente possui um aparelho visual que se torna mais sensível por meio da ação fluídica exercida pelo espírito que quer manifestar-se. O olho do médium é uma câmara escura que nesse momento adquire uma potência considerável; registra as vibrações que não podem ser percebidas por nós no estado normal; daí sua propriedade de *ver* os espíritos. Pois bem, a placa colodiada desempenha nesse caso o mesmo papel; não que seja mais sensível do que normalmente, mas o espírito, tomando fluidos do médium, se materializa o suficiente para que seu invólucro reflita os raios ultravioleta que nós não vemos, e é graças a essas radiações que se pode obter a imagem de um ser que não é percebido por nossos olhos. Não temos consciência das vibrações luminosas que estão além do violeta e do vermelho, mas elas existem, impressionam os sais de prata e são refletidas pelo perispírito do ser que deseja manifestar-se. Podemos supor que o fluido nervoso tomado do médium substitui o vidro de urânio pelos raios ultravioleta do espectro; ele diminui o movimento perispiritual, de certo modo condensa os fluidos, de forma a torná-los capazes de refletir as radiações *ectênicas*.[1]

Esta maneira de ver é tão justa que experiências foram tentadas pelo sr. Thomas Slater, óptico, Eastern Road, 136, em Londres, que mostram que a luz comum não interfere no fenô-

---

[1] Um dos mais velhos conceitos explanatórios de fenômenos psíquicos sustenta que forças biológicas são projetadas do corpo humano. A antiga literatura se refere a esta força como magnetismo animal, força ectênica, fluidos, radiações humanas, magnetismo, força nervosa, od, força psíquica, e energia vital. Esta tradição de conceitos de força associada com o corpo humano tem uma história vinda da Antigüidade, e era particularmente proeminente no movimento mesmérico entre o décimo oitavo e o décimo nono séculos (Amadou, *Revue Métapsychique*, 1953, No. 21, 5-33). O uso do conceito de "fluido" para explicar os fenômenos parapsicológicos representa uma tentativa dar uma explicação natural, física e mecânica a fenômenos inexplicados. Isto foi um tema recorrente nas discussões destas forças, especialmente em termos de relacioná-las a idéias neurológicas ou a outros fenômenos da natureza. - Carlos A. Alvarado

O Espiritismo Perante a Ciência

meno. Eis o que diz esse pesquisador:

> Obtive pessoalmente fotografias espíritas por meio de um instrumento feito com vidros de um azul escuro, de modo que é impossível impressionar a placa, a menos que uma luz forte seja mantida diante da pessoa que posa, provando assim que a luz projetada pelos espíritos está completamente fora dos raios luminosos do nosso espectro e, embora os espíritos nos sejam invisíveis, seus raios são muito mais fortes do que os que a pessoa viva pode projetar.

Em Bruxelas, um engenheiro químico de artes e manufaturas, sr. Bayard, também obteve, no seu laboratório, fotografia dos espíritos, de que apresenta um relatório detalhado no livro *Les Procès des Spirites*, págs. 122, 123 e 124. Finalmente, na América conseguiram-se facilmente fotografias espirituais, e o fenomeno não é mais contestado.

A despeito de todos os tribunais, deve-se reconhecer que o fato pode produzir-se e, por mais estranho que pareça, nada tem de sobrenatural. A partir do momento em que nos é demonstrado que os espíritos existem, que têm um corpo fluídico que em determinadas circunstâncias pode condensar-se, fica fácil compreender que ele possa ser fotografado, uma vez que se materializa até à tangibilidade, como resulta das experiências de Crookes. Estamos tão longe de conhecer as leis que dirigem as operações que nos são as mais familiares, que não devemos admirar-nos que se produzam incidentes que, à primeira vista, parecem inexplicáveis. Aqui está um exemplo do que adiantamos, extraído da revista de Allan Kardec de 1864; quem fala é um amigo dele:

> Morava numa casa em Montrouge – diz ele. Estávamos no verão, o sol dardejava pela janela. Sobre a mesa havia uma garrafa cheia d'água e, em cima da garrafa, uma pequena esteira; de repente a esteirinha pegou fogo. Se ninguém estivesse lá, poderia ter havido um incêndio sem que se soubesse a causa. Tentei cem vezes produzir o mesmo resultado, e nunca consegui.

A causa física da combustão é conhecida: a garrafa teve a função de uma lente. Mas por que não se pôde repetir a experiência? Porque, independente da garrafa e da água, havia uma conjugação de circunstâncias operando de um modo excepcional: a concentração dos raios solares. Talvez a atmosfera, os vapores, a composição da água, a eletricidade etc., e provavelmente tudo em determinadas proporções; daí a dificuldade de conseguir exatamente as mesmas condições, e a inutilidade das tentativas para produzir um efeito semelhante.

Eis um fato que pertence exclusivamente ao domínio da física, cujo princípio entendemos perfeitamente. No entanto, não podemos repeti-lo à vontade. Será que ocorrerá ao céptico mais obstinado negar o fato? Certamente não. Por que, então, esses mesmos cépticos negam a realidade dos fenômenos espíritas? Só porque não podem manipulá-los a seu bel-prazer? Não admitir que além do conhecido possam existir novos agentes, regidos por leis especiais, negar esses agentes porque não obedecem às leis que conhecemos, é, na verdade, dar provas de muito pouca lógica e revelar uma mente bem acanhada.

Por mais espantosa que a fotografia dos espíritos seja, aqui está um exemplo de fotografia natural ainda mais extraordinário, atestado em 1858 pelo sr. Jobar, o renomado sábio:

> O sr. Badet, falecido a 12 de novembro passado, após três meses de enfermidade, costumava, sempre que as forças lhe permitiam, postar-se junto a uma janela do primeiro andar, a cabeça sempre voltada para a rua, a fim de distrair-se vendo quem passava. Há alguns dias a sra. Petret, cuja casa fica na frente da casa da viúva Badet, avistou, na vidraça daquela janela, o próprio sr. Badet, com seu boné de algodão, seu rosto macilento etc., enfim, tal como o tinha visto durante sua enfermidade. Muito emocionada, chamou não só os vizinhos, de cujo testemunho poderiam suspeitar, mas também homens sérios, que viram distintamente a imagem do sr. Badet na vidraça da janela onde costumava postar-se. A imagem foi mostrada também à família do falecido, que imediatamente tratou de dar sumiço à vidraça.
>
> Foi, porém, perfeitamente comprovado que nela estava impresso o rosto do enfermo, fielmente reproduzido, fenômeno que se poderia explicar se, no lado oposto, houvesse outra janela por onde os raios solares conseguissem chegar ao sr. Badet. Mas não havia; o quarto só tinha uma janela. Esta é a pura verdade sobre esse estranho fato, cuja explicação convém

deixar a cargo dos sábios.

É inútil dizer que ninguém deu qualquer explicação, o que nada tem de surpreendente, porque, como a vidraça foi destruída, não foi possível analisá-la. O que queremos levar em consideração nessa história é a possibilidade da fotografia espontânea, e mostrar que, longe de serem ridículos, os espíritas são pesquisadores conscienciosos que caminham em perfeito acordo com a ciência e que, quanto mais se ampliarem nossos conhecimentos, mais facilmente explicaremos os fatos que, à primeira vista, parecem sobrenaturais.

Mediunidade auditiva

A mediunidade auditiva consiste na faculdade de ouvir certas palavras pronunciadas pelos espíritos, ou certos ruídos por eles produzidos, e que não ferem o ouvido nas condições comuns da vida. Quanto a esta faculdade, como quanto à precedente, devem-se distinguir dois casos: 1º, a intuição e 2º, a audição real.

A intuição acontece de alma a alma; é uma transmissão de pensamentos operando-se sem a participação dos sentidos, é uma voz interior que repercute no foro íntimo. Mas, embora os pensamentos recebidos sejam claros e distintos, eles não são articulados por meio de palavras e nada têm de material. Na audição, ao contrário, as palavras são pronunciadas de maneira que o médium as entenda como se proviessem de uma pessoa que estivesse ao lado dele.

Allan Kardec, o grande iniciador que quiseram fazer passar por impostor, levanta-se energicamente contra os espíritas crédulos que querem atribuir os fenômenos mais comuns da vida à ação dos espíritos. Ele recomenda o máximo de prudência na análise dos fatos, e não se cansa de dar conselhos para advertir seus adeptos contra os erros, as alucinações e as falsas interpretações. Eis o que ele escreveu a respeito da mediunidade auditiva:

> Deveríamos, no entanto, ter a precaução de não tomar por

vozes ocultas todos os sons que não tenham uma causa conhecida, ou zumbidos, e principalmente de não acreditar que haja um mínimo de verdade na crendice popular de que o ouvido zumbindo é sinal de que em algum lugar alguém está falando de nós. Aliás, esses zumbidos, cuja causa é puramente psicológica, não têm qualquer sentido, ao passo que os sons pneumatofônicos exprimem pensamentos, e é exclusivamente por isso que se pode reconhecer que se devem a uma causa inteligente, não a uma causa acidental. Pode-se estabelecer como princípio que os efeitos *notoriamente inteligentes* são os únicos que permitem atestar a intervenção dos espíritos. Quanto aos outros, há pelo menos cem chances contra uma de que sejam devidos a causas fortuitas.

Freqüentemente acontece que, durante um cochilo, se ouçam palavras, nomes, às vezes frases inteiras, e com tal veemência a ponto de fazer-nos acordar sobressaltados. Embora em certos casos possa ser realmente uma manifestação, esse fenômeno não é suficientemente convincente para permitir que o atribuamos a uma causa qualquer, como a alucinação. Aliás, as coisas que se ouvem dessa maneira não têm qualquer encadeamento; o mesmo não acontece, porém, quando se está acordado, porque então, se quem se faz ouvir é um espírito, quase sempre podem-se trocar idéias, estabelecendo com ele uma conversação normal.

Tentemos agora compreender como os espíritos podem proceder para fazer-nos ouvir palavras, e por que meios eles produzem sons. Esse estudo só pode ser empreendido tendo-se uma noção tão exata quanto possível da natureza dos sons. Recentemente, Sir William Thomson fez uma notável conferência sobre o assunto. Apresentamos ao leitor os pontos principais.

Quais são nossas percepções no sentido da audição? E, antes de mais nada, que é ouvir? Ouvir é perceber pelo ouvido; mas perceber o quê? Há coisas que podemos perceber sem o ouvido. Beethoven, acometido de surdez durante uma grande parte da vida, nada percebia pelo ouvido. Compôs suas obras mais famosas sem percebê-las pela audição. Dizem que ele se sentava ao piano com um bastão tendo uma ponta apoiada no piano e a outra contra seus dentes, e desse modo conseguia perceber os sons emitidos. A percepção dos sons, portanto, não tem como único órgão o ouvido, e de antemão poderíamos concluir que um médium ouve sons sem a participação do ouvido; mas queremos determinar qual é a natureza da percepção que ocorre habitualmente no homem em pleno gozo de todos os órgãos dos sentidos. É uma sensação de variação de pressão.

Quando o barômetro sobe, a pressão sobre o tímpano do ouvido aumenta; quando desce, a pressão diminui. Pois bem, suponhamos que a pressão do ar aumente ou diminua repentinamente em um quarto de minuto, por exemplo; suponhamos que nesse breve espaço de tempo o mercurio suba vários milímetros para, em seguida, cair também rapidamente. Perceberíamos essa mudança? Não. Mas, se a variação barométrica fosse de 5 para 10 centímetros em meio minuto, muitas pessoas perceberiam essa variação. Aliás, esta afirmação não é teórica, a observação o confirma. Quem desce num sino de mergulho submarino experimenta a mesma sensação que teria se, por uma causa desconhecida, o barômetro subisse de 10 para 15 centímetros no espaço de meio minuto. Possuímos, portanto, a sensação da pressão atmosférica, mas nosso organismo não é suficientemente delicado para permitir-nos perceber as variações entre o máximo e o mínimo do barômetro.

Quando se desce num sino de mergulho, a mão não sente as mudanças da pressão atmosférica; esta se revela de outro modo à nossa sensibilidade. Atrás do tímpano do nosso ouvido existe uma cavidade cheia de ar. Uma pressão mais forte num lado do que no outro dessa membrana produz uma sensação dolorosa que, no caso de uma descida brusca, pode até provocar-lhe a ruptura. Portanto, ouvir um som é perceber as súbitas mudanças de pressão sobre o tímpano, pressão que se exerce num lapso de tempo muito curto, e com uma força suficientemente moderada para não determinar lesões ou rupturas, mas que basta para transmitir ao nervo auditivo uma sensação bem nítida.

Se pudéssemos perceber pelo ouvido uma elevação barométrica de um milímetro num dia, essa variação seria um som. Mas como nosso ouvido não é bastante delicado para isso, não podemos dizer que essa variação seja um som. Se a diferença de pressão ocorresse bruscamente, se, por exemplo, o barômetro viesse a variar de um milímetro em 1/100 de segundo, nós o ouviríamos, porque essa repentina variação da pressão atmosférica produziria um som análogo a uma forte batida de duas mãos.

Qual é a distinção existente entre um fenômeno sonoro e um som musical? O som musical é uma variação regular e periódica de pressão. Trata-se de aumento e diminuição alternados de pressão atmosférica, suficientemente rápidos para serem percebidos como som, e reproduzindo-se por certo tempo com uma regularidade perfeita. Às vezes os ruídos e os sons musicais se confundem. A duração, a irregulaidade, os períodos mal separados têm por efeito produzir dissonâncias complicadas que um ouvido não treinado não compreenderá e tomará por um ruído.

O sentido da vista poderia ser comparado ao do ouvido; ambos são causados por rápidas variações de pressão. Sabe-se com que rapidez devem produzir-se as alternâncias entre a pressão máxima e a mínima para produzir o som de uma nota musical. Se o barômetro varia uma vez em um minuto, não percebemos essa variação como nota musical; suponhamos, porém que, por uma ação mecânica do ar, a pressão barométrica venha a modificar-se mais rapidamente; essa variação de pressão, que o mercúrio não é suficientemente rápido para indicar-nos visualmente, será percebida pelo ouvido como som. Se o período se reproduzir 20, 30, 40, 50 vezes por segundo, será ouvida como uma nota grave. Se o período se acelera, a nota, inicialmente grave, se elevará gradualmente, ficará cada vez mais alta, mais aguda; se atingir 256 períodos por segundo, teremos uma nota que, na música comum, corresponde ao dó grave do tenor.

Disso resulta que, sendo a palavra uma sucessão de sons, ela é produzida por variações de pressão atmosférica determinadas pelas diferenças de volume da laringe e da boca durante a emissão da voz humana. Mas, se os espíritos não têm laringe, como conseguem produzir sons? Aqui, novamente, a ciência nos indica o caminho para a explicação.

O ilustre inventor do telefone, Graham Bell, diz que se fizermos um raio luminoso intermitente incidir sobre um corpo sólido, podemos perceber um som. O sr. Tyndall achou que devia atribuir esse som à ação do calor sobre o corpo e pensou que resultava de modificações alternadas de volume, devidas a variações de temperatura. Se fosse assim, os gases e os vapores, dotados de propriedade absorvente, deveriam produzir sons muito fortes, cuja intensidade deveria fornecer o meio de medir o poder de absorção. É o que foi verificado pela experiência. Hoje, portanto, está provado que se podem obter sons variados, dos mais agudos aos mais graves, fazendo-se um raio calorífico agir sobre certos vapores. Ora, sabemos que os espíritos, por sua vontade, atuam sobre os fluidos; podemos então imaginar de que maneira eles podem produzir ruídos e, às vezes, palavras articuladas. Em vez de expelir ar pela garganta, a cada palavra eles projetam, sobre certos fluidos, jatos calóricos, e as vibrações desses fluidos produzem os sons que o médium percebe.

É evidente que as palavras não precisam ser pronunciadas com a força que empregamos em vida. No estado especial determinado pela mediunidade, o ouvido é um instrumento extremamente delicado que capta as mais leves variações de pressão. Mesmo no estado normal, o ouvido pode possuir uma grande acuidade. Uma recente experiência no-lo prova. É possível realizar transmissões telefônicas sem receptor. Recentemente, o sr. Giltay, através de modificações introduzidas na construção do aparelho, conseguiu dispensar completamente o condensador. Duas pessoas, separadamente, seguram um cabo com a mão; a primeira aplica sua mão enluvada no ouvido da segunda, e esta ouve saírem daquela mão palavras pronunciadas no transmissor microfônico.

O sr. Giltay explicou esse fato dizendo que a mão e o ouvido constituem armações de um condensador, sendo que a luva representa a substância isolante. Pode-se fazer a experiência de um modo ainda mais original. Assim é que foi executada nas sessões da Sociedade de Física: os dois experimentadores seguram os dois cabos, como explicado acima, e aplicam sua mão livre nos ouvidos de uma terceira pessoa. Nessas condições, esta ouve as mãos falarem como se possuíssem receptores telefônicos normais.

O atual estado da ciência não permite elucidar essa forma de transmissão da palavra, e é uma nova questão a juntar-se aos pontos obscuros que a telefonia encerra. Talvez não esteja distante a época em que esses fenômenos, hoje inexplicáveis, parecerão fáceis de compreender e não surpreenderão mais ninguém. Por enquanto, não passa de uma curiosa experiência. Tudo o que até agora se pode concluir é que o ouvido é um instrumento de uma incomparável delicadeza e de uma sensibilidade apurada, uma vez que percebe vibrações em que a energia envolvida é extremamente fraca.

Isso nos ajuda a compreender como o médium auditivo ouve a voz dos espíritos, embora estes possam pronunciar palavras e fazer os fluidos vibrarem com uma intensidade igual à dos encarnados.

Não podemos evitar um legítimo sentimento de admiração diante das maravilhosas descobertas da ciência moderna; estamos encantados com essas pesquisas, tanto mais que nos permitem compreender a atuação dos espíritos sobre os encarnados, e incluem no plano das leis naturais fenômenos erradamente considerados sobrenaturais. O progresso se afirma cada vez mais, e podemos dizer que a posteridade se surpreenderá com coisas que havíamos ignorado.

Mediunidade tiptológica

Mediunidade tiptológica é a faculdade que permite obter, por meio de um objeto qualquer, mesa ou outro, comunicações inteligentes, por efeitos de deslocamento ou por pancadas no interior do objeto de que a pessoa se serve.

A explicação para esses fatos é muito simples, no caso das pancadas. Graham Bell no-la indicou anteriormente. Quando o espírito quer produzir um ruído na mesa, ele forma, por meio do fluido nervoso do médium e do seu fluido perispiritual, uma coluna fluídica que lança sobre o tampo da mesa. Ora, sabemos que um raio calorífico que incide de modo intermitente sobre uma substância sólida nela determina sons; portanto, é da mesma maneira que se pode compreender a atuação espiritual dos espíritos nas pancadas.

Examinemos agora o caso em que a mesa se desloca sob as mãos do médium para executar movimentos variados. É natural supor-se, quando se sabe que os espíritos podem materializar-se, que eles ergam o móvel e o façam mudar de lugar, do mesmo modo que nós o fazemos. Não é nada disso, e os pró-

prios espíritos vieram explicar-nos de que modo operam. Eis o que Allan Kardec diz a esse respeito:
> Quando uma mesa se move sob as vossas mãos, o espírito invocado busca no fluido universal o que é necessário para animar essa mesa de uma vida aparente. Estando a mesa assim preparada, o espírito a atrai, movendo-a sob a influência do seu próprio fluido, emitido por sua vontade. Quando o volume que quer movimentar é pesado demais para ele, chama espíritos que estejam em condições iguais às suas, e, combinando seus fluidos, eles alcançam o resultado desejado.

Para que a ação se produza, é necessário que a mesa, de certo modo, esteja animalizada. Os fluidos necessários a essa operação são fornecidos pelo espírito e pelo médium, porque este é o reservatório do fluido vital indispensável para animar a mesa. Uma vez que já sabemos como o espírito manipula os fluidos, esta questão nada mais tem de obscuro para nós.

Aliás, a ação é semelhante às que realizamos todos os dias. Quando desejamos mover um dos nossos membros, um braço, por exemplo, primeiro o espírito é obrigado a querer; a vibração dessa vontade se transmite ao fluido nervoso e o braço executa o movimento prescrito por nossa alma. Se por um motivo qualquer o fluido nervoso não circula mais nos nervos que chegam a essa parte do corpo, a ação não pode executar-se.

Nos casos de manifestações tiptológicas, o espírito está ligado à mesa por um cordão fluídico que desempenha papel igual ao do sistema nervoso no homem; ambos servem para transmitir a vontade. É evidente que os fatos obtidos são muito mais acentuados quando o espírito é mais forte e quando os ditados inteligentes correspondem ao grau de progresso da alma que se comunica e à sua aptidão para servir-se dos fluidos.

Essas observações permitem-nos responder aos incrédulos que, quando uma mesa se move, espantam-se com o fato de ela nem sempre poder responder-lhes as perguntas.

Podemos comparar um espírito que atua numa mesa a um indivíduo operando um manipulador do telégrafo Morse. Se esse operador não aprendeu o alfabeto convencional utilizado para transmitir os telegramas, enviará somente sinais ininteligíveis, mas se, ao contrário, ele for perito na arte de telegrafar, o receptor registrará frases perfeitamente compreensíveis. Portanto, não é de admirar que um espírito não seja capaz de manifestar-se nas primeiras vezes que o evocamos, e observamos freqüentemente que essa incapacidade cessa com bastante rapidez quando evocamos várias vezes o mesmo espírito. Esse desencarnado teve que aprender o modo como agimos, e nisso, como em tudo, é preciso algum tempo. O que dizemos quanto à mediunidade tiptológica aplica-se indistintamente a todos os gêneros de manifestações dos espíritos. Como se vê, tudo é simples e compreensível em nossa maneira de interpretar os fatos, e só as pessoas com opiniões preconcebidas continuarão a considerar-nos loucos e alucinados.

Sem ter ido tão longe quanto nós na teoria, Crookes estudou os fenômenos sob o ponto de vista material, e, neste caso, chegou a uma certeza absoluta. Não podendo reproduzir na íntegra o relato das suas pesquisas, nos limitaremos a apresentar as seguintes considerações finais:

> Essas experiências põem *fora de dúvida* as conclusões a que cheguei numa dissertação precedente, a saber: a existência de uma força associada de um modo ainda inexplicado ao organismo humano, força pela qual um suplemento de peso pode ser acrescentado a corpos sólidos sem contato efetivo. No caso do sr. Home, essa capacidade varia enormemente, não só de semana a semana, mas de uma hora a outra; em algumas ocasiões essa força não pôde ser acusada pelos meus aparelhos, durante uma hora ou até mais, e depois, de repente, ela reaparecia com uma grande energia. Ela é capaz de agir a uma certa distância do sr. Home (não é raro que seja até dois ou três pés); mas sempre é mais potente perto dele.
>
> Na firme convicção em que me encontrava de que um gênero de força não podia manifestar-se sem o correspondente dispêndio de uma outra espécie de força, por muito tempo busquei em vão a natureza da força, ou do poder empregado para produzir esses resultados.
>
> Mas, agora que pude observar o sr. Home mais demoradamente, creio ter descoberto o que essa força física emprega para desenvolver-se. Utilizando os termos *força vital, energia nervosa*, sei que estou empregando palavras que, para muitos investigadores, se prestam a significações diferentes. Porém, após ter sido testemunha do lamentável estado de prostração

nervosa em que algumas dessas experiências deixaram o sr. Home, após tê-lo visto num estado de desfalecimento quase completo, estendido no chão, pálido e sem voz, só posso supor que a emissão da força física seja acompanhada de um esgotamento correspondente da força vital.

Assim provou-se a legitimidade da primeira parte do ensinamento dos espíritos, que revelaram a Allan Kardec a teoria das manifestações físicas. Com efeito, no *Livro dos Médiuns* está dito que toda ação física produzida pelos espíritos exige um dispêndio de fluido nervoso do médium.
Continuemos nossa citação:

> Para testemunhar manifestações dessa força, não é preciso ter acesso a psiquistas (leia-se médiuns) de renome. Provavelmente todos os seres humanos possuem essa força, embora os indivíduos que dela são dotados com uma energia extraordinária sejam muito raros. Durante o ano que acaba de transcorrer (outubro de 1871), encontrei, na intimidade de algumas famílias, cinco ou seis pessoas que possuem essa força de uma forma bastante potente para inspirar-me plenamente a certeza de que, por meio delas, se poderiam obter resultados semelhantes aos que acabam de ser descritos, desde que os experimentadores operassem com instrumentos mais delicados e capazes de marcar uma fração de grão em vez de indicarem somente libras e onças.

Segunda confirmação da nossa teoria, que afirma que todos possuímos a mediunidade em germe.

Enquanto aguardamos a publicação de uma grande obra do ilustre químico sobre a força psíquica, citaremos algumas das suas reflexões:

> Tanto quanto minhas ocupações me permitirem, proponho-me a continuar essas experiências de diversas maneiras e, de tempos em tempos, lhes divulgarei os resultados. Enquanto isso, espero que outros sejam levados a continuar essa investigação sob a forma científica. Que fique porém bem entendido que, como todas as outras experiências científicas, essas pesquisas devem ser conduzidas em perfeito acordo com as condições nas quais a força se desenvolve. Assim como, nas experiências de eletricidade por fricção, uma condição indispen-

sável é que a atmosfera esteja isenta de um excesso de umidade e que nenhum corpo condutor toque no instrumento enquanto essa força se gera, também verificamos que certas condições eram indispensáveis à produção e à ação da força psíquica, e se essas precauções não forem observadas, as experiências se frustram. *Sou categórico quanto a este ponto*, porque já se fizeram objeções insensatas à força psíquica, pelo fato de não desenvolver-se em condições contrárias, ditadas por experimentadores que, contudo, rejeitariam as condições que lhes fossem impostas para a produção de alguns dos seus próprios resultados científicos.

Posso acrescentar, porém, que as condições requeridas são muito pouco numerosas, bem razoáveis e que de modo algum dificultam a mais perfeita observação e a aplicação do mais rigoroso e exato controle.

É de notoriedade pública no mundo científico da Inglaterra que a força psíquica é uma realidade. Entre as novas descobertas, poucas suscitaram tantas discussões e experiências contraditórias. Quando se vêem fenômenos atestados por grandes nomes da Inglaterra, da Alemanha e da América serem negados *a priori*, é com grande assombro que vemos a que absurdos podem levar a rotina e o preconceito.

Para que nossos leitores fiquem perfeitamente esclarecidos quanto ao valor das nossas crenças, publicamos o relatório do comitê da Sociedade Dialética de Londres sobre o espiritualismo. Eis o texto desse documento:

Relatório da Sociedade Dialética

"Desde sua criação, ou seja, desde 11 de fevereiro de 1869, vosso subcomitê realizou quarenta sessões, com o objetivo de fazer experiências e provas rigorosas.

Todas essas reuniões tiveram lugar nas residências particulares dos membros do comitê, a fim de excluir toda possibilidade de mecanismo previamente arranjado ou de um artifício qualquer.

O mobiliário das peças em que se fez a experiência foi, em cada circunstância, seu mobiliário costumeiro.

As mesas utilizadas eram sempre mesas de jantar pesadas, que exigiam considerável esforço para serem postas em movimento. A menor tinha cinco pés e nove polegadas de comprimento por quatro pés de largura, e a maior, nove pés e três polegadas de comprimento por quatro pés e meio de largura: o peso era proporcional.

Os aposentos, as mesas e todos os móveis em geral eram examinados várias vezes, antes, durante e depois das experiências, para ter certeza de que não existia nenhum truque, instrumento ou aparelho com o qual os movimentos acima citados pudessem ser produzidos.

As experiências foram feitas à luz do gás, exceto um pequeno número de experiências especialmente observadas nas minúcias.

Vosso comitê evitou servir-se de MÉDIUNS PROFISSIONAIS ou de MÉDIUNS REMUNERADOS, sendo o médium (*mediumship*) um dos membros do vosso subcomitê, pessoa situada numa boa posição social e de uma integridade perfeita, sem qualquer OBJETIVO PECUNIÁRIO em vista e que nada lucraria com uma impostura.

Vosso comitê realizou algumas sessões sem a presença de qualquer médium (fica bem entendido que, neste relatório, a palavra *médium* é simplesmente empregada para designar um indivíduo sem cuja presença os fenômenos descritos, ou não acontecem, ou se produzem com menor intensidade e freqüência), para tentar obter por algum meio efeitos semelhantes aos que se observam quando um médium está presente.

Nenhum esforço foi capaz de produzir qualquer coisa inteiramente semelhante às manifestações que acontecem na presença de um médium.

Cada uma das provas que os membros do vosso comitê podiam imaginar, de comum acordo, foi efetuada com paciência e perseverança. As experiências foram dirigidas com uma grande variedade de condições, e toda a engenhosidade posssível foi acionada para inventar meios que permitissem ao vosso comitê verificar suas observações e afastar qualquer possibilidade de impostura ou ilusão.

Vosso comitê restringiu seu relatório aos FATOS de que seus membros, coletivamente, foram testemunhas, fatos que se mostraram *palpáveis aos sentidos e cuja realidade é suscetível de uma prova demonstrativa.*

Em torno de quatro quintos dos membros do vosso subcomitê começaram no caminho das investigações *pelo mais completo cepticismo* quanto à realidade dos fenômenos anunciados, com a firme convicção de que eram resultado ou da *impostura*, ou da *ilusão*, ou de uma ação *involuntária dos músculos*. Foi só depois de uma evidência irrecusável, em condições que excluíam uma ou outra dessas hipóteses e depois de experiências e provas rigorosas, muitas vezes repetidas, que os membros mais cépticos do vosso subcomitê, com o tempo, e sem o perceberem, convenceram-se de que os fenômenos que se haviam manifestado durante a prolongada pesquisa eram fatos verdadeiros.

O resultado das suas experiências, longamente repetidas e dirigidas com cuidado, foi, depois de provas examinadas sob todas as formas, estabelecer as seguintes conclusões:

Primeiro – Em certas disposições de corpo ou de espírito, onde se acham presentes uma ou várias pessoas, produz-se uma força suficiente para pôr em movimento objetos pesados, sem o emprego de nenhum esforço muscular, sem contato ou conexão material de espécie alguma entre esses objetos e o corpo de qualquer pessoa presente.

Segundo – Essa força pode fazer com que objetos materiais, que não tenham contato, nem conexão visível ou material com o corpo de alguma pessoa presente, emitam sons que todos podem ouvir distintamente; está provado que esses sons provêm desses objetos por vibrações que são perfeitamente perceptíveis ao tato. (Recado aos senhores Bersot e Jules Soury, e à Academia de Ciências, que admitiram como única causa do fenômeno o músculo estalante.)

Terceiro – Freqüentemente, essa força é dirigida com inteligência.

Esses fenômenos produziram-se em trinta e quatro das quarenta sessões realizadas por vosso comitê. A descrição de uma dessas experiências e o modo como foi conduzida mostrarão melhor o cuidado e a circunspeção com que vosso comitê realizou suas investigações.

Havendo contato, ou simplesmente possibilidade de contato, pelas mãos ou pelos pés, ou mesmo pela roupa de uma das pessoas que se encontravam no recinto, não se podia ter certeza de que os movimentos ou os sons não fossem produzidos pela pessoa assim posta em contato. Foi, então, tentada a seguinte experiência:

Numa situação em que onze membros do vosso subcomitê estavam sentados há quarenta minutos em torno de uma das mesas de sala de jantar descritas anteriormente, e quando já se haviam produzido movimentos e sons variados, eles (com o propósito de uma experimentação mais rigorosa) viraram o encosto das cadeiras contra a mesa, a mais ou menos nove polegas de distância; depois ajoelharam-se sobre as cadeiras, colocando seus braços sobre os encostos.

Nessa posição, seus pés estavam necessariamente voltados para trás, longe da mesa, e, conseqüentemente, não podiam estar colocados em baixo, nem tocar o assoalho. As mãos de cada pessoa estavam estendidas acima da mesa a aproximadamente quatro polegadas da sua superfície. Não podia ocorrer qualquer contato com alguma parte da mesa sem que o percebessem. Em menos de um minuto, a mesa, sem ter sido tocada, deslocou-se quatro vezes. Na primeira vez, aproximadamente *cinco* polegadas num lado; depois *doze* polegadas no lado oposto; a seguir, da mesma maneira e respectivamente, de *quatro* e de *seis* polegadas.

As mãos de todas as pessoas presentes foram em seguida colocadas sobre o encosto das cadeiras, a aproximadamente um pé da mesa, que foi posta em movimento *cinco* vezes, com um deslocamento variado entre quatro e seis polegadas.

Finalmente, todas as cadeiras foram afastadas a uma distância de doze polegadas da mesa, e cada pessoa ajoelhou-se sobre a cadeira como anteriormente, mas desta vez mantendo as mãos *atrás das costas*, e, conseqüentemente, tendo o corpo colocado a mais ou menos dezoito polegadas da mesa, achando-se assim o encosto da cadeira entre o experimentador e a mesa. Esta deslocou-se *quatro* vezes, em direções variadas.

Durante essa experiências decisiva, e em menos de meia hora, a mesa se moveu treze vezes, sem contato ou possibilidade de contato com uma pessoa presente, ocorrendo os movimentos em direções diferentes e alguns deles atendendo ao pedido de diversos membros do vosso comitê.

A mesa foi examinada com cuidado, virada de pernas para o ar e investigada peça por peça, mas nada se descobriu que pudesse explicar os fenômenos. A experimentação, em todos os lugares, foi feita em plena luz do gás colocado sobre a mesa.

Em resumo, vosso subcomitê foi mais de CINQÜENTA vezes testemunha de semelhantes movimentos SEM CONTATO, em oito serões diferentes, nas casas de membros do vosso subcomitê; e todas as vezes foram efetuadas as mais rigorosas provas.

Em todas essas experiências, a hipótese de um meio mecânico ou outro foi completamente afastada, pelo fato de que os movimentos ocorreram em várias direções, ora num lado, ora noutro, ora erguendo-se, ora descendo; movimentos que teriam exigido a cooperação de grande número de mãos e pés que, em virtude do volume considerável e do peso das mesas, não conseguiriam produzir-se sem o emprego visível de um esforço muscular.

Cada mão e cada pé estavam perfeitamente à vista e nenhum deles poderia mover-se sem que imediatamente o percebessem.

A ilusão foi descartada. Os movimentos ocorreram em diferentes direções, e todas as pessoas presentes foram simultaneamente testemunhas. Trata-se aqui de um problema de mensuração e não de opinião ou de imaginação.

Esses movimentos produziram-se tantas vezes, em situações tão numerosas e diversas, com tantas garantias contra o erro ou a impostura, e com resultados tão invariáveis que os membros do vosso subcomitê que tinham tentado essas experiências após, em sua maioria, terem sido anteriormente cépticos, ficaram convencidos *de que existe uma força capaz de mover corpos pesados sem contato material, força que depende, de um modo desconhecido, da presença de seres humanos.*

Vosso subcomitê não conseguiu, coletivamente, obter qualquer certeza relativamente à natureza e à origem dessa força, mas simplesmente adquiriu *a prova do fato da sua existência.*

Vosso comitê pensa que não há qualquer fundamento na crença popular que afirma que a presença de pessoas cépticas contraria a produção ou a ação dessa força.

Em resumo, vosso subcomitê expressa unanimemente a opinião de que a existência de um fato físico importante se acha assim demonstrada, a saber: *que os movimentos podem produzir-se em corpos sólidos, sem contato material, por uma força até agora desconhecida, atuando a uma distância indefinida do organismo humano, e completamente independente da ação muscular,* força que deve ser submetida a um exame científico mais aprofundado, com a finalidade de descobrir sua verdadeira origem, sua natureza e sua potência..."

Portanto, a ciência reconhece os fenômenos espíritas. Nesse caminho fecundo, levando mais longe a investigação, Crookes demonstra que a força física é governada por uma inteligência que não a dos assistentes; além disso, uma dessas inteligências reveste temporariamente um corpo e diz que ela é a alma de uma pessoa que viveu na Terra, e faz fotografar-lhe a imagem. Depois disso, se não se acredita, deve-se desistir de convencer os homens, porque nada de mais verdadeiro, de mais tangível foi produzido em qualquer ramo dos conhecimentos humanos em favor de uma teoria.

A despeito dos senhores Lélut, Luys, Moleschott, Buchner, Carl Vogt e outros materialistas, futuramente só aceitaremos em nossas discussões fatos cientificamente provados, não querendo mais, agora que possuímos certezas, lutar contra hipóteses sem fundamento. Não são mais visionários, cérebros ocos que proclamam a autenticidade das nossas manifestações; é a ciência oficial da Inglaterra. Outrora nos opunham Chevreul, Babinet, Faraday. Agora apresentamos Crookes, Warley, Oxon, de Morgan, A. Wallace e toda a Sociedade Dialética. Que nossos contestadores provem que essas sumidades estão erradas e nós acreditaremos; mas enquanto aguardamos que o façam, deixemos que a opinião pública decida de que lado estão a boa fé, a ciência e a verdade.

Os transportes

Transporte é o nome que se dá a um objeto qualquer que os espíritos transportam de um lugar a outro. Assim, podemos ter, e é o caso mais comum, transportes de flores, de frutos, de objetos materiais, como medalhas, anéis etc. É evidente que esse fenômeno só é convincente quando é produzido em circunstâncias tais, que não permitam qualquer suspeita. Para essas espécies de experiências, só se deve operar com pessoas cuja respeitabilidade seja absoluta, e, além disso, em locais que sejam perfeitamente conhecidos dos experimentadores. Essas recomendações têm por finalidade prevenir os espíritas contra as fraudes, que nunca deixam de acontecer quando se trata de fatos extraordinários.

Eis o conselho de um espírito muito competente sobre o assunto:

> Para obter fenômenos dessa ordem, é preciso ter consigo, necessariamente, médiuns que chamarei de *sensitivos*, isto é, dotados, no mais alto grau, de faculdades mediúnicas de expansão e de penetrabilidade, porque o sistema nervoso desses médiuns, facilmente excitável, permite-lhes, através de certas vibrações, projetar abundantemente seus fluidos animais em torno de si.
>
> Pessoas impressionáveis, pessoas cujos nervos vibram ao menor sentimento, à mínima sensacão, são muito aptas a tornar-se excelentes médiuns para os efeitos físicos de tangibilidade e de transportes. Realmente, seu sistema nervoso, quase totalmente desprovido do invólucro refratário, que na maioria dos outros encarnados isola esse sistema, habilita-os a produzir os diversos fenômenos. Conseqüentemente, com um indivíduo dessa natureza, e cujas outras faculdades não sejam contrárias à mediunização, mais facilmente se obterão os fenômenos de tangibilidade, as pancadas na paredes e nos móveis, os movimentos *inteligentes*, e mesmo a suspensão da mais pesada matéria inerte no espaço. Com maior razão, esses resultados serão obtidos se, em vez de um médium, se tiver ao alcance da mão diversos médiuns igualmente bem dotados.
>
> Porém, da produção desses fenômenos à obtenção do fenômeno dos transportes, há uma grande distância, porque, neste caso, não só o trabalho do espírito é mais complexo, mais difícil, como, além do mais, o espírito só pode atuar por meio de um único aparelho mediúnico, o que significa que vários médiuns não podem colaborar simultaneamente para a

produção do mesmo fenômeno. Acontece, ao contrário, que a presença de determinadas pessoas, com quem o espírito que opera antipatiza, lhe dificulta radicalmente a operação. A esses motivos, que como vedes não são destituídos de importância, acrescentai o fato de os transportes exigirem sempre uma concentração maior, e, ao mesmo tempo, uma difusão maior de certos fluidos, que só podem ser obtidos com médiuns excepcionalmente dotados; em resumo, com médiuns cujo aparelho *eletromediúnico* apresenta as melhores condições. Em geral, os fenômenos de transporte são e continuarão a ser extremamente raros. Não preciso demonstrar-vos porque são e serão menos freqüentes do que os outros fatos de tangibilidade; vós mesmos o deduzireis, a partir do que estou dizendo. Além disso, esses fenômenos são de tal natureza, que não apenas nem todos os médiuns são adequados para produzi-los, como também nem todos os espíritos o conseguem. Na verdade, é preciso que entre o espírito e o médium influenciado exista uma certa afinidade, uma certa analogia, enfim, uma certa semelhança que permita que a parte expansível do fluido *perispirítico* do encarnado se misture, se una, se combine com o do espírito que deseja efetuar um transporte. Essa fusão deve ser tal, que a força dela resultante se torne, por assim dizer, *única*, do mesmo modo que uma corrente elétrica, ao agir sobre o carvão, produz um foco e uma claridade únicos. Perguntareis: por que essa união, por que essa fusão? É que, para a produção desses fenômenos, é necessários que as propriedades essenciais do espírito agente sejam acrescidas de algumas propriedades do mediunizado; isto porque o *fluido vital*, indispensável para a produção de todos os fenômenos mediúnicos, é atributo *exclusivo* do encarnado, e porque, conseqüentemente, o espírito operador é obrigado a impregnar-se dele. Só então, por meio de determinadas propriedades do vosso meio ambiente, que não conheceis, consegue isolar alguns objetos materiais, torná-los invisíveis, e fazer com que se movam, podendo fazer o mesmo com alguns encarnados.

Não me é possível, no momento, manifestar-vos as leis específicas que regem os gases e os fluidos que vos cercam; antes que alguns anos tenham decorrido, porém, antes que uma existência humana se tenha consumado, a explicação dessas leis e desses fenômenos vos será revelada, e vereis surgir e produzir-se uma nova variedade de médiuns, que entrarão num estado cataléptico peculiar, desde que sejam mediunizados.

Estais vendo quantas dificuldades envolvem a produção dos transportes; disso podeis concluir, muito logicamente, que os fenômenos dessa natureza são extremamente raros, como já o disse, e com mais razão ainda porque os espíritos se adaptam muito pouco a eles, pois isso exige um trabalho quase material da sua parte, e para eles representa aborrecimento e fadiga. Por outro lado, ainda acontece que, freqüentemente, apesar da sua energia e vontade, o estado do próprio médium lhes opõe uma barreira intransponível. Portanto, é evidente, e não tenho dúvidas de que vosso raciocínio o ratifica, que fatos tangíveis de pancadas, de movimentos e de suspensão são fenômenos simples, que se produzem pela concentração e dilatação de certos fluidos, e que podem ser provocados e obtidos pela vontade e pelo trabalho de médiuns que estejam aptos a isso, quando assistidos por espíritos amigos e benignos; ao passo que os fatos de transporte são múltiplos, complexos, exigem uma coincidência de circunstâncias especiais, podem produzir-se somente através de um único espírito e um único médium, e que, além do que é preciso para a tangibilidade, ainda necessitam de uma combinação muito particular para isolar e tornar visíveis o objeto, ou objetos, que motivam o transporte.

Todos vós, espíritas, compreendeis as minhas explicações e entendeis perfeitamente qual é a importância dessa concentração de fluidos especiais para a locomoção e a percepção tátil da matéria inerte. Acreditais nisso como acreditais nos fenômenos da eletricidade e do magnetismo, com os quais os fatos mediúnicos têm muitas analogias, e de que são, por assim dizer, a confirmação e o desdobramento. Quanto aos incrédulos e aos presunçosos, que são piores do que os incrédulos, não cabe a mim convencê-los, não me preocupo com eles; um dia serão convencidos pela força da evidência, pois sem dúvida terão que curvar-se diante do testemunho unânime dos fatos espíritas, como foram obrigados a fazê-lo diante de tantos outros que, no início, haviam negado.

Resumindo: se os fenômenos de tangibilidade são freqüentes, os de transporte são muito raros, porque as condições para que se produzam são muito difíceis; conseqüentemente, nenhum médium pode dizer: a tal hora, em tal momento, conseguirei um transporte, porque muitas vezes o próprio espírito se acha impedido de executá-lo. Devo acrescentar que esses fenômenos tornam-se duplamente difíceis em público, porque nele quase sempre se encontram elementos fortemente rafratários, que neutralizam os esforços do espírito, e, com mais razão ainda, a ação do médium. Ao contrário, tomai como certo que esses fenômenos se produzem quase sempre na intimidade, espontaneamente, na maioria das vezes sem que os médiuns se dêem conta e sem premeditação e, finalmente, que raramente acontecem quando estes são prevenidos. Deveis concluir, daí, que há razão para justificada suspeita sempre que um médium se vanglorie de obtê-los à vontade, ou seja, se orgulhe de dar ordens aos espíritos como se fossem seus criados, o que é pura e simplesmente absurdo. Tomai também, como regra geral, que os fenômenos espíritas não são fatos para exibição e para divertir curiosos. Se alguns espíritos se prestam a esse tipo de coisas, só pode ser quanto a fenômenos simples, e não quanto aos que, como os de transporte e outros semelhantes, exigem condições excepcionais.

Lembrai-vos, espíritas, de que se é absurdo rejeitar sistematicamente todos os fenômenos de além-túmulo, também não é sensato aceitá-los todos cegamente. Quando um fenômeno de tangibilidade, de aparição, de visibilidade ou de transporte se manifesta espontaneamente e de modo instantâneo, aceitai-o; porém, não seria demais repetir-vos: não aceiteis tudo cegamente; que cada fato seja submetido a um exame minucioso, aprofundado e rigoroso, porque, acreditai, o espiritismo, tão rico em fenômenos sublimes e grandiosos, nada tem a ganhar com pequenas manifestações que ilusionistas hábeis podem imitar.

Bem sei que ides dizer-me: é que esses fenômenos são úteis para convencer os incrédulos. Sabei, porém que, se não tivésseis tido outros meios de convicção a não ser esse, não teríeis hoje a centésima parte dos espíritas com que contais. Falai ao coração, é por aí que conseguireis a maioria das conversões sérias. Se, com relação a determinadas pessoas, achais útil proceder mediante fatos materiais, pelo menos apresentai-os em circunstâncias tais que não possam dar margem a nenhuma falsa interpretação, e, principalmente, não vos afasteis das condições normais desses fatos, porque, se apresentados em más condições, fornecem argumentos aos incrédulos, em vez de convencê-los.

Erasto

Todos devem ter visto com que sabedoria esse espírito nos acautela contra o entusiasmo desastrado dos fanáticos. Suas prescrições são adotadas por todos os espíritas sérios, e entre eles incluímos o sr. Vincent, que em 1882 publicou um interessante livro a respeito dos transportes.

Inicialmente, declaramos que excluímos as hipóteses de fraudes e imposturas nas condições observadas pelo sr. Vincent, afastando qualquer receio. Por outro lado, estando perfeitamente estabelecida a honorabilidade do narrador, podemos, sem hesitar, admitir-lhe o testemunho. Além disso, o que ele narra foi obtido várias vezes, e as revistas espíritas estão repletas de exemplos semelhantes, mas damos a preferência ao narrador, tanto pela maneira científica com que conduziu suas experiências, como pela notável coincidência existente entre as condições por ele observadas e as descritas pelo espírito de Erasto como sendo indispensáveis.

Passemos a palavra ao sr. Vincent, que opera num quarto da sua residência, porta e janela fechadas:

> Chego agora ao primeiro transporte e eis o que encontro nas minhas anotações, com data de 28 de setembro de 1880:
> Já há alguns dias, magnetizo o médium todas as noites. O espírito que quer realizar o transporte fez-me essa recomendação, a fim de prepará-lo convenientemente, porque ele não é *um médium de efeitos físicos bastante potente* para que lhe seja possível obter espontaneamente, com seus fluidos, tal fenômeno. Portanto, magnetizo o médium esta noite também. Logo que ele adormece, o espírito chega. Manifesta-se da seguinte maneira:
> Interrogo-o como se estivesse falando com um indivíduo encarnado que estivesse aqui. Ele me ouve e seu *pensamento* formula uma resposta que impressiona os órgãos cerebrais do médium adormecido. Este, então, me transmite de viva voz, e como se fosse emitida por seu próprio pensamento, a frase que acabou de ouvir; faço outra pergunta e a conversação se prolonga assim até que o espírito, sentindo o médium cansado, aconselha-me a provocar o despertar.
> — É provável – diz-me ele – que eu faça meu transporte amanhã.
> — E que nos trará? – perguntei-lhe.
> — Tenho em vista dois objetos. Ambos estão na Inglaterra, em Londres. Um é uma imagem que eu tinha dado à minha irmã no século passado. Atrás há palavras em inglês. O outro é uma lembrança que o médium um dia deu a uma amiga dele. Trarei um ou outro – acrescenta o espírito -, talvez ambos.
> — Então irá buscá-los na Inglaterra?
> — Sim, pode acordá-lo agora. Até amanhã.
> Desperto o médium, a sessão durou um quarto de hora.
> No dia seguinte, 29 de setembro, magnetizo o médium às

9 horas da noite. O espírito chega e me diz que vai produzir o fenômeno. Aconselhado por ele, faço o médium deitar no chão. Um momento depois, o espírito me pede para apagar a luz. Postado perto do médium, perceberia o menor movimento que fizesse. Ele não se mexe.

Aguardo.

Ao fim de dois ou três minutos, continuando a dormir, o médium me diz:

— Ele está me oferecendo alguma coisa, mas não consigo apanhá-la.

— Que é que ele está lhe oferecendo?

— Ah! Ele a pôs perto de mim.

Então, dirijo-me ao espírito:

— O senhor continua aqui?

Com voz fraca, o médium responde:

— Sim, voltarei amanhã e te darei detalhes. Acorda-o.

Acendo a lâmpada e, ao lado do médium, encontro uma imagem tendo mais ou menos a aparência das gravuras que as moças têm nos seus livros de orações; numa face há um desenho representando uma rosa matizada, atrás, vêem-se estas palavras em inglês: *For my dear Rika. October 1873.*

Num corte feito na imagem, embaixo da rosa, estão enfiadas três fitinhas brancas, meio amareladas. Na primeira li estas palavras, que foram bordadas: *Je suis le pain de vie*; na outra, estas: *God is love*; e na terceira: *Christ est ma vie*. As fitas têm alguns vincos, mas a imagem está intata e, emoldurada como está por um delicado recorte dentado, seria absolutamente impossível que esse dentado não amarrotasse e se rompesse se o médium tivesse apanhado os objetos para pô-los ao seu lado. Além do mais, repito-o, ele não fez o menor movimento durante a experiência. Está prostrado sobre as almofadas onde o coloquei, e estou tendo muita dificuldade para acordá-lo.

Acrescento que o médium esteve muito fatigado durante a noite e no dia seguinte. Era uma espécie de esgotamento; não sentia dor, mas uma lassidão geral.

No dia seguinte, às nove e meia da noite, magnetizo o médium; o espírito chega.

— O médium ficou fatigado com o transporte – disse ele -, assim não se deveria prolongar-lhe o sono. Gostaria que tivesses percebido seu estado, consultando os batimentos do coração. Terias observado que eram menos fortes do que de costume; que seu estado não era mais o estado normal.

— O senhor pode me dizer como realizou o transporte?

— Não tão bem como gostaria. *É por uma espécie de ab-*

sorção do fluido vital. Nós nos impregnamos do fluido do médium.

— Gostaria de perguntar-lhe também como fez para passar esses objetos pela parede, uma vez que a peça onde fizemos a experiência não tem chaminé, e a porta e a janela estavam fechadas?

— Fui procurar esses objetos durante o dia, com os fluidos que havia tomado do médium. *Desmaterializei-os* nos lugares onde se encontravam, pois estavam em duas casas diferentes; depois, quando se tornaram fluídicos por essa operação inicial, trouxe-os para cá, *fazendo-os passar pela parede, como eu mesmo passo*. Em seguida, tornei-os *materiais* com outros fluidos tomados do médium que acabavas de adormecer. A imagem tinha sido um dia dada por mim a minha irmã chamada Frédérika, ou Rika, abreviadamente, na época que morávamos em Londres, após ter deixado a Alemanha. Quanto às três fitinhas, foi o próprio médium quem as deu, há quinze ou dezesseis anos, a uma pessoa amiga, que depois morreu em Londres. E agora, desperta o médium.

— Desperto-o. São dez horas e um quarto.

Tal é a história desse primeiro transporte. Durante vários dias interroguei o mesmo espírito para obter alguns detalhes bem precisos sobre o modo como o fenômeno se produzia. Ele sempre me respondeu que não podia explicá-lo mais categoricamente do que o havia feito. A 11 de novembro de 1880, um outro espírito deu-me, pela escrita mecânica, esta resposta:

Pedistes ao nosso amigo uma explicação para o fenômeno dos transportes. Nem o mais erudito dos espíritos poderia resolver certos problemas que, vivendo na Terra, explicaria com o auxílio de aparelhos especiais. A matéria *cósmica* sempre desempenha o maior papel em todas as operações dos espíritos. Analisar como pode acontecer que, com o auxílio dessa matéria, desagreguemos um corpo sólido, não é coisa fácil, visto que o espírito *mal percebe exatamente* o que ele faz. Também é preciso contar com a *vontade* do espírito que quer fazer uma coisa. Em resumo, os termos nos escapam completamente. Talvez acabássemos por explicar-nos se, como vos dizia há pouco, pudéssemos utilizar, nessa espécie de provas, instrumentos em uso na Terra nas experiências científicas, balões, retortas etc. Sede indulgentes para conosco e crede-nos vossos amigos.

No relato desse transporte, observamos o estado do médium, próximo à catalepsia, e a perda do fluido vital que se opera. As explicações dos espíritos não parecem dar grandes esclarecimentos sobre o assunto, mas através dos conhecimentos que já possuímos, essas explicações nos farão compreender de que modo o fenômeno pode realizar-se.

Notemos que o espírito reconhece que agiu pela *vontade*, e é o que já demonstramos antes nos outros gêneros de manifestações. A vontade é o único agente de que ele dispõe para manipular os fluidos, é uma força que o espírito dirige a seu bel-prazer.

O espírito não consegue entender de que maneira os fenômenos se realizam; constata-os, mas não pode analisá-los, como há alguns séculos as operações da nutrição, da respiração aconteciam sem que os homens soubessem como se produziam. Do mesmo modo que ainda hoje a geração é uma operação misteriosa, apesar das numerosas pesquisas feitas a esse respeito. Entretanto, tentemos imaginar de que modo pode conceber-se um transporte.

Já vimos que os corpos podem tomar estados diferentes, do estado sólido à matéria radiante; podemos então compreender que o espírito, por sua vontade, e por meio de fluidos do médium, produza uma operação semelhante à que ocorre quando, por meio do calor, fazemos a água passar ao estado de vapor, sendo que, na desmaterialização, o fluido vital tem a função de calórico. Mas, como compreender que o corpo assim desmaterializado conserve sua forma, e as relações das moléculas entre si?

Se estivéssemos lidando somente com corpos brutos, poderíamos pensar que, por sua vontade, o espírito forma uma espécie de invólucro fluídico e que encerra o corpo desmaterializado nesse tecido fluídico, mas não conceberíamos como, quando lhe devolve o estado material, as moléculas podem recolocar-se na sua ordem normal. Então precisamos buscar outra explicação. Eis a hipótese que nos parece a mais racional:

Foi demonstrado por nós que o homem tem um invólucro semimaterial e que os animais possuem um semelhante; há duplos fluídicos em todas as criaturas que têm *vida*, porque todas se desenvolvem segundo um *tipo* determinado, e é necessário que uma força fluídica os conserve em meio às contínuas mutações da matéria. O sr. d'Assier estabelece esse fato para os animais e plantas, tanto pela lei de analogia, quanto por experiências diretas que podem ser encontradas no capítulo III do seu livro sobre a humanidade póstuma. Ele leva seu sistema mais longe ainda e acredita que o duplo fluídico se aplica até mesmo aos corpos brutos. Se considerarmos que os metais cristalizam em tipos determinados, reconheceremos que eles também são dirigidos por uma força fluídica, e que podem possuir um duplo fluídico. Se admitirmos esse fato, tudo se torna perfeitamente compreensível.

Tudo que o espírito que deseja fazer um transporte tem a fazer é, de algum modo, volatilizar a matéria do objeto sobre o qual ele opera; depois, leva esse duplo consigo ao lugar que escolheu, e lá, por meio do fluido vital, extrai do fluido universal os elementos necessários à reconstrução do objeto material. Para as plantas, a operação é a mesma. O duplo fluídico reproduzindo molécula por molécula todas as partes da planta, já que é seu esboço fluídico, só precisa reunir em si as moléculas do fluido universal tornadas materiais pelo espírito, e a planta aparece diante dos assistentes com todos os seus detalhes, seu frescor, seu colorido etc. Enfim, é sempre a mesma operação que se executa quando um espírito quer tornar-se visível e tangível, como nas experiências de Crookes. Não sabemos a que ponto nossa hipótese se aproxima da realidade, mas como os fenômenos se repetem, é preciso explicá-los, e esta, até agora, é a teoria que nos parece mais de acordo com o ensinamento espírita e com as descobertas modernas.

Apêndice

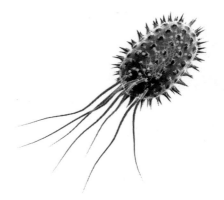

Desde a época já distante em que a primeira edição desta obra apareceu (1883), o autor teve a satisfação de constatar que algumas das teorias mais importantes aqui expostas receberam a consagração da ciência.

Assim, todos os nossos conhecimentos sobre a matéria foram reformulados pela descoberta da radioatividade. O átomo não é mais a base indestrutível do Universo. Provou-se que as teorias materialistas de Buchner, Moleschott, Carl Vogt, Hoeckel etc. estavam radicalmente erradas. Não é a matéria que gera a energia tal como a conhecemos. Os fenômenos da radioatividade demonstram que partes constitutivas do átomo podem soltar-se dele, de modo que, ao final de um tempo mais ou menos longo, esse átomo retorna ao éter de onde havia saído.

Se abrirmos a obra de Allan Kardec intitulada *A gênese*, publicada em 1867, no capítulo sobre os fluidos encontraremos esta teoria, claramente exposta e ditada pelos espíritos:

"Tendo por elemento primitivo o fluido cósmico etéreo, a matéria tangível, ao desagregar-se, deve poder voltar ao estado de eterização, como o diamante, o mais duro dos corpos, pode volatilizar-se em gás impalpável. *A solidificação da matéria, na realidade, nada mais é do que um estado transitório do fluido universal, que pode retornar ao seu estado primitivo quando as condições de coesão deixam de existir."*

Eis aí um fato que deve inspirar-nos a maior confiança no valor intelectual e científico dos guias do grande iniciador.

Por outro lado, tudo que escrevemos sobre os fluidos, isto é, sobre os estados cada vez mais rarefeitos da matéria, foi confirmado pelas descobertas dos raios X e das ondas hertzianas, que, incontestavelmente, são manifestações de formas superiores da matéria cósmica, desconhecidas no século passado.

É bom que se assinale, também, que o estudo das manifestações extracorporais do espírito, cuja importância foi apontada por Allan Kardec e por nós, desde 1883 foi empreendido na Inglaterra pela *Society for Psychical Research*, e a seguir no novo mundo, pela filial americana dessa sociedade. Os sábios que a compõem conseguiram estabelecer experimentalmente a exteriorização de todas as formas do pensamento, a que deram a denominação geral de telepatia. Constataram, também, casos de visão à distância sem o auxílio dos olhos e casos de premonição, em condições que garantem cabalmente a autenticidade desses fenômenos, cuja realidade apontei no decorrer desta obra.

Melhor ainda, ao ler os relatórios publicados pela S. P. R., é fácil constatar que o fenômeno de desdobramento do ser humano foi demonstrado com uma quantidade de provas que nada deixa a desejar.

No primeiro volume da nossa obra intitulada *As Aparições Materializadas de Vivos e Mortos*, demonstramos que fantasmas de vivos são uma realidade indiscutível, porque foram fotografados, o que não deixa dúvidas quanto ao seu caráter objetivo. Conseguimos produzir experimentalmente essa duplicação do ser humano; daí resulta, pois, que a alma, mesmo durante sua passagem na Terra, está sempre associada a uma certa forma de matéria muito apurada, o que justifica nossas afirmações relativamente à existência do perispírito.

No segundo volume da mesma obra, há numerosos documentos que provam que as notáveis experiências de materialização de Crookes foram confirmadas pelas pesquisas posteriormente empreendidas em todos os países. Muito particularmente, chamamos a atenção para as pesquisas de Aksakof, com Eglinton e a sra. d'Espérance, depois para as de Gibier, em Nova Iorque, e para as que durante vinte anos foram levadas a efeito por toda uma legião de sábios, em companhia de Eusapia Paladino, muito particularmente no *Círcolo Minerva*, em Gênes, e, finalmente, pelo prof. Richet e por nós, na Villa Carmem, em Argel.

Vimos, com Crookes, que a realidade das manifestações resulta: 1º da visão coletiva do ser do além por todos os assistentes; 2º das fotografias que dela se pôde tomar; 3º das ações materiais por ela exercidas; 4º da visão simultânea da aparição e do médium; 5º enfim, a essas provas veio juntar-se uma outra, absoluta, que é a que resulta do molde de uma parte da aparição, molde inimitável, que fica como um testemunho permanente da realidade objetiva da aparição e do caráter realmente humano da sua materialização. Estes últimos resultados foram obtidos, primeiro na América, pelo prof. Denton, depois na Inglaterra, pelos senhores Reimers e Oxley, Ashton etc. (Para maiores detalhes, ver *As Aparições Materializadas,* vol. II, capítulo III, pág. 247.)

Recentemente, resultados semelhantes foram obtidos no Instituto Metapsíquico Internacional, com o médium Kluski.[1]

Chegou-se, finalmente, a pesar simultânea ou sucessivamente o médium e o espírito materializado, percebendo-se que a matéria que compunha o corpo da aparição era, na quase totalidade, cedida pelo corpo do médium. Nos últimos anos, a sra. Bisson estudou mais particularmente o início desse fenômeno, ao provocar a saída da matéria exteriorizada do médium, à qual se dá o nome *ectoplasma.*

O conjunto de fenômenos da mediunidade recebeu, de certo modo, uma consagração oficial pelo depósito no bureau da Academia de Medicina, em 1922, da obra do sr. prof. Richet intitulada *Traité de Métapsychique.* Se o autor ainda não adotou as conclusões espíritas que deduzimos, ele não rejeita formalmente nossa interpretação. E tanto mais razão tem ele quando, desde o século passado, grande número de homens de ciência adotaram formalmente a teoria espírita como única explicação geral para

---

[1] Ver em *As Aparições Materializadas*, vol. II, "Os fantasmas dos mortos" e o Boletim do Instituto de Metapsíquica, (no. de janeiro-fevereiro de 1921 e segs.)

todos os fenômenos.

Na Inglaterra, tivemos a satisfação de contar entre os novos adeptos homens como o eminente psicólogo Myers, o prof. Barrett, sir Oliver Lodge, o eminente físico, e, recentemente, o engenheiro Crawford; na América, o prof. Hyslip, o dr. Hodgson; na Itália, o célebre criminalista Lombroso, os doutores Pio Foa, Vasani Scozzi, Venzano, os professores Botazzi, Brofferio, Bozzano, Tummolo, o astrônomo Porro etc.

Há um quarto de século, investigações sobre os fenômenos supranormais vêm sendo feitas em quase todos os países. Na França, Camille Flammarion publicou o resultado das suas pesquisas em três volumes intitulados: *Avant la Mort, Autour de la Mort, Après la Mort,* sob o título geral *La Mort et son Mystère*. Termina por uma afirmação nitidamente espírita. Na mesma ordem de idéia, o sr. Warcollier nos apresenta, numa obra sobre a telepatia, as conclusões das suas pesquisas, e o sr. dr. Osty, no seu livro *La Connaissance Supranormale*, confirma a faculdade que certas pessoas possuem de tomar anormalmente conhecimento de coisas que lhes são desconhecidas e de prever o futuro. Como se vê, nossas previsões não estavam equivocadas, uma vez que hoje esses estudos entram, finalmente, no domínio da ciência. Para os espíritas, é uma profunda satisfação constatar que, em mais de meio século, nenhuma das suas afirmações foi contestada e que, ao contrário, as pesquisas empreendidas no mundo inteiro lhes confirmaram o valor, tanto do ponto de vista experimental quanto filosófico.

Graças à inteligente e generosa iniciativa de um filantropo esclarecido, sr. Jean Meyer, em 1919 foram criados em Paris:

1º Um Instituto Metapsíquico Internacional, reconhecido de utilidade pública, cujo comitê compreende eminentes personalidades científicas, como o sr. prof. Richet, o conde Grammont, o prof. Laclainche, todos os três membros da Academia das Ciências; o sr. Camille Flammarion, o dr. Santo Liquido, o prof. Tessier, o sr. dr. Calmette, inspetor geral do Serviço de Saúde; entre os membros estrangeiros, sir Oliver Lodge e o sr. Bozzano, e, como diretor, o sr. dr. Geley.

2º Na mesma data: a *União Espírita Francesa,* cuja sede é em Paris, e que, na obstante sua recente criação, já agrupa vinte e seis sociedades sediadas em todas as regiões da França e das Colônias.

Essas duas instituições estão incumbidas de dar bases científicas ao estudo do espiritismo e de dar à difusão da sua filosofia o mais vigoroso impulso. É pois com confiança que podemos considerar o futuro e o triunfo definitivo desta grande e nobre doutrina.

Evolução Anímica
GABRIEL DELANNE
Formato 14 x 21 cm • 240 p.

O espiritismo constitui-se de um conjunto de doutrinas filosóficas reveladas por inteligências desencarnadas que habitaram a Terra. Esses conhecimentos nos ajudaram a desvendar e a compreender uma série de fenômenos psicológicos e psíquicos antes contestados. Portanto, o espiritismo chegou em boa hora, e trouxe consigo a convicção da sobrevivência da alma, mostrando sua composição, ao tornar tangível sua porção fluídica. Assim, projetou viva luz sobre a impossibilidade da compreensão humana a respeito da "imortalidade", e, numa vasta síntese, abrangeu todos os fatos da vida corporal e intectual, e explicou suas mútuas relações. Em *Evolução Anímica*, Gabriel Delanne nos apresenta um generoso estudo sobre o espírito durante a encarnação terrestre, levando em consideração os ensinamentos lógicos do espiritismo e as descobertas da ciência de seu tempo sobre temas como: a vida (entendida organicamente), a memória, as personalidades múltiplas, a loucura, a hereditariedade e o Universo. E nos afirma categoricamente que ela (a ciência), embora ampla, não basta para explicar o que se manifesta em território etéreo, mas terá de se render cedo ou tarde.

Embora antiga, *Evolução Anímica* é indiscutivelmente uma obra tão atual que subsistiu ao tempo e à própria ciência, tornando-se uma pérola que vale a pena ser reapresentada ao público através desta série Memórias do Espiritismo.

A Alma é Imortal
GABRIEL DELANNE
Formato 14 x 21 cm • 320 p.

O espírito materializado de Katie King se apresenta a William Crookes, o famoso físico e prêmio Nobel, e, ao lado da médium adormecida, deixa que o fotografe e que lhe corte mechas de cabelo. Espíritos cruzam o véu da morte e vêm escrever mensagens com a letra que possuíam, contar fatos que só seus íntimos conheciam, fazer previsões que logo se realizam. Materializados, deixam-se fotografar, moldam braços e mãos perfeitos na parafina líquida; transportam objetos de longe para dentro de salas e caixas fechadas; materializam-se na hora do desencarne e vão ver seus familiares, abrindo portas, tocando campainhas, fazendo-se visíveis e audíveis a ponto de serem tomados por "vivos"; projetam seus corpos perispirituais à distância e se fazem ver e ouvir, como o amigo que o poeta Goethe viu na estrada de sua casa. Um dilúvio de fatos espíritas se derramava sobre o século XIX para despertar o público, intelectuais e homens de ciência para a realidade espiritual que o espiritismo veio sintetizar.

Em A Alma é Imortal, o sábio Gabriel Delanne, um dos vultos exponenciais do espiritismo nascente, relata esses casos extraordinários, analisa-os com raciocínio científico, e conclui: é a verdade se mostrando na sua esplêndida evidência; sim, nós temos uma alma imortal, e as vidas sucessivas são uma realidade incontestável. E tudo isso não é especulação filosófica: são fatos, reproduzidos às centenas e milhares, com todo o rigorismo de cientistas e pesquisadores.

Reunindo um acervo impressionante desses fatos espíritas, sobretudo materializações e aparições, esta obra é um fascinante depoimento sobre a imortalidade. "É chegada a hora em que a ciência deve se unir à revelação para promover a transformação da humanidade", diz Delanne.

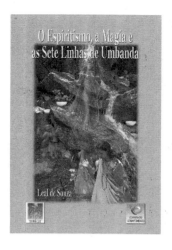

O Espiritismo, a Magia e as Sete Linhas de Umbanda
LEAL DE SOUZA
Formato 14 x 21 cm • 144 p.

A umbanda está completando 100 anos. Manter viva a memória de suas origens é uma contribuição indispensável para a identidade dessa grande religião brasileira. A obra *O Espiritismo, a Magia e as Sete Linhas de Umbanda* é uma das primeiras a detalhar aspectos fundamentais dessa religião que nasceu no início do século XX, sob a direção espiritual do Caboclo das Sete Encruzilhadas. E não há retrato mais fiel de uma época do que o depoimento colhido diretamente de cronistas que atuaram na imprensa diária. Isto é o que nos oferecem as páginas desta interessante obra, que retrata os tempos heróicos em que a umbanda, mesmo tendo conquistado os corações do povo por sua atuação na caridade e pela força de suas curas "miraculosas", ainda constituía, volta e meia, um caso de polícia, tal a censura que se impunha aos cultos afro-brasileiros.

Nesse contexto conflituoso, Leal de Souza, conceituado jornalista e escritor de diversas obras, é então convidado pelo jornal *Diário de Notícias*, do Rio de Janeiro, a escrever uma coluna diária em que analisa para os leitores, e também para as autoridades da época, diversos ângulos da atuação do espiritismo e da umbanda nascente. Com a familiaridade de quem participava de uma das tendas umbandistas criadas pelo próprio Caboclo das Sete Encruzilhadas, Leal de Souza apresenta a cada crônica um tema relevante: médiuns curadores; materializações; sessões de copo, prancheta e mesa: a cura da obsessão; a feitiçaria e a macumba; as sete linhas de umbanda; o despacho; guias e protetores; o Caboclo das Sete Encruzilhadas e suas Tendas; o kardecismo e a linha branca de umbanda, entre vários outros, tendo assim registrado uma primorosa contribuição histórica que é novamente disponibilizada ao leitor.

O Espiritismo, a Magia e as Sete Linhas de Umbanda é por isso uma obra essencial para aqueles que desejam compreender a trajetória do movimento umbandista no Brasil.

Fisiologia da Alma
RAMATÍS / HERCÍLIO MAES
Formato 14 x 21 cm • 352 p.

Nesta obra, Ramatís desvenda o mecanismo oculto que desencadeia, a partir dos corpos sutis do ser humano, as enfermidades do corpo físico. A origem e causa das moléstias, detida pelo conhecimento iniciático milenar, é transposta em linguagem clara e acessível, que abre extraordinários horizontes de compreensão do binômio saúde-enfermidade.

A etiologia, as raízes cármicas, o tratamento e a cura do câncer são analisados desde sua verdadeira origem no mundo oculto das causas e em suas relações com a extinta Atlântida.

Analisando a homeopatia, Ramatís elucida o verdadeiro processo de atuação das doses infinitesimais, a amplitude de sua atuação nos corpos sutis e na raiz dos processos patológicos, suas infinitas possibilidades terapêuticas ainda não inteiramente exploradas, e as condições requeridas para o êxito integral do tratamento homeopático.

O capítulo "A Alimentação Carnívora e o Vegetarianismo" já se tornou um clássico sobre o tema, tendo desencadeado uma nova visão e postura comportamental em milhares de leitores, que assim se preparam para credenciar-se à cidadania terráquea do Terceiro Milênio.

A atuação do álcool e do fumo, como agentes patogênicos nos corpos energéticos e físicos, é analisada por Ramatís sob a ótica do mundo oculto, incluindo as consequências que se seguem à morte física, e o processo simbiótico dos "canecos vivos".

O ESPIRITISMO PERANTE A CIÊNCIA
foi confeccionado em impressão digital, em setembro de 2024
Conhecimento Editorial Ltda
(19) 3451-5440 — conhecimento@edconhecimento.com.br
Impresso em Luxcream 70g, StoraEnso